北京物资学院学术专著出版资助基金项目

U0781728

新质生产力发展中的
数字劳动关系优化

■ 魏　巍　著 ■

首都经济贸易大学出版社
Capital University of Economics and Business Press

·北　京·

图书在版编目（CIP）数据

新质生产力发展中的数字劳动关系优化 / 魏巍著.
北京 ： 首都经济贸易大学出版社，2025. 1. -- ISBN
978-7-5638-3778-6

Ⅰ. F490.6；F246

中国国家版本馆 CIP 数据核字第 2024D6U881 号

新质生产力发展中的数字劳动关系优化

XINZHI SHENGCHANLI FAZHANZHONG DE SHUZI
LAODONG GUANXI YOUHUA

魏　巍　著

责任编辑	陈雪莲	
封面设计	**风得信·阿东** FondesyDesign	
出版发行	首都经济贸易大学出版社	
地　　址	北京市朝阳区红庙（邮编 100026）	
电　　话	(010) 65976483　65065761　65071505（传真）	
网　　址	http：//www.sjmcb.cueb.edu.cn	
经　　销	全国新华书店	
照　　排	北京砚祥志远激光照排技术有限公司	
印　　刷	北京九州迅驰传媒文化有限公司	
成品尺寸	170 毫米×240 毫米　1/16	
字　　数	439 千字	
印　　张	23.75	
版　　次	2025 年 1 月第 1 版	
印　　次	2025 年 1 月第 1 次印刷	
书　　号	ISBN 978-7-5638-3778-6	
定　　价	96.00 元	

推荐序1：

找寻开启数字劳动关系大门的钥匙

数字经济的出现与发展重塑了传统的经济形式和市场模式，其便捷性和即时性加快了信息生成和流通的速度，打破了时空壁垒，以前所未有的方式重塑着我们的工作与生活。面对这一历史性变革，《新质生产力发展中的数字劳动关系优化》一书犹如一盏明灯，照亮了我们探索数字劳动关系的前行之路。本书以其敏锐的思想前沿、卓越的理论创新和独特的观察视角，成为探索数字时代劳动关系变革不可或缺的指南。书中不仅深入剖析了新质生产力背景下数字劳动关系的理论体系，还通过丰富的实践探索、生动的案例分析和深切的人文关怀，为我们展现了一幅数字时代劳动关系优化的宏伟蓝图。在此，我愿以笔为媒，引领大家一同走进这部著作的世界，感受其独特的魅力与价值。

深潜蓝海，洞悉本质，解锁数字劳动关系的奥秘。本书以其深厚的理论底蕴，引领我们深入探索数字劳动关系的奥秘。作者不仅广泛梳理了国内外关于数字经济、劳动关系转型的前沿理论，如平台经济理论、共享经济理论等，还创新性地融合了信息经济学、组织行为学等多学科视角，构建了一个多维度的分析框架。这一理论框架充分遵循马克思主义政治经济学重要原则和基本原理，依据劳动价值论、系统论、生态系统论及多边平台理论，揭示了数字技术如何以数据为纽带，重塑工作场所的组织形态、任务分配和权益结构，深入剖析了数字技术对劳动关系灵活性、安全性及公平性等方面的深远影响。通过对这些具体理论的阐述，特别是深入贯彻和体现习近平经济思想，站在新质生产力发展的高度，系统阐述了劳动价值、劳动关系的理论逻辑，为我们提供了理解数字劳动关系本质的独特视角，让我们能够清晰理解数字技术深刻改变着传统劳动关系的每个主体行为和主体之间的连接，展现了作者对数字时代劳动关系深刻而全面的洞察。

创新驱动，勇立潮头，扬帆数字劳动新航程。理论的价值在于指导实践。本书以实践探索为核心，展现了数字劳动关系优化的现实力量。作者以国际视野精选了多个国内外实践案例，深入剖析了这些企业在运用数字技术优化劳动关系方面的创新举措和伟大实践。书中不仅展示了数字技术在提升劳动效率、优化劳动组织方面的显著成效，还揭示了其对于保障劳动者权益、促进劳动关系和谐发展的积极作用，探讨了新质生产力下劳动关系系统治理路径，最终回归到数字劳动关系下中国的探索与实践，落脚于增进人民福祉和实现共同富裕的温暖实践话题。这些具体实践和案例不仅为我们提供了宝贵的经验，更激励我们在未来劳动关系优化的道路上勇往直前，不断创新。

鉴古通今，国际视野，探索数字劳动关系理论前沿。在本书中，作者以其深厚的学术底蕴和敏锐的洞察力，引领我们遨游于系统论、邓洛普劳动关系系统等理论世界，更融汇了中国哲学思想中的"整体性"观点，建立了中国特色的数字劳动关系系统理论框架。在此基础上，作者精心挑选了数字劳动关系治理的国别案例，揭示了数字技术如何深刻改变着劳动关系的本质和内涵，更从国际视野展示了不同文化和价值体系下科技与劳动规制的多样性。这些案例犹如一座座桥梁，连接着理论与实践，为我们在数字劳动关系的海洋中航行指明了方向，让我们在反思中前行，在借鉴中成长。通过阅读本书，我们将更加深刻地认识到数字技术的力量，以及它如何重塑着劳动关系的未来。

科技向善，以人为本，关注科技与劳动的新关系。在探讨数字劳动关系优化的过程中，本书始终不忘"劳动是一切价值的创造者"和"科技向善"的初心，技术终究需服务于人，社会各界在期待人工智能等技术进步对生活和工作的改善基础上，要始终坚持以人为本的原则，让技术进步的成果惠及每一个劳动者，促进人的全面发展。新就业形态的出现固然有利于失业问题的部分改善，但也导致了弱势就业人数的增加，劳动关系认定、劳动标准、劳动者休息与劳动报酬权益保障问题相继出现，导致网约配送员"困在系统里""裸泳无保障""猝死"等话题成为社会舆论热点。本书不仅详尽分析了数字技术给劳动关系带来的变革与挑战，更着重强调数字时代中国特色劳动关系发展过程中以人为本的重要性。

新题新解，场景创新，新质生产力推动"就业友好型社会"。本书在选题上展现出非凡的独到之处，它以前瞻性的视角，精准捕捉到数字经济时代最为核心且紧迫的议题——新质生产力驱动下的数字劳动关系优化。作者勇于突破传统研究框架，将新质生产力、数字经济与数字劳动关系三者紧密结合，开创性地构建了一个全新的分析维度；通过对新质生产力的深入剖析，揭示了其作为数字经济时代核心驱动力的本质特征，从数字平台的兴起、远程工作的普及，到新就业形态劳动者权益保护的新挑战，以独特的视角和前沿的理论，为我们描绘了一幅数字劳动关系优化的全景图。同时全书始终贯穿以人为本的思想，将人民福祉渗透到科技创新和劳动关系的创新变革之中。这种将新质生产力、数字经济与劳动关系优化相结合并融入人文关怀的研究路径，不仅为学术界提供了新的研究方向，更为政策制定者、企业管理者以及广大劳动者提供了宝贵的参考和启示。

世界银行在 2023 年发布的《全球经济展望》中指出，全球经济增长正处于急剧而持久的放缓进程之中。这一现象导致全球范围内企业的生产和招聘需求普遍下降，进而导致劳动力市场不稳定。习近平总书记在中共中央政治局第十四次集体学习时强调要"构建就业友好型发展方式"，为新时代新征程推动经济社会发展和做好就业工作提供了根本遵循。稳定和扩大就业，既是保障和改善民生的关键所在，也是巩固经济恢复与发展基础的重要支撑，在这个挑战与机遇并存的数字时代，《新质生产力发展中的数字劳动关系优化》一书无疑为我们提供了一把开启智慧之门的钥匙。我们更加清晰地看到了新时代数字劳动关系发展的广阔前景和无限可能。新质生产力的发展需要塑造与之相适应的新型生产关系，数智化赋能的新就业形态劳动者作为价值创造的真正来源，对权益保障和利益分配也将提出新要求。数字经济持续健康发展中和谐劳动关系的构建，是加强和创新社会管理、激发平台企业创新活力的重要内容，是新质生产力发展的重要保证，也是增强党的执政基础、巩固党的执政地位的必然要求。

杨河清

原首都经济贸易大学劳动经济学院院长

国家级教学名师

2024 年 7 月 31 日

推荐序 2：

提升数字劳动中的人性光辉

新质生产力的关键本质是进一步强化科技与经济的深度融合，即必须加强以原创性、颠覆性科技创新推动我国现代化产业体系建设，以科技高水平自立自强赋能我国产业不断攀升全球价值链的最高端。在当今时代，数字经济蓬勃发展，深刻改变着经济格局和社会结构，劳动关系也随之经历前所未有的深刻变革。数字经济以信息技术为核心，通过互联网、大数据、人工智能等手段，将经济活动的各个环节数字化、智能化，极大地提高了生产效率和资源配置效率，推动了经济的快速发展。以人工智能为代表的颠覆性技术，正在形成更高效的劳动工具，快速提升生产劳动和科研劳动的效率，产生更加高效、多样的劳动对象和劳动资料，推动劳动者的素质和能力快速提升。在这一过程中，数字技术的广泛应用不仅改变了生产方式和商业模式，也重塑了劳动关系的形态和内涵。

后熊彼特经济学正积极推动企业创新主体从企业家向全体员工转变。因此，坚持以人民为中心的发展思想，把推进人民福祉、促进人的全面发展、实现共同富裕作为经济发展的出发点和落脚点，发展以劳动者为中心的契约理论，是现代企业管理创新的重中之重。魏巍教授以其敏锐的洞察力，融合科技与劳动，探究新质生产力发展中的数字劳动关系优化问题。她从劳动价值论出发，阐述了数字要素在平台经济中与劳动有机结合的新特点和新规律，描绘了新就业形态劳动者在价值创造和价值分配过程中的创造机制和演化趋势，认为数字技术的发展使得劳动过程更加灵活和分散，劳动者与用人单位之间的关系变得更加复杂多样。传统的劳动关系模式逐渐难以适应数字经济的发展需求，迫切需要建立新的理论框架和实践模式来规范和引导数字劳动关系健康发展。

每个普通劳动者的智慧和力量都将成为未来推动企业永续发展的源泉。数字经济使得资产、人才、资本、创意等通过动态寻优的机制进行高效配置成为可能，更好地解决了信息不对称和契约不完备问题，也为普通劳动者成为创新主体和企业高质量发展的核心力量提供了可能。只有保障劳动者的合法权益，开发和利用员工的潜质和创造力，使其在组织中充分感觉到体面尊严、温情管理、同理心和共情力，使其实现自身的尊严和价值，进而帮助和引导员工实现自我赋能，才能促进劳动者的全面发展。因此，魏巍教授在书中强调劳动者在数字劳动关系中的主体地位，呼吁各方尊重劳动者的权益和需求，为劳动者提供更加公平、合理、稳定的就业环境，为构建和谐稳定的数字劳动关系提供了重要的思想基础。

《新质生产力发展中的数字劳动关系优化》一书不仅为学术界提供了新的研究思路和理论成果，也为政策制定者、企业管理者和劳动者提供了宝贵的实践指导。相信在这本书的启发下，我们能够更加深入地理解数字要素在与新质生产力相适应的新型生产关系中的重要作用，理解数字劳动关系的本质和规律，让劳动者不仅获得经济价值，还会获得幸福感、意义感，以及追求公平和正义、让世界变得更加美好的激情与动力，提升组织中人性的光辉。

陈　劲

清华大学经济管理学院教授

清华大学技术创新研究中心主任

教育部长江学者特聘教授

2024 年 12 月 31 日

推荐序 3：

平衡科技与劳动的力量

在数字化时代，技术进步和产业变革正以前所未有的速度重塑着我们的经济和社会结构。《新质生产力发展中的数字劳动关系优化》一书，正是在这样一个充满挑战与机遇的背景下应运而生。本书深刻剖析了数字经济时代背景下生产力新质态的发展轨迹，以及新型劳动关系的特征和挑战。本书由魏巍教授倾力撰写，依托其深厚的学术造诣和对数字经济的敏锐洞察，为读者揭示了技术革命如何催化生产力的根本性跃迁，以及这一转型如何深远地重塑劳动关系的形态和治理。

数字经济的兴起不仅改变了传统的生产和消费模式，也对劳动力市场和劳动关系提出了新的破窗挑战。魏巍教授的这部专著，正是对这一现象的深刻反思和理论探索。其研究成果对于把握数字劳动关系的新特质、应对挑战的策略选择，均展现出极高的理论和实践价值。书中不仅展现了作者对数字劳动关系的深刻见解，更表达了对构建和谐劳动关系实践的思考，希望能够为数字经济时代劳动者权益保护和企业可持续发展提供理论依据和实践指南。

本书共分为六篇，系统地阐述了新质生产力的战略重点、数字时代的劳动与工作、数字劳动关系的内涵、新质生产力背景下的数字劳动关系、数字劳动关系生态治理的国别实践，以及新质生产力背景下的数字劳动关系生态治理。每一篇章都通过严谨的逻辑结构、丰富的案例分析和深入的理论探讨，多维度、多层次地揭示了数字劳动关系的复杂面貌和优化路径。

本书的目标读者群体广泛，涵盖了经济学者、管理学者、政策分析师、企业决策者以及对数字经济和劳动市场变革感兴趣的各界人士。期望本书能够激发读者对数字劳动关系重要性的思考，促进学术界与产业界的对话，为构建和谐劳动关系、推动经济高质量发展提供智力支持。

在这个日新月异的变革时代，深入理解新质生产力与数字劳动关系之间的微妙互动比以往任何时候都显得重要。《新质生产力发展中的数字劳动关系优化》一书正是对这一时代命题的精准把握与深刻回应。随着本书的出版，它将为数字经济下的劳动关系研究开辟崭新视野，为相关领域的学术探讨和政策制定提供宝贵参考和深刻启示。

李石柱

中国人民政治协商会议北京市委员会经济委副主任

北京科技政策与管理研究会理事长

2024 年 10 月 10 日

推荐序4:

以人民为中心的数字劳动关系构建

通读魏巍教授新作《新质生产力发展中的数字劳动关系优化》,深感其理论性、洞见性、前瞻性、原创性、震撼性很强,深感这是一部不可多得的上等著作。拿到书稿,三天内读完,产生强烈共鸣,牵起万千思绪。首先是被这一命题所吸引,进而又被其勇气和情怀所感动。回想较长时期以来,劳动关系、劳动价值的话题在学界早已淡出,在媒体也不常见,而数字劳动关系探索几乎是无人区。当作者将这一问题摆到面前,便有一种久违感、亲切感、新奇感。反复咀嚼著作的味道,努力捕捉其主题和灵魂,深度感悟其意义和价值,由然觉得,著作最值得欣赏的是:

闪烁理论光芒。著作通篇在马克思主义理论光的芒照耀下,充分遵循马克思主义政治经济学重要原则和基本原理,自如运用历史唯物主义和辩证唯物主义方法,依据劳动价值论、系统论、生态系统论及多边平台理论,特别是深入贯彻和体现习近平经济思想,站在新质生产力发展的高度,围绕数字经济及由此产生的数字劳动、数字劳动关系的主题,联系过往和当下实际,针对长期存在的突出矛盾和问题,严谨生动地展开论证论述,系统透彻地阐述重新认识劳动价值、劳动关系及其优化的理论逻辑、重要意义和战略选择,确立数字劳动关系的底层理论架构。其依据非常充分,思路特别清晰,主张尤为鲜明,极具说服力和感染力,显示出作者扎实的理论功底和严谨的治学精神。书中提出了一系列颇有新意的思想观点,如"数字劳动的高生产力所带来的经济价值将大大超过传统劳动"等,作者还在书中作出富有远见的判断,他认为,数字经济发展将使我们加快进入零边际成本社会,而"零边际成本社会是符合经典社会主义的,它建立在协同共享的新经济形态基础之上,近乎免费的互联网使万物互联,为人类社会的生产提供了无限的共享空间"。毫无疑问,这部著作的问世,及其他相关理论的出现,对我国及世界经济理论的创新发展具有坐标性意义,将会产生不可忽视的深刻影响,还将意味着西方经济理论占绝对统治地位的时代即将结束,东西方经济理论相互兼容、并驾齐驱的潮流已经涌来,以劳动价值论为主导的面向全人类共同发展的崭新局面正在揭开序幕。这是马克思主义理论光芒四射的新的伟大胜利,是新质生产力驱动中国式现代化建设、构建人类命运共同体的黎明曙光。

走在时代前列。如何认识和定位数字劳动关系，进而优化这一关系，这是历史性、世界性、时代性问题。回答和解决好这个问题，不仅关乎劳动者的权益和地位，也关系到整个经济能否健康持续发展，特别需要学界、理论界肩负起这一重大使命。然而，情况并不理想，在数字经济蓬勃发展的形势下，鲜有专家学者把目光投向数字劳动关系，更缺乏系统性研究成果。正是在这种背景下，魏巍教授敏捷而勇敢地站在前列，以其对生产关系、劳动关系、劳动价值理论探索研究的深厚积累，高效率完成了《新质生产力发展中的劳动关系优化》这部专著，初步形成了独创性较强的数字劳动关系理论架构，进一步确立和巩固了其在该领域研究的权威性、先导性，成为冲击世界经济理论制高点的先锋战士，为我们乃至世界经济理论研究把握方向、提升境界树立了标杆。书中很前卫地提出，在数字技术更加普及的情况下，人类自己生产自己消费的"产消者模式"成为可能。"人们的追求不再是单纯的利己，还可以有更高层次的共享知识和技术进行利他，从而实现自我价值。"这一重要论点大大超越了全球许多具有重要影响的经济学家的认知，令其站在了当今世界经济理论探索的前沿。

富有人民情怀。与许多学者不同，**魏巍教授**研究经济社会发展问题，不只是盯住少数人群，比如资本、资源掌控者，更是把目光投向广大人民群众，长期观察了解他们在国家建设、市场经济、社会生活中扮演的角色、发挥的作用、面临的处境，在理论战线、教育岗位为劳动者发声。在这部关于数字劳动关系的著作中，集中体现了其一心向民的深切情怀。特别是，著作深入诠释和贯彻习近平"人民为中心"的思想，并以此作为全书的核心和灵魂，毫不避讳地亮明自己的人民立场，运用人民视角观察分析问题、阐述政策主张，提出把增进人民福祉、人的全面发展、共同富裕作为经济发展的出发点和落脚点。书中有着这样一段精彩阐述："数智化赋能的劳动者将成为企业活力和价值创造的真正来源。普通劳动者与企业家的特质、能力差距越来越小，甚至超越企业家。""劳动者将不再是困在格子间里或生产线上的工具人，而是灵活响应市场需求和持续创新的主人翁。"由此可见，其对人民的理解有多深、看得有多重。这在近几十年来是极为罕见的。

建立系统思维。魏巍教授研究劳动关系的一个鲜明特征，就是把劳动关系放在经济社会发展的大系统中进行总体考察和谋划，而不是简单地就事论事，更不是片面孤立看问题，这就使得她的理论阐述、立场观点、谋篇布局很有纵深感、立体感、宏阔感、格局感，构成了数字经济中的劳动、平台、企业、社会、政府多维紧密关联的共同体和壮阔场景。这部分内容是其著作的重头戏。书中热情赞赏和娴熟引用钱学森的系统论和邓洛普的劳动关系系统理论，结合新质生产力、数字经济发展的新形势新情况，充分论述了契合中国实际的劳动关系系统构成及其缘由。这是其开创性理论贡献。

贯穿务实风格。从著作中可以看出，魏巍教授是以崇高追求探索数字劳动关系优化的，试图推动建立与新质生产力相适应的新型生产关系，并由此建立起特别和谐美好的劳动关系。这灌注了其理想和信念，同时她并没有只沉醉于理想之中，而是从目前所处的历史阶段和现实情况出发，客观分析我国劳动关系现状和改善的可能性，特别是将劳动与对应方进行无偏向的审视和定位，借鉴国际上比较典型成熟的看法，并列举了其他几个国家的实践和我们国家的若干案例，充分运用事实、数据、模型说话，有根有据地阐述自己的理论和思想观念。著作秉持问题导向，着眼于研究问题、解决问题，在深刻认识问题的同时找到解决问题的途径和办法，最后提出了比较完备的、操作性很强的数字劳动关系总体设计和治理方案。通观这部著作，觉得特别接地气，其行文和说理朴实无华，通俗易懂，给人以很牢靠、很踏实的感觉，犹如一股求实务实的春风扑面而来。

相信魏巍教授的《新质生产力发展中的数字劳动关系优化》这部著作问世之后，定会得到广泛关注，并将引来关于数字劳动关系讨论的热潮，唤起全社会全世界对劳动价值、劳动关系的新发现新认知，积极推动全球化、数字化、智能化时代美好劳动关系的发展，加快构建人类命运共同体。

余爱水
原中国人民解放军北京军区空军副政委
中央财经大学博士生导师
2024 年 5 月 28 日

前　言

    2023 年 9 月，习近平总书记在黑龙江考察时首次提出了"新质生产力"这一新兴名词，具体表述为"整合科技创新资源，引领发展战略性新兴产业和未来产业，加快形成新质生产力"。新质生产力是由技术革命性突破、生产要素创新性配置、产业深度转型升级而催生的当代先进生产力，它以劳动者、劳动资料、劳动对象及其优化组合的质变为基本内涵，以全要素生产率提升为核心标志，是党中央立足新发展阶段，深刻把握新一轮科技革命和产业变革大势，面向加快推进中国式现代化等核心目标任务提出的重要概念，是对马克思主义生产力理论的创新和发展，进一步丰富了习近平经济思想的内涵，既具有重要的理论意义，又具有深刻的实践意义。

    数字经济的出现与发展重塑了传统的经济形式和市场模式，其便捷性和即时性加快了信息生成和流通的速度，打破了时空壁垒，成为连接多方参与者的一种新型经济形式。数字经济在提供多样的形式选择的同时，进一步促进了市场信息的双向流动，其虚拟性和新颖性也对传统的工作模式和劳动力市场产生了冲击，重塑了传统劳动力市场的劳动关系结构，并对其提出了新的挑战。由数字经济所催生的新就业形态构成了新型劳动形式，即数字劳动，其不同于传统的就业模式和劳动关系类型，更依赖于互联网和移动终端。

    信息技术逐渐成为一个无形的经济核心动力，并开始渗透到整个生产力三要素中。其中，劳动成为数字经济时代最活跃、最具有革命性意义的因素。而劳动者在数字经济时代的突出表现就是年龄跨度大、工作数量多、可以熟练地运用移动设备等，这也是数字劳动的核心生产力。劳动资料也是生物化的生产工具，即信息技术。手机、电脑等作为信息技术发展的代表性产品，已经成为具备技术感知和现代化的生产工具，具有便捷性、多样性等特点，并因此具备更高的普及性。这些产品是当时中国社会生产力水平的缩影，相对于以往的劳动对象实现了质的突破，包括图像、文字、创造力、经验等，其实质是数据和抽象。数字劳动的生产力三要素突出了现代生产力的特点，既继承了传统的生产力组织形式，又创新了数字时代的条件。从内部机制来看，劳动力是决定因素，它影响着劳动材料和劳动工具，并对劳动者产生影响。三者相互作用，形成一个循环的要素变化规律。生产力三要素中最具突破性的变化是数据成为劳动对象。从外部形式看，数字劳动的劳动工具和劳动材料具有外部整合性，没有明显的分离，三要素可以同时移动。基于此，数字劳动的高生产力所带来的经济价值将大大超过传统劳动。而信息技术与大数据产业的诞生彻底改变了人类的生产环境与生活方式，是未来人类文明的主要标志。《免费劳工：数字经济的生产文化》一文中明确提出了"数字劳动"的概念，其主要包括建立和浏览网站、阅读、写邮件等网络活动，并被认为是"现代血汗工厂"的延续，将"数字劳动"归入"免费劳工"，此后，以"数字劳动"为中心词汇的主题学术会议，以及有关研究成果数量日增。在这种情况下，对人们提高自身素质，加强对自身人力资本的投资提出了更高的要求。

党的十八大以来，以习近平同志为核心的党中央高瞻远瞩、统揽全局，创造性提出一系列新理念、新思想、新战略，在实践中形成和发展了习近平新时代中国特色社会主义经济思想。坚持系统观念，统筹推进"五位一体"总体布局，协调推进"四个全面"战略布局，加强党对经济工作的全面领导，强调要立足新发展阶段、贯彻新发展理念、构建新发展格局、推动高质量发展，统筹发展和安全，全面深化改革开放，促进共同富裕，深刻回答中国之问、世界之问、人民之问、时代之问，推动我国经济发展取得历史性成就、发生历史性变革，书写新时代中国特色社会主义经济发展的崭新篇章。习近平经济思想是新时代做好经济工作的根本遵循和行动指南，是习近平新时代中国特色社会主义思想的重要组成部分。习近平经济思想创造性地提出坚持以人民为中心的发展思想，具有鲜明的人民性。这一重要思想坚持把人民利益作为党领导经济工作的根本出发点和落脚点，强调发展为了人民、发展依靠人民、发展成果由人民共享，注重在发展中保障和改善民生，坚定不移地走共同富裕的道路，不断增强人民群众的获得感、幸福感、安全感，彰显以人为本、人民至上的根本价值取向。

大数据、云计算、人工智能、新一代移动通信、人形机器人、脑机融合、新材料、精密制造等技术将推动机器、工具、技术设备等传统生产工具实现功能、性能、效能上的全面跃升，将会对各国的经济、社会、文化、安全、国防等方面产生深远影响，直接关系到未来数十年的世界发展格局。目前社会亟需塑造适应新质生产力的生产关系。从组织模式来看，从受限于物理空间和地租逻辑的机械化、同质化、孤岛化、集中式、排他性生产逐步迈向数字空间无限供给的柔性化、个性化、平台化、生态化、共享化生产；从劳动方式来看，数智化赋能的劳动者将成为企业活力和价值创造的真正来源。普通劳动者与企业家的特质、能力差距越来越小，甚至超越企业家。劳动者将不再是困在格子间里或生产线上的工具人，而是灵活响应市场需求和持续创新的主人翁。通过拥有契约的签订权、执行权和契约收益的剩余分配权，实现责任、风险与收益的统一，使劳动者的主观能动性和首创精神得到充分释放。数字经济所催生的新就业形态在创造更多就业机会的同时，挑战了以往的生产力制造方式。劳动者的能动性和创新性得到进一步的激发，数字要素也成为数字时代创新的重要生产要素。数字平台与劳动者的和谐互动对于激发数字要素的创新活力具有重要意义，其打破了以往的雇佣和分配模式，对新质生产力的形成具有重要作用。对于不同于传统劳动关系的数字劳动关系的有效治理，一方面能够保障劳动者的合法权益，另一方面有助于实现两者的和谐互动，进一步提升数字化生产力。这一治理思想更好地契合了习近平总书记"坚持以人民为中心"的发展思想，丰富、发展了马克思主义政治经济学关于社会主义经济本质的理论，把增进人民福祉、促进人的全面发展、朝着共同富裕方向稳步前进作为经济发展的出发点和落脚点。

感谢北京物资学院的师生，他们在本书的创作过程中给予了我真诚的帮助，其中北京物资学院的硕士研究生张碧航、王晓钰、凌亚如，首都经济贸易大学的博士研究生韩思忆参加了本书部分内容的写作。

魏　巍

2024 年 5 月

目　录

第一篇　新质生产力的战略重点

第二篇　数字时代的劳动与工作

第一篇
新质生产力的战略重点

第一章　新质生产力的提出与内涵

现阶段我国已经进入了高质量发展阶段，数字经济的快速崛起与发展使得数据信息成为新的生产要素，在发展中起到至关重要的作用。这种新的生产要素对传统经济结构提出了挑战，同时也带来了新的机遇，为经济发展提供了新的视角和框架。新质生产力为我国高质量发展提供了新的理论基础和实践指导，其以科技创新和数字科技为抓手，发展绿色生产力。平台经济作为数据要素发展的代表，如何发挥数据要素的创新性，实现向新质生产力的动力转变，助力新质生产力的发展成为重点。数据要素的创造与释放离不开劳动，平台经济所催生的新就业形态一方面在吸纳就业方面发挥了重要作用，另一方面发挥了数据要素的价值，推动经济向多形态、多层次转变与发展，重塑了传统的劳动形态和经济结构。新质生产力对劳动者技能和质量提出了更高的要求。此外，如何实现多种类型劳动者的角色技能转型，促进和谐劳动关系的形成，进一步激发数据要素的巨大生产潜力也是需要重点关注的问题。

一、新质生产力的提出

2023 年 9 月，习近平总书记在黑龙江主持召开新时代推动东北全面振兴座谈会时首次提出"新质生产力"，强调要积极培育新能源、新材料、先进制造、电子信息等战略性新兴产业，积极培育未来产业，加快形成新质生产力，增强发展新动能。次日，习近平总书记在听取黑龙江省委和省政府工作汇报时再次提到新质生产力，他要求黑龙江"整合科技创新资源，引领发展战略性新兴产业和未来产业，加快形成新质生产力"。"新质生产力"这一概念的提出，指明了新发展阶段激发新动能的决定力量，明确了我国塑造全球竞争新优势的关键着力点，为未来经济产业发展提出了新的发展要求和研究设计，并在多次会议和学习中被提及。2023 年 12 月，习近平总书记在中央经济工作会议中发表重要讲话，并强调"要以科技创新推动产业创新，特别是以颠覆性技术和前沿技术催生新产业、新模式、新动能，发展新质生产力"，正式将新质生产力写入中央文件。

2024 年 1 月，习近平总书记在"国家工程师奖"首次评选表彰之际作出重要指示，希望全国广大工程技术人员坚定科技报国、为民造福理想，勇于突破关键核心技术，锻造精品工程，推动发展新质生产力，加快实现高水平科技自立自强，服务高质量发展，为以中国式现代化、全面推进强国建设、民族复兴伟业作出更大贡献。同时，在中共中央政治局第十一次集体学习时，习近平总书记强调"发展新质生产力是推动高质量发展的内在要求和重要着力点，必须继续做好创新这篇大文章，推动新质生产力加快发展"，"发展新质生产力，必须进一步全面深化改革，形成与之相适应的新型生产关系。要深化经济体制、科技体制等改革，着力打通束缚新质生产力发展的堵点卡点，建立高标准市场体系，创新生产要素配置方式，让各类先进优质生产要素向发展新质生产力顺畅流动。"紧接着，习近平总书记在第十二次集体学习中强调："要瞄准世界能源科技前沿，聚焦能源关键领域和重大需求，合理选择技术路线，发挥新型举国体制优势，加强关键核心技术联合攻关，强化科研成果转化运用，把能源技术及其关联产业培育成带动我国产业升级的新增长点，促进新质生产力发展。"2024 年 3 月 5 日，习近平总书记在参加江苏代表团审议时强调，"要牢牢把握高质量发展这个首要任务，因地制宜发展新质生产力"。3 月 20 日，习近平总书记在主持召开新时代推动中部地区崛起座谈会时强调，"要以科技创新引领产业创新，积极培育和发展新质生产力。立足实体经济这个根基，做大做强先进制造业，积极推进新型工业化，改造和提升传统产业，培育壮大新兴产业，超前布局建设未来产业，加快构建以先进制造业为支撑的现代化产业体系"。3 月 21 日，习近平总书记在湖南考察时指出，"科技创新是发展新质生产力的核心要素。要在以科技创新引领产业创新方面下更大功夫，主动对接国家战略科技力量，积极引进国内外一流研发机构，提高关键领域自主创新能力"。

二、新质生产力的内涵

从考察时首次提出"新质生产力"到会议上强调"发展新质生产力"，习近平总书记在二十届中央政治局第十一次集体学习时对新质生产力的主要内涵和发展路径进行了深刻阐述，即新质生产力是创新起主导作用，摆脱传统经济增长方式、生产力发展路径，具有高科技、高效能、高质量特征，符合新发展理念的先进生产力质态。它由技术革命性突破、生产要素创新性配置、产业深度转型升级而催生，以劳动者、劳动资料、劳动对象及其优化组合的跃升为基本内涵，以全要素生产率大幅提升为核心标志，特点是创新，关键在质优，本质是先进生产力。

对于新质生产力的关键着眼点和发力点，习近平总书记进行了详细阐述，囊括科技创新、新质生产力产业链布局、绿色发展、新型生产关系和"教育—

科技—人才"循环等方面。

首先，加快科技创新。科技创新能够催生新产业、新模式、新动能，是发展新质生产力的核心要素。必须加强科技创新，特别是原创性、颠覆性科技创新，加快实现高水平科技自立自强，打好关键核心技术攻坚战，使原创性、颠覆性科技创新成果竞相涌现，培育发展新质生产力的新动能。

其次，加快产业创新。产业是生产力的载体，科技成果只有产业化，才能成为社会生产力。一方面，要及时将科技创新成果应用到具体产业和产业链上，改造提升传统产业，培育壮大新兴产业，布局建设未来产业，完善现代化产业体系。另一方面，要围绕发展新质生产力布局产业链，提升产业链、供应链的韧性和安全水平，保证产业体系自主可控、安全可靠。要围绕推进新型工业化和加快建设制造强国、质量强国、网络强国、数字中国和农业强国等战略任务，科学布局科技创新、产业创新。同时，要大力发展数字经济，促进数字经济和实体经济深度融合，打造具有国际竞争力的数字产业集群。

再次，加快发展方式创新。绿色发展是高质量发展的底色，新质生产力本身就是绿色生产力。必须加快发展方式绿色转型，助力碳达峰、碳中和。牢固树立和践行"绿水青山就是金山银山"的理念，坚定不移走生态优先、绿色发展之路。加快绿色科技创新和先进绿色技术推广应用，做强绿色制造业，发展绿色服务业，壮大绿色能源产业，发展绿色低碳产业和供应链，构建绿色低碳循环经济体系。持续优化支持绿色低碳发展的经济政策工具箱，发挥绿色金融的牵引作用，打造高效生态绿色产业集群。同时，在全社会大力倡导绿色健康生活方式。

复次，加快体制机制创新。生产关系必须与生产力发展要求相适应。发展新质生产力，必须进一步全面深化改革，形成与之相适应的新型生产关系。要深化经济体制、科技体制等改革，着力打通束缚新质生产力发展的堵点卡点，建立高标准市场体系，创新生产要素配置方式，让各类先进优质生产要素向发展新质生产力顺畅流动。同时，要扩大高水平对外开放，为发展新质生产力营造良好的国际环境。

最后，加快人才工作机制创新。要按照发展新质生产力的要求，畅通教育、科技、人才的良性循环，完善人才培养、引进、使用、合理流动的工作机制。要根据科技发展新趋势，优化高等学校学科设置、人才培养模式，为发展新质生产力、推动高质量发展培养急需人才。要健全要素参与收入分配机制，激发劳动、知识、技术、管理、资本和数据等生产要素活力，更好地体现知识、技术、人才的市场价值，营造鼓励创新、宽容失败的良好氛围。

通过对新质生产力内涵的把握与剖析，并综合习近平总书记的相关指示，概括来说，新质生产力依靠的是科技创新这一"本质"，通过数字科技这一"介质"，形成的是绿色发展的"品质"（陈劲，2024）。

三、零工经济促进新质生产力发展

零工经济一般是指灵活工作者从事的经济活动，在互联网时代主要表现为在线劳动力市场（online labor markets）以及基于应用程序的按需工作（work-on-demand via App），其工作通常基于平台产生的订单，每一个订单的完成都类似于一条虚拟的生产线（吴清军、杨伟国，2018）。零工的自由度吸引了很多原来从事全职雇员工作的劳动者的加入，这也体现了工作从固定到灵活、从单一到多元的变化趋势。零工工作也成为吸纳低学历、低技能劳动者就业的蓄水池（莫怡青、李力行，2022）。

近年来，零工经济的快速发展及其产生的一系列影响也引起了我国政府的高度关注。2015年，国务院发布《关于进一步做好新形势下就业创业工作的意见》，鼓励大众创业、万众创新。2017年2月，国务院印发《"十三五"促进就业规划》，共享经济带动就业创业被纳入"十三五"工作任务中，进一步明确了我国将大力支持发展共享经济下的新型就业模式。作为新时期推动就业和经济发展的重要方式，零工经济正成为国家关注的重要经济模式。

目前，零工经济在世界范围内快速发展，越来越多的劳动者通过零工经济获取报酬。2016年麦肯锡研究机构发布的"零工经济"报告显示，在美国和欧洲有20%~30%的自由职业者，人数已达到1.62亿。根据我国国家信息中心分享经济研究中心、中国互联网协会分享经济工作委员会发布的《中国共享经济发展年度报告（2018）》，2017年我国零工经济平台企业员工约716万人，比上年增加131万人，占当年城镇新增就业人数的9.7%。有研究预计，2035年中国将约有4亿人参与到零工经济之中，那时将约有1/2的劳动力以零工的形式提供服务。随着互联网和数字技术的快速发展，零工经济正成为当今世界经济发展中的重要一环，对全球劳动力市场和经济的发展起着日渐深远的影响。

除经济和技术因素外，人口结构改变和价值观因素同样推动着零工经济的发展。随着各国老龄化的加剧，劳动力成本增加、专业技术人员不足已成为企业面临的重要挑战。零工经济能够在一定程度上帮助企业降低成本，同时为有家庭负担的劳动者提供更加多元的工作选择。此外，与年龄较大的劳动者相比，"90后"的成长环境更加自由和宽松，他们较早地接触互联网和海量网络信息，掌握了相对多元化的技能，也更加强调自由与独立，对于传统企业管理有较强的批判意识，愿意选择更加自由的方式进行工作。这些因素都促使越来越多的劳动者加入零工经济中。

领英在 2015 年进行的一项关于自由零工的调查显示，中国约有 74% 的自由职业者分布在中小城镇，零工经济成为提高乡镇就业率、改善乡镇居民生活的方式之一。"58 同镇"是"58 同城"旗下乡镇生活信息服务平台。利用线上 App 和微信，具有创业精神和本地号召力的"58 同镇"站长（目前已经招募了约 160 000 名）积极收集本地便民信息，并为"58 同镇"的用户提供招聘、房产、本地推广、车辆买卖等信息服务，构建起以乡镇居民为对象的本地化社交新网络。目前，"58 同镇"已成为中国县域重要的零工经济平台之一。根据何晓斌和石一琦（2021）的研究，主业工作仍是县域劳动者的主要收入来源，但零工工作正逐渐成为县域劳动者的重要经济来源。"58 同镇"的调查数据显示，在月收入超过 3 000 元的人群中，有 37.29% 的人完全依靠零工收入，在月收入低于 3 000 元的人群中，仅有零工收入的人群的比例明显高于仅有主业收入的人群。在问及零工月收入预期时，受访者的零工月收入期望普遍在合理范围内，其中 71.18% 的人群希望每月有 1 000~4 000 元的零工收入。选择 2 000~3 000 元零工月收入的人群占比最高，这意味着零工在一些重点领域已成为一种越来越重要的就业形式，至少是一种重要的收入来源（何晓斌、石一琦，2021）。

目前，传统零工经济正向互联网零工经济转变，技能化、平台化正成为零工经济发展的总体趋势。内容型、专业技能型零工将占据更重要的地位，他们也将具备多样且复杂的专业技能。在新质生产力的推动下，高素质劳动者成为其形成和发展的第一要素，起到了至关重要的作用。人作为生产力中最活跃、最具决定意义的因素，其知识和技能水平的高低决定了生产力的质量和效率。新质生产力对劳动者的要求已经不仅仅停留在传统的技能和知识层面，而是对创新、创造力和跨学科能力提出了更高的标准和要求。因此，对于零工经济中劳动者技能的培养与优化更加重要，零工经济的技能化能够进一步引进和培养能够创造新质生产力的战略人才，从而促进新质生产力的形成和发展。这些人才不仅具备深厚的专业背景，还需要具备全球视野和创新能力，能够引领世界科技前沿、创新创造新型生产工具，在技术创造等方面作出重大突破；且具备多维知识结构，能够熟练掌握新型生产工具的应用，将理论知识与实际操作相结合，推动生产力的快速发展。

此外，用工企业借助数字技术搭建数字平台，使得内外部数据高效互联互通，实现零工经济平台化发展。随着新一代信息技术、先进制造技术、新材料技术等的融合应用，新一代的生产工具愈发智能、高效、低碳、安全，这些新型生产工具正是新质生产力的动力源泉。然而，要让这些先进的生产工具得到更广泛的应用和更高效的利用，零工经济平台化起到了至关重要的作用。平台通过构建在线市场，使得生产资料可以共享，从而降低了生产成本，提高了资源利用效率。在平台上，零工工作者可以灵活使用这些先进的生产工具，并利用其高效地完成工作任务。不同于传统企业掌握绝对的生产资料和话语权，零工工作者具备更强的灵活性和自主性。在零工经济平台化的推动下，劳动者与先进生产工具之间的匹配更加精准高效，平台通过智能算法和大数据分析，为劳动者推荐最适合他们的生产工具和工作任务，从而提高了生产效率和资源利用效率。综上所述，零工经济中工业互联网、工业软件等非实体形态生产工具的广泛应用，极大地丰富了生产工具的表现形态，促进制造流程走向智能化，制造范式从规模生产转向规模定制，推动生产力跃上新台阶。

第二章　新质生产力的要素解构与构成路径

　　新质生产力作为新时代下的先进生产力理论，代表着传统生产力新的飞跃，依靠创新实现技术性突破，合理布局新型产业链，以绿色为发展底色，促进新型生产关系的形成，加强对于人才的培养，进而形成完整的逻辑发展框架。新质生产力与传统生产力的区别在于"新"和"质"两个方面，通过对新质生产力的构成要素和路径进行分析，能够进一步厘清新质生产力的内在发展逻辑，为数字经济助推新质生产力发展提供新的理论分析框架。

一、新质生产力的"新"

　　新质生产力为目前我国高质量发展提供了新的发展方向和内涵，在产业领域、劳动者和生产要素等方面产生了新的变化。

　　第一，"新"产业领域。传统生产力以第一次和第二次科技革命和产业革命为基础，具有机械化、电气化等特征。新质生产力产生于第三次和第四次科技和产业革命的背景之下，聚焦于以新技术、新能源和人工智能技术等为特点的新兴数字化产业，关注其发展与转型，是新形态、新类型、新结构、新技术、高水平、高质量、高效率、绿色环保、可持续的现代化生产力。数字经济的发展对传统的实体经济产生了巨大影响，数字信息的快速迭代与传播进一步促进了技术提升和产业发展。信息技术成为推动企业发展的重要动力，并快速占据大量的市场份额。因此，新质生产力所关注的产业领域聚焦于目前多样化的数字化产业，对其在促进经济发展方面提出了更高的要求。如何发挥其数字化发展优势，促进多种经济体转型升级，实现我国经济高质量发展成为重要问题。

　　第二，"新"劳动者。不同于传统产业发展背景下的劳动者技能和素质要求，新质生产力的形成对于劳动者整体职业技能和素质提出了更高的要求。一方面，新质生产力的形成对于目前已经掌握数字化专业技术和创新能力的劳动者提出了新的要求，催生了更多的就业种类和工作类型，促使劳动者为了适应新质生产力的发展而自发地接受多样的教育和培训内容，不断提高技能水平，成为推动要素优化配置、技术进步以及市场制度改善的新劳动者（盛朝迅，2024）。另一方面，新质生产力的形成可以进一步提升劳动者的整体素质，促使更多的劳动者采用新技术和新方法完成工作内容，显著提高自身劳动效率；同时，充分激发劳动者的创新创造热情和经济发展的内部适应性，使劳动者的个人能力得到充分发挥，进而提高全社会的生产效率，实现生产力的飞跃式发展（张黎明和周晓宇，2022）。

第三，"新"生产要素。随着数字经济的不断发展和信息技术的广泛应用，数据要素逐渐成为数字化时代的一种新的生产要素，并在推动产业发展中发挥出巨大的能量。一方面，互联网的出现使得各种传统意义上的实体物品能够以虚拟化的形态得以呈现和交流，传统生产要素创造了多样的产品和服务，而数据要素则为其传播提供了新的途径和渠道，进一步拓展了其商业渠道，对传统生产要素在提高生产力方面起到了增质提速的作用，能够实现与传统生产要素的有效结合与协调发展，发挥其所具备的新生力量。另一方面，互联网和人工智能等新技术的开发与使用使得数据要素能够独立提供多种服务与产品，并能够实现自我迭代和升级。例如，网络购物、送餐平台和打车平台等能够实现线上全流程服务，打破时空壁垒，进一步降低交易成本；同时抖音和快手等短视频平台充分激发了个体的数字化创作能力，并能够实现多种品类的内容制作和宣传，进一步降低了信息搜集成本和时间成本；而文心一言和机器人的使用则在某种程度上降低了人工成本，极大地提高了整体生产效率。概言之，新质生产力三要素，即劳动力、劳动资料和劳动对象，在内容和形式方面都有了新变化。在劳动力方面，体现为劳动者的创新和新一代技术产业工人群体的参与；在劳动资料方面，生产的全流程逐渐趋于数字化、网络化、智能化、精细化、定制化等；在劳动对象方面，品种、范围、类别等都得到极大的丰富，并向更高、更深、更远及虚拟方向拓展。

因此，数据要素已逐渐成为数字化时代的新型生产要素，并为企业创新发展提供了新的视角，同时与其他生产要素结合发挥出巨大的创新生产潜力，这种新生产要素为新质生产力的形成与发展提供了更多选择和方式，能够充分激发劳动者、组织和企业的创新潜力，共同为新质生产力赋能增效。

二、新质生产力的"质"

新质生产力除了在产业领域、劳动者和生产要素等方面具备新特征并提出了新要求之外，还强调生产力提升过程中的"质"。新质生产力的形成与发展不仅需要多种生产要素的协调配合和劳动者的积极投入，而且要厘清其内在的构成逻辑，在"新"特征和要求的基础上，把握好"质"的内涵。一方面，新质生产力的内在特质即为科技创新。党的二十大报告中指出，必须坚持科技是第一生产力、人才是第一资源、创新是第一动力。习近平总书记在讲话中多次强调科技创新，并指出科技创新能够催生新产业、新模式、新动能，是发展新质生产力的核心要素。由此可见，科技创新在新质生产力的形成与发展过程中发挥了关键性的作用，也是推动新质生产力实现的核心要素。因此，要充分激发数字化时代企业的科技创新能力，真正把握这一内在本质，从而促进新质生产力的提升，充分发挥企业在国家创新体系构建中的重要作用，激发企业创新活力，进而实现整体创新能力的提升。此外，应当坚持科技创新和产业创新相互促进。新型工业化是顺应"技术—经济"范式变化规律，由新质生产力驱动、数字技术赋能、产业深度融合的工业化（李晓华，2024），是建设现代化产业体系和实现经济高质量发展的关键任务，重点围绕推进新型工业化和加快建设制造强国、质量强国、网络强国、数字中国和农业强国等战略任务和重大场景，坚持科技创新和产业创新双向互促，提升产业科技创新能力，探索科技创新赋能新质生产力的新路径、新模式，不断催生新业态、新动能。

另一方面，新质生产力的发展需要把好"质量关"。新质生产力的提出更加符合当下的经济发展情况，是对于现阶段我国高质量发展的新型理论指导和框架构建。新质生产力既然服务于高质量发展，在引领产业转型发展的同时就需要把握好发展质量。首先，要立足于以科技创新为核心动力的发展模式，鼓励企业或组织实现产品或服务创新，进而满足更加多样化的用户需求，但也要保证产品或服务的质量，以实现有效的业务拓展与产业发展。其次，要明晰新质生产力与高质量发展的内在逻辑关系，在把握各种新型关系和特性的同时，明确新型生产模式中质量的重要性，深入学习新质生产力的内涵与特点，为实现经济高质量发展提供理论指导和实践经验，引导高质量发展向更高层次和阶段转型升级，实现多产业融合创新发展，在生产力的"质"的层面实现崭新的飞跃。

新质生产力作为现阶段适应高质量发展的新理论，能够从理论和实践层面对产业发展进行指导，通过明晰其所具备的时代性新特点，把握内在本质，保障质量，从而实现数字经济时代的新型发展路径，进而促进新质生产力的形成。该路径以科技创新为核心驱动力，从企业创新升级向产业创新升级转变，实现企业与产业的交互发展，以劳动者、劳动资料、劳动对象以及优化组合跃迁为基本内涵，最终实现全要素生产效率的提升。

三、新质生产力对经济发展的支撑作用

数智化工具等新型生产要素能够极大地延展和增强传统生产要素的功能，全面提升生产要素的质量。从人的要素角度出发，通过与新型生产要素相结

合，数智化赋能的劳动者的知识素养、劳动技能、劳动质量、创新能力得到系统升级，成为能够创造新质生产力的战略人才和熟练掌握新质生产资料的应用型人才，从而显著优化劳动力结构，释放人才红利，全面提升劳动生产率；从物的要素角度出发，新质生产力可以有效推动数智化工具与资本、土地、技术等传统生产要素深度融合，使传统生产要素摆脱时间和空间的限制，推动要素价值增值、要素成本降低、要素结构优化，显著提高投入产出效率，从而促进经济高质量发展（陈劲，2024）。

2021 年 10 月 16 日，习近平总书记在《求是》发表重要文章《扎实推动共同富裕》，系统阐述了共同富裕的重大意义、基本原则和工作思路。习近平总书记特别指出，要"坚持以人民为中心的发展思想，在高质量发展中促进共同富裕，正确处理效率和公平的关系，构建初次分配、再分配、三次分配协调配套的基础性制度安排，加大税收、社保、转移支付等调节力度并提高精准性，扩大中等收入群体比重，增加低收入群体收入，合理调节高收入，取缔非法收入，形成中间大、两头小的橄榄型分配结构，促进社会公平正义，促进人的全面发展，使全体人民朝着共同富裕目标扎实迈进"。习近平总书记的这篇文章深刻阐明了促进共同富裕的一系列根本性、方向性问题，具有很强的思想性、理论性、现实性和指导性。

打造充分掌握关键核心技术的新型生产工具。大数据、云计算、人工智能、新一代移动通信、人形机器人、脑机融合、新材料、精密制造等技术将推动机器、工具、技术设备等传统生产工具实现功能、性能、效能上的全面跃升，发挥促进新兴产业发展的乘数倍增效应。当前，"数据（新型生产要素）+算法（新型劳动工具）+算力（新型劳动主体）"驱动的科技革命和产业变革已经成为全球竞争的焦点，将对各国的经济、社会、文化、安全、国防等方面产生深远影响，直接关系到未来数十年的世界发展格局。要以时不我待、只争朝夕的紧迫感加快突破关键核心技术，在新型生产工具这场事关国运的全球竞争中赢得主动权，高度重视通用技术，全力推进筑底板、锻长板、补短板，有力支撑传统产业升级以及战略性新兴产业和未来产业发展。

（一）中国经济发展现状

在 1998 年亚洲金融危机期间和 2008 年美国次贷危机期间，我国都提出过"扩大内需"的宏观调控政策。不过这些"扩大内需"的政策都属于总需求管理范畴，并且以财政政策、货币政策为抓手。长期以来，我国的消费需求实际上在更大程度上受到约束和抑制，这些约束和抑制因素包括供需不匹配、分配不平衡、流通有阻滞，甚至消费本身也面临一些限制。

"扩大内需"跳出了宏观调控的视角，和外部环境的变化、国内结构性问题密切相关。近年来，经济全球化遭遇逆流，各国内顾倾向明显上升，我国发展面临的外部环境可能出现重大变化。在此背景下，2020 年 4 月，习近平总书记在中央财经委员会第七次会议上提出"坚定实施扩大内需战略"，以及推动"构建以国内大循环为主体、国内国际双循环相互促进的新发展格局"（习近平，2020）。

最近 20 年，国内居民收入在绝对数额和年度增长幅度上都体现出明显放缓的重要特征。按照国家统计局发布的数据（见图 2-1），从 2009 年同比增长 11% 跌落至 2019 年的 5.8%，我国居民收入增幅呈现出逐年滑落趋势，而且除了少数年份，居民收入增幅均跑输了国内生产总值（GDP）。统计数据显示，2009—2019 年，GDP 年均增幅为 8.47%，财政收入年均增幅为 11.96%，而同期居民收入年均增幅为 7.95%（张志毅，2020）。

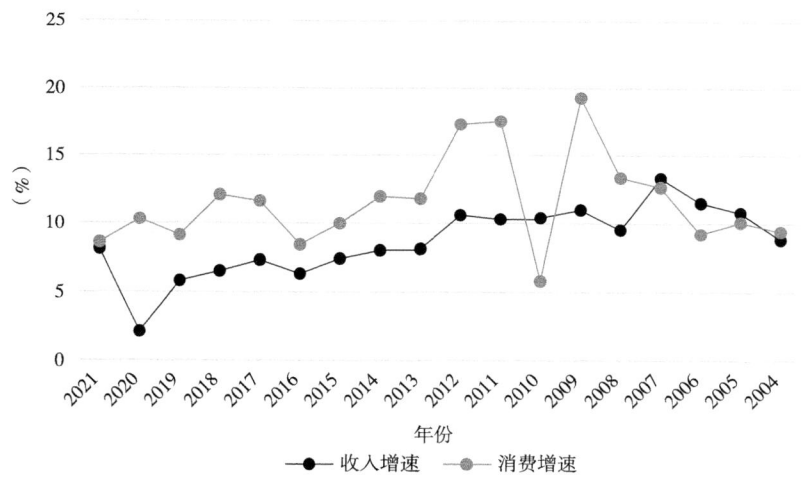

图 2-1　近 20 年中国居民收入和居民消费增长率
数据来源：国家统计局网站

投资性需求，尤其政府投资需求一直处于较为流畅与活跃状态。相较而言，消费需求则波动较大且呈持续收敛状态，自然就凸显为政策所要发力的重点部位。但居民由于收入增长幅度会继续下降的惯性认知，以及对未来不确定预期随之增加，增加储蓄并减少消费成为一种最直接也最敏感的抉择。统计数据显示，居民消费增速从 2009 年的 19% 下降到 2021 年的 8% 左右，而储蓄率一直维持在 40% 以上的高位。

2019 年，我国有 6.1 亿人年人均收入仅为 11 485 元，月收入不到 1 000

元。相关研究显示，若根据城乡一条线计算的相对贫困标准，2020 年后全国相对贫困人口约 2 亿人，其中农村的贫困人口占 80%以上（付凌晖，2020）。图 2-2 显示，近 20 年，我国居民人均可支配收入基尼系数从 2008 年、2009 年的 0.491、0.49 下降到 2020 年的 0.468，但收入差距仍然较大。从图 2-3 可以看出，2012 年城镇居民人均可支配收入为 24 127 元，农村居民人均可支配收入为 8 389 元，前者是后者的 2.88 倍；2021 年城镇居民人均可支配收入为 47 412 元，农村居民人均可支配收入为 18 931 元，前者是后者的 2.5 倍。与此同时，城镇居民内部收入差有持续扩大的风险，高收入组家庭人均可支配收入与中、低收入组家庭人均可支配收入的差距在不断扩大。高收入组家庭人均可支配收入与低收入组家庭人均可支配收入的差距值由 2013 年的 43 055 元增加到 2021 年的 77 503 元。可见，城镇居民内部收入差距问题不容忽视。收入差距过大，社会就会出现两极分化和阶层固化。如果贫富差距过大甚至出现两极分化，由于富裕人群的边际消费倾向递减，而大量的低收入人群缺乏购买力，那么经济运行过程中就会出现消费不足、投资过剩等问题。同样，如果出现阶层固化，富人的后代会"躺平"，因为不用干活也能"躺赢"；穷人的后代也会"躺平"，因为穷人无论怎么努力都无法改变自己的身份地位，那么整个社会就会停滞、撕裂，甚至动荡，整体经济循环就会陷入低效率均衡。共同富裕就是要跳出这种低效率均衡，形成多数人群收入达到中等富裕水平，呈现纺锤形收入分配结构，普通百姓可以通过自己的努力改变命运，代际社会流动渠道比较畅通。在这一状态下，新消费、新消费、新动能将大放异彩。

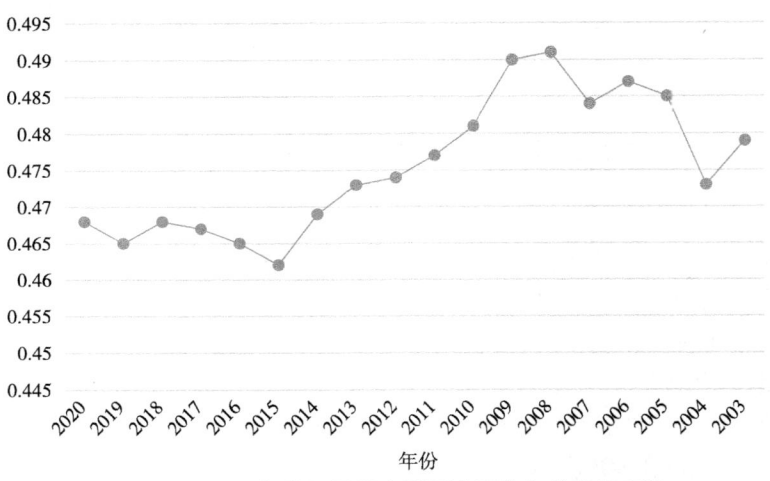

图 2-2　近 20 年我国居民人均可支配收入的基尼系数

数据来源：国家统计局

表 2-1　我国居民人均可支配收入城乡差异　　　　单位：元

	2021 年	2020 年	2019 年	2018 年	2017 年	2016 年	2015 年	2014 年	2013 年	2012 年
全国	5 128	32 189	30 733	28 228	25 974	23 821	21 966	20 167	18 311	16 510
城镇	47 412	43 834	42 359	39 251	36 396	33 616	31 195	28 844	26 467	24 127
农村	18 931	17 131	16 021	14 617	13 432	12 363	11 422	10 489	9 430	8 389
城乡收入比	2.5	2.56	2.64	2.69	2.71	2.72	2.73	2.75	2.81	2.88

我国城乡基础设施建设和公共卫生服务差距仍然明显。在基础设施方面，城市供水普及率为 98.78%，燃气普及率为 97.29%；县城供水普及率为 95.06%，燃气普及率为 86.47%；建制镇供水普及率为 88.98%，燃气普及率为 54.45%；乡供水普及率为 80.50%，燃气普及率为 26.81%。

（二）数字要素与共同富裕

共同富裕是一种经济社会状态，必须依存于所处的经济阶段。当前，新一轮科技革命和产业变革方兴未艾，数字经济不但是创新最活跃的领域、经济增长的新动能，而且成为信息传播的主要渠道、知识获取的新型来源，以及商品销售和购买的重要平台。当前及未来很长一段时期，我国的共同富裕必然以数字经济为依托。由于数字经济在创造产值、吸纳就业等方面的影响逐渐扩大，数字经济的发展速度在一定程度上决定了共同富裕"蛋糕"的大小，数字经济的发展质量及其相应的分配结构决定了共同富裕的"蛋糕"分配（刘诚，2022）。在现代经济中，资源等传统生产要素对经济增长的贡献较有限，技能、知识、数据等新型要素的作用日益突出。增加贫困群众的收入也需要提高他们的知识和技能，帮助他们及时获得市场信息，畅通商品流通渠道。我国脱贫攻坚战取得了全面胜利，数字基础设施和数字经济在其中发挥了重要作用。

1. 新基建为实现共同富裕提供坚实基础

为了应对世界百年未有之大变局和适应国内、国际经济政治形势变化，助力我国经济实现高质量发展，"新基建"应运而生。特别是在 2020 年，在经济下行压力居高不下和突如其来的疫情冲击的背景下，中央层面更是频繁提及新基建。新基建概念的发展和内容见表 2-2 和表 2-3。

表 2-2　新基建概念的产生和发展

时间	内容
2015 年 7 月	《国务院关于积极推进"互联网+"行动的指导意见》：健全以云计算和物联网为代表的新型基础设施

时间	内容
2018 年 12 月	中央经济工作会议：第一次提出"新基建"这个词语；加强以人工智能、物联网和工业互联网等为主要内容的新型基础设施建设，加快 5G 商用步伐
2019 年 3 月	《2019 年国务院政府工作报告》：提出部署新一代信息基础设施，加快建设步伐的重要性
2020 年 1 月	国务院常务会议：出台对信息网络等新型基础设施投资利好的政策
2020 年 2 月	中央全面深化改革委员会第十二次会议：着力于传统基建和新基建的统筹推进，打造现代化的基础设施体系
2020 年 3 月	中央政治局常务委员会会议：加快包括 5G、数据中心在内的新基建的发展进度
2020 年 4 月	中央政治局会议：加大新基建和传统基建的投资力度
2020 年 5 月	《2020 年国务院政府工作报告》："两新一重"（即新型基础设施建设、新型城镇化建设和重大工程建设），给予重点关注和支持

表 2-3 国家发展改革委对新基建的分类表

类型	子类型	代表
信息基础设施	通信网络基础设施	5G、工业互联网、物联网、卫星互联网
	新技术基础设施	云计算、人工智能、区块链
	算力基础设施	数据中心、智能计算中心
融合基础设施		智能交通基础设施、智慧能源基础设施
创新基础设施		重大科技基础设施、科教基础设施、产业技术创新基础设施

整体而言，新基建的内涵不是固定不变的，而是在社会经济发展及技术开发与运用的过程中保持动态变化。新基建不仅可以满足城市居民高层次、多元化的需求，还可以为农村发展、农村居民收入和生活水平的提升提供新机遇。数字经济和新一代信息技术向农村地区渗透，可以提升脱贫成效、巩固脱贫成果，推进乡村振兴，促进农村居民就业，提高农村居民可支配收入，激活农村居民的消费潜力，提高农村居民的生活质量。

已有的大量研究证明了数字技术和要素对经济增长的作用。基于中国 2001—2010 年的数据研究发现，互联网使用频率每增加 1%，实际产出可增加 0.074%（严成樑，2012）。互联网普及率的提高可以通过降低企业的搜寻成本来促进中国制造业企业分工水平的提升（施炳展、李建桐，2020）。2013年，国务院印发的《"宽带中国"战略及实施方案》就提出"重点解决宽带村村通问题"，将"因地制宜为农村地区（尤其是贫困地区和少数民族地区）中小学和残疾人特殊教育机构建设宽带网络设施"作为应用示范工程加以推广。2015年，国务院启动高速宽带网络提速降费政策，政策实施以来，固定网络和手机上网流量的资费水平降幅都超过了90%，欠发达地区居民不但能用得上宽带网络，而且用得起。为解决农村地区宽带网络覆盖建设的资金投入问题，一方面，国家通过各类专项资金、税收优惠等方式加以支持；另一方面，电信运营商也主动将农村地区基础设施建设作为履行社会责任的重要举措。在通信村村通工程、电信普遍服务试点等政策的推动下，我国的宽带覆盖率持续提高，已建成全球规模最大、覆盖最广的4G网络，4G基站数量占全球总量的一半以上，人均享受信息基础设施水平远远高于世界平均水平，贫困村通光纤和4G比例均超过98%，即便边远地区的老百姓也能享受数字经济发展的成果。

2. 数字要素流动全面助推共同富裕

光纤、移动宽带网络是信息流动的"高速公路"。信息高速公路建好了，就实现了经济欠发达地区与全国乃至世界各地的信息联通。信息进村入户打破了城乡间的"数字鸿沟"，从多个方面带动农村经济发展和农民脱贫致富。

数字经济促进了知识在农村和偏远地区的传播。经济欠发达地区的经济发展和群众的脱贫致富根本上要靠教育解放思想，提高人的素质，使他们掌握更多的现代化生产知识和技能。但农村相对偏远地区的教育资源供给相对匮乏，师资水平较低，也缺少图书馆、书店等获取知识的来源。互联网不但聚集了大量的专业知识，慕课、教育直播等新型商业模式的发展也进一步提供了形式活泼、群众喜闻乐见的知识产品形态，有力地促进了先进思想、文化和现代化知识、技能在经济欠发达地区的传播。在完善的通信基础设施的支持下，偏远地区的孩子也能通过移动网络享受优质的学校、教师资源。偏远地区群众可以通过互联网获得市场经济的意识，增进对知识和专业技能的学习；可以运用学到的知识在当地开展生产活动，也能够更加容易地在城市或发达地区获得更高收入的工作。

数字经济促进了市场信息的双向流动。现代经济活动的开展需要及时了解各种相关信息，而互联网是各种信息汇聚的枢纽，也是人们迅速了解市场信息的低成本渠道。借助互联网，经济欠发达地区的群众可以及时了解国家扶贫开发和支持产业发展的各种政策，及时掌握外界市场需求及其变化，并据此调整产品结构，满足市场需求。同时，经济欠发达地区的群众也能通过电商平台、社交网络、在线旅游和外卖平台等渠道，将本地的特色商品、自然风光、文化旅游资源及时宣传出去，带动乡村文化旅游、餐饮民宿产业的发展。农业供给侧结构性改革催生了农村电商、网商经纪人、物流配送队伍等新业态、新岗位。

数字经济拓展了农村特色产品的销售渠道。农村特别是偏远地区的农副产品具有原生态特征和当地特色，迎合了生态、健康、多元的消费升级趋势。但是传统的线下流通渠道成本高、覆盖范围有限，更关键的是生产者与消费者之间存在严重的信息阻隔，产销难以实现对接。电子商务具有货架空间无限、辐射范围广、开店成本低等特点。通过教授农民网上开店技能，完善农村物流基础设施，帮助农民将农村特别是偏远地区的特色农副产品销往全国各地。电商的发展也在农村地区创造了大量的就业机会。2014 年，国务院扶贫办就将"电商扶贫"纳入扶贫政策体系，出台了一系列电商扶贫政策。一些大型电商对接地方政府，合作完善县、村服务网点，孵化农业区城品牌，并通过自营直采、开设扶贫频道、文持扶贫产品流量等方式，帮助欠发达地区将它们的特色农产品上线销售，以"电商扶贫"带动农民致富。

数字经济带动了地方特色产业集群发展。电商平台的作用不仅在于带动农村特色农副产品"上行"，而且在带动产业链延伸、深加工产业发展方面也发挥着重要作用。一是农副产品线上销量的扩大会带动当地产业链从初级农产品向深加工农产品延伸，吸引外部农产品深加工企业投资或本地创业型企业发展，形成特色农产品深加工产业集群。二是一些县、乡发挥自己的自然资源或既有产业优势，积极发展家具、特色服装等适合本地自然资源和劳动力禀赋的特色产品，并将电商作为销售的主渠道。目前，我国已经形成了一大批各具特色的电商产品产业集群。阿里研究院等联合发布的《1% 的改变：2020 中国淘宝村研究报告》显示，在淘宝平台上就有淘宝村 5 425 个、淘宝镇 1 756 个，淘宝村和淘宝镇网店年交易额超过 1 万亿元。电商平台在带动特色产业集群发展、就地创业就业、农民增收等方面发挥了积极作用。

数字经济有效解决了农民融资难的问题。农民种植养殖活动存在明显的季节性、周期性特点，每个生产周期开始时需要采购种子、化肥、农药、农膜、种苗、饲料等农业物资，但是在产品销售出去后才能获得收入，在生产周期的初始阶段存在短期的资金需求，但是由于缺少抵押物，农民很难通过传统金融机构获得资金支持，也很难适应农产品季节性、周期性的资金需求。平台通过对农民历史经营数据、产品线上即时销售订单数据、农作物卫星遥感数据的分析，可以高效地完成对农民资金需求评估，不需要抵押和担保等烦琐的线下申请审批程序，就能便捷地完成放贷审批，解决农民季节性资金需求，帮助农民更好地开展农业生产、增加收入。

数字经济带动优质农业生产资料和消费品下乡。农民不仅需要将农产品通过更有效的渠道销售出去，也需要获得更好的农业生产资料和消费品。传统的线下流通体系在农村地区比较薄弱，造成广大农村地区的商品相对匮乏。得益于电商平台以及电商平台公司、物流和快递公司建设的线下配送渠道，农民对种子、化肥、农药、农机具等农业物资不但有了更多的选择，而且价格更低，送达更及时。同样，电商平台有丰富且物美价廉的消费品可供选择，帮助农民足不出户实现"买全球"，从而改善农民生活品质，增强广大人民群众的获得感和幸福感。

数字经济为农民创造了新的收入来源。在线直播、短视频等新型互联网商业模式给大众提供了展示才艺、技能和日常生活的平台，农民也可以成为"主播"吸引大量"粉丝"，并从中获得打赏和广告分成收入。直播与电商相结合形成的直播电商进一步丰富了农副产品线上销售的形式，能够更加形象有效地宣传产品、引导销售。一些地方领导也主动通过直播方式为家乡产品代言。直播电商通过打造网红产品、塑造地方品牌，有效带动了农副产品的销售和品牌价值的提升。淘宝直播"村播计划"自 2019 年启动到 2020 年底，孵化了 11 万新农人主播，覆盖 31 个省份，带动农产品销售 50 亿元（夏杰长、刘诚，2021）。

随着数字技术的颠覆性创新不断涌现，数字经济的赋能能力不断增强，新模式、新业态将成为向广大农村地区传递知识和信息、展示和销售农村商品和服务的更有效渠道。人工智能、区块链等新一代信息技术的发展将进一步推动农业的数字化转型，发展精准农业、智慧农业，促进农村各类产业提升创新能力、提高生产效率、进行业态创新、改进客户服务、创造更多价值，在此过程中进一步带动农民增收致富，与全国人民一起分享社会主义现代化建设的成果。

第三章　新质生产力催生新型生产关系

党和国家高度重视数据要素创新发展，2022 年，《中共中央 国务院关于构建数据基础制度更好发挥数据要素作用的意见》提出，应加快构建数据基础制度，充分发挥海量数据规模和丰富应用场景优势，激活数据要素潜能，做强做优做大数字经济。2024 年 1 月，中央政治局集体学习会议强调，要按照发展新质生产力要求，激发数据等生产要素活力，对推动数据要素赋能海量场景和产业链环节，加快向新质生产力转化提出新要求。《2024 年国务院政府工作报告》也将"深入推进数字经济创新发展"作为年度首要工作任务"加快发展新质生产力"的三大核心议题，提出要"积极推进数字产业化、产业数字化，健全数据基础制度，大力推动数据开发开放和流通使用"。这充分表明了推进数字经济创新发展在推动生产力能级跃迁方面的主力军作用，而数据作为新型生产要素，成为加速新质生产力培育、推动经济增长和社会发展的重要驱动力。

一、数据要素赋能新质生产力形成

数据要素作为一种提高生产率的新型劳动要素（Jones and Tonetti，2020），具有可共享、可复制、可无限供给等特征（刘洋、应震洲、应瑛，2021），被视为数字经济时代的"石油"，是推动企业数字化转型（王磊、张云昊，2024；谢康 等，2023），以及促进人工智能、大数据、云计算等战略性新兴产业乃至未来产业创新发展的资源基础（张亚豪、李晓华、刘尚文，2024）。同时，数据要素也逐渐从资源化走向资本化和资产化，通过重构既有生产要素配置影响全要素生产率（谢康 等，2020），为创新提质增效带来了新资源禀赋（刘涛雄、戎珂、张亚迪，2023）。因此，数据要素不仅赋能了数字产业化和产业数字化，也进一步驱动新质生产力的形成。

相对于传统生产力，新质生产力具有涉及领域新、技术含量高、要素配置优、环境友好等特点（盛朝迅，2024），是创新起主导作用、科技创新作为核心要素的先进生产力质态（尹西明 等，2024a；任保平，2024），也是数字时代更具融合性、更体现现代化产业体系的生产力（刘冬梅 等，2024）。新质生产力通过技术革命性突破和生产要素创新性配置，将科技成果有效赋能创新主体和应用场景（尹西明 等，2024b），引领企业创新跃迁、产业结构深度转型、社会绿色和可持续发展，以及区域和国家经济发展效能提升（贾若祥、王继源、窦红，2024），是新时代新征程推动经济高质量发展的内在要求和重要着力点。

平台企业是数据交互与场外数据交易的主战场（江小涓，2024），是嵌入数据要素应用场景、加速数据要素向新质生产力转化的关键主体，能够通过高效的价值链整合机制和技术创新能力牵引多元创新主体（雷善玉 等，2023），构建场景驱动型数据要素创新联合体，推动形成数据要素市场多元主体价值共创、利益共享的创新生态，从而以新质主体构建新型生产关系，将数据要素这一新型生产要素通过高效的价值链循环，转化为各个场景中的新质生产力。

一方面，平台企业链接多元主体，包括政府、研究机构、产业链上下游利益相关者等，形成了多元主体参与、价值协同创新的数据要素创新联合体，进一步，平台企业通过利益共享吸引和激励更多平台互补者参与平台建设以增强平台的网络效应，促进多元主体参与平台价值共创（王节祥 等，2021；孙新波、孙浩博，2022）。另一方面，平台企业基于自身业务与平台利益相关者的业务能够主动嵌入多维场景中，并通过技术引领场景跃迁（尹西明 等，2022）。在此过程中，场景会进一步提供需求反馈，牵引平台企业联合其利益相关者加快技术迭代，反哺场景需求实现，不仅能够推动平台企业及其利益相关者持续提升技术能力和场景适应性，同时也使得场景不断进化和升级，实现更高层次的产业数字化、智能化、高端化、绿色化。

总体而言，平台企业通过构建场景驱动型数据要素创新联合体，推动多维场景和多元主体的深度融合。通过场景驱动型数据要素创新联合体，数据要素以更低成本和更高效能转化为各个场景中的新质生产力。平台企业加速数据要素向新质生产力转化的本质逻辑在于通过构建场景驱动型数据要素创新联合体，以新型生产关系融通新型生产要素，促进新质生产力涌现，终极形态在于以多维数据汇聚与场景驱动型数据要素创新联合体的形成，发挥数据要素在海量场景中的乘数效应，绽放数实融合的生态价值（田杰棠、张春花，2023）。

二、数字劳动关系驱动新质生产力发展

数字劳动的产生，同当时人们宣传科学技术的发展是分不开的。20 世纪70 年代，美国宣传与政治经济学先驱斯迈思（Smythe，1977）首先明确提出"受众商品"理论，指出传播技术的发展使广大受众的注意力变成产品并被出卖给广告商，将"受众劳动"的概念带进人们的视野。于是，广大受众将注

意力放到广告宣传上，形成了"受众劳动"；同时，由于对社会商业信息的直接反映，广大受众的购买消费行为也变成了必要劳务。数字劳动的雏形由此显现。21世纪初期，特拉诺瓦（Terranova，2000）在《免费劳工：数字经济的生产文化》一文中明确提出了"数字劳动"的概念，其主要包括建立和浏览网站、阅读、写邮件等网络活动，并认为是"现代血汗工厂"的延续，将"数字劳动"归入"免费劳工"。此后，以"数字劳动"为中心词的主题学术会议，以及有关研究成果数量日增。克里斯蒂安·福克斯根据马克思劳工价格理论和马克思主义价值论主张，"数字劳动事实上带有明确的物质属性，数字劳动包括一切有酬和无酬劳动，这些劳动有助于劳动者产生他的当作产品出卖的数字技能、工作内容和各种数据信息"，并主张"人力资本支配并占有他们的、劳务、产品和生活资源、劳动产品"（福克斯，2019）。福克斯还指出："由于数字媒体技术与内容的生产中资本积累，所需的一切劳动均属数字劳动。"数据并非凭空形成或自动产生的，是以消耗一定数量人类大脑与体能为代价的，也是无差别人类劳作的自然产物，而生产数据的劳作过程便是数字劳动。

数字劳动的存在依赖于互联网和移动终端。随着数字科技的飞速发展，信息技术逐渐成为一个无形的经济核心动力，开始渗透到生产力三要素之内。其中，劳动成为数字经济时期最活跃、最具有革命性意义的因素，而劳动者在数字经济时期的代表性表现就是年龄跨度大、工作数量多、可以熟练地运用移动设备等，这也是数字劳动的核心生产力；劳动资料也是生物化的生产工具，即信息技术。手机、电脑等作为信息技术发展的代表性产品，已经成为具备技术感知和现代化的生产工具，具有便捷性、多样性等特点，并因此具备更高的普及性。这些产品是当时社会生产力水平的缩影，相对于以往的劳动对象，实现了质的突破，包括图像、文字、创造力、经验等，其实质是数据和抽象。数字劳动的生产力三要素突出了现代生产力的特点，既继承了传统的生产力组织形式，又创新了数字时代的条件。从内部机制来看，劳动力是决定因素，它影响着劳动材料和劳动工具，并对劳动者产生影响。三者相互作用，形成了一个循环的要素变化规律。数字劳动生产力三要素中最具突破性的变化就是数据成为劳动对象；从外部形式看，数字劳动的劳动工具和劳动材料具有外部整合性，没有明显的分离，三要素可以同时移动。基于此，数字劳动的高生产力所带来的经济价值将大大超过传统劳动。而信息技术与大数据产业的诞生彻底改变了人类的生产环境与生活方式，是未来人类文明的主要标志。

伴随着数字经济的崛起与快速发展，数字经济在解决就业和提升经济发展中发挥了重要作用，在重塑商品和劳动力市场的同时也带来了新的生产要素，即数据要素。与传统的交易方式不同，信息技术的使用清除了双方的障碍，能够降低交易成本，不断创新交易渠道和方式，零工工作者能够灵活运用生产工具，并在劳动中进一步激发自身创新活力，增强数据要素的创造力。得益于多方参与的数字化平台，数据可以快速进行迭代升级，成为生产力提升的关键组成部分。目前，平台掌握着更多的信息和权力，如何激发零工工作者的数字化创新潜力、促进两者间的交流互动成为关键问题，也是新质生产力提升的重要部分。

数字劳动关系即数字劳动下不同主体间的关系，不同于传统的简单雇佣关系。劳动者和生产资料间关系的不同，导致数字劳动关系具备不同的特征，进而在劳动形式和方式上存在多种类型。从某种程度上来说，数字劳动关系是劳资双方在数字化劳动过程中彼此塑造、相互适应、共同改变的结果（张乐、李瑾，2024）。现有研究表明，和谐的劳动关系能够促进组织整体生产力的提高，李云和李锡元（2017）的研究则表明，和谐劳动关系氛围有助于员工自我职业生涯管理和成长为职业经理人，带给员工积极的影响和行为促进。刘春英和万利（2018）研究了劳动关系氛围对员工创新行为的影响，并且验证了情绪劳动的深层行为在劳动关系氛围与创新行为之间起部分中介作用，表层行为在劳动关系氛围与创新行为的关系中不起中介作用。还有学者研究发现，劳动关系氛围有助于改善组织有效性（Wagar，1997），或是劳动关系氛围对组织韧性有正向促进作用，并且选择了战略共识作为中介变量，认为和谐劳动关系氛围能够通过提升战略共识，对组织韧性产生正向影响（迟冬梅、段升森、张玉朋，2023）。

数字化时代的新型劳动关系一方面通过明确平台企业相关的管理责任，探究零工工作者与平台企业间的相互关系，促进平台企业积极承担社会责任，从更高的发展视角进行整体布局，尊重零工工作者的劳动地位，充分激发其工作热情和创新激情，为实现人机协同发展，极大地促进创新行为和成果的产出提供源源不断的动力。另一方面，通过构建和谐的数字劳动关系，能够保障零工工作者的合法权益，帮助其获得更多话语权，弱化平台企业的绝对权力，同时两者间的积极互动也能够充分发挥数字要素的巨大创造潜力，为新质生产力的形成与发展赋能，实现生产力新的飞跃和升级，进而促进多产业、高层次、多角度的转型发展，推动新质生产力的发展。

第二篇
数字时代的劳动与工作

第四章 数字经济带来的创新发展红利

随着物联网和移动技术的快速发展，数字经济形成了万物互联的数字生态，也催生了新的就业岗位和机会，远程办公和跨界经营合作成为可能，颠覆了很多传统行业和传统工作模式。在这种新经济下，人力资本投资变得越来越重要，人们可以凭借自身拥有的知识和技能在数字平台上跨越时空完成工作并获得收益，工作模式不再是过去传统的终身职业制，而是以人为中心，实现多技能发展和多工作方式。这种数字生态网络下数字基础设施可以汇总物联网提供的所有信息，并将其整合分析，创造出大于单一数据本身的价值。其拥有的交叉多边性特性和指数爆炸性增长特性带来了很多创新发展的红利，产生了很多新行业和新就业形态，是新经济的风口，也是未来发展的趋势。

一、数字生态中的万物互联

你可能因忙于工作未能及时下班回家，担心孩子是否安全到家；你可能因忙于工作，无暇为未带钥匙的父母及时送去钥匙……10年前，或许我们还会为这样的事情担心忧虑，但如今，伴随科技的进步，这些问题已经被轻松化解了。智能门锁通过指纹解锁、语音导航等人性化服务，为人们的生活提供了便利，满足各年龄阶段人群的各类需求。

诚然，伴随5G时代的到来，人工智能和物联网巧妙融合，已经渗透到我们生活的方方面面：从伴你入眠、喊你起床的智能音箱，到帮你清理家务的扫地机器人，再到出门帮你自动规划最优路线的地图导航……万物连接无时无刻不在发生，万物互联的景象已清楚地展现在我们面前，这也预示着建立和维护良好的数字生态是十分迫切的。

（一）万物互联

1. 万物互联的定义

伴随着物联网的快速发展，万物互联（IoE）逐渐走入我们的视野。从前，互联网以提供给人们信息和数据的方式，将人与数据连接起来，帮助人们通过数据更快速地解决问题，辐射范围涉及世界各地，且在通信、社交、商业、办公等领域有广泛应用；而物联网则是对现有互联网的扩展和延伸，通过人、物、数据的有效结合，帮助人们进行信息化的智能管理，具有更为广阔的辐射范围、更高的信息获取能力和信息传送效率。物联网在互联网的基础上，具有更强的信息处理能力，能够进行精密计算和深度分析，因此，物联网也成为人工智能、数字创新等新兴领域得以发展的基础。

物联网作为互联网的纵深发展，将信息时代的服务焦点由人拓展到物，而物与物的连接发展到一定阶段，便形成了万物互联。

万物互联即将人、流程、数据和事物结合一起，使得网络连接变得更加相关，更有价值。万物互联将信息转化为行动，给企业、个人和国家创造新的动能，并带来更加丰富的体验和前所未有的经济发展机遇。

2. 万物互联的利与弊

万物互联以网络为纽带，为人们的生活带来了更多的可能性，对整个社会的运作模式、企业的管理模式都产生了巨大的影响。万物互联的最大优势在于它能够汇集物联网提供的所有信息，并将其整合分析，创造出大于收集数据本身的价值。

在技术赋能的时代，物联网凭借其高速连接和数据功能，为成像、诊断、数据分析等医疗方面带来了与众不同的创新。近年兴起的智慧医疗通过远程图像问诊，实现了跨区域诊疗；通过远程监测预警，医生们可以根据清晰的数据及时了解病患情况，综合考虑患者信息，实时调整治疗方案，而不是单纯依靠患者的反馈制订治疗方案。这不仅实现了患者与医生之间的远程会诊，还能够实现医生与医生之间的远程沟通交流，这一技术为偏远地区的患者带来了便利，也为医生进一步了解更为多元的病患案例提供了条件。同时，在此基础上衍生出的个性化精准医疗也具有十分可观的前景。医生通过互联网获取患者的有关遗传成分、生活方式、社会环境等信息，并将其存储在云端，从而制订个性化治疗方案。而通过新技术与原有临床诊疗经验的有效结合，医生和有关研究人员能够进行更为深入的病原研究。智慧医疗凭借新技术降低了患者的医疗成本，为偏远地区的患者提供了较为便利的医疗条件，提升了医疗资源的有效运用，也减少了再入院率。

智慧医疗仅仅是万物互联时代带给我们的便利之一，在数字经济的大背景下，万物互联带给我们的便捷还有很多。但是，机遇与风险共存，万物互联为我们带来便利的同时，也存在着很多不确定性和危机。

首先是产业格局层面，传统产业正遭受万物互联的巨大冲击。万物互联时代对传统经济形态的冲击是巨大的，随着数字经济的快速发展，传统企业的运作模式和经营模式都已经发生了翻天覆地的变化。以传统零售业为例，传统零售业的经营模式主要以大批量购入、小批量出售的方式进行实体店售货，主要盈利模式依靠进销差价，附加盈利渠道包括连锁经营、增值服务、渠道货款等。随着技术革新和消费者的需求升级，传统零售业已不能满足现代消费者在线上服务、个性化定制等方面的需求，传统的经营模式和盈利模式也明显不再具有竞争力。随着万物互联的快速发展，传统零售企业如果不能破旧立新，抓住数字经济带来的发展红利，便会被时代慢慢淘汰。类似于传统零售业的其他传统行业还有很多，对于这些行业而言，要么抓住发展机遇，破局立势，要么看着自己的企业被其他新兴企业驱逐、吞并。对于企业而言，能否在万物互联的时代存活下来，形成自己的新兴优势和不可替代性，成为其发展的一大重点。

其次是企业发展方面，中低端产业链创新能力不足。新兴互联网等高新技术企业蓬勃发展，企业发展前景整体向好，企业氛围良好，团队趋于年轻化。基于此，越来越多的国内大学生在就业时更倾向于选择互联网企业，而不愿意去弥补中低端产业链的空缺，抑或加入正处于转型阶段的传统企业，进而导致中低端产业链中的企业无法获取足够的"新鲜血液"，无法为企业创新注入新的力量。

最后是人力资源层面，两极分化现象严重。伴随着传统低端产业的没落，许多单一重复性工作已逐渐被机器取代，企业虽降低了人力成本，但也带来了大批人员失业的风险。可能有人会说，数字经济正值发展红利期，万物互联也带来了很多新兴就业岗位。不可否认，随着数字经济的迅猛发展，数字劳动平台为工人新增了工作岗位和机会。但是，就整体人力情况来看，万物互联的用人标准更多聚焦于高水平人才，而当前人才储备并不能满足产业发展所需的人才数量，这也导致万物互联时代下高水平人才流动率高。所以，目前人才市场逐渐出现严重的两极分化：一方面，高水平人才被竞相追捧；另一方面，原有低端劳动性工种失业增多。

3. 万物互联的展望

虽然万物互联有利有弊，但我们也不必拘泥于其弊端而忽视其益处。整体而言，万物互联具有相当可观的发展前景，我们也有理由相信，随着技术的不断进步和产业格局的调整，能够寻找到万物互联时代利弊之间的平衡点，有效以其"利"化其"弊"。

在数字驱动万物互联的时代，万物互联的未来前景和应用范围将更加广阔。当前，万物互联仍处于初步发展阶段，5G 技术的落地为万物互联带来了新的突破。基于高速网络，万物互联的交互体验方式也将进一步完善，智慧城市、患者创新、公共安全、居家办公等领域也都迎来了新的发展机遇。在万物互联时代，技术的迭代升级和商业环境的变化给企业发展带来了更多可能性，企业只要把握发展机遇，通过技术赋能、硬件更新等方式拥抱数字化，积极迎接数字经济，就能产生倍增利益，获得进一步发展。

（二）营造良好的数字生态

良好的数字生态是由《中华人民共和国国民经济和社会发展第十四个五年规划和2035年远景目标纲要》（以下简称《纲要》）衍生出的经济名词。良好的数字生态是数字经济得以发展的基础。营造良好的数字生态，能够进一步增强万物互联，提升万物互联为用户服务的体验感。因此，营造良好的数字生态具有其必要性，把握良好的数字生态的内涵、探究营造良好的数字生态的实现路径迫在眉睫。

1. 良好的数字生态的内涵

《纲要》提出"构建数字规则体系，营造开放、健康、安全的数字生态"，为营造良好的数字生态提供了指引，而数字规则体系是良好数字生态的制度根基（人民日报，2022）。良好的数字生态应当满足三大要求：开放、健康、安全（李昊林、彭錞，2022）。

营造开放的数字生态，本质上就是要构建以互通和循环为核心的数字生态系统。数字经济的发展拉近了企业间的距离，伴随数字经济与实体经济的融合，企业之间的要素流动日益增强。为进一步提升数字经济的发展质量，完善现有数字经济产业链，解决供需矛盾，需要进一步促进企业之间的要素流动，激发数字时代数字资源的潜能。此外，营造开放的数字生态与构建网络空间命运共同体具有共通之处。构建网络空间命运共同体要求积极开展对外交流与合作，而开放的数字生态为构建网络空间命运共同体提供了外部条件。通过开放的数字生态，各个国家在数字经济领域相互尊重和信任，形成友好合作关系，共享数字经济的发展成果。

营造健康的数字生态，即构建平等协商的数字规则体系，形成有序的数字生态。数字规则体系是良好数字生态的制度根基，构建数字规则体系有利于从制度层面保障数字经济的持续健康发展。构建数字规则体系，有利于对数字经济市场中的不公平、不正当行为进行规制，建立健全行业法律机制，继而营造健康的数字生态。此外，构建数字规则体系有利于构建数字命运共同体。完善数字规则体系，加强国内与国际在制度体系上的关联度，求同存异，有利于积极践行多边主义贸易原则；在制度层面达成一致，有助于进一步加强国家之间的合作，促进友好协商，为促进数字经济的纵深发展提供中国智慧、中国方案，继而推动数字经济发展成果共享。

营造安全的数字生态，这里的安全，不仅包括过去所强调的网络安全、数据安全，还包括数字基础设施安全和数字关键技术安全，可见，数字经济对安全提出了更高层次的要求。首先是网络安全。网络安全作为国家安全的一项基本内容，狭义上指的是网络传输的安全，广义上包括网络传输的安全和传输信息内容的安全（王国才，2016）。网络安全作为我们一直以来强调的重点，在数字经济的背景下，其建设的重要性更是不言而喻。网络安全与数字经济的发展是相辅相成的，保障网络安全是数字经济得以发展的前提，反之，数字经济的发展又是网络安全的保障。网络安全缺失不仅导致数字经济发展迟滞，影响经济社会的平稳运行，还将导致广大人民群众的利益被损害。其次是数据安全。《中华人民共和国数据安全法》第三条给出了数据安全的定义，即通过采取必要措施，确保数据处于有效保护和合法利用的状态，以及具备保障持续安全状态的能力（新华网，2021）。可见，数据安全包括数据自身的安全和数据防护的安全两方面内容。数据自身的安全主要是指通过算法等方式对数据进行加密保护，保证数据的安全性和完整性。数据防护的安全主要是指企业通过预防措施阻止数据泄漏，减少信息窃取情况的发生。数据安全对于企业和国家而言都是至关重要的。对于企业而言，信息基础设施建设不足会导致企业面临数据安全风险，如果关键数据泄漏，将给企业带来巨额亏损和伤害。对于国家而言，虽然整体上我国数据安全保护能力处于国际前列，但是和发达国家相比仍存在差距。企业和公民对于数据安全的保护意识仍需提升，甚至部分企业将公民个人信息和关键数据进行交易，对国家安全造成的影响也是难以预估的。最后是数字经济对安全的新要求，包括数字基础设施建设安全和数字关键技术安全两部分。数字经济正处于发展红利期，但安全建设仍在起步阶段，因此，要想保持数字经济的高质量发展，就要加快数字经济安全建设。当前，我国数字经济基础设施建设和核心技术建设存在短板，需要集中力量加强基础设施建设，推进关键核心技术攻关，同时，要加强对数字经济安全的保护，加快实现核心技术领域的高水平自立自强。

良好的数字生态要求推动数字生态朝开放、健康、安全的方向不断深化，形成健康有序的市场环境，制定有效应对数字经济风险的措施方案。通过构建良好的数字生态，我们可以实现数字经济的高质量发展，打造经济优势，进一步推动数字生态中的万物互联。

2. 实现路径

当前，国家已经为营造良好的数字生态采取了系列措施，开展了规范数字经济发展、维护网络安全等专项治理活动。但营造良好的数字生态是一项长期工程，不仅需要国家继续推进政策改革，推动规则立法，还需要企业积极参与到这一进程中，从内部治理深入，从根本上增强技术力量。

第一，提高防范风险意识，构建数字规则体系。

良好的数字生态的要求之一便是安全。营造良好的数字生态要求我们提高风险防范意识，在构建数字规则体系的过程中完善安全保障措施。对于网络安全和数据安全，建设重点是在原有的政策基础上继续加强网络安全基础设施建设，伴随网络和数据的共享，安全保护措施也应当强化协同效应；对于数字经济领域的安全问题，由于安全建设处于起步阶段，应当从建立数字安全保障体系入手，对数字经济安全领域数据实施分级保护，加强重点领域数字安全管理。

此外，关于风险防范，还应当强化公民个人信息保护机制，打击非法侵犯行为。在日常生活中，我们总会收到一些垃圾邮件或者骚扰电话，可见，侵犯公民个人信息的行为和手段愈发猖獗。在信息技术快速发展过程中，公民个人信息安全的立法机制暴露出了制度漏洞，导致公民个人信息受到侵犯。因此，需要完善公民个人信息立法措施。目前还没有针对公民个人信息的专门性立法政策，没有形成完整的保障体系，对于侵权主体的处罚措施不够完善，对受侵主体的补偿也未有明确规定。因此，应当进一步规范企业对用户信息的收集行为，严厉打击非法收集、售卖个人信息等违法行为。同时，应加强安全行业企业的政策扶持，形成强效核心保护机制，通过多方参与和融合发展，完善数字规则体系，营造良好的数字生态。

第二，坚持推动创新发展，激发数字经济活力。

习近平总书记在致世界互联网大会乌镇峰会的贺信中指出："数字技术正以新理念、新业态、新模式全面融入人类经济、政治、文化、社会、生态文明建设各领域和全过程，给人类生产生活带来广泛而深刻的影响。当前，世界百年变局和世纪疫情交织叠加，国际社会迫切需要携起手来，顺应信息化、数字化、网络化、智能化发展趋势，抓住机遇，应对挑战。"数字经济作为新一轮科技革命的重要动力，是推动经济社会从高速发展转向高质量发展的重要方式。把握数字经济发展机遇，坚持推动创新发展，以创新为数字经济提质增效，激发数字经济活力，对于营造良好的数字生态具有十分重要的意义。

要想在数字经济时代抓住机遇，首先要加强关键核心技术建设，以此激发数字技术创新活力。中国作为全球最大的电子产品制造国，目前仍面临芯片制造能力不足、芯片技术含量不足、一体化供应链环节缺失等问题。因此，应当聚焦高端芯片的制造，抢占创新高地，形成芯片优势壁垒，弥补稀缺市场蓝海。其次，增强基础研究。基础研究是增强原始创新能力的重要基础。2021 年，我国基础研究经费达 1 696 亿元，占全年研究与试验发展（R&D）经费比重达 6.09%，较 2020 年提升了 0.08 个百分点（国家统计局，2022）。基础研究经费比重有待进一步提升，需进一步提升研发投入比例，对相关企业给予优惠政策和扶持条件，鼓励企业自主研发，提升自主创新能力。此外，推动创新发展要充分发挥人才优势，各方应当协同培养创新型人才，充分调动社会、企业、学校在人才培养方面的积极性，加大教育投入，增强企业与高校合作，激发创新主体活力。同时，应当进一步优化人才资源配置。以就业优惠政策带动人才资源流动，弥补西部地区人才空缺。通过合理调配人才资源，促进西部地区产业结构调整，搭上数字经济发展的"顺风车"。

第三，营造开放共享格局，推动数字生态成果共享。

习近平总书记指出："当今时代，数字技术、数字经济是世界科技革命和产业变革的先机，是新一轮国际竞争重点领域，我们要抓住先机、抢占未来发展制高点。""中国愿同世界各国一道，共同担起为人类谋进步的历史责任，激发数字经济活力，增强数字政府效能，优化数字社会环境，构建数字合作格局，筑牢数字安全屏障，让数字文明造福各国人民，推动构建人类命运共同体。"加快营造开放共享格局具有十分重要的意义。营造良好的数字生态，需要持续推动打造数字生态合作平台，创造良好的营商环境，深化各国在数字经济领域的合作，以开放共享的网络格局推动数字生态成果共享。

开放也是良好数字生态的特征之一，营造开放共享格局需要我们进一步推动完善各国在数字经济领域的国际规则，弥合发达国家和发展中国家之间的数字鸿沟。由于各国数字经济发展水平存在差异，核心竞争优势也各有千秋，认知差异和利益分歧导致谈判难度攀升。因此，在完善数字经济领域国际规则时，应当秉承共商共建共享原则，以开放包容、求同存异、互利共赢的心态加快建立数字经济国际规则体系，继而促进数字经济资源在全球范围内更高效的流动，营造开放共享格局，推动数字生态成果共享。

二、人力资本成为创新的重要驱动力

在互联网大数据和技术变革的背景下，我们已迈入数字经济时代。从工业经济时代到信息经济时代，数字化平台的出现让企业共享资源，协同发展。由原来的实体资源到虚拟资源，知识、信息等无形资源成为企业获得竞争优势的重要因素。发展离不开创新，而在商业领域，"创新"被狭义地定义为改进一种产品或服务。通过创新，企业会因新需求的出现或市场份额的增加而实现发展，生产力会因业务流程和技术的改进而得到提高，整体经济也可以实现多元化。创新对企业的竞争力和可持续性至关重要，对于国家的长期发展意义重大。零工经济模式对从业者的能力有很大的需求，这是因为零工工作者不属于企业的传统员工，公司更重视劳动成果而不是生产过程，将业绩与工作结果作为判断零工工作者价值的重要准则。因此，只有达到一定的实力，才能满足这种经营模式下公司和顾客的需要。"能力"已成为衡量零工工作者的重要标准之一。这里提到的"能力"首先代表工人具有特定的"技能"。无论是在发达国家还是发展中国家，劳动力市场对可由科学技术替代的低专业技能劳动力的需求不断下降，而对与高层次认识、社区活动和较高的适应性相关的专业技能群体的需求不断增长。除去特殊的专业技能，"能力"也可能代表某一方面的经济实力，比如，有可出租的空余房屋、车辆等。与传统公司将文凭或资格作为劳动者基本素质的评判标准不同，零工经济对劳动者本身的科技和创新能力提出了更高的要求，它在极大地激励公司员工主动培训和快速发展特殊科技的同时，也为公司提供了多元化的人力资源。

创新是发展的原动力，由原来的精英创新到现在的大众创新这一转变，是数字经济带来的共享成果。共享数字化平台使得经济的参与主体不断扩大，实现人人参与。员工不再只为某一家企业服务，而是可以在新出现的众包机制和按需发布的任务形式下运用自己的技能和知识进行劳动，获得报酬。员工可以有更加自主的权利，可以追求自我价值的实现。人力资本在现在被更加重视。每一个员工都可以是一个小型的综合体，要注重每一个个体的价值管理。以往的人力资源管理不再是重点，而变成人力资本管理的基础。在资本的概念中，不应只考虑有形的物质资本，人力也是一种资本，并且，西方学者通过研究认为，人力资本投资的收益率不低于物资资本的收益率（舒尔茨，1990）。人才被誉为21世纪的金矿，特别是那些掌握了高新技术的人更是人才资源的精髓。在人力资源、物力资源、财务资源和信息资源中，人力资源是最积极和最具有创新性的资源，这也就决定了其最重要的资本地位。人才个体掌握的知识与技术，以资本的形式在经济生活中为自己所拥有，或被交换和转移。购买专利、技术入股、高位嫁接、院企合作等，都具备资本的基本属性。对人力资本进行投资可以提升员工的知识与技能，帮助员工更好地理解技术的底层逻辑，从而对创新业务和流程有更多的可能性，实现技术变革。人力资本已成为创新的驱动因素之一。

（一）新时代对人力资本需求的变化

新时代需要更多高知识技能的人力资本。2021年9月，习近平总书记在中央人才工作会议上强调："要为各类人才搭建干事创业的平台，构建充分体现知识、技术等创新要素价值的收益分配机制，让事业激励人才，让人才成就事业。"人力资本包括人才资本，人才资本是人力资本中的一部分高知识技能人群。"人才资本"这个概念，是随着社会主义市场经济的不断深入而提出的，是随着学习邓小平"科学技术是第一生产力"理论的深入而提出的，也是随着经济发展必须依赖技术进步和技术进步所产生的相对经济效率的挑战而提出的。人力资本中的"人力"，泛指"具有劳动能力（体力和脑力）的所有人"，外延很宽。而人才资本中的"人才"，则是指人力资源中的一部分，外延较窄，更强调人力资源中拥有高知识能力和技术水平的人。

以信息化、自动化为代表的新技术革命会给包括中国在内的世界劳动力市场带来重大变革。传统生产岗位数量明显减少，特别是制造业岗位，而类似建筑、工程、商业、金融、管理、销售、计算机和数学等高技能岗位快速增加。从新经济与人力资本的具体关系来看，新经济要求劳动力要素具备更为丰富的知识和技能，以保证劳动力要素具有创造新价值的能力。在这一条件下，只有作为知识、技术和综合能力承担者的人力资本，才能成为新经济发展的原动力。新经济部门所要求的创新已经不再局限于精英创新，而是使大众创新成为常态。由于人力资本既是知识和技术的创造者，又是知识和技术的传播载体，因此，在由精英创新到大众创新的过程中，市场对人力资本的需求势必进一步增大。但在新经济产生的过程中，创新是"破坏式"的，新行业的出现伴随着旧行业的消亡。就像美国著名经济学家熊彼特提出的：只有通过不断的技术创新和改造，从内部革新经济结构，即不断破坏旧的、创造新的经济组织结构，才能实现"产业突变"，最终改变人类生存的时空状态。这种"致命"的"破坏式创新"，带来的是对人力资本需求的改变（张玉明，2017）。低知识技能的人力资本需求减少，高知识技能的以及顺应时代需求的人力资本需求上升。这种高知识技能的人力资本就属于人才资本。姚先桥指出，人才资本是指人才将自身蕴藏的智慧、才能释放出来，同生产资料、资本相结合，创造剩余价值。在市场经济条件下，尤其是在以科技进步促进社会全面发展的条件下，人才资本的价值绝不逊于土地、货币等其他生产资料资本。刘家强提出，人才资本是指体现在人才本身和社会效益上由人才的数量、质量和知识技能、工作能力，特别是创造性的劳动成果及对人类的较大贡献所表现出来的资本。

（二）人力资本投资的重要性

生产可能性曲线用来表示经济社会在既定资源和技术条件下所能生产的各种商品最大数量的组合。生产可能性曲线反映了资源稀缺性与选择性的经济学特征，而创新本身也是一个生产可能性曲线不断外扩的过程（见图4-1）。驱动创新的要素除了马克思讲的资本、劳动，还应包括人才、技术等。人力资本，特别是高知识属性的人力资本可以引领技术和知识的变革，可以对创新起到推动作用。在当前历史条件下，一个国家要实现经济增长，创造更多的财富，关键是提高人才资本的存量和质量。我国是人口大国，现在更是人力资本大国。在目前经济和技术快速发展的时代，人力资本的存量和质量是推动创新的基石。与其他物质资本不同，人力资本可以进行投资，进行无限的深耕和增长，人的知识和能力可以不断地提升，从而持续推动创新发展，人力资本是创新的主要驱动力之一。

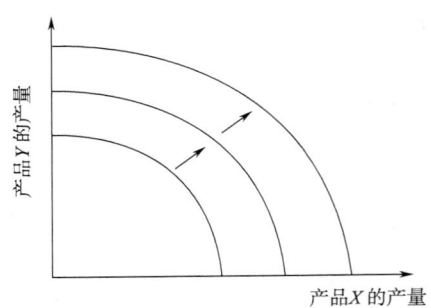

图 4-1　创新推动生产可能性曲线外移

　　在技术快速发展的同时，对人力资本的投资可以帮助更多人实现能力和技能的提升，从而更好地将人力资本与技术、设备等资本相匹配，实现在同一层次上继续创新，以达到更好的发展效果。舒尔茨的人力资本投资理论提到，只有当外来的新资本"缓慢而逐渐地"增加时，这些资本才能被人们较好地利用。但是，这个经验与人们的普遍印象是矛盾的。人们普遍认为，国家贫穷主要是因为极端缺乏资本，而追加资本正是其迅速取得经济增长的关键。但事实上仍然需要重视资本的特殊类型方能求得这种协调。向贫穷国家提供的新的外国资本通常被用于建筑物、设备，有时也被用来购置存货，而一般不被用来增加人力投资。因此，人的能力与物质资本不相匹配，从而变成经济增长的限制因素。所以，仅仅增加某些非人力资源，资本增长率必然低下，这并不奇怪。霍沃特的适度投资率公式把知识和技术作为决定经济增长率的一个关键的投资变数，这一做法是恰当的，也是非常重要的（舒尔茨，1990）。

　　舒尔茨的观点很好地论证了人力资本投资的必要性。其实，不只是在贫穷国家中人力资本与物质资本应该匹配，在快速发展的中国，更应该重视人力资本的投资。很多时候我们致力于取得更多的非人力资本投资（比如先进的技术和设备），想要为发展铺平道路，但只有这些行动是片面的，因为要充分考虑到人力资本发展的重要性。采用和有效地利用优越的生产技术所要求的知识和技术，是发展过程中最关键的环节之一，而在现有的劳动者既缺乏技术又缺乏知识的条件下，通过增加常规资本也能够获取某些增长，但是增长率肯定是十分有限的。离开大量的人力投资，要取得现代农业的成果和达到现代工业的富足程度是完全不可能的。此外，在互联网等的加持下，技术的变革是非常快速的，对高知识能力的人力资本的需求更是旺盛的。人力资本的重要性一方面体现在需要和快速变革的物质资本（比如技术、设备等）相匹配；另一方面，高知识能力的人力资本可以带动物质资本的变革，引领创新发展。

（三）人力资本驱动创新

驱动创新的因素有很多，如技术、资本等，人力资本也是创新的关键驱动力之一。人力资本区别于其他因素重要的一点是，人力资本是可以被深耕的，是可以无限提升没有上限的。对人力资本进行投资形成的能力虽然不能通过出卖等形式来量化价值，但是可以使人们增加技能和价值，从而获得更高的薪水，尤其是现在数字经济的背景下催生的零工经济形态，更使人们利用自己的技能来完成碎片化工作、增加就业收入成为可能，这属于人力资本投资的收益。人力资本投资有多种形式（舒尔茨，1990）：①医疗和保健，从广义上讲，它包括影响一个人的寿命、力量强度、耐久力、精力和生命力的所有费用。②在职人员培训，包括企业所采用的旧式学建制。③官方建立起来的初等、中等和高等教育。④不是由企业组织的那种为成年人举办的学习项目，包括技术推广等项目。⑤个人和家庭适应于变换就业机会的迁移。对人力资本不同程度的投资导致了人们生产力的区别，导致了人们技能和知识掌握程度的不同。高技能的人力资本可以更好地了解行业发展的逻辑和未来变化的方向，技术形态和产业形态的新变革（比如兴起的供应链、共享平台等创新式发展）都是在对高人力资本全面了解和研究的基础上，配合新技术产生的。人力资本是创新深层次的动力，是技能革新和知识革新的来源。高人力资本是可以持续引领创新从而推动发展的，并且是满足共同富裕要求的。人力资本投资的增长会使靠劳动所得的收入高于资产收益，而且更为平等的人力投资配置会使人们之间的收益更加均等。教育的收益是长期性和耐用性的，持续的学习与投资人力资本可以更好地在发展中找寻技术知识等创新的方向和内容，对创新有着深层的推动作用。

三、梅特卡夫定律与交叉网络外部性

（一）梅特卡夫定律

1. 梅特卡夫定律的定义

随着越来越多的事物、人、数据和互联网联系起来，互联网的力量（实质上是网络的网络）呈指数增长。这个观点就是"梅特卡夫定律"。

梅特卡夫定律（Metcalfe's law）是一个关于网络的价值和网络技术的发展的定律，由计算机网络先驱和3Com公司的创始人罗伯特·梅特卡夫提出。梅特卡夫定律是指网络价值以用户数量的平方的速度增长。该定律指出，如果一个网络的用户数量越多，那么整个网络和该网络内的每台计算机的价值也就越大。

这个法则告诉我们：如果一个网络中有 n 个人，那么该网络对于每个人的价值与网络中其他人的数量成正比，网络对于所有人的总价值与 $n\times(n-1)=n^2-n$ 成正比。如果一个网络对网络中每个人的价值是 1 元，那么规模为 10 倍的网络的总价值等于 100 元；规模为 100 倍的网络的总价值就等于 10 000 元。网络规模增长 10 倍，其价值就增长 100 倍。

2. 梅特卡夫定律的应用价值

梅特卡夫定律揭示了网络资源的价值，并决定了新科技的推广速度。根据梅特卡夫定律，网络的价值与用户数量的平方成正比，网络用户数量越多，每台计算机的价值也就越大。梅特卡夫定律在一定程度上也反映了集群效应和连带效应，使用网络的用户数量的增加为网络增加了附加价值，进而吸引更多用户使用计算机，从而进一步提升了网络价值，即通过用户使用数量的增加，进一步丰富了网络资源的总价值。

譬如，如果只有一个用户使用某社交软件，那么这一软件并不具有社交价值，无法发挥其作为社交软件的功能；如果几个人使用该社交软件，其价值也是非常有限的，只能起到小范围内的社交作用；如果是成千上万人使用该社交软件，其作为社交作用的价值才能够被最大限度地激发出来。用户数量的增长，既会带动更多用户参与，也会形成整体社交网络，最终发挥出大于其本身数倍的价值。

同时，伴随着用户规模的扩大，技术开发者可以适当提升该项网络资源的使用门槛，因此该技术的应用价值也得到了提升，不仅依靠单一集群效应形成价值优势，还可以从技术本身获得价值。

信息资源的消费和迭代具有独特优势，与传统资源不同，信息资源并不具备消耗性，反而会在消费过程中不断衍生出更多资源，这也是互联网的特点之一——集聚性。用户在消费信息资源的同时，也为信息资源反馈了更多的感受和知识，因此，消费次数越多，用户数量越多，集聚的信息资源总量也就越多。在传播的同时给予反馈是新兴交互式媒介，也是信息资源的独特之处。

梅特卡夫定律基于信息交互带来更多价值的特性提出，在消费方面，总体而言，随着上网人数的增加，网上资源呈现出几何级数增长的趋势（Zhang，2015）。梅特卡夫定律具有重要的应用价值，如今在企业价值评估等方面依然具有重要的实践意义。

（二）交叉网络外部性

1. 网络外部性

外部性是指一个经济主体的行为对其他经济主体福利产生的影响，而这种影响并没有从货币或市场交易中反映出来。外部性分为正的外部性和负的外部性。正的外部性是指外部经济，即对他人的积极影响；负的外部性是指外部不经济，即对他人的消极影响。当边际外部收益>0，即边际社会收益>边际私人收益时，即为正的外部性；当边际外部成本>0，即边际社会成本>边际私人成本时，即为负的外部性。

梅特卡夫定律表明：一个网络的价值与其用户规模相关，每一个新用户的加入都会给已有用户带来新的价值，从而促进整个网络价值的增加。网络外部性是指由网络需求方规模扩大引发的一种规模经济，即当消费相同产品的使用者人数增加时某一消费者使用该产品所获得的效用增量。网络外部性是梅特卡夫定律的本质。

网络外部性按照消费产品的不同，可以分为直接网络外部性和间接网络外部性。直接网络外部性是指消费某一产品的用户数量增加而直接导致商品价值的增大；间接网络外部性是指随着某一产品的使用者数量增加，该产品的互补品数量增加、价格降低而产生的价值。

网络外部性按照效用的增减，可以分为正网络外部性和负网络外部性。正网络外部性是指一个人对某一产品的使用给其他人带来的效用，即收益的增加，而这也正是网络外部性本身的定义。通常所说的网络外部性专指正的外部性。负网络外部性是指一个人对某种产品的使用给他人带来的效用减少，即损失。负的网络外部性并非只是理论空谈，当某一网络容量达到饱和状态，新增使用者并不会为网络资源带来价值，反而会因使用者增加而导致网络阻塞，导致他人使用速度下降甚至无法使用，此时就会出现负的网络外部性。但是负的网络外部性并不常见，大多仅是一定技术条件下出现的暂时性现象，并将随着技术的进步而消失。因此，一般所说的网络外部性，主要是指正的外部性。

网络外部性形成的原因主要有三点：系统性、互补性、共享性。系统性是指，网络是由相互作用、相互依赖的许多节点组成的一个有机整体。一个网络中无论其如何向外延伸，新增加多少节点，这些节点都会与原有的节点融为一体，成为网络的一个组成部分。互补性是指，在一个网络中，每一个节点都必须依赖其他节点的存在而存在，即各节点之间具有互补关系，任何一个节点与其他节点都有密切的联系，它们之间互为条件。共享性是指，网络每增加一个节点，这个节点的效用都将为其他节点所共享。例如，一个新增节点的效用是 1，那么网络中的每个节点都得到了 1 个效用，n 个节点就得到了 n 个效用。其中，$n-1$ 个效用就是网络的外部性。

影响网络外部性的因素包括：网络规模、关联强度、作用频率、开放程度。按照梅特卡夫定律，网络价值取决于用户数量，因此，网络外部性的大小首先取决于网络规模。网络规模越大，用户的数量越多，网络外部性越大。关联强度是指，在规模既定的情况下，外部性的大小将取决于各节点之间的关联程度，关联程度越高，相互之间的作用就越大，网络的外部性也就越大。作用频率是指各用户之间相互作用的次数：在一个网络中，如果各个用户之间经常联系，发生相互作用的次数越多，网络外部性也就越大；网络的开放程度一是指对其他用户的开放，二是指对其他网络及产品的开放。前者可以增加直接网络外部性，后者可以增加间接网络外部性。

2. 交叉网络外部性

双边市场是指有两个互相提供网络收益的独立用户群体的经济网络。双边市场要求具有两组或两组以上紧密关联并相互作用的用户，并且用户之间必须通过平台实现相互连接且产生作用，平台企业对双边用户采取非对称价格和交叉补贴。单边市场和双边市场具有明显差别，通常情况下，绝大部分企业都会有一个由供需双方组成的市场交易结构，但这并不意味着只要有供需双方的交易结构就一定是双边市场，关键是要看在这种交易结构中两方之间是否直接联系并产生作用。更进一步说，这两方各自的数量与对方的收益是否有直接的关系。

双边市场的基本特征在于用户之间存在着关联性，即交叉网络外部性。交叉网络外部性不同于一般的网络外部性。一般的网络外部性通常是指相同的用户内部相互作用，用户数量的增加会使其他所有的用户效用增加。交叉网络外部性是指两类或两类以上截然不同的用户之间相互作用，一类用户的效用增加会使另一类用户的效用增加。

3. 数字经济与交叉网络外部性的相互作用

一方面，数字经济的发展催生了系列平台企业。平台企业作为供需双方之外的第三方，为供需双方提供了专门的平台服务，这种平台服务促使双边用户在该平台上达成交易。双边用户通过平台相互联系，继而发生作用。没有平台企业的作用，双边用户无法建立联系，交叉网络外部性也就无法产生。平台企业的存在促使交叉网络外部性得到内化。

另一方面，在交叉网络外部性的影响下，产品价值不再聚焦于产品本身，而是涉及整个产品网络。在数字经济时代，厂商和客户的互动模式颠覆了原有的传统的供应链模式，交叉网络外部性通过增加用户数量，促使其他用户的效用也增加,这对解决数字经济初创期的供需不平衡问题具有重要作用。在交叉网络外部性的作用下,一边用户催生另一边用户自觉加入,减少了扩展市场的难度,促使企业在数字经济条件下形成自己的竞争优势,继而扩展自己的市场。因此,数字经济和交叉网络外部性是相互作用的。

第五章　人类踏入零边际成本社会

随着共享经济和物联网的迅速发展，技术的实现让生产的边际成本迅速降低，远程数字化和共享模式开始普及，人类开始踏入零边际成本社会，自己生产自己消费的"产消者模式"成为可能。人们的追求不再是单纯的利己，还可以利用更高层次的共享知识和技术进行"利他"，从而实现自我价值。这种零边际成本社会带来了很多新的变革，颠覆了很多传统行业，也出现了很多新兴行业。在这种零边际成本社会中，能源使用更加绿色、更加开放，基础设施等更加互联、更加协同。

一、技术发展降低边际成本

由互联网融合而造就的物联网革命以及能源矩阵的出现给经济形态带来新的变革。里夫金在其著作的《零边际成本社会》中提到，"物联网将把这个集成世界网络中的所有人和物都连接起来。物联网平台的传感器和软件将人、设备、自然资源、生产线、物流网络、消费习惯、回收流以及经济和社会生活中的各个方面连接起来，不断为各个节点（商业、家庭、交通工具）提供实时的大数据。反过来，这些大数据也将接受先进的分析，并转化为预测性算法编入自动化系统，进而提高热力效率，从而大幅提高生产率，并使整个经济体内生产和分销产品和服务的边际成本趋近于零"（里夫金，2017）。边际成本是指在任何产量水平上，增加一个单位产量所带来的变动成本的增加。由于规模效应，随着产量的增加，产品的边际成本一般会下降。在共享经济时代，随着科学技术的发展，边际成本越来越低，人们可以用接近于零的边际成本大规模降低成本，复制信息、产品、服务等。

这种由"互联网+"带来的新型模式确实在发生着，它提高了生产效率，也降低了生产成本。这一模式远比第一次革命和通信/化石能源矩阵掀起的第二次工业革命复杂，它在结构上是分布式的，无需集中式作业，是共享合作式而非传统的上下等级式的。比如零边际成本下的网络课堂，在共同分享的时代，学生和老师通过互联网技术可以远程进行知识分享。在团队的合作中，老师由原来的单向教学变成互动式的分享，允许学生提出新的观点和理念，原来垂直的教育方式转变为横向的教育方式。当前的互联网/可再生能源矩阵具有分布性、扁平化和接近零边际成本等特点，为社会协同共享创造了史无前例的充分条件。而零边际成本是指随着技术的进步，在不考虑固定成本的前提下，当生产率达到理论的最高点时，每生产一件额外产品的成本为零。

的确，随着云计算的普及等，通信互联网产业的资源，特别是移动互联网的资源向零边际成本迈出了具有跨时代意义的一步。在今天，以免费的风和太阳光作为资源的可再生能源正在欧洲、北美、印度等国家和地区兴起，这些国家和地区诞生了数以千计的以个人和家庭为投资和消费主体的微智能电网合作社，它们在满足自需的同时并网分享。有专家预测，世界将在2028年全面进入太阳能时代，也就是能源的边际成本趋近于零的时代。里夫金在书中就大胆预言："零边际成本社会的到来是大势所趋，将成为资本主义淡出世界舞台的开端。"（里夫金，2017）

零边际成本社会的到来是技术进步的结果，伴随着技术的进步和经济的发展，资源不再短缺。人类的活动不再停留于追求温饱而是更高的自我实现需求，并且消费者开始承担生产者的工作，改变了过去工人、生产商、销售商的固有模式，成为真正的"产消者"，自己生产自己消费，比如利用3D打印机来打印自己所需要的材料并进行使用，这种模式便利人们的生活的同时还减少了能源的使用。这种"产消者"的模式更多地被运用，知识资源更多地被共享，开发了经济生活中的新范式。

二、零边际成本社会的特征

零边际成本社会是符合经典社会主义的，它建立在协同共享的新经济形态基础之上，近乎免费的互联网使万物互联，为人类社会的生产提供了无限的共享空间。现在已经有很多人利用3D打印机来打印生产自己所需要的材料，而这种方式近乎是零边际成本的，只有前期购买打印机的成本。也有很多大学生在网上免费参加课程的学习以及知识的分享，这些近乎零边际成本的网络课程可以帮助学生更好地提升自我价值，他们的成本投入都是在前期，而后期会降低，就如同原来成本高昂的互联网以及计算机运算，现在的边际成本也接近于零。以前的产品依赖低位资源、实体资源，社会资源是有限且排他使用的，资源用一次少一次，越用越少。因此，产品生产初次投入成本极高，并且边际成本也是递增的，根据产品价格等于边际成本原则，产品价格较高。而现在，去物质化产品或数字化产品依赖高位资源、虚拟资源，资源是无限且共享使用的，不会随着使用而减少资源的数量。尽管产品生产初次投入成本较高，但是边际成本递减甚至趋近于零，根据产品价格等于边际成本原则，产品可以被免费提供（李海舰、李燕，2020）。

这些新的数字化技术的发展将经济带入了一个商品和服务几乎免费的时

代，但是零边际成本的到来同样是破坏性的，这意味着很多行业的利润空间被零边际成本压缩。身边行业的变革更让我们感受到这种力量。共享租车、远程医疗、网络买卖，很多领域都已经利用互联网降低了商品和服务的边际成本，新行业兴起的同时很多传统行业受到冲击，比如人们可以在网上写书并直接分享电子版书籍，而跳过传统出版社的纸质出版方式，也可以直接创作分享音乐，无须购买实体 CD。传统的线下出版社、线下音乐、线下出租车等行业被冲击，利润大幅下降。传统行业在这种技术的冲击下必须改革和融合新技术，才能更好地发展。正如破坏式创新，新事物的产生伴随着旧事物的消亡一般。

在这种激烈的市场竞争下，当达到零边际成本时，意味着生产商再多生产一件商品时几乎不会再获得额外的利润，企业生产的动力会减弱。那么，这种零边际成本带来的是经济的减退吗？很明显不是的。零边际成本带来的近乎"免费"的产品和服务可以创造其他的有利润的产品或服务。这种"免费"是"付费"的基础。比如兴起的社交平台，用户注册并分享自己的生活等内容都是免费的，其边际成本也很低，但是大量用户带来的流量才是免费产品带来的利润所在，数字化社交平台可以根据用户的流量来投入广告或根据用户黏性推出收费制会员服务；又或是歌手在平台免费分享自己创作的歌曲可以被更多人听到，免费听歌的背后是希望可以有更多人听到，然后增加"粉丝"黏性，进而购买线下演唱会的门票。从这个角度出发，"免费"是构建以及扩大用户市场的工具，是带来"付费"利润的方法。零边际成本的冲击带来了新的经济盈利的方式，以破坏式创新的方式颠覆行业活动。

三、零边际成本社会与未来工作

伴随着新技术的发展，更多的智能技术会代替人工来完成工作。新的通信/能源矩阵正在兴起，并且会伴随着新的智能设施出现在人们的生活中。在各行业的专业和技术领域，企业的商业活动越来越高效，智能、成本越来越低廉，生产与经销商品和服务的边际人力成本趋于零。随着智能技术逐渐替代全世界各行各业和专业机构的数千万个劳动力，边际成本逐渐下降，人类将踏入"零边际成本"社会。

互联网技术将人和物用一个新的经济模式连接起来，这一模式将远比第一次和第二次工业革命复杂，它在结构上是分布式的，无须再集中式作业，是协同合作，不再是传统的上下垂直式的。互联网的加入让经济跨越了空间的障碍，无须集中化购买厂房等重资产，而是远程合作找寻成本最低的方式来协同生产，完成价值链的传递。零边际成本带来了基于"合作共享"的横向整合网络而非资本主义市场经济中的垂直整合商业模式（里夫金，2017）。

　　新兴技术变革的后果是使传统企业的垄断面临极大的破坏性威胁，而这一威胁来自物联网基础设施的涌现。传统的垂直整合型垄断企业曾经统治了20世纪的工业革命。尽管众多企业正竭力抵抗这一威胁，但是事实证明，它们的努力是徒劳的。曾经主导音乐行业、出版业、印刷业、广播电视业以及大部分娱乐业的大型企业经历了同类产品带来的直接"震撼与威慑"，这些产品来自横向整合型规模网络经济（里夫金，2017）。现在的新型企业能够很快地适应物联网，并且利用物联网开放的、分布式、协作式结构，创造对等的横向规模经济。这一经济模式极大地整合了生产过程中的价值链，利用物联网去除了冗余的中间过程，实现更好更快地生产，也几乎淘汰了所有多余的中间人员，这种生产链环节和人员的压缩极大地提高了生产效率和生产力。利用智能技术整合，各行业的商业活动都可以变得更加高效、智能，将生产的边际成本几乎削减到零。

　　得益于生物识别与支付、数据存储与计算、物联网、区块链、5G技术等"新技术群"的发展，智能技术可以代替越来越多的人工，用"智能体系"取代"人工体系"，可以减少人工成本，并且机器工作的精确度远比人工要高。在这种改变工作方式的变革下，不再需要劳动强度低的人工，继而就会产生技术性失业。技术性失业是指在经济增长的过程中，技术进步的必然趋势是生产中越来越广泛地采用资本、技术密集性技术，越来越先进的设备替代了工人的劳动，这样，对劳动需求相对降低，失业增加。此外，在经济增长的过程中，资本品相对价格下降和劳动力价格相对上升也加剧了机器取代工人的趋势，从而也加重了这种失业。属于这种失业的工人普遍文化技术水平低，不能适应现代化技术要求的工作。数字技术将人们从工业化劳动中解放出来，对人们工作的高知识属性提高了要求。因此需要人们从事的岗位是前沿的、高技术含量的、不能被智能技术所代替的。

　　社会资源不再是稀缺的，人们也不只是简单地追求温饱等低级需求。人们被智能技术解放出来以后，可以追求自我价值的实现和社会的归属感，关注生活中的艺术。在互联网、云平台的加持下，人们更深入地参与到经济中，并且在互相分享中获得自我满足感和自我价值的实现。在到来的零边际成本社会中，经济学家会担心如果所有商品都接近免费，那么还有动力去研发新的商品和物品吗？因为零边际成本会导致前期的收入无法收回，但现在的共享时代给出了不一样的答案。开源法律文件正从知识产权条例中解放出来，数百万个生产消费者在社会共有条件下协同工作，互相分享资源和知识，高技术人才引领行业变革，创建新的互联网和软件公司等新兴行业、涌现新的娱乐形式，比如社交平台、远程学习课堂、可再生的绿色能源、3D 打印商品。零边际成本社会的结果是大量的创新得以涌现，这种情况下的创新更多的是人们对非物质回报的追求，是满足低层次需求后的自我实现的需求，是协同共享带来的创新民主化孕育着的新激励机制，是基于提高人类社会福利的期望，而不那么重视物质回报。这种激励正在有效地发挥作用，推动社会的发展。零边际成本社会是未来性的，是变革性的，改变了人们工作的方式和追求的目标，可以促进社会资源的高效化配置。

四、零边际成本社会中的新变革

在技术快速发展的当下，生产商品和服务的边际成本趋近于零时，零边际成本社会带来的是经济形式的变革，更加开放共享，实现协同发展。零边际下的协同共享的时代已经来临，人们可以通过数字化平台共享自己的知识或技能，在分享的过程中获得自我满足，并不是完全反对古典经济学中对人的一切行为都建立在利己的假设，认为与别人的分享这种"利他"的行为是人们获得自我满足感的"利己"途径。零边际成本社会是建立在资源充足甚至过剩的基础上的，所以人们跨过了只追求安全、温饱等低层次需求的阶段，与他人共享，以满足人们自我实现等高层次需求。这种共享是科学的，是开源式的。比如现在的维基百科、百度百科，对其词条内的内容进行开放授权以达到知识的共享和更新，很多学者的文章也免费共享，不再设置版权，可以供同行等一起阅读和研究。当然，这种共享的前提是在资源丰富的经济社会中。互联网的便利性让大家复制、粘贴的边际成本几乎为零，也让储存和运输的边际成本几乎为零。互联网充当的不仅是一种媒介，更是一个领域，在这个领域内人们可以实现跨越空间的知识和技能等资源的共享，人类社会的属性超越了空间、民族、人种。互联网将全球各地的人进行互联，建立了一种开放共享的模式。

第三次工业革命中的通信和能源矩阵让消费者变成了自己的生产者，协同共享机制下他们不再是单纯的买卖双方，而是变成了可以自己生产、自己消费的产消者。比如，随着技术的进步和共享系统的建立，世界各地的人们可以利用光伏发电等方式来自己生产电力并传送到总部进行获利，他们是能源的消费者，但也是能源的生产者。

经济形态的变革必然伴随着基础设施的改变。基础设施变革发生转变是新传播媒体与新能源体系融合的结果。因为历史上的每一次能源变革都伴随着自身独特的通信变革。能源变革改变了社会的时间和空间范围，并使更复杂的生活安排成为可能，所有这些都需要新传播媒体来发挥作用，以管理和协调能源变革带来的新机遇。互联网的存在让能源得以建立互联，比如电力能源，现在可以由世界各地的人员自主利用光伏等进行绿色发电并利用能源互联网进行共享和传递，这是一种智能的网络，可以让产消者将绿色电力传递到电力总部，再完成电力的分配。这种能源网络是建立在互联网基础上的。本科勒等（2006）认为，新网络通信促成了管理的网络共享，因为媒体是分布式和协同式的，这使点对点的生产和经济活动的横向扩展成为可能。此外，在制造业的供应链物联网中，互联网技术让企业可以比较成本从而选择最优的途径来完成生产配送和销售。远程交互的存在可以缩减产业链的长度，去除多余的中间环节，节省中间成本的同时还提高了运营效率。另外，可以利用大数据获取运输途中的信息，实现错峰输送，避免拥堵，而这种信息的获取在大数据时代几乎是零成本的。这些都是新网络通信技术打下的坚实基础，是能源利用形式变化的原因。零边际成本社会下的绿色能源和物联网是新经济社会发展的基础设施，是带来的新变革。

第六章　数字时代的组织变革

物联网从一个用于控制 300 台可乐贩卖机的 ARPANET 发展至今，实现了指数级的爆发式增长。利用边缘计算技术，物联网让几十亿件原本毫不起眼地镶嵌在环境之中的单一物体拥有了计算机例行程序，并实现与互联网的连接，成为机械世界的神经纤维（特维德，2022）。当人类面对充满不确定性的世界时，学者就必须对知识做出贡献，帮助人类生存、繁荣下去——带着反映人类抱负的尊严、平等、自由、同理心和美好生存、繁荣下去（马奇，2019）。

随着数据变成生产要素，数字经济推动劳动力市场巨大变革，个人生活与工作之间、家庭与工作场所之间，以及工作时间与休闲时间之间的界限会变得越来越模糊，而工作与娱乐也越来越趋于统一。零工经济的崛起，催生了一大批新兴职业，满足了年轻人展示个性和才华、追求爱好和梦想的需要，也让人类告别了单一职业的时代。互联网将工作进行精细分解和高效匹配，为劳动者"技能"与工作任务单元的实时匹配提供了可能。未来劳动者可能变成各种"技能"的组合体。不同技能可以通过物联网实时匹配不同的任务需要，充分体现数字经济的高效性与精准性。工业时代清晰明确的劳动关系适用性下降，逐渐向平等合作、赋能共生的关系转变。

对于工业企业而言，战略决定了组织结构（Chandler，1969）。外部环境的变化将直接挑战企业的战略和愿景，导致组织关系的深刻变革。人是构成组织最重要的要素。在组织内部，人可以自由地以并不总是完全可预测的方式行事，人的行为可以改变工作氛围甚至影响他人和环境，因此，人的思维和行为模式是影响组织系统的关键要素。所有的进步都来自不理性的人。因为理性的人会改变自己以适应世界，不理性的人却会设法让世界变得适合他。"从这种意义上说，我们正在进入一个非理性的时代。在这个时代中，未来是由我们自己塑造的。在这个时代中，唯一可以预见的就是一切都无法预见。这是一个在私人生活和公共社会中都可以任意挥洒的年代，是一个天马行空、不讲理性的年代。"（汉迪，2012）

未来，随着物联网的发展，人类进入万物互联时代，会倒逼重构组织和组织的关系，由层级关系转变为价值创造；重构客户和组织的关系，由市场关系转变为共创共生；重构环境和组织的关系，由影响到交互，让组织内部形态和主体从单一变为多元。有鉴于此，本书在汉迪的"三叶草"组织基础上提出了"五环组织"理念，并探讨其要素、特征与运作机制，以期能够预测未来劳动力市场变革的方向和企业管理实践的挑战，为中国企业顺应物联网时代发展规律、做好相应的管理变革贡献力量。

一、汉迪的三叶草组织

三叶草组织是最早由查尔斯·汉迪于 2012 年提出的，特指由三部分或三片叶子构成的一种组织结构。其定义是：以基本的管理者和员工为核心，以外部合同工人和兼职工人为补充的一种组织形式。

（一）理论源起

随着互联网技术的发展，组织外部环境更加复杂多变，组织的内部形态也变得动态而多元。当适用于工业时代的固定的、机器式的科层组织因不再满足快速响应外部环境的需要而被挑战时，汉迪提出了"三叶草组织"的理念——更扁平化、反应更迅速的新型组织。

三叶草是爱尔兰的国家象征，它的每根茎上长有三片叶子。爱尔兰守护神圣帕特里克（St. Patrick）用它来象征上帝的三位一体（汉迪，2012）。三叶草的三片叶子分别代表组织中的核心工作人员、外包的专业人士和弹性工作人员。这三种不同的人员，他们的期望不同，适用的管理方法不同，薪酬形式不同，组织方式也不同。

（二）"三叶草组织"的内涵

"三叶草组织"的核心概念是，组织是不同类型工作和人员的联合。"三叶草组织"的第一片叶子是核心工作人员。核心工作人员是企业的核心竞争力，对组织是不可或缺、难以替代的。他们是组织要通过高薪和优厚待遇留下的人才，相应的核心人员在组织中追求的也是稳定、可持续发展的事业成就感。他们将自己视为企业的合伙人，希望被请求而不是被要求，希望被当作同事而不是下属。

"三叶草组织"的第二片叶子是外包人员，组织把一些无关紧要的、机械性的工作交给外部专业人士来做，以减少成本。外包人员根据工作量来进行费用结算，在组织中更追求工作所得到的费用，即"多劳多得"。此外，全球化和信息技术的发展也为组织提供了国际化外包业务的可能，例如，纽约保险公司把新泽西理赔办公室设在了爱尔兰城堡岛的克立村，那里的人很聪明，工资却比新泽西低。

"三叶草组织"的第三片叶子是弹性工作人员，也就是就业市场上增长最快的兼职人员和临时工作人员，也称为"自雇工作者"。鉴于组织的弹性化需求，他们可以在高峰期协助完成组织的工作。这部分人很多都是女性，他们并不想要紧张的全职工作，可也希望能有点收入，跟人接触，或者需要一份工作作为自己其他工作的补充。虽然弹性工作人员是临时性的，但也要视其为组织有价值的组成部分，因为兼职或临时工作对他们而言是一种选择而不是必须。需要的时候，他们的能力完全可以开发出来，他们具有责任心，也可以发挥自己的聪明才智和能力。他们的忠诚是献给工作和工作团队的，而不是献给职业生涯或组织的（汉迪，2012）。

（三）实践与挑战

阿尔文·托夫勒（Alvin Toffler）在《第三次浪潮》（*The Third Wave*）中引用了很多美国著名公司总裁的话，这些人都认为，只要具备必要的通信设备，有 25%~75% 的工作都可以在家做，或从家里遥控。随着远程办公的普及，"三叶草组织"在实际生活中得到了很多应用，特别是在互联网技术的帮助下，给了员工不必在固定工位上进行工作的可能。2007 年《纽约时报》专栏作家麦瑞克·阿尔伯（Marci Alboher）在《双重职业：让工作和生活获得双重成功的模式》（*One Person/Multiple Careers：A New Model for Work Life Success*）一书中将"斜杠青年"作为多面手、多职业、跨界青年群体的代名词。"斜杠青年"是指那些拥有多重职业或身份、有多种能力和才华，需要用斜杠将各种身份分开的年轻人，也表征着一种全新的就业模式和工作方式。员工不必完全受雇于一个企业，可以通过众包的形式承担很多外包角色的工作。员工完全不必有固定工位，可以自由选择工作的地点，有效实现技能与工作的实时匹配。供应链和区块链的运用也给组织外包和弹性雇佣提供了更便捷的方式，企业可以将自身业务进行整合，保留核心业务，而将其他业务外包给成本更低的专业公司，并且利用大数据对需求高低峰进行预测从而更好地实现弹性雇佣，缩减人力成本和生产成本并且提高管理效率。同时，企业也面临如下挑战：

1. 零工经济推动三片叶子互动性增加

万物互联时代，外部环境多变和不确定性需要组织匹配快速响应能力，组织结构变得更加扁平化，边界变得更模糊，员工的流动性也增强了。在传统企业中从事企业核心业务的人员基本为企业的核心竞争力即组织的核心工作人员。但随着数字经济的发展与平台企业的出现，核心业务也不一定需要核心人力资源来完成。例如，美团把从事核心业务的骑手都灵活化为介于劳务外包和自由职业者之间的"数字零工"，把其关系界定为介于雇佣关系和商务关系之间的"工作关系"。共享数字化平台的出现给了组织边界重构的可能，利益相关者变得更多元化、角色更丰富，组织和外部的互动也变得更加频繁和多元。

2. 开放式创新、用户创新推动客户成为第四片叶子

汉迪在《非理性时代》（*The Age of Unreason*）中提及"还有一种分包类型颇值得一提，那就是让客户承担工作。这种情况已经越来越常见了。不过由于组织不向用户支付报酬，所以这第四片叶子不能作为三叶草组织的正式组成部分，但这种现实确实存在"。随着知识经济时代的到来，更多企业强调创新过程中的知识外部溢出所带来的影响，企业通过开放式创新范式和"揭榜挂帅"模式与多种合作伙伴形成多角度的动态合作，引入更多组织外部的人员来共享力量，对组织作出贡献。客户已经越来越走进组织内部，成为对内部创新资源的有效补充。

用户创新理论的提出者埃里克·冯·希贝尔（Eric von Hippel）认为，领先用户是用户创新的重要力量，能够比市场上其他用户早数月甚至数年遇到新需求，并且希望从满足新需求的方案中获益。用户具有一线的使用经验、对需求和价值满足有更加深层的理解，能够帮助企业补充知识，了解市场信息，获得潜在改进方案，提升产品、服务质量和创新效率，降低市场风险，也是组织中潜在的重要资源，所以可以成为第四片叶子。

3. 核心工作人员活力的激活

组织非常重视核心工作人员的稳定性。万物互联时代下，外包可以解决组织中的大部分非核心问题，这就让组织中核心人才的稳定性和活力激活问题的重要性凸显出来。核心人才的珍贵、稀缺和不可替代性，让组织纷纷开始用"金手铐"、高工资、股权期权增加其忠诚度，从而带来人力成本的提升和管理效能的下降。如何有效地通过组织变革和管理创新提升每个员工的幸福感、意义感，提升其在组织中的心理安全感和激情活力是现代企业管理面临的新挑战。

二、"五环组织"的基本要素

组织的职责就是提供产品或服务。数字化参与下，更多利益相关者参与到组织中，检验"三叶草组织"在面对未来工作和劳动力市场变革的适用性。开放式创新和用户创新给了更多人参与组织建设与管理的可能。有鉴于此，根据组织中多元主体特征、与组织的紧密度，在对组织的贡献度等层面将组织分为固定核心员工、小微链群、灵活用工、零工工作者及领先用户五个圈层，进而形成了"五环组织"理论模型（见图6-1）。

（一）固定核心员工

五环组织的中心是组织的固定核心员工，在组织中发挥着中枢作用。固定核心员工包括承担组织内部核心业务的员工和行政工作人员。他们一般是组织的核心人才，基本为全职员工，在组织中追求事业和未来的发展，对组

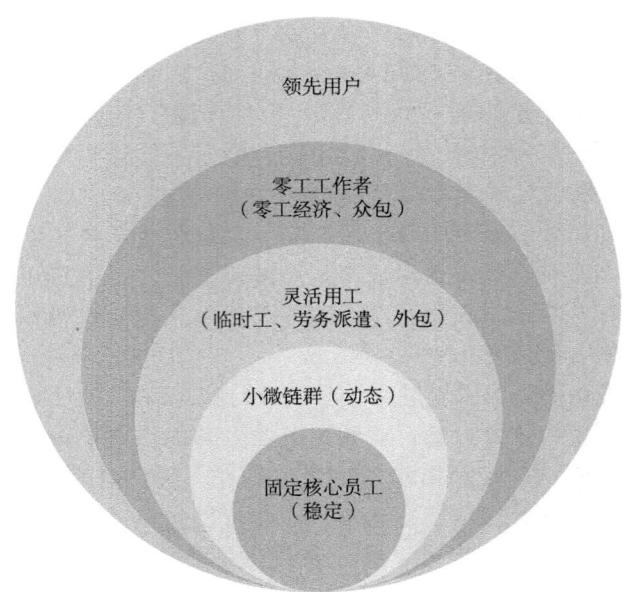

图 6-1 "五环组织"理论模型

织有着忠诚和情感的承诺，有较高的组织承诺和主人翁意识。固定核心员工在企业中的比例很少，尤其在外包成本越来越低廉的情况下。他们是和组织关系最紧密的员工，所承担的核心业务决定了组织运行效率和未来的发展方向。在企业发展的不同阶段，或者根据不同发展目标的需要，固定核心员工的结构可以呈现科层制或者扁平化等特征，其控制跨度和命令链的长度以及集权与分权的程度可以依据公司的战略需要进行调整。

（二）小微链群

第二层是以"小微链群"为代表的动态核心员工，他们是组织中从事核心业务的动态人才。海尔的"人单合一"组织模式顺应了物联网时代的要求，并以其开放性、动态性实现了增量激励和价值激励的优越性，调动了介于"有序"和"无序"之间的第三方力量。在人单合一的组织模式中，链群主是链群合约的主体，以对赌跟投实现超利分享，通过小微和链群节点的价值分享获得"创客份额"或"创客股权"。小微链群跨越原有部门的障碍，重塑了管理链和价值链，让每个人都可以在链条上直接发挥自己的个人能力（刘旭、柳卸林、韩燕妮，2015）。每个员工都是链群上的一个链点，在创造用户价值的过程中体现自己的价值。这种机制将被动执行命令的员工转化为主动承担责任的富有梦想的企业家，实现了让员工成为自主人的创客、使企业转型为自组织的目标。物联网时代，管理的宗旨只有一个，那就是人的价值最大化。企业给予员工充分实现自我价值的平台，而员工对组织活动拥有更高的参与度，企业与员工成为相互依赖、相互支持的利益共同体。

"链群合约"模式，即在人单合一的基础上强调介于计划和市场、介于利己和利他、介于有序和无序之间的组织领导结构，形成自组织的新生态、自循环的新范式与自主人的新模式。在这种小微链群的模式下，组织中的人成为不同团队之间的联合点在流动。小微链群依旧是组织内的固定员工，但是相比固定核心员工更加动态，更注重个人技能的分解以及在组织内的动态重组。在链群合约组织形态中，每一个实体乃至每一个人都成为一个责、权、利的中心，在这种氛围中可以重塑每个员工的创新力和意义感，释放隐性知识和潜能。探索共创共赢的生态圈，创造出共赢增值表、顾客价值表等工具，目的就是驱动员工不仅关注自身的意义感，也充分关注利益共同体的意义感知，创造用户终生价值。

（三）灵活用工

五环组织的第三层是灵活用工，以动态供需的方式从事非核心业务。随着全球就业形态和雇佣关系的深刻转型，非标准就业、新就业形态成为新岗位创造的引擎和正规就业的"蓄水池"，被数字经济和共享经济赋予新的生命力。灵活用工的本质是一个通过分解与整合来实现劳动分工精细化的过程。通过对组织任务的分解，将完整的工作岗位上的任务分解为多种任务，交给不同的人群发挥技能完成，这种劳动分工精细化可以提高生产效率，实现专业的事由专业的人来做。灵活用工有多种形式，比如临时工、劳务派遣、固定外包等（冯喜良 等，2018）。组织通过劳务外包的形式将工作分散到不同场所通过不同人群完成，布兰迪斯大学教授戴维·韦尔将这种变化带来的影响称为"分裂的工作场所"（David，2014）。灵活用工的出现使组织的人力资源结构更加富有弹性，组织可以通过外包的形式把非核心业务委托给人力资源服务机构，更有效地实现职能弹性、数量弹性、工时弹性和薪酬弹性（Blyton，1996）。劳务派遣和劳务外包一方面实现了组织聚焦核心业务发展的需求；另一方面，也满足了劳动者自由、短期的工作需求，符合其家业平衡、自由灵活发展的新观念。

据悉，全球约有20亿工人在非正规经济中谋生，大多数集中在新兴经济体和发展中国家。灵活用工一般以劳务外包和劳务派遣的形式与组织发生链接，与组织的关系时长取决于组织的任务需求时长。组织通过灵活用工削减了固定用工的人工成本，以更加敏捷的状态应对外部环境变化。灵活用工相比核心员工和小微链群来说，稳定性稍差，对组织的忠诚度和工作卷入程度偏低，依旧属于传统的用工模式，与企业存在事实劳动关系。

（四）零工工作者

五环组织的第四环是零工工作者，他们一般完成组织中核心但是非竞争力的业务。"零工经济"（gig economy）是数字经济背景下衍生出的一种新型人力资源分配模式，即利用互联网和移动技术快速匹配劳动力供需方的模式。零工经济被定义为"使用应用程序（App）来销售他们的劳工"的经济模式。麦肯锡研究报告显示，欧洲的青年劳动者每 2 个人就有 1 个人参与零工经济。在英国，列顿维尔塔发现 2.4% 的人至少每月从事一次零工工作。全球有 7 000 万人注册了远程工作平台，远程工作平台的使用量正以每年 26% 的速度增长。

互联网的发展降低了信息的不对称程度，使劳动供给双方的匹配更有效率（曾湘泉、徐长杰，2015）。劳动者就业观念的转变、数字信息技术的发展以及新兴行业的涌现共同促成了数字经济下用工形态的转型。零工工作者是在数字化经济背景下催生出的新就业形态，强调劳动力匹配的"按需性"（on-demand）和"众包性"（crowd work）。"按需性"强调劳动力配置过程中同一区域内的时间效率，"众包性"强调劳动力配置过程中跨区域合作的网络效率。零工经济中工作获取模式、评价模式的变化，工作过程管理和分配要素的变化等新特征都对这种介于"雇佣关系"与"市场关系"之间的"新型工作关系"造成显著的影响。

目前比较活跃的零工工作者平台主要有"基于位置"的数字零工平台和"基于网络"的数字零工平台两类，前者主要为网约配送员、网约车司机等多以体力劳动为主的低技能劳动者群体，后者更多的是通过众包模式服务的知识型劳动者群体，包括在线翻译、在线律师、设计师和医生等。组织通过数字化平台发布任务来匹配零工个人或团队，以任务完成为时间节点，以任务质量为评价，以劳取酬，实现任务与技能的精准高效匹配。相比灵活用工，数字零工与组织的关系更加松散，没有明确的劳动关系。

（五）领先用户

五环组织的第五层是领先用户，也是与组织核心最远的一层，他们是组织的"免费外脑"，为组织提供个性化的商品设计和服务。汉迪在《非理性时代》提及"还有一种分包类型颇值得一提，那就是让客户承担工作"。用户不属于组织内部成员，却可以跨越传统组织边界，为组织作出贡献。领先用户是用户群体中的创新主体和先进的存在，可以发掘超前的需求从而进行产品创新，为组织作出贡献，并且拥有领先市场趋势和高期望收益的特点（von Hippel，1986）。领先用户通过有价值的创新进行新产品的开发和主动分享，从而获得经济价值和自我满足感。伴随着时代的发展，领先用户不再只关注高市场收益来驱动创新，物质条件的丰富让领先用户有追求高层次需求即尊重和自我实现的需要。相似或者有着共同兴趣的群体可以聚合为虚拟社群，围绕共同的需求形成在线分工，分享新知识和价值，推进产品的不断优化和迭代，知识的交流与增值是维持其运行的根本动力（戚聿东、蔡吴伟、张兴刚，2020）。

领先用户不一定完全是组织外部的用户，组织内部的员工有时也是组织的领先用户。施瓦夫斯（Schweisfurth）在研究中首次关注到了内部领先用户，并依据组织位置将领先用户划分为内部领先用户（internal/embedded lead user）和外部领先用户（external lead user）两类（Schweisfurth，2012）。外部领先用户的创意在新颖性方面优于内部领先用户，但在创意可行性、相关性及明确性方面却不如内部领先用户，内外部领先用户的创意存在一定的互补性，但都可以对组织作出贡献（王楠 等，2021）。可见，领先用户也可能不严格存在于第五层，而是一个动态而复杂的存在。虚拟社群的存在成为组织跨界连接的良好渠道，领先用户成为组织的"免费外脑"，对组织的创新发展贡献难以估量的活力和力量。

组织的持续生存需要保持动态变化（Teece，1986），进行不断的创新，因此五层主体呈现互利、互补、协作、共创、共融等特征（见图 6-2）。一个组织中并没有严格的界限和边界，是动态流动、协同共创的。从复杂性和人类系统的角度来看，组织是一个复杂的适应系统。

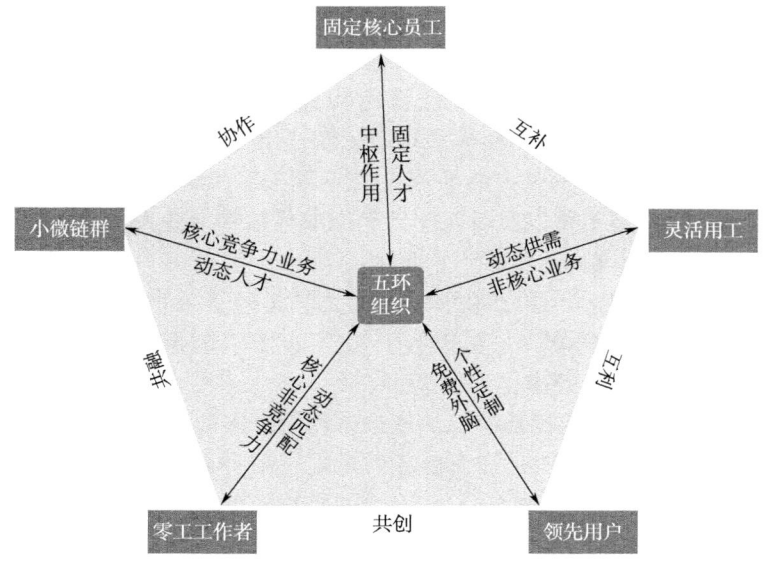

图 6-2　五环组织主体互动特征

三、"五环组织"的特征

《零边际成本社会》中说道:"物联网将把这个集成网络中的所有人和物链接起来。"物联网平台的传感器和软件将人力、设备、资源、生产线、物流网络、消费习惯、回收流以及经济和社会生活中的各个方面连接起来,不断为包括商业、家庭、交通工具在内的各个节点提供大数据。与生物体一样,组织亦能够自我调节和做出改变来支持这些响应的规则和模式,是复杂而非机械地存在多个交互作用和非线性交织的部分。"五环组织"因此呈现出敏捷性、双元性、网络性和参与性等特征。

(一) 敏捷性

乌卡时代的不确定性召唤着组织有着更加快速响应外部环境变化的新能力,组织的这种特性被称为敏捷性(Kidd,1995),这种敏捷性还体现在更开放的资源获取和更精准地关注客户的需求。凯文·凯利在《失控:机器、社会与经济的新生物学》中论述:"未来的企业组织会更类似于一种混沌的生态系统,没有强制性的中心控制;次级单位具有自治的特质;次级单位之间彼此高度连接;点对点间的影响通过网络形成了非线性因果关系。"(凯利,2010)在这种管理模式下,组织可以和组织外的其他群体产生动态交互,从而更敏捷地感知外部变化,也可以让组织更快地对外部变化作出反应。

扁平化的结构以及固定小范围的核心员工可以将组织的命令和行为传达得更加迅速,提高组织的执行效率,并且开放式的组织可以运用内外部资源快速整合反应,在竞争中保持高度的灵敏度和机动性,以面对外界变化。平台加小团队化的小微链群结构更是将组织的敏捷性发挥到极致(曹仰锋,2019)。五环组织通过多元雇佣模式对敏捷性作出贡献:小微链群在组织价值链中充当链与点交叉的角色;灵活用工的短期关系可以帮助组织完成常规的非核心业务;数字零工可以及时匹配到动态非稀缺的专业人才。

(二) 双元性(效率+创新)

工业时代的组织运行更加追求效率,尤其是经济效率。科学管理时代科层制等级森严、层级复杂,主要聚焦于如何减少中间环节和信息的失真,让组织的管理效率和运行效率得到提高。

伴随着组织从物质依赖转向知识依赖,创新也逐渐取代了运营,成为企业发展的主要导向。而创新就是知识创造的过程,需要不同专业知识的交流与互动。所以,创新导向进一步提升了知识的重要性,也使得我们需要重新从知识的视角来研究组织理论。企业是创造知识的平台。在一个只有不确定性能确定的经济环境中,持续竞争优势的一个确定性来源是知识。知识创造理论从认识论和本体论两个维度进行阐述，包括 SECI 模型、创造知识的"场"和推动知识创造螺旋的组织方式。企业是 SECI 模型从社会化（socialization）、外显化（externalization）、组合化（combination）和内隐化（internalization）实现显性知识和隐性知识转化的重要"场域"，在强调效率的同时更要强调创新，体现出双元性。

在五环组织中，小微链群的出现是组织创新的重要体现，打破了传统部门的壁垒，在组织内重塑价值链，打破员工岗位的界限，使员工在不同的团队中可以发挥自己的个人能力从而直接为客户创造价值。领先用户也是组织创新的重要力量，他们在主流普通用户产生某些需求之前，就前瞻性地意识到此种需求，具有敏感的需求嗅觉，甚至具备一定的参与企业产品改良、创新的能力。这体现了五环组织的双元性。

（三）网络性

网络性不仅体现在组织内部结构网络化也体现在与外部连接的去边界化。组织有边界吗？在科斯（Coase）发表《企业的性质》（*The Nature of Firm*）的时代，企业组织是有明显的边界的，内部与外部分隔清晰。而如今，在知识经济时代，如果不从法律或者制度角度，而是从知识的角度来看，内部资源与外部资源之间的界限似乎是非常模糊的。在组织运作或者创新的过程中，组织成员与其他组织间的知识交流、互动和合作，甚至比组织成员之间更加频繁而密切。

如果说古典的组织理论把企业组织视为独立单元或者由"实线"围成的封闭圆环的话，那么现代的组织应该是由"虚线"所围成的开放圆环。这也是切萨布鲁夫（Chesbrough）教授关于开放式创新的理念，组织的边界是可渗透的、多孔的。我们认为，把组织比作电子云似乎更加恰当。现代的组织逐渐趋于将区分内部与外部的边界（不论是实线还是虚线）模糊化，形成一个创新发展的社区。

凯文·凯利（Kevin Kelly）在《失控：机器、社会与经济的新生物》一书中提及，"凡是网络都是没有边的，如果有边界就不叫网。比如天空中飞的鸟群，不会因为增加了几只鸟就导致鸟群混乱失控，因为鸟群是一个开放的网络，没有边界，可以让资源自由地流入，容纳与自消化的能力很强"。动态、灵活的组织边界有利于企业最大化地整合内部资源的价值，更好地适应外部环境的变化（Santos，2005）。

借助数字技术赋能，组织内部打破了部门与空间的限制，信息沟通越发便利和透明。组织与外部连接的去边界化让组织更好地和外界交互信息和能量，实现协同发展。组织边界与行业边界逐步被打破，跨界融合发展成为新常态（丁述磊、戚丰东、刘翠花，2022）。数字零工的兴起和平台型的组织形态可以让组织连接多方外部群体，通过网络技术有效连接各种利益相关者，形成有效的生态网络，为组织高效精准地完成任务提供保证。

（四）参与性

随着人类进入"零边际成本社会"，"随时使用，何必拥有"的价值观正在被世人接受，物联网和大数据平台为多利益相关主体参与组织建设和加强互动提供了可能。在传统情境下，客户等群体被割裂在组织外部，但在现在的数字化情境下，客户与组织间的边界或将不复存在。客户可以参与产品原型设计、产品测试和产品支持活动流程（Robert，2016）。物联网平台的分布式特征让企业和产消者组成的数百万小型参与者聚集在一起，形成全球性的协同共享网络。

传统的民主参与和参与式管理的主体主要是组织内部的核心员工。随着数字化让组织的边界更加模糊，利益相关者和成员更加多元，组织变得更加开放，可以有效整合组织内外部的资源，让组织外部更多专业的人可以加入组织做专业的事，也体现了五环组织的参与性。数字零工、领先用户都是重要的参与主体。

凯文·凯利在《失控：机器、社会与经济的新生物学》中说道："传统组织结构会置组织于死地，未来的企业组织会更类似于一种混沌的生态系统。"这种生态系统的组织是参与性强的，与多群体高度连结、高度互动，实现组织的灵活高效运行，而且能极大地激发组织内外成员的创新能力。

四、运作机理

物联网平台具有分布式、点对点的性质，在物联网背景下的五环组织中的多元主体承担着不同的角色和任务，也对组织作出不同的贡献。不同主体之间是彼此联系又彼此补充的，彼此之间的合作构成了五环组织的知识流动和能力流动。下面对五环组织内的劳动力运作和知识运作以及五环组织的运作进行总结。

（一）劳动力平台的动态运行机理

在"五环组织"中，核心员工是组织内的固定全职人员，位于组织的中枢部位，注重于职能化、行政化，更强调员工在固定的岗位上各司其职，掌握着组织的日常必需事务。小微链群属于组织内动态流动的核心全职人员，强调技能专业化，跨越部门和岗位的限制。他们多负责组织内核心竞争力的业务，是可以在各个项目之间流动的核心人才，在组织重塑的价值链上进行实现个人能力的最大限度发挥，进而实现组织的效益最大化。灵活用工在组织内多负责非核心业务，通过劳务派遣等方式和组织建立短期的联系，也可能会因任务周期长从而和组织建立较长期的联系。数字零工多通过数字平台的众包和组织产生联系，可能承担组织的核心竞争力业务。灵活用工和数字零工都属于组织外部的资源，对组织的劳动力资源进行及时、有效的补充。灵活用工和数字零工一样都是任务导向型，和组织建立的联系是短暂又紧密的，达到组织劳动力的动态匹配和供需平衡。

领先用户是组织中的特殊存在，是组织的免费外脑和创新需求来源。虽然领先用户并不受雇于组织，但是领先用户会在市场之前面临产品的创新需求并认为可以产生收益从而愿意去深耕，同时有着自我价值实现的动机来进行分享，从而提升产品价值，进而为组织作出贡献。企业一般也会通过"揭榜挂帅""创客马拉松"等方式邀请领先用户发表创意需求或解决方案。

（二）知识管理运作机理

科斯（Coase，1937）认为，组织间在交易过程中存在着明显的成本，即交易成本。企业组织的显著特征就是作为价格机制的替代，用内部的管理成本来替代外部的交易成本。德姆塞茨（Demsetz，1993）强调，企业内部同样存在交易成本，即隐含购买其他企业所提供的管理服务。企业存在与否的关键是内部生产所产生的管理成本与交易成本之和，是否小于从市场上购买所产生的管理成本与交易成本之和。在知识经济时代，知识已经远远超过物质资源，成为最为重要的资源（Grant，1996）。现代组织是知识的集合，那么从知识的视角来分析组织的存在就变得非常重要且有意义。因此，知识转移成本已经成为交易成本的最主要来源（Jensen et al.，1996）。

组织中的知识流动其实是个人知识和组织知识之间按照 SECI 模型螺旋上升的过程。个人知识是指存在于组织成员个体的技巧、经验、智慧等；组织知识并不是简单的个人知识的加总，还包括个人知识之间的交互作用以及组织惯例和文化等。而从知识是否可以编码化地表达出来这一角度，我们又可以将知识区分为显性知识和隐性知识。与显性知识相比，隐性知识更难以被编码化和结构化；与个人知识相比，组织知识更加系统、复杂，更难以被模仿、转移或者替代。因此，根据可持续竞争优势重要性自强至弱排序，组织知识应该是：组织的隐性知识—个人的隐性知识/组织的显性知识—个人的显性知识。组织在发展过程中，就应该努力构建组织的隐性知识，如组织惯例等。

虽然各种知识对组织可持续竞争优势的重要性不同，但任何组织都会拥有上述四种知识。而且根据野中郁次郎（Nonaka）所提出的 SECI 模型，四种知识之间存在着相互转换的动态机制，组织的隐性知识的创造和发展需要通过组织的显性知识的内部化这个过程来完成；组织绩效的提升也并不是组织的隐性知识直接作用的结果，而是需要通过社会化、外部化等过程，将其转变为个人的隐性知识和显性知识后间接实现的。总体来说，可持续竞争优势的实现必须创造异质的、不动的组织的隐性知识，同时还需要其他三种知识的补充和互动。SECI 模型及组织内的拓展应用见图 6-3。

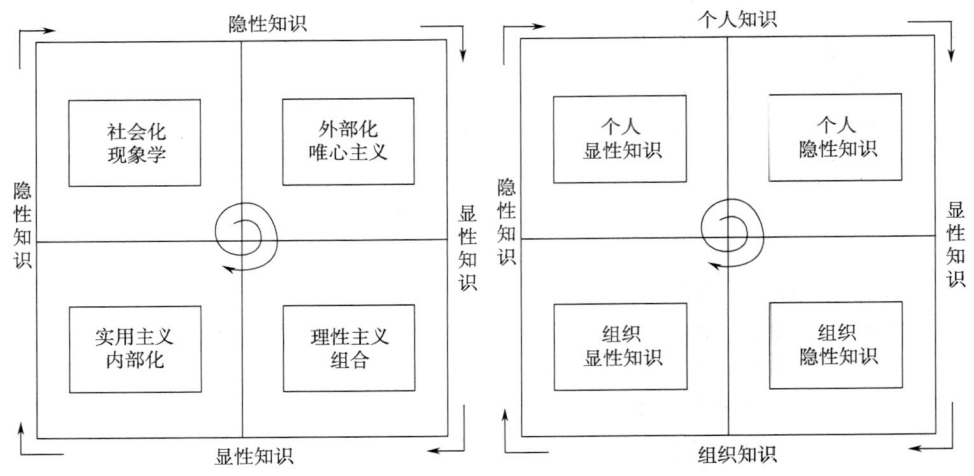

图 6-3　SECI 模型及组织内的拓展应用

五环组织不同于传统组织，当组织边界模糊化时，组织中的知识流动也是跨越边界的，开放式创新和用户创新的兴起让外部知识平台的知识流入组织，外部购买与内部创造的过程相互融合，知识流动的成本越来越低。开放式创新让更多专业化人才的知识流入组织，参与到组织的生产活动中，并且实现了组织的劳动转嫁。用户创新则让更多直面产品的用户提出想法从而进行产品的改善，推动外部的知识流入组织内部。知识的转化在五环组织的不同角色间进行交互和流动，并且在互联网技术的加持下，这种交互与流动变得更加快速和动态。

（三）组织形态的运作机理

五环组织作为一种新的理念，更强调不同角色在物联网的背景下可以为组织作出贡献，科层制、平台型、小微链群和开放平台可以动态地结合应用，组织没有固定单一的组织形态而是多种形态并存且动态交互，形成生态系统内的协同共生。传统的科层制在快速变革的今天不适用于整个组织的结构，但可以在核心员工的管理中应用，权责明确可以提高员工各司其职的效率。平台型组织形态在灵活用工和数字零工中展现出优势，平台所具有的双边网络效应和快速聚合一系列资源的能力，能够帮助管理者应对频繁的任务和变化（Kogut，1991），从而快速匹配合适的员工来完成项目。平台型组织可以弹性地适应市场多变的需求，从而动态地雇用人才，提高组织工作的效率。平台型组织也被称为包括制造业企业在内的各类企业应对环境变化的积极"反馈"（Ciborra，1996）。小微链群模式将员工的贡献和自身利益联系在一起，赋予员工"永远的活力"。数字科技变革所实现的新范式中最为重要的一个范式就是链群合约。链群合约实现了以感知为基础、传输为保障、云计算为大脑、应用为决策和服务的四端联动，构建了节约型、透明化、高效率、精确化、个性化、过程化和智慧化的治理模式。"平台+小团队"方式的灵活性以及跨部门合作提高了团队效率以及可以直面客户需求，实现任务的快速迭代。

利用物联网时代万物互联、万物共享来吸纳更多外部的人员和知识为组织提供帮助，比如领先用户和外部专家的先进思想和创意。在互联网的帮助下，组织的边界日益模糊，和外界产生更多的信息和能量交换。组织在不同的时期针对不同的需求和人群利用不同的形态进行运转，灵活适应外部的变化。在这种动态的过程中，组织和更多的利益相关者进行动态交互，形成协同共生的机制，为员工提高个人能力，为企业完成战略的推进，为客户实现需求和价值，为商业营造更好的生态，在不同群体间形成生态系统交互协同，共同发展（见图6-4）。

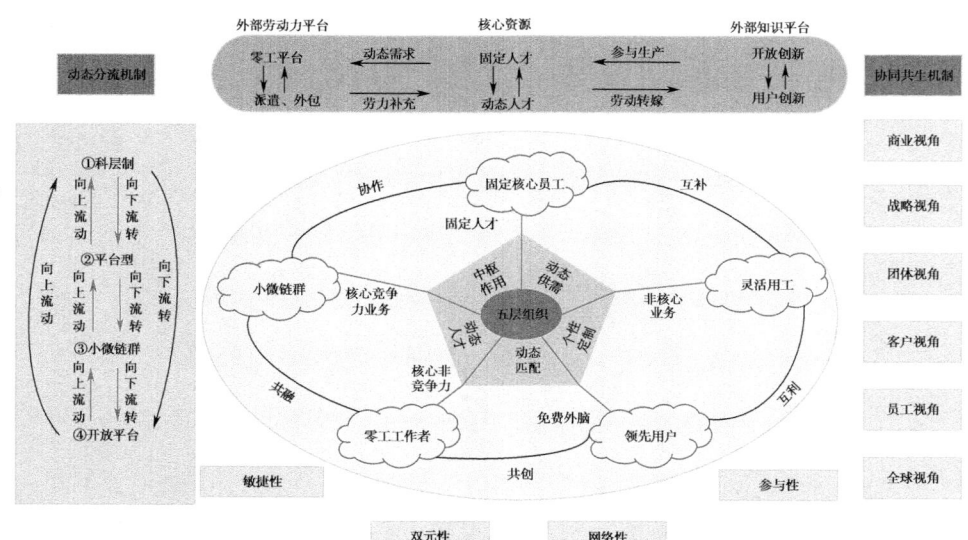

图6-4 五环组织运作机理图

第三篇
数字劳动关系的内涵

第七章　数字劳动关系的底层理论架构

劳动关系的研究离不开马克思主义政治经济学和劳动经济学，劳动价值论对劳动关系的问题和交互提供了理论基础。而数字技术的发展让劳动关系系统有了互联网平台的加持，平台形成的多边关系更让劳动关系系统的交互变得多变、复杂。数字劳动关系系统的发展也离不开系统论和生态系统的支撑，所以数字劳动关系的底层理论架构包括劳动价值论、系统论、生态系统论以及多边平台理论。

一、劳动价值论

劳动价值论是马克思主义政治经济学的基石。作为一种价值理论，劳动价值论不单纯是关于商品世界的价值或价格理论，而首先是关于商品、货币和资本等价值形式的历史科学，是关于商品世界的本体论，其次才是关于商品的价值决定和价值度量的经济科学。正如恩格斯所指出的，"政治经济学本质上是一门历史的科学"（恩格斯，2012）。

劳动价值论作为商品世界的本体论，其基本观点包括：第一，商品、货币和资本等价值形式是劳动的内在矛盾的外在表现，是劳动在特定历史阶段的社会形式或社会化的抽象形式。第二，若要发现价值的秘密和商品世界的价值规律，仅仅研究劳动的自然形式无济于事，必须深入研究和准确理解劳动的社会抽象形式，这既是正确理解劳动的二重性（即具体劳动和抽象劳动，以及私人劳动和社会劳动）的前提，也是正确理解马克思劳动价值论的前提（陈祥勤，2022）。

价值论的世界观有多种，劳动价值论是其中的一种。它是相对于要素价值论或效用价值论这样的资产阶级政治经济学的世界观而言的，是马克思主义政治经济学的一种世界观。马克思的价值理论与古典政治经济学的价值理论有一个相同点：它们都是从供给的角度讨论价值，是一种客观价值。不同点是，马克思一贯坚持劳动创造价值这一基本观点，而古典政治经济学由于没有劳动二重性学说，因此在其理论叙述中对于劳动创造价值没有能够始终坚持如一（侯风云，2022）。

劳动创造价值学说由威廉·配第首先提出，但未作出详细说明。他没有将价值和财富进行区分和说明，因此在他的理论中曾给出"劳动是财富之父，土地是财富之母"的判断。但由于没有真正的价值概念并且混淆了价值和使用价值，因此，他将财富与价值相混淆。配第认为"所有物品都是由两种自然单位，即土地和劳动来评定价值的……一艘船或一件上衣值若干面积的土地和若干数量的劳动。理由是船和上衣都是土地和投在土地上的人类劳动所创造的"（配第，1963）。这里就没有区分价值、财富和使用价值，可以说英国政治经济学的传统就是将财富当作价值，政治经济学就是研究财富的学问。俄国经济学家杜岗·巴拉诺夫斯基不同意将政治经济学研究的内容定义为财富，他认为，如果把政治经济学确定为关于财富的科学（换言之，关于物质的科学），那就会抹杀政治经济学与技术科学之间的差别，并且不能把我们的政治经济学的社会性质提到首位（巴拉诺夫斯基，1987）。

在对劳动价值论进行叙述时，有一点需要进一步说明：在商品无差异的状态下，商品生产者之间的竞争就体现在提高生产率、降低个别劳动时间上。但持续加强管理、提高生产率也是有限度的，因此商品生产者为了取得竞争优势地位，获取更多的利益，必然考虑产品的差异化：如式样的革新，包装的创新、性能的提升、服务的跟进等。如果这些工作由于供给过多而需求不足，便不能为众多的商品生产者带来期望的利益，就是说这种产品的生产基本上无利可图，那么商品生产者下一步的选择就是转移产品品种或者开发新的产品，也就是说可能会转到其他产业进行生产。价值规律不仅表现在供给者之间的竞争上，而且促进了社会需求。前者是假定只要生产出来，社会需求就可以实现；后者则是指，商品生产者虽然在社会必要劳动时间内生产，甚至低于社会必要劳动时间生产，但如果社会上总的生产量远远高于社会需求量，则这类商品生产者的劳动耗费也不能完全实现——加入社会需求后讨论的是商品的价值实现程度，如果价值没有得到实现或者充分实现，商品生产者的劳动就不能得到补偿（侯风云，2022）。

劳动价值论还涉及简单劳动和复杂劳动的区分。同一种商品的生产可能由不同的环节完成，因此有简单劳动和复杂劳动之分。不同商品的生产更是有复杂劳动和简单劳动之分。马克思在这里没有具体讨论不同类型劳动者之间的关系，只是概括地说明"比较复杂的劳动只是自乘的或不如说是多倍的简单劳动"。把各种劳动力直接当作简单劳动力，省去了简化的麻烦。至于复杂劳动是简单劳动的几倍，马克思认为这是由生产者背后的社会过程决定的。劳动价值论揭示了商品的价值是由劳动创造的（不论是使用价值还是价值都是劳动创造的）；劳动价值论揭示了商品生产者之间、生产者与需求者之间的利益关系。在私有制情况下，商品生产者的劳动是私人劳动，但是这种私人劳动必须被社会承认并转化为社会劳动，商品生产者的劳动才能得到补偿，生产才能继续进行，商品生产者的命运就决定于这"惊险一跳"，即交换成功。于是，人们对自己制造的商品产生了一种崇拜心理，就像马克思所说的，与宗教是人们头脑的产物反过来支配人的行动一样，商品和货币是人类双手劳动的产物反过来支配人，因此，在发达的商品经济下，必然产生商品拜物教和货币拜物教（马克思，2004）。

二、系统论

系统论认为，开放性、自组织性、复杂性，整体性、关联性、等级结构性、动态平衡性、时序性等是所有系统的共同的基本特征。这些既是系统所具有的基本思想观点，也是系统方法的基本原则，表现了系统论不仅是反映客观规律的科学理论，还具有科学方法论的含义，这正是系统论这门科学的特点。

系统论的核心思想是系统的整体观念。贝塔朗菲强调，任何系统都是一个有机的整体，它不是各个部分的机械组合或简单相加，系统的整体功能是各要素在孤立状态下所没有的性质。他用亚里士多德的"整体大于部分之和"这一名言来说明系统的整体性，反对那种认为要素性能好，整体性能一定好，以局部说明整体的机械论的观点。他认为，系统中各要素不是孤立地存在着，每个要素在系统中都处于一定的位置上，起着特定的作用。要素之间相互关联，构成了一个不可分割的整体。要素是整体中的要素，如果将要素从系统整体中割离出来，它将失去要素的作用。

系统论的基本思想方法就是把所研究和处理的对象当作一个系统，分析系统的结构和功能，研究系统、要素、环境三者的相互关系和变动的规律性，并利用系统观点看问题。世界上任何事物都可以看成一个系统，系统是普遍存在的。大至渺茫的宇宙，小至微观的原子，一粒种子、一群蜜蜂、一台机器、一个工厂、一个学会团体都是系统，整个世界就是系统的集合。

系统是多种多样的，可以根据不同的原则和情况来划分系统的类型。按人类干预的情况划分就有自然系统、人工系统；按学科领域划分就有自然系统、社会系统和思维系统；按范围划分则有宏观系统、微观系统；按与环境的关系划分就有开放系统、封闭系统、孤立系统；按状态划分就有平衡系统、非平衡系统、近平衡系统、远平衡系统；等等。此外，还有大系统、小系统的相对区别。

系统论的任务，不仅在于认识系统的特点和规律，更重要的还在于利用这些特点和规律去控制、管理、改造或创造一个系统，使它的存在与发展合乎人的目的与需要。也就是说，研究系统的目的在于调整系统结构，协调各要素关系，使系统达到优化目标。

系统论的出现，使人类的思维方式发生了深刻的变化。以往研究问题，一般是把事物分解成若干部分，抽象出最简单的因素来，然后再以部分的性质去说明复杂事物。这是笛卡儿奠定理论基础的分析方法。这种方法的着眼点在局部或要素，遵循的是单项因果决定论。虽然这是几百年来在特定范围内行之有效、人们最熟悉的思维方法，但是它不能如实地说明事物的整体性，不能反映事物之间的联系和相互作用，它只适用认识较为简单的事物，而不能胜任对复杂问题的研究。

在现代科学的整体化和高度综合化发展的趋势下，在人类面临的许多规模巨大、关系复杂、参数众多的复杂问题面前，传统分析方法就显得无能为力了。在传统分析方法束手无策的时候，系统分析方法就站在了时代前列，高屋建瓴，综观全局，别开生面地为现代复杂问题提供有效的思维方式。所以系统论，连同控制论、信息论等其他横断科学一起提供新思路和新方法，为人类的思维开拓新路。它们作为现代科学的新潮流，促进了各门科学的发展。

三、生态理论

创新是发展的动力源泉。目前，全球新一轮科技革命和产业变革正在孕育和兴起，世界主要的经济体纷纷制定实施创新战略，抢占发展制高点。我国推进创新驱动发展战略，经济发展进入新常态，其重要特征之一就是增长动力正在从以要素驱动、投资驱动为主转向以创新驱动为主。越来越多的企业，尤其是大型跨国企业把创新摆到了更加重要的位置，注重以创新赢得持续竞争优势。创新在国家或企业发展中的地位和作用越来越重要。创新是在持续变化的环境中企业提升竞争优势的关键（Tushman et al., 1996）。从创新规律来看，对一个希望提高创新能力的国家来说，规划创新方向很重要，完善创新生态更重要，后者是更具深层意义的举措。新技术、新产品、新产业往往不是政府规划出来的，而是创新人才通过自由探索和市场竞争实现的。为此，应以"激发全社会创新激情"为目标，下大气力营造创新生态（胡钰，1995）。现如今，创新越来越需要异质性成员主体共同参与，以形成一个健康的创新生态系统（Adner and Kapoor, 2010），组织竞争已不再局限于企业与企业间，而逐步延伸到生态系统间的竞争（Li, 2009）。

企业创新生态系统概念围绕创新生态系统概念展开。创新生态系统概念来源于自然生态系统，通常包含非生物的物质和能量，以及生产者、消费者、分解者等行为主体。创新生态系统概念最初由英国生态学家坦斯利（Tansly）

提出，他认为生态系统即在一定空间和时间，由生物群落与其环境组成的具有一定大小和结构的整体，其中各生物借助物质循环、能量流动、信息传递而相互联系、相互影响、相互依赖，形成具有自适应、自调节和自组织功能的复合体（胡斌、李旭芳，2013）。20 世纪 70 年代以来，自然生态系统的思想向经济管理领域渗透融合。布林尼指出，生态学家和经济学家研究的往往是同样的课题，如资源的可利用度、供求关系、竞争，以及为了获得某些利润而投入的成本等，在自然界，付出的成本是能量和资源，而在人类世界里，要用金钱来偿付（布林尼，2003）。基于此，伴随研究的演进，不同学者从生态视角和网络视角分别解析了创新生态系统的内涵（陈劲，2013）。

（一）侧重于生态视角的研究

1977 年，斯坦福大学汉南（Hannan）和加州伯克利大学弗里曼（Freeman）首次提出企业种群与组织生态，强调从生态视角将企业种群与其赖以生存和发展的外部市场环境结合起来分析问题（Hannan，1977）。伊安斯蒂（Iansiti）和莱文（Levin）提出，用运营生态学中的生态位概念来阐述创新生态系统的结构特征，他认为"创新生态系统由占据不同但彼此相关的生态位的企业组成，一旦其中一个生态位发生变化，其他生态位相应也会发生变化"（Iansiti，2004）。金（Kim）等更明确地指出，创新生态系统是一种由众多具有共生关系的企业构成的经济共同体，在这个系统内部，成员企业可通过合作来创造单个企业无法独立创造的价值（Kim，Lee，and Han，2010）。罗伊贾克（Roijakkers）等运用案例研究方法研究了比利时纳米电子产业的微电子研究中心（Interuniversity Microelectronics Centre，IMEC）机构是如何引导创新生态系统的形成以及发展的。他们研究了创新生态系统协调者的角色，指出知识产权的管理直接影响创新生态协调者对其他创新生态成员的价值分配、对新生态系统的界定以及对生态伙伴关键技术的供给，因此，知识产权管理对于创新生态系统的成功至关重要（Leten et al.，2012）。国内学者曹如中等从组织生态的角度对创意产业的创新生态系统演化过程进行了理论研究，指出创意产业创新生态系统的模仿机制、竞合机制和知识传导机制类似于自然生态系统中的遗传、变异与选择机制，并呈现出明显的阶段性特征和生命周期性。创意产业的创新生态系统种群具有自己特定的生态位，种群之间的演化遵循特定规律（曹如中、刘长奎、曹桂红，2011）。

（二）侧重于网络视角的研究

佩尔托尼耶米（Peltoniemi）和沃里（Vuori）在总结前人研究的基础上，将创新生态系统定义为一种由具有一定关系的组织构成的动态结构，同时指出这些组织可能是一些小企业，也可能是大企业、高校、研究中心、公共机构以及其他可能影响这个系统的组织（Peltoniemi and Vuori，2004）。登哈特格（Den Hartigh）和范阿瑟尔登克（van Asseldonk）从企业和企业网络关系出发，对创新生态系统进行了理论界定，认为创新生态系统应是一种由围绕在某种核心技术周围、相互依赖的供应商和客户组成的网络（Hartigh and Nambisan，2004）。而扎哈拉（Zahara）和南比桑（Nambisan）则将创新生态系统看成是一种为企业提供资源、合作伙伴以及重要市场信息的网络，他们认为"这种网络是基于网络内部成员企业之间的长期互动关系形成的，构建并发展创新生态系统需要企业家精神与战略思维互相匹配"（Zahara and Nambisan，2012）。作为生物学概念的隐喻，生态系统概念在企业管理领域的首次应用来源于摩尔（Moore）1993年的研究，其认为组织的商业生态系统是利益相关性成员保持合作关系的一种系统形式，企业构筑生态系统经历了由初生、扩张、领导到重构或衰灭的全过程（Moore，1993）。而后，摩尔（1996）进一步提出组织的商业生态系统是以组织和个体（包含核心企业、消费者、市场中介、供应商、风险承担者、竞争者等有机体）相互作用为基础的经济联合体，这种经济联合体生产出对消费者有价值的产品和服务（Moore，2007）。同时，摩尔认为企业生态系统的核心特征为"共同演化"（Moore，1996），生态系统通过联合创新为成员创造价值，组织成员竞争与合作并存，共同分担系统的命运（Moore，1993）。伊安斯蒂等人认为，以创新为目标的商业生态系统具备分裂性、互联性和竞争合作性，其由网络核心者、利基市场参与者、支配者以及坐收渔利者四类成员构成，并提出企业创新生态系统健康的概念，认为健康的企业创新生态系统具有稳定性和可持续性，可以维持其自身结构，抵御外界冲击（Iansiti and Levien，2004）。鲍尔等人认为，企业创新生态系统是一种具有企业网络结构特征的系统，它覆盖万维网以及真实世界成员交互的各个方面。创新生态系统是一个实体社群与其环境因素相互构成的整体，企业生态系统成员应当包含社群利益相关者、雇员、业务以及客户（Power and Jerjian，2001）。

四、多边平台理论

多边平台（multi-side platforms）是指将两个或两个以上相互依赖但又有明显区别的客户群体集合在一起的平台。多边平台理论是对双边市场概念的延伸和补充。共享经济中供给方（云）、需求方（云）网络平台、其他参与方（第三方支付、评估、征信、监管机构等），形成多边平台结构。共享经济借助第三方平台（如网络等），将供给方闲置资源的使用权暂时性转移给需求方使用，从而实现了生产要素的社会化，促进社会经济的可持续发展（张玉明，2017）。

（一）传统双边市场基本理论

在一个双边市场上，有两个不同类型的用户，通过一个中介机构或平台来发生作用或进行交易。其中，一边用户的决策会影响另一边用户的结果（纵凯，2012）。例如，在第三方支付平台（如支付宝、微信等中介机构或平台）中，两个不同类型的用户分别为使用网络支付的消费者和企业。如果消费者不使用网络支付，企业就不会接受它，而相对应的，如果企业不接受网络支付，消费者自然也不愿意去使用它。这说明不同类型用户之间存在着某种外部性，这种外部性被称为间接网络外部性（与直接网络外部性进行区分）。间接网络外部性的存在造成了经典的"鸡和蛋"的问题：一方面，平台只有在存在大量的用户的条件下，才能吸引企业；另一方面，只有存在预期的大量企业时，用户才愿意使用平台进行交易。此时，厂商无法通过调整价格结构提高交易量。

（二）多边平台理论

多边平台理论其实是对双边市场概念的延伸和补充。多边平台的概念是在双边平台（two-sided platforms）概念的基础上发展而来的。多边平台是指将两个或两个以上相互依赖但又有明显区别的客户集合在一起的平台。相对于传统单边市场，多边平台的特征表现为间接网络效应、交叉网络外部性、价格非中性、需求的互补依赖性等（苏华，2013）。间接网络效应是指一边客户对交易效用的预期由于另一边客户规模的增加而增加。这意味着如果多边平台的一边价格上涨，会在导致这一边市场需求下降的同时另一边市场需求下降，两边市场互相作用，使价格上涨可能无利可图。因此，间接网络效应限制了平台运营商进行价格提高的能力，也反映出多边平台各方需求间的互补依赖性。当间接网络效应无法通过价格机制进入成本或收入函数时，就产生了交叉网络外部性，使多边平台的均衡价格通常不等于边际成本。

（三）多边平台理论的应用

典型的多边平台包括金融交易所、支付系统、操作系统平台、电子商务社交网站、搜索引擎、广告支持媒体等。传统手机行业与互联网结合而成的平台，不仅蕴含着难以模仿的优势资源（包括用户资源、数据资源及技术资源等），还为众多应用软件开发商、配件供应商、通信运营商、数据分析商等提供优势互补、协同创新的渠道，往往可以产生很大的效益。例如，由智能手机硬件、iTunes 应用商店和 iOS 操作系统共同搭建起来的创新平台，为苹果公司带来巨大的效益。又如，传统零售业与互联网融合，采用更有效的方式促进多方群体（制造商、经销商、服务商、店商、消费者）的互动，在多边平台上实现资源渠道共享，如阿里巴巴集团利用其庞大的客户群，建立了以网络零售平台为核心的创新生态系统，吸引各类卖家、物流企业、广告主等加入，同时提供技术支持，为企业用户提供数据进行创新。随着现代零售企业多边平台模式的建立与推广，平台经历着"共创—共生—共享—共赢"四个发展阶段。大数据时代下，零售企业逐渐由商品零售商向日常消费服务提供商转变。

第八章　数字经济背景下的劳动关系新解

在数字经济兴起的背景下，劳动关系的交互以及管理产生了很多新变化，数字经济、零工经济以及共享经济的出现给就业形态带来了很多变化。平台企业的出现催生了基于互联网的灵活就业，数字用工平台的产生给劳动关系的管理和保障造成前所未有的挑战。这种非典型雇佣关系的产生和发展意味着在数字经济背景下，劳动关系拥有了新解法和新交互。

一、数字经济、零工经济与共享经济

伴随着物联网和数字技术的快速发展，出现了很多新经济形态，比如数字经济、零工经济以及共享经济。互联网让万物互联成为可能，将收集到的数据进行整合，达到1+1>2的效果。技术变革使行业发生了变化，产生了许多新的行业和设施。而这种打破空间限制和时间限制的连接给就业带来了新的机会与可能，零工和斜杠青年可以更好地发挥个人技能获得收益，网络分享和复制的低成本以及3D打印的产生让人类进入接近零边际成本社会。

（一）数字经济

数字经济的快速发展离不开信息和知识的数字化、互联网普及与商用、数字技术与传统产业融合发展，以及新兴产业的出现和扩张。随着数字技术和数字经济的不断发展，各国研究机构与学者对数字经济概念的界定也随之完善，以概括人类社会经济发展的新现象、新模式。因此，恰当而准确地界定数字经济的概念和内涵，对进一步测度和研究数字经济十分关键。塔普斯科特（Tapscott）在提出"数字经济"这一名词的同时，并未直接给出定义，他强调了互联网在数字经济中的重要性。美国商务部则更加关注互联网，指出电子商务和有形商品数字化也是数字经济的重要组成部分（《浮现中的数字经济》，1998）。直至2016年9月，G20杭州峰会签署《二十国集团数字经济发展与合作倡议》，首次在全球范围内对数字经济的概念进行描述：数字经济是指以使用数字化的知识和信息为关键生产要素，以现代信息网络为重要载体，以信息通信技术的有效使用为效率提升和经济结构优化的重要推动力的一系列经济活动（《二十国集团数字经济发展与合作倡议》，2022）。

许多学者对数字经济的描述大多基于对数字经济发展历程和基础的分析，以及权威机构提出的概念界定。陈晓红等对数字经济提出一种较为宽泛的界定：数字经济是以数字化信息（包括数据要素）为关键资源，以互联网平台为主要信息载体，以数字技术创新驱动为牵引，以一系列新模式和业态为表现形式的经济活动（陈晓红 等，2022）。其中，数据要素及其发挥经济作用的载体和对整个经济活动的贡献成为该定义的主要因素。

数字经济有以下几个基本特征。第一，数据化。数据成为数字经济发展的基础和关键要素，同时，数据与其他生产要素结合为经济增长提供了新的动能。第二，网络化。互联网是全球数字经济发展的重要载体，使数字化后的信息和知识得以更广泛地传播。第三，数字化和智能化。以大数据、云计算、区块链、物联网为代表的新型数字技术逐渐成为数字产业化和产业数字转型的主要推力，以人工智能为代表的智能算法极大地突破了人类和传统计算机的运算极限，这体现出数字经济发展的巨大潜力。第四，共享化和普惠化。数字经济中的数字技术能够突破传统意义上的时空界限，提高有限资源的配置效率，弥补数字鸿沟，提升经济增长的数量与质量，进一步提高人民的生活水平（佟家栋、张千，2022）。

（二）零工经济

关于零工经济的概念，学界没有得出统一的结论。"零工"通常指在特定时间段内的工作，如音乐表演或舞台表演工作，由此引申而来的零工经济工作者，一般泛指自由职业者、独立承包商、派遣劳工和临时或兼职员工。有关"零工经济"的文献大多是近些年的，但这并不意味着"零工经济"模式是近年来才形成的，只是最近互联网和新兴技术使零工经济具有了新的含义，并重新被频繁提及。

一些文献在对零工经济进行定义时，片面、概括地描述了零工经济带来的就业模式的变化、"一次性"就业方式以及以结果为导向的就业模式的特点，主要强调零工经济的"临时性"与"项目性"特征，认为"零工经济"一词是用来描述在公司内部和独立工作者之间通过短期工作时间或项目实现劳动契约的签订的新趋势。

另一部分文献则强调如今频繁提及的"零工经济"是一种新兴的经济模式，它以互联网和其他科学技术为基础，以网络平台为支撑，具有"即时性"。李晓曼、孟续铎、郑祁（2019）表示，零工经营模式以平台为媒介，由用工公司把零散的工作需求传递出去，劳动者可以选择共同进行多个项目或临时性工作，并按照其对人力资本关系稳定性的各种需要规划自身的职业生涯。通过数字平台。企业的信息中介服务与组织功能，大量从业者作为"独立承包商"自主提供计件工作（谢富胜、吴越，2019）。美团、饿了么、滴滴等，是中国零工经济的典型代表。在零工市场经济下，传统的"雇佣者"和"员工"被"劳务与资产需要方或平台"和"自主劳动者—零工"所代替，需求方和零工相互之间不产生雇用与被雇用关系，也不产生传统的管理与被管理关系，而以一种"自我雇佣"的经济形态走向自由劳动力市场（李晓曼、孟续铎、郑祁，2019）。

在后工业经济时期，传统的雇佣关系仍是主流。大多数劳务参加者从事稳定的工种，同公司订立劳动合同，形成长期稳定的劳务关系，并按照公司的需要在既定的日期和场所进行稳定的劳务。在这一时期，没有网络作为媒体，零工经济的信息传递速度慢、传播范围有限，大多数零工工人可以参与近距离的社会与邻里之间的灵活工作。因此，传统零工经济的雇佣模式并不能形成时代潮流。随着网络和计算机等技术的出现以及经济的迅猛发展，中国劳工的职业价值观逐步发生改变。劳动者也已开始将"对公司的忠诚度"转化为"对技术的忠诚度"和"对职务的忠诚度"。公司以平台为主要媒介，传递零散的工作需求。每一个劳动者个体都可以选择同时参加多种活动或临时工作，并按照其对人力资本关系稳定性中的各种需求规划职业生涯，这也就是新时期"零工经济"的主要形式。在某种程度上，零工经济就业模式不仅是对传统就业机会的简单弥补，而且有着划时代的意义。

现有论文中包含了与零工经济发展有关的六大主题，即工作碎片化、工作时间弹性化、企业合作远程化、劳动力技能化、公司管理平台化以及人力资本的内外融合化。

所谓工作碎片化，是指将工作职能不断细分为微小、零散的工作任务，工作任务计量单位的数量减少，工作任务的不确定性增加（李晓曼、孟续铎、郑祁，2019）。从这个角度来看，零工经济并没有接受传统意义上的定额工时的经营管理模式。"碎片化"意味着企业对员工贡献的衡量标准发生了重大变化，以结果为导向取代了传统的劳动过程控制，以完成任务为绩效考核标准，在降低企业成本的同时提高了生产效率。

工作时间弹性化主要是指工作时间较以往更加灵活。工人们可以使用移动应用程序，利用在线平台公司现有的基础设施和客户网络，自由安排工作时间。零工从业者"无论是司机、自由职业艺术家还是临时 CEO，都是在各个领域工作时间不确定的工作（人员）"，无论工作是由工人自己争取得到的还是由劳务派遣公司或猎头公司安排的，"零工（工作）"都代表传统上被称为"临时性工作"（contingent work）的那部分。零工工作者与客户只建立短期关系并执行短期任务，比如给人搭便车、设计网站。他们和客户承认彼此之间关系的期限是有限的。在传统的就业模式下，员工工作时间的长短并不受自身的控制，在零工经济下，个人对于自身工作的控制力更强，时间也更为灵活。弹性的工作时间给了员工更多的工作自由度，对提高员工的工作满意度和工作效率，从而提高企业的利润，降低管理成本起到了积极的作用。

远程合作代替近距离管控，实际上就是让劳动者和企业在空间上处于分离状态（李晓曼、孟续铎、郑祁，2019）。从这个角度来看，零工经济创造了一系列组合工作，以取代一种全职工作，这一经济模式改变了人们将工作与固定工作场所联系起来的传统思维。在传统经济模式中，员工的工作时间受到雇主以及国家规定的控制；而零工工作者没有固定的工作地点，基于在线网络平台，他们为消费者提供点对点（peer-to-peer）服务及分享所有物。这是一种交换劳动力或其他资产的经济模式，它包括在"平台经济"中。平台作为一个在线中介（Wood et al.，2019），允许一些组织和个人通过互联网在世界范围内与潜在客户和工人建立联系，而不单单局限于某个区域。综上所述，远程合作的本质是工作场所的灵活性，对于劳动者来说，个人在劳动过程中获得了选择自己工作场所的自主控制权，工作满意度随着自由度的提高而增加。

在零工经济中，平台逐渐趋向于以技能为导向的人才选拔。零工经济模式对从业者的能力有很高的要求，这是因为零工不属于企业的传统员工，公司更重视劳动成果而不是生产过程，将业绩与工作结果作为判断零工价值的重要准则。因此，零工只有达到一定的实力，才能适应这种经营模式下公司和顾客的需要。"能力"已成为衡量零工的重要标准之一，这里提到的能力首先代表工人具有特定的"技能"，正像全球商业银行在《2019 年全球发展报告》中提到的一样，"科学技术不断重塑岗位所需的专业技能"，无论是在发达国家还是发展中国家。劳动力市场对可由科学技术替代的低专业技能劳动力的需求不断下降，而对与高级认知、社会行为和较高的适应能力有关的专业技能群体的需求不断增长。除去特殊的专业技能，所说的"能力"也可能代表某一方面的"经济实力"，比如，有可出租的空余房屋、车辆等。与传统公司将文凭或资格作为劳动者基本素质的一个评判标准不同，零工经济对劳动者本身的技能和创新能力提出了更高的要求，它在极大地激励公司员工主动培训和快速发展特殊科技的同时，也为公司提供了多元化的人力资源。

企业管理平台化主要是指企业内部通过网络和数字化技术进行横向分工管控，并逐步打通公司内部的层级架构，从而实现管理平台化和社会化。独立工作者进行自我雇佣的案例屡见不鲜，但直到最近几年，公司才通过移动端口与这些从业者建立联系。与"共享经济"类似，零工经济强调"互动性"，与劳动者订立的临时性工作项目协议，一般基于有限时间内的临时性任务约定。滴滴、优步（Uber）等平台，能够更有效地把服务提供者和潜在消费者联结起来。在这种雇佣模式中，劳动者不再是传统意义上的企业雇员，而是成为自由职业者或自我雇佣者，工人成为非正式的劳动力。也就是说，在这种模式下，传统的雇佣关系已经不复存在，取而代之的是"工作关系"。在工作关系中，公司人员和劳动者都有着高度自主、弹性的特点，能够远程工作，可以弹性配置工作时间；工作方式富有灵活性、自主性和短期性；公司不再需要承担员工的管理费以及有关福利费（Aleksynska et al., 2019）。平台化、社会化的公司管理模式最直观的效果就是提升公司的管理水平和运作效能。和传统科层制相比，这种管理模式极大地节省了公司成本，职员也掌握了更多的自主性和选择权。

公司内部也开始由传统的重视公司内部人力资源（劳动关系、岗位关系和雇佣关系）转型为重视外部人力资源，整合公司内部人力资源，以达到效益最大化（李晓曼、孟续铎、郑祁，2019）。传统的用工模式只注重内部人力资本的使用，不利于人力资源的优化调配。相反，人力资源的外部化与内部整合有利于公司实现人力资源使用的多样化，进而在生产过程中推动劳动力供求的优化分配，从而节省生产资源，降低生产成本，最后达到公司效益最优化，以及最佳的人员分配。

（三）共享经济

"共享"是一个带有乌托邦色彩的词语，这与其悠久的历史有关。在人类文明出现以前，动物之间为了生存而分工合作的行为可以被视为一种共享，人类社会发展的每个阶段也都伴随着共享行为，体现了共享的理念。尤其在近几年，技术的发展使社会出现迭代式进步，互联网和物联网让生活变得更加便利。同时，越来越严重的资源浪费和无节制消费的现象，引起了人们对资源使用效率的思考。在种种因素的共同作用下，共享已经从一种生存本能上升到了推动人类社会发展的高度（张玉明，2017）。

近年来，我国共享经济迎来了难得的发展机遇期。国家信息中心发布的《中国共享经济发展报告（2022）》显示，2021年我国共享经济市场交易规模约为36 881亿元，比上年增长约9.2%。从市场结构上看，生活服务、生产能力、知识技能三领域共享经济交易规模位居前三，分别为17 118亿元、12 368亿元和4 540亿元。从发展速度看，办公空间、生产能力、知识技能三领域交易规模较上年增长26.2%、14.0%和13.2%（《中国共享经济发展报告（2022）》，2022）。

受益于我国互联网领域中5G技术的升级和基础设施的完善，微信支付、支付宝等移动支付在最偏远的农村也全面普及。如今，在互联网共享经济运用领域，我国居民享受到的工作和生活便利化程度举世瞩目，各式各样的共享应用软件涌现于经济和社会生活中，如大众点评、美团外卖等，几乎囊括了衣、食、住、行等各领域服务。该类企业在为广大消费者带来物美价廉的商品和服务的同时，也享受到资本市场股权增值的巨额红利，商业模式的创新带来了生产者和消费者的双赢（汤黎明、汤非平、贾建宇，2022）。

共享经济改变了经济生活的方式，极大地降低了交易成本，实现了全球经济民主化。30 年前，就算是想象力丰富的未来学家，也不会想到 30 年后互联网技术将如此深刻地改变人们的生活。目前，全球已有超过 1/3 的人口接入互联网终端，通过网络进行在线交流，交换音频、视频和文字信息，阅读来自世界各地的新闻。中国网民以不到五分钟的时间差观看里约奥运会上女排的绝地反击，几乎同一时间发出热烈的欢呼；通过手机终端，任何人都可以直播身边正在发生的事，传达自己的观点和想法。而这种共享的成本几乎是零的。

能源和技术的共享推动人类社会不断前进。免费能源可以释放生产力，将人们从资源约束中解救出来。3D 打印技术提高了资源的使用效率，减轻了生产新产品的成本约束。未来，依靠电力驱动的汽车、机器，依靠能源运转的工厂、学校，不再需要考虑交易成本的问题，可以在更加自由的社会环境中尽其所能地发展。在这样的社会环境下，人类的智力水平、健康情况、幸福程度都将得到极大提升，真正实现社会福利的最大释放，获得生而为人的意义。这一切都是共享经济能够带来的福利。

21 世纪是一个"颠覆的时代"。在当前的技术水平和理解力下，共享经济对生活的影响已经显而易见。变化不仅作为结果出现，还会对变化之后的发展产生不可预见的影响。因此，我们可以说，未来的共享经济将会带来更多不可思议的改变，将在各行各业引领时代的发展。共享经济改变未来的教育方式。在共享经济时代，学习被定义为在同龄人团体中共享经验，达到激发创造力和锻炼合作精神的目的。在传统教学中，老师和学生是一种教授和接收的关系，范围也仅限于课堂。在共享经济模式下，老师担任导师的角色，启发学生思考，培养学生的学习兴趣；教学的形式也多种多样，学生可以通过参与调研培养实践能力，可以通过合作学习建立与他人的关系；教学的范围也可以从教室内转向户外，甚至可以通过网络平台在虚拟世界中学习新的技能。教学的共享平台上有来自世界各地的学生分享的学习感悟、实践活动、实验过程等，学生可以收到更广泛的评阅，收获更开阔的思路，充分激发潜能，形成严格的行为标准，培养国际视野（张玉明，2017）。

二、平台经济与平台企业

世界通行的平台经营模式是 21 世纪初最耀眼的新经济模式，它开创了众多财富传奇企业（如苹果、脸书、谷歌、亚马逊、阿里巴巴等），并成为引领全新经济时代的最主要经济体。随着平台经济的发展，平台企业应运而生。平台企业具有双边市场的特征，其行为明显不同于传统的单边市场。平台型公司利用网络接口把市场的供需双方连接起来，不单独提供交易或商品，而是作为媒介从中获得利润。这种新兴企业连接了更多方参与者，实现更复杂、更多元的交互。

（一）平台经济

平台经济是随着互联网技术的进步和普及而出现和发展起来的。尤其是，在由移动互联、物联网、大数据和云计算技术所催生的新"物联网"大背景下，平台经济已然成为全面融合产业链，提升社会资源配置效能，逐步渗透、颠覆和重建传统社会经济经营环境的新型社会经营模式，并成为影响未来发展方向的新经济因素。

与在传统市场经济中单纯地界定为买方与卖方之间的单边交易市场不同，网络平台以双边交易市场为载体，双边交易市场则以"平台"为核心，利用两种或两种以上客户间的博弈获得最大收益。江苏政府出台的《有关加快发展网络平台经济社会的引导若干意见》中明文规定，网络平台经济社会是以网络、云计算等新型技术为基石的新型经济形式。平台经济，是指由个人、公司或机构利用公共网络平台，共享空间闲置资源使用权从而获取巨大收益的商业模式。平台经济是以虚拟或真实的空间资源为主要基础，并以平台公司为主体，整合相关市场主体力量，形成新的经济体系，实现共同增值。平台经济与平台企业不是一个概念。平台企业是指建设和运营互联网平台的企业。平台经济不仅包括平台企业，还包括许多依赖互联网平台开展商务活动的应用型企业和个人。

目前，所谓的平台经济是"互联网平台经济"的简称。互联网平台的特性决定了平台经济的基本特征：①更加开放。互联网平台有着天然的互联网外部性。平台的规模越大，使用者就越多，应用频率也越高，会员之间的相互受益越多。互联网平台的各种功能界限也变得更加模糊，加入的门槛也在下降。鼓励并促进更多的第三方企业积极参与和进入，是目前网络信息平台的共性和趋势。②更兼容。在网络媒体的影响下，各种功用、各种层次的互联网平台不仅没有相互排斥，反而更加相互配合，通过沟通，相辅相成，实现共赢。其中，最经典的是电子商务平台、移动金融服务平台、物流配送速递网络平台等各种功能网络平台的整合。③更多的产业融合。网络信息平台消除了时间障碍，把过去的产业链协作转变为价值链协同合作。在更大规模地获取和融合各类资源的同时，我们也能够更快速、有效地融入资讯、设计、生产、金融服务和运输等各个产业。④更大的市场灵活性。可访问的网络技术和海量数据为商品实体贴近市场提供了必要条件。企业能够更及时、精确地掌握市场需求，进行商品营销活动，或者根据市场需求定做个性化商品，甚至制定了动态产品价格调整机制，比如对网约车出行的高峰定价等。

平台经济的核心内容是平台组织自身，而平台经济还可按照其核心平台组织的种类划分为三类平台组织。

第一类平台组织通过从事商品和服务的网络交易中介业务，向卖方收取服务费，并在成交总额中抽取相应百分比。亚马逊公司在国内是一种典型的商品在线交易中介。其网络技术使得各地的卖方可以使用文字描述和图形方式显示商品，而各地的购买者则可查询和筛选商品或选择商品。而谷歌和苹果公司所经营的应用商城则是商业应用在线交易中介的典型代表。它们利用应用程序和应用程序的开发规范来编写商业操作系统。而美国的爱彼迎、优步和工匠等公司或组织则是商业网络交易中介机构的杰出代表。

第二类平台组织为促进信息传递与社区互动，提供免费的社交媒介与搜索引擎服务，并通过出售广告空间获取收入。最具代表性的社会化媒体服务是脸书，它可以给数据库中的用户建立虚拟身份；用户也可以通过其与别人的虚拟身份创建"朋友"的关系，或利用网页或程序中的功能与在线朋友交流。搜索引擎的经典代表是谷歌搜索，通过研发查询和排序算法、部署服务器，为客户提供通过关键词和操作符搜索公共网站的功能，从而对搜索到的网站进行智能排名。

第三类平台组织为整个平台经济的运作提供了数字材料和技术基础，向个人用户租赁网络硬件和软件，并收取租赁费。从技术上来说，此类网络平台应该分为"基建即业务"和"网络平台即业务"：①"基建即业务"指基建被视为一项业务，将网络系统和基本运算资源利用技术手段包装在模块化的呼叫业务中，供用户使用。最经典的是亚马逊网络服务，为各种互联网公司提供弹性云计算、云存储等业务，这种业务实质上就是硬件租赁（计算能力、存储空间等）。②"网络平台即业务"是指建立使用的工作环境，让使用者能够"使用服务商提供支持的程序设计语句、资源库、咨询服务和开发工具"，发展自身的软件。最经典的是谷歌应用引擎。谷歌应用引擎提出了许多可以直接调用的应用程序编程接口，允许使用者从库中编写和调用方法，并"通过应用程序编程接口使用谷歌应用引擎提出的方法服务"。

平台经济正在成为促进中国产业结构升级转变的巨大动能。在未来，中国大多数中小企业新的战略转变和功能拓展都将通过移动网络和平台模式完成。和传统的线性渠道价值链模式不同，平台公司试图建立一种由循环、迭代和回报驱使的流程，以实现商业生态系统的总体经济价值，从而在各个业态的价值网络中形成平台。在平台建成后，各个行业的经济社会价值焦点将转移到平台上，而平台也将有效推动各个行业的转变升级，从而形成经济的"新引擎"。

（二）平台企业

平台是一个真实或虚拟的空间，可以引导或促进两个或多个客户之间的交易。平台企业具有双边市场的特征，其行为明显不同于传统的单边市场。在双边市场理论下，平台企业不但利用网络接口把市场的供需双方连接起来，还可以建立平台型双边用户的价格结构，它的价格结构也是非中性的。同时，它产生了跨边网效果，即处于同一方的用户所获得的价值将随着另一边用户数量的增加而提高（肖红军、阳镇，2020）。

对于平台企业的内涵，学者们尚未达成一致意见。有研究者指出，平台企业主要是为双边或多边市场建立公开贸易接口，或提供内嵌在贸易界面中的商品、服务或技术的经济机构。也有研究者认为，平台企业是指联系两个或两个以上特定人群、发现潜在需求、发挥网络效用获得收益的机构。还有部分研究者把平台企业看作公共技术框架或服务模块体系的主要开发者与运营商，组织建立了平台交易规则，以维持平台交易的有序性，并积极吸纳相关产品的提供者加入平台中，是平台生态系统的主要建设者与领导者，推动平台交易的发展和实现。也有学者提出，平台企业是一个协调和安排不同利益集体、成功构建发展平台、承担治理职能并处于平台生态系统中心的组织。阳镇（2018）在阐述平台企业的内涵时认为，平台企业不直接提供产品或开展产品服务投入活动，而是作为连接市场供需主体的交易媒介，通过构建平台服务对象的界面、搭建交易和交互机制，实现市场供需双方之间的准确对接，从而间接降低市场交易成本，进而发展成为专门的组织。平台企业主要为供需双方提供了交易平台，所以，平台企业是基础设施的供应商和经营管理者。在平台企业中，其双边使用者，实际是最终商品或公共服务的供应商和受众。平台企业的出现可以减少市场交易成本，并带动各个市场的企业或消费者互动、交易和创新。

平台企业通常具有三种主要特点：第一，双边或多方市场合作，即有两个或两个以上的市场群体或利益关联群体的共同参与；第二，网络效应，即网络的一边将受益于另一边的规模和特性；第三，市场开放性，即平台企业具有支持不同市场人群互动并影响其机会判断的市场开放系统。所以，朱晓红、陈寒松和张腾（2019）学者指出，具有以上三种特性的经济组合就能够成为平台类企业，而无须考虑公司规模、企业年限、公司性质、组织架构等。换句话说，平台企业最大的优点就是开放性、整合性、互动性、共同创造性、共享性和价值溢出。

关于平台企业的主要特点，阳镇（2018）也总结了三个方面，即同边和跨边的网络外部性、用户归属的重复性和参与黏性，以及竞争中的壁垒性和多维性。

1. 同边与跨边网络外部性

卡兹（Katz）和夏皮罗（Shapiro）于1985年首先阐述了互联网外部性的定义，指出用户在消费流程中的作用决定了同一互联网中的用户数量。法雷尔（Farrell）和萨洛纳（Saloner）于1988年进一步把互联网外部性分为直接互联网效应和间接互联网效应。直接互联网效应是指消费者直接使用某一商品或服务的效用受该产品或服务的用户数量的影响，也就是说，由于同侧网络之间的用户相互依赖，边际收入递增；间接网络效用则是指消费者所使用产品或服务的价格与效用受商品或服务中的互补商品的种类与数量的影响。而这些网络外部特性的定义则是指在单边市场中，供求侧消费者的网络外部特性。在平台经营的背景下，与平台企业所连接的双边互联网市场不但在同一侧的用户人群之中产生了网络外部特性，也会产生跨边网络外部特性，即一方用户的效用也受另一方用户人数的影响，不论是供给侧的用户还是需求侧的用户，他们不但会受到同一侧的用户所产生的网络外部特性的影响，还会受另一方用户所带来的网络外部特性的影响。所以，网络效果的高低决定了平台企业中双边用户的总量、规模，以及类型构成。用户规模已经成为影响整个平台企业经营决策的关键质量参数。

2. 用户归属的复杂性与参与黏性

在平台企业的竞争流程中，客户的利益归属选择对平台企业内部的公平竞争产生了很大的影响。所以，平台企业之间为了争夺目标用户而进行着激烈的争夺。在双边市场中，用户可能访问并利用了多个平台。因此，平台企业本身很难确定用户在平台中的个人访问行为。平台中的用户是属于一个平台还是多个平台，在一定程度上反映了用户对平台的信赖与忠诚。所以，对个人用户而言，他们可对比类似网络平台的访问成本与潜在收益，进而比较选择单平台或多平台的成本与效益，从而作出自己的归属决策。然而，这并不代表着平台企业无法干预用户的权利归属决定，尤其是平台企业在用户选择该平台的过程中，往往能够通过与用户签订独家参与协议，在策略上影响用户的权利归属决定；或者利用低价"操纵"一方的最终用户，以此形成排他性关系。

虽然用户行为的归属是复杂的，但一旦用户选择访问和使用平台，就意味着当用户熟悉平台的操作规则和交互机制时，也会逐渐对平台产生路径依赖。平台用户切换到另一个平台，通常面临较大的进入壁垒，特别是当用户在访问的平台上建立了自己的利益相关者网络互动和生产消费行为惯性时，这意味着切换到另一个新的平台界面需要再次适应平台规则，在平台内建立网络社交关系成本很高。在这种情况下，用户往往形成参与黏性，被锁定在既定平台上。因此，降低接入成本、间接降低用户转换成本成为平台企业的理性选择。

3. 竞争的壁垒性

由于市场结构、效率和竞争等原因，市场中的新进入者或潜在进入者往往很难顺利进入整个产业链，这个现象也被称为市场的进入壁垒。在平台行业中，用户的总量与规模以及用户参与的黏性决定着平台企业之间竞争市场壁垒的高低。在竞争维度上，平台企业和传统企业之间有很多差别。传统平台企业既有平台内企业用户内部的竞争，也有平台之间的竞争。在内部竞争方面，因为平台企业内存在大量的拥有相似价值偏好、提供相同商品或服务的消费用户群，这部分用户群很可能会自发地展开激烈的资源争夺，以抢占平台企业另一端相对有限的消费者用户资源。同样，平台企业本身也能够影响用户在网络平台上的竞争行为，进而影响网络平台上的网络交互活动。从平台企业的内、外部竞争来说，类似平台和异构平台间的内部竞争也是普遍存在的，其基本目的是在市场上争夺双边用户的注意力。潜在用户群也是判断平台发展的关键参数，如果某平台在争夺中胜出，就表明与该平台具有较强大的竞争壁垒。同时，平台企业也可策略性地在平台接入规则中设定进入壁垒，或使用技术限制相关平台的进入或参与用户争夺，并通过标准和接口协议诱导市场中的双边用户形成参与黏性，然后建立潜在的进入壁垒。

和传统企业比较，平台企业在利用网络平台价值连接双边市场用户、借助网络平台价值主张聚集和包络使用者、形成同边网络效果和跨边网络效果、创造链接价值等方面具有独到之处，实现交互价值与个性化服务价值，共同建立"客户—网络平台—客户"的全新的电子商务生态系统价值共建范例。在平台商业生态系统中，其主要成员是平台创造者（平台企业）、供应方用户、需求方用户和支持型用户。平台企业，是平台商业生态系统和业务传递体系的核心组织（Prahalad and Ramaswamy，2000），其他的组织成员则以平台企业为龙头，通过建立彼此交换、相互合作、互补耦合的动态互联网伙伴关系，在网络平台商务生态中，带动网络平台内的多边市场实现资源交互和生产要素流转，进而实现网络平台业务生态的健康发展与演进（冯华、陈亚琦，2016）。

除了自成立起便是平台型组织的企业，传统企业也可以转型为平台企业，例如，苹果已经从早期销售硬件产品转变为构建平台生态系统，通过 iTunes 和 App Store 赚取佣金。通过变革原来的行业内部分配和协作模式，平台企业能够在服务业、制造业和产业之间重建新的秩序或制度。平台企业将成为移动互联时代的主要经济组织形态，平台效应也将成为中国新兴市场经济成长最强劲的引擎。

三、灵活就业与新就业形态

就业问题关系国计民生。中国是一个人口大国，就业压力一直很大。为了缓解这种压力，我们多管齐下，通过多种就业形式来分流劳动力，其中最常见的就是灵活就业和非正规就业。在数字经济的背景下，还有基于"互联网+"的灵活就业以及平台型的新用工模式这些新就业形态，反映了时代变化下劳动关系的转折。

（一）灵活就业

灵活就业和非正规就业在我国就业困难时期发挥过重要的纾困功能。在发展经济学经典教科书中，它们也常被视作通向正规就业的缓冲带（托达罗，1988）。由此，人们产生了两种认知：第一，灵活就业和非正规就业是正规就业的补充形式，都是非标准就业，二者是等同的（王虎峰，2009）。第二，灵活就业和非正规就业都游离于主流就业形式之外，都是低质量的、不体面的。然而，在时间的车轮驶进新经济时代后，人们发现灵活就业发生了巨大的变化，它与非正规就业之间的差异也越来越明显。

中国大规模的非正规就业和灵活就业诞生于 20 世纪 90 年代。1992 年，邓小平"南方谈话"后，城市部门开放①，允许农民工进城务工，中国出现了史无前例的人口流动大潮。由于城镇劳动力严重供过于求，加上户籍制度的限制，大量进城务工人员成为既没有劳动合同，又未被城市社会保障体系所覆盖的就业群体。1998 年，国有企业改革进程加快，加上东南亚金融危机的冲击，城市就业状况急剧恶化，出现农村进城务工人员以及下岗职工双重就业困难的问题。为缓解就业压力，国家鼓励下岗职工通过个体经营、从事家庭手工业或开办私营企业的方式实现再就业，开始允许通过自谋职业的方

---

① 城市部门开放，是指 1992 南方谈话后城市经济领域进一步开放和市场化。

式灵活就业，摆摊设点、街头流动商贩纷纷出现。可以说，这一阶段的非正规就业和灵活就业有效解决了中国的就业问题。在就业困难时期，国家关注的焦点主要在于就业数量的增加，就业数量让位于就业质量，相应地对劳动者权益的保护也趋于弱化。由于这一阶段灵活就业集中于非正规部门，劳动者不被劳动法律法规所保护，因此，中国早期的灵活就业属于非正规就业。

首先看灵活就业动机的转变。传统的灵活就业是特殊时期的特殊产物，是劳动者为取得就业机会，获得基本劳动收入而作出的被动选择。如果市场不存在进入障碍，这些灵活就业者会倾向于进入正规部门就业（李晓曼、孟续铎、郑祁，2019）。随着生活水平的提升，劳动者的就业动机也相应地发生改变。他们选择灵活就业不再限于生存需求以及稀缺的就业岗位，而是为实现工作自由、收入更高、体现自身人力资本价值等多目标诉求而作出的主动选择，是在多种就业形式下基于自身效用最大化的最优决策。美团研究院相关报告显示，当前三成以上的灵活就业者有稳定工作，仅以灵活就业作为收入补充；就选择灵活就业的原因而言，32.1% 的灵活就业者为了锻炼能力、拓宽路子，29.5% 的灵活就业者希望通过自由职业最大化地发挥才能，认为灵活就业时间自由、收入高的比例分别达 24.7% 和 21.0%，仅有 7.3% 的灵活就业者是因为找不到固定工作而被迫选择灵活就业的。可见，劳动者选择灵活就业更关注展现自身特长，拓宽成长边界，更重视工作的灵活性和自主权，不再是"无业可就"情况下的被动妥协，而是在多种选择下的理性安排（丁守海、夏璋煦，2022）。

其次看灵活就业属性的转变。过去的灵活就业主要存在于非正规部门，被主流的劳动法律法规所排斥，因此具有典型的非正规属性。新经济下的灵活就业依托于规模庞大的互联网平台，单位正规。以外卖平台为例，它们通常对配送员的派送时间、着装和佩戴标识、进入和退出以及奖惩制度等方面都有明确规定，相当于传统公司的管理模式。尽管这些平台从业者当前仍然面临社会保障问题，但这主要是新就业形态超出传统的劳动管制框架所致，而不是被主动忽视的。目前，多地政府相继发文维护新就业形态劳动者权益，新修改的工会法也提出积极推进新就业形态劳动者入会工作，这说明新经济下的灵活就业已经向正规属性转变。

最后看就业质量的转变。就业质量是劳动者对就业满意度的主观感受，它是薪酬待遇、工作环境、工作时间、工作自主性等多维度变量综合作用的结果（丁守海等、丁洋、吴迪，2018）。传统的灵活就业缺乏自主权，劳动者不仅相对于资方处于弱势地位，与稳定就业者相比也处于劣势地位，无论从工作薪酬还是工作环境来看，就业质量都不高。新经济下的灵活就业以强大的互联网平台为依托，供需双方借助平台的海量数据进行自主选择，这意味着劳动者选择灵活性的工作是综合考虑各种因素之后的理性决策，其在劳动收入、工作自由等方面相对于过去具有更高的评价，是一种更高质量的就业。特别是在共享经济下，企业可以通过"众包"的形式，将平台设计、营销转播、软件开发、科技服务等工作分解，借助互联网平台（如猪八戒网）快速匹配劳动者，劳动者在完成任务后获得相应的报酬。这种就业模式多为技术性工作，它实际上已经接近发达经济体的灵活就业（丁守海、夏璋煦，2020）。

更重要的是，随着新经济的发展，灵活就业者对劳动权益的诉求也发生了转变。传统的灵活就业者主要由生存性、临时性的自营职业者组成，由于规模较小，很难被国家政策所关注。特别是在就业困难时期，政府不得不放松对劳动者权益保护的诉求以提供更多的就业机会。对灵活就业者来说，他们更需要一份有收入的工作，其自身对劳动权益问题也没有过多关注，企业当然也不会主动调整对劳动者权益的保障。可以说，当时对劳动保护的诉求并没有形成统一的社会呼声。随着灵活就业规模的持续扩大，新型的灵活就业向更加主动、更加正规、更高质量方向转变时，这种属性就必然要求社会提升对灵活就业者劳动权益的保护。对于政府部门来说，当下就业的矛盾已经由就业数量转向就业质量（丁守海、丁洋、吴迪，2018），因而关注的焦点也相应地转向对劳动者权益的保护和社会保障的提升，企业也不能无视灵活就业者的合法权益。这也是如今灵活就业者权益受到侵犯时会引起社会广泛关注的主要原因。

（二）新就业形态

随着新经济的快速发展，出现了大量以网约车司机、外卖骑手、快递员、网络主播为代表的新型灵活就业人员。灵活就业诞生于已经实现工业化的发达国家，是因为新兴产业发展和信息通信技术进步而产生的一种就业形式，主要集中于高技术劳动力。如美国西海岸的"硅谷"地区，利用非全日制就业、在家就业等灵活的就业形式可以让从事知识密集型工作的劳动者获得创新的自由，提高工作效率。一批具有技术专长的从业者一般不受制于固定工时制工作，只接受别人临时邀约以获取更高的小时报酬，就业模式高度灵活，职业流动性大，他们通常根据短期约定完成任务，然后转向下一个项目（方卫华，2004）。由于发达国家的这种灵活就业形式工作报酬更高，能够满足就业和自由的双重需求，因此，吸引了大量技术性劳动者主动选择灵活就业。更重要的是，由于具备比较完备的社会保障制度和就业管理体系，发达国家的灵活就业具有正规就业的属性，现实中它们也几乎并不认为自身存在非正规就业。

在移动互联时代，以新一代信息和网络技术为支撑，出现了很多新型的就业形式，譬如淘宝电商、微商、网红主播、网约车司机、外卖小哥、快递员、O2O 企业线下服务人员等。不同于以往雇佣关系的非典型雇佣也日益成为人们关注的热点。非典型就业，亦称"非正规就业""灵活就业"。国际通用的说法是，"非典型就业"导致了就业的灵活化。劳动力市场的灵活性是指面对经济的变化，就业量或工作时间或工资进行了相应灵活的调整。我国则直接使用了"灵活就业"这一概念。从本质上来看，我国"灵活就业"的概念与国际上的"非正规就业""非典型就业"是相似、相通的。

"非典型就业"（atypical-employment）一词在实践中首先发端于北美、欧洲的发达国家及日本。德国将"非典型性就业"归纳为非全日制就业、零碎就业、自雇就业、临时或派遣就业、固定期限就业，韩国将非典型就业划分为临时工作、部分时间制工作、其他非典型工作三类。其他发达国家的界定大致相同，其主要类别有：非全日制就业、劳务派遣就业、自雇型就业。有学者将我国的非典型就业总结为十一种形式：非全日制就业、短期就业、派遣就业、季节就业、待命就业、兼职就业、远程就业、承包就业、独立就业、自营就业和家庭就业（李坤刚，2013）。

非典型就业是相对于传统的雇佣方式而言的，是指所从事的工作是通过职业中介机构安排的，并且其工作的地点、时间与数量往往具有潜在的不可预期性（魏巍、杨河清、王欣，2019）。万向东（2008）从雇佣关系、政府管制和就业效果三个维度来界定灵活就业，他认为所谓的灵活就业是指具有非正式的雇佣关系、未进入政府征税和监管体系、就业性质和效果处于低层次和边缘地位的劳动就业。非典型雇佣意味着不确定、不稳定和不安全的雇佣，包含的雇佣关系类型比较宽泛。非典型就业一般具有如下特征：①雇主与受雇人之间存在契约关系但不仅限于指挥监督权和服从义务；②雇佣关系不建立在全时间的基础之上，工作时间、工作地点相对自由，工作地点、时间与数量具有潜在的不可预期性；③雇主与受雇人之间存在一定的管理与被管理的关系，雇主占有受雇人的部分劳动所得。另外，根据 1995 年美国劳工统计局对"或有工作"下的定义，"或有工作"是指劳动者所从事的工作没有显性或隐含的持续性的雇佣关系，其内涵也与非典型雇佣较为一致。

随着互联网技术的发展，灵活使用网络平台就业的比例越来越大，"平台—个人"或"企业—平台—个人"的灵活就业模式发展迅猛，在数量、规模和影响力上都在急剧扩张，且与传统的灵活就业模式有着明显的不同。"互联网+"

灵活就业，利用互联网和数字移动终端配置劳动力资源，通过在线平台做各种工作，具有灵活就业、不定时、不定所、工作安排去组织化等特点。研究表明，平台中灵活求职者的受教育程度普遍高于传统灵活就业者，年轻化趋势更明显，就业方式更容易被女性接受，对户籍为外地的劳动力更具吸引力（詹婧、王艺、孟续铎，2018）。但是灵活就业者的工作满意度差异非常大，这种差异主要取决于他们的个人意愿，以及年龄、性别、受教育水平和技能水平。

"互联网+"灵活就业，如付费阅读的编辑和创作、网络直播、视频制作和分享，在年轻人中非常流行，以美国的"Viemo"、法国的"Dailymotion"和我国的"抖音""快手"等为代表的视频制作和共享平台每日都有数以千万计的用户活跃着。短视频平台"快手"注册用户近9亿，平均每月上传约11亿个短视频，日均活跃用户超过2亿。截至2020年底，我国网络直播用户规模已达6.17亿，但更多的是通过网络平台与移动终端从事交通、快递、家政和维修等服务业务的灵活工作者。灵活就业的类型不断丰富，覆盖面不断扩大。不仅有劳动密集型岗位，还有中高端技术岗位。人工智能、大数据、云计算、区块链等技术的应用对中高端技术岗位有很大的需求；还有律师、财务和人力资源等专业职能职位，如兼职讲师、律师、短期合同工、执业顾问等（肖巍，2019）。除了自由职业者，还有不少全职员工也通过平台实现灵活就业：他们在优步、来福车（Lyft）和滴滴上注册成为网约车司机，在易趣上买卖二手物品，在美团民宿、爱彼迎上出租民宿，等等。

当然，企业和雇员对灵活性的理解是非常不同的：企业关心的是如何根据市场变化支付劳动报酬，以及如何更灵活地雇用或解雇雇员，而不必承担他们的保障费用；对于劳动者来说，灵活性带来了更多的选择和更大的自主权，但也面临着很多意想不到的变化。

四、非典型雇佣关系与不完全劳动关系

随着知识市场价值的凸显及人才竞争的加剧，原先适用于低层次劳动力的非典型雇佣模式因其所具有的制度灵活性而逐渐渗透到各类人才市场，促进世界各地展开了多种形式的人才非典型雇佣管理创新实践。为了更好地推进创新驱动发展战略，吸引全球创新人才，我国在逐步完善既有人才制度体系的同时，作为增量改革的重要举措，国家层面推出"海外高层次人才引进计划"和"长江学者"奖励计划等全国性系列人才项目；各地方政府结合区域发展需要，推出诸如"珠江学者""泰山学者"等名目繁多的以名山大川命名的人才项目以及相应的财政配套政策。在各级政府人才项目的推动下，

社会各界在高薪"挖人"的同时，积极开展双聘院士、兼职教授、项目研究员、科技特派员、周末工程师等多种形式的"柔性引才"实践。人才已成为知识经济时代最稀缺的资源（王明亮、张清霞，2020）。

（一）非典型雇佣关系

企业非典型雇佣策略具有在动态环境下帮助企业获取竞争优势的作用（Mayer and Nickerson，2005），这逐渐成为学术界热议的话题。邓德里诺斯（Dendrinos，2011）实证研究发现，采取非典型雇佣可以帮助企业实现运营层面的创新。斯普雷策（Spreitzer，2017）等认为，企业借助灵活弹性的非典型雇佣以整合涌现出的新资源和新知识，这有利于在面对高度竞争的动态环境时帮助企业有效发挥动态能力，提升劳动力资源配置效率。但是，企业非典型雇佣并不总会带来积极的影响。罗卡普伊格等（Roca-Puig et al.，2008）在对制造业的非典型雇佣的研究中指出，由于非典型雇佣具有临时性且缺乏长期承诺的特点，企业采取较大比例的非典型雇佣不利于组织劳动生产效率的提升。阿米尔汉扬（Amirkhanyan，2009）采取定量和定性研究相结合的方法研究发现，只有当非典型雇佣群体是由高技能工作者组成时，这种雇佣策略对企业创新才会产生积极的影响。纵观已有研究，当前非典型雇佣策略的理论阐释仍存在一些空白：首先，共享经济下的非典型雇佣策略已然发生变化，智能化、数字化和信息化促使传统组织边界逐渐被打破，衍生出诸多如网络众包、在线零工、自主经营体等新型用工方式，但既有研究缺少对新经济下的企业新型非典型雇佣具体变化特征的探讨。其次，既有研究笼统地将非典型雇佣作为企业相较于传统雇佣的一种雇佣策略，并未对不同类型的雇佣策略予以细分，并且忽视了不同策略在动因和选择机制上的本质性区别，这导致非典型雇佣策略影响组织效能的研究结论存在争议。最后，既有研究仅仅将非典型雇佣策略的选择机制置于组织静态环境中予以讨论，未能将雇佣策略的选择与调整同企业差异化的动态环境进行匹配，并且缺少二者之间内在逻辑关系的系统分析（裴嘉良 等，2021）。

人才的非典型雇佣，是人才市场基础条件、市场结构演变推动的结果。知识经济时代，知识已成为企业等创新组织提升价值创造的核心生产要素。与土地等有形生产要素的稀缺性、不可再生性、不可共享性及永久性损耗不同，知识等无形要素具有可复制性、可再生性及使用增值性等特征。在生产过程中，有形要素将因独占消耗而呈边际成本递增、边际收益递减，而知识等无形生产要素不因使用而耗散。相反，知识将因变现使用而扩大其权利价值，并产生新的知识增量，从而呈现边际成本递减、边际收益递增（李海舰、原磊，2005）。生产要素的变化带来了组织目标及组织行为的根本性改变，组织关注的重点从之前的有形要素成本最小化转变为无形要素价值创造最大化，组织间的竞争也从追求有形要素的规模扩张演变为对知识及拥有知识与创新能力人才的争夺，提升组织创新能力以打造核心竞争力（王明亮、张清霞，2020）。

知识经济时代，动态环境日益复杂，"轻资产，重能力"成为众多技术密集型组织的竞争策略。为了增强核心竞争力，组织往往集中资源于特定优势领域和环节。同时，通过知识交易、服务外包和人才队伍建设等多种途径，整合外部创新资源，提升自己的竞争优势。所谓的知识交易不仅包括知识产权交易，也包括各类技术咨询服务。而非核心业务与创新的模块化服务外包与合作，也已成为众多技术密集型组织的重要生产组织方式。然而，众多现实案例表明，核心技术是买不来的。要想打造核心竞争力，创新人才的聘用与培育方式是关键（王明亮、张清霞，2020）。

（二）不完全劳动关系

2021 年 7 月 16 日，经国务院部门同意，人力资源社会保障部等八部门再次联合公开发布了《关于维护新就业形态劳动者劳动保障权益的指导意见》（人社部发〔2021〕56 号）。本报告将会把新型雇佣形式分成三种：一是具备了形成长期劳动关系要求的，公司必须依法和劳工订立长期劳工合同。二是不完全符合确定关系要求，但该公司对劳动者实行劳动监督管理的（又称确定关系要求），引导企业与员工订立书面形式约定，以合理确定企业和员工之间的权利义务。三是个人可以依靠法律制度平台自主地开展业务活动或者经营自由职业，并可以通过民事诉讼调节双方的权利与义务。第一项和第三项分别对应着劳工关系和民政关系，工会与民事社会关系依次由《中华人民共和国劳动法》和《中华人民共和国民法典》加以调节，构成了中国的现有劳工法架构，简称为"劳动二分法"。第二项规定"与建立劳工关系不完全一致"首先呈现在中国的规范性文件管理制度中，标志着第三种劳动形式开始融入中国的劳动制度。这些方面的举措，弥补了《中华人民共和国劳动法》与《中华人民共和国民法典》管理制度空缺，代表中国劳工法律制度架构向"劳工三方法"的重大转变。

1. 支持鼓励创新阶段

2014 年至 2018 年是新在线业务形式发展的第一个阶段。随着中国移动端和互联网的迅速发展，这种新的在线就业服务形式从 2013 年起就开始以在线出租车服务形式进入中国社会日常生活。由于 4G 移动网络的迅速推广和移动智能手机的普及，这种服务形式又迅速扩展到在线外卖配送、实时货物配送、市内汽车货运等多个服务行业。

在此期间，新的农业经济技术领域的就业共享服务经济形式被普遍视为经济就业服务共享信息服务产业经济的一个组成部分，基本经济政策和理念应该是"支持和鼓励创新"。例如，2016 年 3 月 1 日发布的"十三五"发展规划中就提出旨在大力支持推动"互联网+"新模式的探索和创新，加快发展经济就业服务共享信息服务产业经济。2018 年 7 月，国家发展改革委等 17 个部委再次联合公开发布《关于大力发展实体经济、积极稳定和促进就业的指导意见》，提出了今年要积极大力发展共享信息服务平台就业共享服务经济、众包经济、共享信息服务产业经济等新的社会经营经济业态和新的服务经济模式。这一政策对农业经济科技工作者及拥有劳动市场基本合法权益者产生直接影响，主要体现在由交通部等七部委于 2016 年 7 月 1 日共同出台的《出租车网上预约运营与服务质量管理暂行办法》上。该办法第十八条明确规定"网上租车平台与驾驶员按照时间和服务频率的特性订立各种类型的劳动合约或约定"。这一规定为在线租车平台和司机提供了足够的自主空间，没有强制执行机构监管的要求。鉴于当时几大服务平台之间竞争激烈，司机仍然是各方的主要人力资源，在这种市场机制的有效驱动下，司机仅仅获得了较为有利的经济回报，对其原有劳动合同权益的司法保护并未更为突出，而在中国，在线出租车服务平台和出租本司机之间几乎没有发生诉讼或者纠纷。

然而，美国作为线上出租车行业的先驱之一，已经见证了司机与平台之间民事诉讼的兴起。特别是在 2015 年，一起涉及杭州优步的案件引起了广泛关注。该案中，司机为了确立与优步平台之间的有效劳动补偿关系，向上级法院提起了民事诉讼。这一上诉不仅提交给了处理该案的二审法院，而且司机还向加利福尼亚州北区联邦地方法院提出了劳动相关的上诉请求。尽管二审法院的主审法官爱德华·陈（Edward Chen）已经裁定该案可能构成劳动争议关系，但他也坦诚地表达了自己在法律判断上面临的困境。他指出，根据美国现有的劳动法规，很难及时得出明确的裁判结论。因此，他呼吁议会或法院在新的市场经济政策形式下，及时改进或调整现有的劳动规则。同时，预计美国将针对这一新兴的"共享经济"问题制定专门的法律。爱德华·陈法官认为，美国陷入这种法律困境的主要原因在于，倾向于将劳动者重新归类为"雇员独立承包商"。这种分类使得以在线出租车司机为代表的平台从业者不再能简单地被划分为两类。

事实上，美国法官面临的这种司法困境在中国也同样存在。2015 年，中国也发生了多起与服务平台就业相关的裁判案例。笔者发现，尽管网上找的租车司机或外卖骑手引发的劳动争议相对较少，但在这些案例中，却出现了许多司法上的分歧。如果劳动争议没有涉及对平台从业人员的人身经济伤害或损害赔偿，法院通常不会直接判定平台从业人员与服务平台之间存在劳动争议关系。但如果争议的焦点是平台从业者受伤后的医疗救济或对他人造成的经济损害赔偿，一些高级法院法官可能会认为平台从业者与服务平台之间的社会经济管理实力存在显著差异，从而可能判定就业平台承担责任。

这种就业裁判的困境随着就业平台个人就业的快速发展而不断加剧，并出现在其他平台的就业纠纷中，如在线租车、外卖配送等。一个显而易见的事实是，在"劳动二分法"框架下，如果不明确承认劳动关系的平等性，就无法保证新业务类型从业人员的权益。因此，有人提出应坚持依托现行企业劳动法来解决问题，以促进就业，保护劳动者的合法权益。这一观点无疑是我们坚持现行劳动法统一立场的重要支撑。

2. 包容审慎监管阶段

2019 年 8 月，国务院政府办公室已颁布《国务院政府办公室有关推进平台经济规范发展的引导若干意见》（国办发〔2019〕38 号），明确了"贯彻和健全包容性审慎监管规定，推进建立和完善适合平台经济社会特点的先进管理机制"，标志着服务平台职业经济伤害监管工作进入了一个新的发展阶段。该意见把在新型职业服务形态下使从业人员合法权益得到有效保障的三类重要职业均列为"工伤保障"，提出"深入开展工伤保障试验，积极地推动全民医疗保险行动计划，吸引更多平台人员参保"。2020 年 2 月，党中央、国务院分别印发了《中共中央 国务院关于抓好"三农"领域工作重点工作保证如期实现小康社会的意见》。有关职业经济损害补偿保险制度的政策探索还具有两层含义：一层是积极主动地应对新一代就业服务形式中最突出的侵害劳动用工权益，特别是加强外卖配送车手职业伤害赔偿救济。另一层是为新就业形式的综合治理方案积累经验。

受伤后因为无法准确识别汽车劳动伤害关系而导致无法及时获得相应工伤保护待遇的社会困境，使得汽车劳动伤害关系不能识别问题成为社会舆论普遍关注的一个焦点。据此，有人多次提出"平台就业是对劳动法的挑战"。但此时，政策研究层面仍在深入研究新的汽车就业流动形式的政策实质和发展趋势，是否有可能及时根据《中华人民共和国劳动法》试点进行政策调整和更新尚不完全确定。因此，暂时不深入讨论新的汽车就业流动形式的不确定性与法律政策关系；与之相比，直接深入探讨汽车驾驶员的交通职业意外伤害风险保护，是一种更稳定、更科学务实的法律对策。因此，浙江、江苏、广东等试点地区已开展了多项工伤伤害保护制度试点。

与此同时，美国关于"劳动二分法"又进行了一项长期代价高昂的自然社会科学实验。为进一步拓展中国劳动法的法律适用，美国加利福尼亚州于 2019 年 9 月 11 日修改并通过了《AB5 法案》，规定法院必须引入"AB5 测试"来否认或确立某种劳动服务关系，并大幅度增强了保险平台否认确立劳动服务关系的司法举证责任。尽管如此，这种制度改变还是引发了很多的社会争论。因为很多保险平台都取消了劳动合同，以避免把平台看作与劳动服务提供商的某种劳动服务有关，导致大量灵活员工失业。在这些司法压力之下，法庭必须重新列出极为烦琐的有关豁免移民申请的案件，但仍然难以解决争端。直到 2020 年 11 月 3 日，加利福尼亚州议会才通过了全民公决结果，所有在线的出租车驾驶员都并非公司员工，而只是"应该得到薪资和社会福利保护的单独承包商"，这显然标示着加州这个扩展新旧劳工法创新范围的典型实验宣告失败，以及美国在新劳工法中除了"雇员单独承包商"外还增加了第三类劳动主体，开启了"劳动二分法"的新模式改革。

3. 全面规范管理阶段

最突出的法律问题仍然是新一轮就业市场形势下广大劳动者的基本法律权益保护和广大消费者及其合法权益的法律保护。笔者认为，必须及时并主动跟进立法研究的脚步，以及时研究并弥补这些立法上的缺陷，在立法改革的深入过程中不断加以完善。而对于怎样补齐劳动力关系法律保障的薄弱环节这一问题尚需进一步研究，关于坚持劳动法原则和构建新体制的争论也越来越强烈。秉持劳动法的立足点，笔者建议减少关系的界定规范，以扩展劳动法的范围，拆分劳动法体系，提取部分制度内容，并将之运用于新的就业形式。创建新制度的主要立足点在于主张对新的职业形态做出分类调整，其中构成劳动关系的职业种类将由劳动法做出调整，对于无法确定为劳动关系的职业种类则引进了"类似"的概念，将此类平台从业人员定义为"类似员工"，并针对此平台经济下劳工的新特征探索相应的保障机制，但并非适用于现行的劳动法体系。两个主要立足点间的争论也在一定程度上推迟了新政策的实施，并继续影响后续政策的制定。

在法院辩论陷入僵局期间，英国的一项法院判决为其提供了一个新的法律研究样本。2021 年 2 月 19 日，英国最高法院裁定，优步汽车司机一定是企业工人，这一判决引起了中国社会的广泛关注，使得许多美国人深刻意识到企业员工不同于其他工人。英国的一项法律基本框架是"劳动三分法"，即所有工人（其中包括企业雇员、非工人雇员）和自营职业者。工人是包括"就业员工"的基本概念。"就业员工"与中国劳动法框架中的法定劳动者基本一致，强调员工就业的劳动稳定性和劳动长期性，权益保障保护最全面、最充分。非就业员工主要从事临时或非正常劳动工作，其劳动权益主要由规定最低工资、最低工作休息时间和有效防止非法劳动歧视行为来得到保障。我们由此可以看出，英国的"劳动三分法"首先将在职工人和企业自营服务职业者这两个经济群体权益进行了明确划分，然后在其他工人经济群体内部对符合标准员工就业的在职员工和灵活员工就业的非在职员工进行了明确划分。权益保障体系的建设以非在职员工权益保障为出发点，通过基本员工权益保护实现劳动底线风险保护，充分体现对员工劳动灵活性的尊重。在此基础上，政府或法律为标准员工就业设置了强有力的安全保护机制，如员工解雇风险保护，以有效保持符合标准员工就业的劳动稳定性。在这一法律框架下，英国法院通过北京优步案的一审判决，可以同时有效实现"稳定就业"和"基本保障"，从而有效避免员工像美国那样在"劳动二分法"下继续进行高劳动成本的就业社会风险实验。

在2021年7月7日的国务院中央常务会议上，政府明确提出"适应新的就业形式，促进建立有利于维护劳动者权益的各种劳动关系"。《意见》兜牢新就业形态劳动者权益保障底线。"不完全劳动关系"不是平等的民事关系，虽然劳动者工作有一定的自主性，但受平台的算法和劳动规则管理。《意见》规定，企业要与劳动者订立书面协议，通过协议明确双方的权利和义务，平台企业要按照《意见》第二部分的要求承担相应责任。《意见》第二部分明确了平台企业应承担的包括公平就业、劳动报酬、休息休假、劳动安全、社会保险等多方面责任，完善了劳动者的诉求表达机制。此外，《意见》优化了针对所有新就业形态劳动者权益保障的公共服务和制度安排，提出要根据用工事实进行劳动关系认定。

需要特别指出的一点是，"与劳动关系的建立不完全一致"不是一个成熟的劳动法律术语概念，更不是一个语义描述性法律术语。这个语义表达仍然存在有悖于我国劳动法的政治思想。有人将其中文解读翻译为"绕过劳动关系认定的纠缠"。这种司法妥协行为可能直接导致建立劳动法律关系与灵活就业之间的法律界限不清，增加劳动法律关系转型的工作难度。"不完全劳动关系"是不符合原有标准劳动关系特征的劳动关系具体形态，或称具有新特征的新型劳动关系，其实质仍然是劳动关系，是灵活用工和新型用工的一种形式。虽然目前没有法律条文对其进行约束，但有相应的法律原则能够给予规制。因此，企业与劳动者需要订立书面协议进行双方劳动权利与义务的规制。"不完全劳动关系"中的劳动者应享有劳动法的全面保护。要警惕和防止将新类型的雇佣劳动者推入类劳动者，因为类劳动者的基本特征是只有经济从属性。这些劳动者应享有劳动法的部分保护，但在我国这部分劳动者尚未被纳入劳动法律保护的范畴。因此，要按照从属性标准确认劳动者的社会身份，同时逐步扩大劳动法的保护对象。

第九章　劳动关系与数字劳动关系

　　劳动关系是生产关系的具象，在不同经济体制、不同社会情境中有不同的内涵（魏巍、黄伟、杨河清，2022）。劳动关系起源于西方。自资本主义诞生后，劳资矛盾和冲突就一直存在，其在中国的发展中也立足于中国国情。互联网革命的全面爆发，颠覆了传统的用工形式和行业演变，产生了数字劳动关系。

一、劳动关系的历史演进

　　随着社会的进步和经济的发展，由于不同的科学以及学术传统，各国关于劳动关系的发展和研究有其独有的特征。在西方，劳动关系被称为"产业关系"，英美学界关于劳动关系的研究存在多元论、一元论、马克思主义等多种视角（魏巍、黄伟、杨河清，2022）。由于各国历史文化和经济、政治体制不同，劳动关系可分为欧洲大陆模式、盎格鲁-撒克逊模式（英美模式）、斯堪的纳维亚模式和莱茵模式（魏巍、黄伟、杨河清，2022；Hyman，2004）。克莱格（Clegg）指出，产业关系的核心是就业规制（Job Regulation），主要研究工会、雇主、政府多个主体互动过程中的规则制定（魏巍、黄伟、杨河清，2022；Clegg，1960）。考夫曼（Kaufman）和约翰（John）认为，劳动关系的研究应当涵盖各种类型的雇佣关系及各种可能解决劳工问题的方法（魏巍、黄伟、杨河清，2022；Kaufman，2003）。自资本主义制度诞生之日起，劳资矛盾所引起的劳资斗争就一直存在着，这种矛盾贯穿于西方市场经济国家发展的各个阶段。在不同的历史时期，资本主义社会经济结构的特点不同，其在该时期劳动关系的表现方式和内容特征也不尽相同（常凯，2005），主要分为以下五个不同时期：资本原始积累时期、自由竞争资本主义时期、垄断资本主义时期、两次世界大战之间的时期、第二次世界大战后。在这五个时期内，劳动关系发生着不同的变化并延续至今。

　　在中国，关于劳动关系的定义与发展也有其自身特征。有学者认为，劳动关系是劳动过程中劳动者与劳动力使用者所结成的一种社会经济关系，是社会生产过程中生产资料与劳动者结合的具体表现形式（魏巍、黄伟、杨河清，2022；常凯，1995）。劳动关系被赋予了社会意识形态和经济体制的情境要素，与生产资料所有权归属和社会体制息息相关，而中国共产党正是中国特色社会主义的理论形成和道路选择的主导者。中国劳动关系的历史演进见表 9-1。

表 9-1　中国劳动关系的历史演进

时间	1921—1949 年	1949—1978 年	1978 年至今
阶段	萌芽时期	转型时期	变革时期
主要内容	在新民主主义革命的不同历史阶段，从以阶级斗争为特点的劳资对抗，到有限度的劳资斗争，再到统一战线下的公私兼顾、劳资两利，中国共产党顺应外部革命环境的变化，数次对劳动斗争纲领和劳动政策进行适时调整	在此阶段，劳动关系系统实现了转型，从劳资两利的新民主主义时期劳动关系系统转化成统包统配的计划经济时期劳动关系系统	随着我国经济体制改革的推进，多种所有制经济并存，劳动用工主体多元化，劳动关系多样化，劳动关系系统主体逐渐成为明确双方权利和义务的重要载体，成为相对独立的两个利益主体，并形成以劳动合同为基础的平等的契约关系

（一）劳动关系系统萌芽时期（1921—1949 年）

新民主主义革命时期，中国共产党领导下制定的革命根据地劳动斗争纲领和劳动法，是党不断学习、探索和积累经验的成果。随着革命形势的变化，中国共产党始终在关键时点把握正确方向，调整和升级革命根据地的劳动关系系统的功能。它经历了从在苏区争取和保护工人阶级的权益，到有限度的"劳资间的斗争"，再到抗战中后期和解放战争时期的"公私兼顾、劳资两利"的变革。从以政治斗争为主的工农联盟为特点的苏区劳动关系系统，到抗战中后期和解放战争时期以经济斗争为主的劳动关系系统，在中国共产党的领导下，劳动关系系统呈现出高度的适应力，在保护工人阶级的政治权利和地位以及经济利益的同时，能够适应外部革命环境的变化，为建立统一战线、发展生产、繁荣经济作出贡献，充分展现了中国共产党协调系统功能的强大能力（魏巍、黄伟、杨河清，2022）。

第一次国内革命战争时期（1924—1927 年），中国共产党制定的劳动斗争纲领，为推动全国工人运动和劳动立法确定了基本的指导方针（第一次国内革命战争，2005）。基于复杂系统视角，中国共产党、中国劳动组合书记部、中华全国总工会以及历次全国劳动大会或省市工人代表大会等都是劳动关系系统中的重要主体。在劳动斗争纲领的指导下，《劳动法案大纲》《中华全国总工会总章》等规范性文件，成为我国新民主主义革命时期劳动立法的雏形，在全国工人运动和工会系统中具有极高的权威。此外，相关会议通过的有关保护童工、女工的基本原则，也是劳动关系规则的重要组成部分（张希坡，1993）。这一时期，劳动关系系统是通过劳动斗争纲领和劳动法规来发挥作用的，主要包括两种方式：第一种是在北洋政府统治地区，组织群众与反动当局和中外资本家进行斗争，并在工人运动高涨地区开展罢工谈判；第二种是在1924年第一次国共合作实现后，通过劳动立法为工人阶级争取更多权利。

第二次国内革命战争时期（1927—1937年），工农民主政权通过劳动斗争纲领和劳动立法，建立了苏区和陕甘宁边区的劳动关系系统。这一历史时期，党中央和各级工农民主政府先后制定了许多劳动斗争纲领和劳动法规。全国劳动大会以及中华全国总工会和各边区的工会领导机关也通过了一些有关劳动问题的决议案。1929年11月，第五次全国劳动大会在上海举行，大会确定中国工人阶级当时的根本任务是：联合农民结成坚固的革命同盟，准备武装暴动，推翻帝国主义与国民党的反动统治，消灭封建残余，实行土地革命，建立工农兵代表会议——苏维埃政权，完成中国革命，以达到工人阶级解放的目的。1931年11月，中华苏维埃第一次全国代表大会在江西瑞金召开，建立了中华苏维埃共和国中央临时政府，明确了中国红色政权属于"工人、农民、红军兵士与一切劳苦民众"（中共中央文献研究室，2011），实行无产阶级领导的、以工农联盟为基础的、反对帝国主义和封建主义的工农民主专政。大会通过的《中华苏维埃共和国宪法大纲》，是中国共产党领导人民制定的最早的宪法性质文件。大会通过的《中华苏维埃共和国劳动法》，是新民主主义法治建设的基本法之一。劳动法的贯彻实施，大大提高了苏区工人的社会地位和组织程度，激发了工人群众的政治热情，使他们在参政、参军方面取得了突出成绩。中国共产党将中国工人阶级和革命人民已经取得的革命成果和纲领体现在根本法中，成为中央临时政府制定和实施劳动法的立法依据。苏区劳动法的贯彻实施，使集体合同和劳动合同普遍订立，失业工人得到了部分就业或适当安置，缩减了工作时间，改善了劳动条件，不同程度地提高了工人的工资，激发了苏区工人的生产热情和参加后方工作的积极性。陈云同志指出："工人阶级一方面要争取改善自己的生活，另一方面必须把发展苏区的经济，巩固工农联盟，巩固苏维埃政权，看成自己解放的根本任务。"（陈云，1984）从中华苏维埃共和国成立到1934年10月红军主力撤离南方革命根据地，是工农民主政权劳动立法的主要发展阶段。此阶段劳动关系系统的功能是维护苏维埃政权的整体利益。"巩固苏维埃政权，这是无产阶级阶级斗争目前的最高原则。而巩固苏维埃政权，首先就是巩固工农的联合"

（张闻天，1985），"使我们的劳动法更能适合于乡村，使我们在执行劳动法中巩固工农的联合"（肖红军、阳镇，2020）。这一时期，劳动关系系统的功能进一步丰富和完善。一方面，要保护工人阶级利益，巩固工农联盟；另一方面，要发展经济，巩固苏维埃政权的根本利益。1935年瓦窑堡会议后，中共中央决定将苏维埃工农共和国更名为苏维埃人民共和国，并相应地改变一系列方针政策，包括团结小资产阶级和知识分子政策，改变对富农的政策，放宽对民族工商业资本家的政策。毛泽东在《论反对日本帝国主义的策略》中强调："人民共和国在资产阶级民主革命的时代并不废除非帝国主义的、非封建主义的私有财产，并不没收民族资产阶级的工商业，而且还鼓励这些工商业的发展"，"在民主革命阶段，劳资间的斗争是有限度的"。苏维埃人民共和国是代表反帝国主义反封建势力的各阶层人民的利益的。苏维埃人民共和国的政府以工农为主体，同时容纳其他反帝国主义反封建势力的阶级。这个时期是工农民主政权劳动立法的后期阶段，党在此阶段提出建立抗日民族统一战线、劳资间斗争是有限度的、鼓励发展民族工商业，这些政策主张成为"劳资两利"的前身。

全面抗日战争时期（1937—1945年），这个时期的劳动关系系统的结构和功能开始呈现开放性和动态性。1937年，抗日战争全面爆发，中共中央将《中国共产党为公布国共合作宣言》交与国民党中央，提出团结抗战、实施民主政治、改善人民生活的主张。同年9月，国民党发表宣言并承认中国共产党的合法地位，抗日民族统一战线正式形成。抗日民主政权是工人阶级领导的，以工农联盟为基础，联合一切赞成抗日又赞成民主的革命阶级、阶层和社会集团，对汉奸反动派实行专政的抗日民族统一战线的政权。为了取得抗日革命的胜利，就要处理好革命政党、工人阶级、农民以及工商业经营者之间的关系，避免尖锐的阶级对抗。中国共产党及时调整劳动政策，兼顾劳资关系，以思想教育的方式来促进职工改变对权益的认识（高中华，2016），并制定适合抗日统一战线的劳动政策，以便能够在改善工人生活和促进生产发展之间取得平衡。1939年4月，《中共中央关于开展职工运动与"五一"工作的决定》作为适用全国的劳动斗争纲领，确定了工人运动的基本方针，即"与各抗日党派各抗日团体的工人运动建立统一战线，在统一运动中把工人组织起来，积极参加战争的各方面工作，在抗战中去解决工人失业饥饿与改善工人阶级政治经济文化的地位，以增加抗战建国的力量"。1940年以后，中共中央对抗日根据地工人运动进行了全面的调查研究，针对根据地工人运动的实际情况先后发布了《中共中央关于各抗日根据地劳动政策的初步指示》（1940年12月）、《论政策》（1940年12月）、《中共中央劳动政策提纲（草案）》（1941 年 3 月）、《中共中央对晋东南抗日根据地职工运动的指示》（1942 年 4 月）等文件，明确规定了新民主主义革命时期劳动政策的各项基本原则，为抗日民主政权的劳动立法确定了正确的指导方针。《中共中央劳动政策提纲（草案）》从理论上论述了中国工人阶级的历史使命，系统而全面地阐述了新民主主义劳动政策的各项具体方针，明确抗日根据地劳动政策是以促进和加速抗日战争的胜利为目的的，既要满足新民主主义革命的政治需求，也要满足促进国民经济的发展和繁荣的经济需求。毛泽东将这一时期的劳动政策称为"两重性政策"，即适当地改善工人生活和不妨碍资本主义经济正当发展的两重性的政策（高中华，2016）。工会职能定位调整成以生产为中心，领导工人努力生产，成为第一等重要的实际巩固边区的工作。

第三次国内革命战争时期（1945—1949 年），在党的正确领导下，这一时期的劳动关系系统具有很强的适应力，在外部多变的革命环境中进行动态调整，保持了系统自身的存在和运作能力。从抗日战争胜利到 1947 年秋中国人民解放军大反攻，部分地区重新制定并公布了新的劳动法规，解放区的劳动立法得到空前的发展，为新中国成立后的劳动立法奠定了坚实基础。1947 年 12 月，毛泽东在《目前形势和我们的任务》中明确："新民主主义国民经济的指导方针，必须紧紧地追随着发展生产、繁荣经济、公私兼顾、劳资两利这个总目标。一切离开这个总目标的方针、政策、办法，都是错误的。""劳资两利"是当时劳动关系治理的重要原则，其目的是由阶级对抗转向合作两利，实现互惠双赢。1948 年 8 月，第六次全国劳动大会上通过的《关于中国职工运动当前任务的决议》确定了解放区劳动立法的基本原则。1949 年 9 月，《中国人民政治协商会议共同纲领》将革命根据地的劳动纲领和斗争成果以国家立法的形式确定下来，规定国营企业应建立厂长领导下的工厂管理委员会，私营企业应由工会代表工人职员与资方订立集体合同（魏巍、黄伟、杨河清，2022）。

在新民主主义革命的不同历史阶段，从以阶级斗争为特点的劳资对抗，到有限度的劳资斗争，再到统一战线下的公私兼顾、"劳资两利"，中国共产党顺应外部革命环境的变化，数次对劳动斗争纲领和劳动政策进行适时调整。这是对矛盾论的实践运用，体现了中国共产党领导下劳动关系系统的开放性和动态性的本质特征。这一时期，中国共产党对劳动关系治理的宝贵经验，为新中国成立后的劳动关系规制和劳动立法奠定了坚实基础（魏巍、黄伟、杨河清，2022）。

（二）劳动关系系统转型时期（1949—1978 年）

中华人民共和国的成立标志着党领导下的中国进入了一个新的历史时期，

即由新民主主义革命转变到社会主义革命和社会主义建设的时期。在此阶段，劳动关系系统实现了转型，从"劳资两利"的新民主主义时期劳动关系系统转化成统包统配的计划经济时期劳动关系系统。系统内部结构和主体关系发生了重要变化，工人阶级的政治、经济地位大大提高，工人阶级的利益与国家利益实现了有效整合。

新中国成立后，国民经济虽然得到了迅速的恢复和发展，但是工人阶级同资产阶级之间限制与反限制的斗争此起彼伏，给国家经济带来很大影响。这种情况使得中国共产党不得不考虑加紧和扩大限制资本的措施，把对国民经济实行系统的社会主义改造的任务提到日程上来。废除资本主义私有制，建立社会主义公有制，是工人阶级取得政权以后在经济方面面临的根本任务。在这样的背景下，中国共产党提出了过渡时期总路线："在一个相当长的时期内，逐步实现国家的社会主义工业化，并逐步实现国家对农业、对手工业和对资本主义工商业的社会主义改造。"（魏巍、黄伟、杨河清，2022）

1956年，社会主义改造任务基本完成，以国家工业化为主要内容的"一五"计划也顺利完成，独立的工业体系基本建立（洪银兴，2021）。同年9月，中共八大分析了当时阶级关系和主要矛盾的变化，认为"在我国无产阶级和资产阶级的矛盾已经基本解决，国内主要矛盾已经是人民对于经济、文化迅速发展的需要同当前经济、文化不能满足人民需要的状况之间的矛盾"。1957年2月，毛泽东在《关于正确处理人民内部矛盾的问题》一文中明确指出：在社会主义制度下，人民的根本利益是一致的，但人民内部存在着各种矛盾，必须严格区分和正确处理敌我矛盾和人民内部矛盾。

这个时期劳动关系系统呈现明显的计划经济特征，劳动关系主体中的资方不复存在，系统内部结构和功能重整。面对加强党对工会的领导、工会与群众的关系、工会与厂方行政的关系、国家利益和职工利益等问题，在公私兼顾理论的指导下，社会主义公有制企业内部劳动关系中的矛盾问题，被认为主要是总体利益一致前提下的具体利益差别和公私矛盾，是社会主义人民内部矛盾。公私矛盾的存在是社会主义制度下工会存在的客观基础。工会在劳动关系中的作用是站在职工群众的立场上正确调节和处理公私矛盾，在维护全国人民总体利益的同时，更好地代表和维护职工群众的具体利益（魏巍、黄伟、杨河清，2022）。

直至1978年改革开放之前，我国经济体制逐渐转变为计划经济体制，在转变的过程中劳动关系主体中的资方逐渐消失。企业是国家的企业，全体劳动者都是国家的主人，也都是生产资料的占有者，劳动者和劳动力的使用者都没有独立的主体身份，双方不是相对独立的利益主体，国家、企业、劳动者三方利益高度一致。1952 年 7 月，中央人民政府政务院第 146 次政务会议通过的《关于劳动就业问题的决定》规定：一切公私企业，对于因实行生产改变、合理地提高了劳动效率而多余出来的职工，均应采取"包下来"的政策，继续发放工资，不得解雇。1956 年，对资本主义工商业社会主义改造后的公私合营企业的职工也采取相同的政策：所有包分配的人员，都成为用人单位的固定职工，不允许随便辞退。1957 年 1 月，《国务院关于劳动力调剂工作中的几个问题的通知》发布，我国统包统配的劳动关系系统正式形成（杨志明，2011）。

这个时期，劳动关系的各个方面都由国家统一计划、统一部署、统一实施。国家下达用工指标，在指标内招工，企业无权自行招用劳动力。劳动者无权自主择业，由国家统一分配安置就业。劳动关系建立后，工资分配、保险福利等都是国家统一制定政策、统一调整。用人单位和劳动者建立劳动关系是通过政府的行政指令来实现的，劳动关系一旦建立，没有政府的行政指令，终身保持不变，直至劳动者退休。这种劳动关系形态在当时高效地把劳动力资源组织到国家建设初期的重点产业。"主人翁"是当时劳动者身份的重要特征，劳动者中涌现出大批"劳模"典型，极大地促进了当时生产力的发展，为中国实现工业化和现代化奠定了坚实的基础（杨志明，2011）。这个时期，中国共产党对劳动关系的治理是极具中国特色的。

（三）劳动关系系统变革时期（1978 年至今）

1978 年 12 月召开的中国共产党十一届三中全会，是新中国成立以来中国共产党历史上具有深远意义的伟大转折。党的十一届三中全会后，经济体制改革先后在农村和城市展开，这个时期，中国特色劳动关系系统的结构发生了深刻的变化。国家经济体制从计划经济体制向市场经济体制的转型过程中，党领导下的劳动关系系统经历了一系列重大市场化改革：系统结构中的主体要素新增了市场化的雇主主体和雇员主体，重新界定了政府角色，充分激发了市场经济活力。这一过程可以分为四个阶段（魏巍、黄伟、杨河清，2022）。

第一个阶段是劳动制度恢复和改革试点阶段（1978—1985 年）。这个阶段是计划经济向市场经济过渡的初期，劳动关系的计划经济特征仍然比较明显，但已开始向市场化方向转变。1979 年，围绕扩大企业经营自主权改革，劳动用工权和分配权开始部分下放到企业，逐步恢复了奖金和计件工资制度。1980 年 8 月，全国劳动就业工作会议提出"实行劳动部门介绍就业、自愿组织起来就业和自谋职业相结合"的"三结合"，劳动力市场的雏形基本形成。1981 年 10 月，《中共中央 国务院关于广开门路，搞活经济，解决城镇就业问题的若干决定》指出："在社会主义公有制经济占优势的根本前提下，实行多种经济形式和多种经营方式长期并存，是我党的一项战略决策，决不是一种权宜之计。"在新的政策指引下，集体经济、个体经济有了新发展，还出现了全民所有制、集体所有制和个体联营共同发展的新经济形势。1982 年 9 月，党的第十二次全国代表大会提出"建设有中国特色的社会主义"重大命题，确定了全面开创社会主义现代化建设新局面的宏伟纲领。1984 年 10 月，党的十二届三中全会通过《中共中央关于经济体制改革的决定》，提出我国社会主义经济是"公有制基础上的有计划的商品经济"，"所有权同经营权是可以适当分开的"，要"建立起具有中国特色的、充满生机和活力的社会主义经济体制"，坚持"多种经济形式的经营方式共同发展"（江宇，2018）。中国开始进行市场经济改革，经济体制改革拉开大幕。1985 年开始对国营企业普遍实行工资总额与经济效益挂钩的办法，并逐步探索实行灵活多样的内部分配方式。

这个时期，尽管个体企业和私营企业等非公有制经济有了一定的发展，但劳动关系协调的矛盾仍然集中在合同制工人的差别待遇问题和国企富余劳动力的转化问题上（卢江、陈弼文，2019）。在劳动关系主体互动过程中，劳资矛盾并不是主要矛盾，劳动关系系统的功能主要是配合国家固定工资制度，实现劳动力的优化组合。

第二个阶段是经济结构转型的重要阶段（1986—1994 年），这个时期，劳动关系系统呈现出市场化特征。1986 年 7 月，国务院颁布《国营企业实行劳动合同制暂行规定》。1987 年 7 月，国务院发布了《国营企业劳动争议处理暂行规定》，劳动争议处理制度得以恢复。同年 10 月，《国务院关于鼓励外商投资的规定》鼓励外国投资者在中国境内举办中外合资、中外合作企业和外资企业。党的十三大提出"以按劳分配为主体，其他分配方式为补充"的分配制度。1990 年，我国在国有企业开始推行全员劳动合同制。1992 年 4 月，《中华人民共和国工会法》重新确立集体合同制度的法律地位，集体协商和集体合同制度开始在各类企业逐步推行。同年 7 月，《全民所有制工业企业转换经营机制条例》颁布，开始全面落实企业劳动用工和工资分配自主权。同年 9 月，《劳动部关于试行全员劳动合同制有关问题处理意见的通知》进一步要求经营基础较好的国有企业应当尝试对全员执行合同制。党的十四大提出建立社会主义市场经济体制的改革目标，中央明确提出要坚持按劳分配为主体、多种分配方式并存的分配制度，允许和鼓励资本、技术等生产要素参与收益分配。1993 年 7 月，国务院颁布《企业劳动争议处理条例》，将劳动争议处理范围扩大到各类企业。同年 8 月，原劳动部发布《劳动监察规定》，逐步实现对用人单位用工行为监管的法治化。

　　这个时期，经济结构转变为"以公有制为主体、多种经济成分并存"，国家进一步完善家庭联产承包责任制并开始对国有企业"两权分离"进行探索。劳动力市场的一个重要特征是农村劳动力市场化，大批农民向乡镇转移。这个阶段的劳动关系系统的结构更加完整，劳方主体和资方主体逐渐明确。在社会主义商品经济被确立为经济体制改革目标模式的大背景下，劳动关系系统与外部经济系统和政治系统的能量和信息交换也逐渐增强。

　　第三个阶段是劳动关系系统市场化转型阶段（1995—2012 年）。1995 年 1 月，《中华人民共和国劳动法》的实施是劳动关系系统市场化转型的重要标志，这一阶段是劳动立法的黄金时期，很多标志性法律和政策文件都诞生在这个时期。在这期间，结合全民所有制工业企业转换经营机制，逐步推行岗位技能工资制、岗位工资制等内部工资分配制度。许多企业探索实行经营者年薪制等分配办法，部分企业开展了工资集体协商试点。2001 年 8 月，原劳动和社会保障部、中华全国总工会、中国企业联合会/中国企业家协会共同建立了国家协调劳动关系三方会议制度。2002 年建立了以最低工资制度和工资指导线、劳动力市场工资指导价位、行业人工成本信息指导制度为主要内容的宏观调控体系。2004 年 11 月，国务院颁布《劳动保障监察条例》，进一步确立了劳动保障监察的性质和地位，健全了劳动保障监察制度。2007 年 6 月《中华人民共和国劳动合同法》的颁布是这一阶段的一个重要里程碑。同年还颁布了《中华人民共和国就业促进法》《中华人民共和国劳动争议调解仲裁法》。2010 年 10 月出台《中华人民共和国社会保险法》。至此，中国特色社会主义劳动法体系的支架性法律基本具备（王全兴、石起，2020）。这一系列法律的立法过程，也是对中国企业和劳动者进行劳动权益保障意识全面教育的过程。

　　随着国有企业改革、城镇化以及外商投资带来的灵活就业群体和农民工群体的大规模形成和非公有制企业数量的增加，这个时期的劳动关系系统基本完成市场化转型，劳动关系系统的各主体地位逐渐明晰，自主协商、三方协调的格局逐步形成。从系统功能上来看，劳动关系系统与外部的互动和能量交换增强，作为劳动关系系统重要输出的法律体系进一步健全，形成了以《中华人民共和国劳动法》《中华人民共和国劳动合同法》《劳动争议调解仲裁法》为主干，以《劳动合同法实施条例》《职工带薪年休假条例》《劳动保障监察条例》《女职工劳动保护规定》《集体合同规定》《最低工资规定》《工资支付暂行规定》等法规规章和规范性文件为配套的劳动关系法律政策体系框架，劳动关系协调进入了规范化、法制化的新阶段。这个时期的劳动关系系统在系统功能维度的能量转化和处理改革、发展和稳定关系的整个过程中都离不开中国共产党的全面领导。

进入新时代，随着我国经济体制改革的推进，多种所有制经济并存，劳动用工主体多元化，劳动关系多样化，劳动关系系统主体逐渐成为明确双方权利和义务的重要载体，成为相对独立的两个利益主体，并形成以劳动合同为基础的平等的契约关系。2015 年 4 月，中共中央、国务院下发《关于构建和谐劳动关系的意见》，强调探索中国特色和谐劳动关系之路，这对于新时期劳动关系的理论研究具有全局性指导意义（常凯，2013）。在全面推行劳动合同制度的基础上，健全协调劳动关系三方机制，推行集体协商和集体合同制度成为完善劳动关系系统的重点工作（刘向兵 等，2020）。从权利争议到利益争议，是劳动关系集体化转型的重要特点。在劳动关系集体化转型的过程中，政府主导的自上而下的构建过程和劳动者自发的自下而上的促进过程是两种重要的互补力量和路径。

随着数字经济和人工智能与实体经济的深度融合，人力资源管理和劳动关系管理的相互融合、新业态中新型工作模式和劳动关系碎片化的趋势、员工持股计划等资本与劳动界限的模糊等新情境带来了劳动关系系统的新挑战（唐鑛、刘华，2020）。外部环境中科技的作用对劳动关系系统功能和结构都产生了重大影响，面对百年未有之大变局，新时代劳动关系系统呈现出新的特征，也需要新的治理智慧。

二、劳动关系、雇佣关系、产业关系

（一）劳动关系

基于对劳动关系历史演进和概念的了解，我们能够发现各国自身文化、经济制度等多种因素对劳动关系的影响，从而使其具备了"阶段性"特征，不同时期的劳动关系有着各自的特点。关于劳动关系的概念和历史演进前已述及，在此不再赘述。

（二）雇佣关系

随着经济全球化和用工方式灵活化，在经济和社会转型背景下，我国的雇佣体制也发生了重大的变革，雇佣关系及其模式也变得多样化（孙彦玲、张丽华，2013）。因此，了解并梳理雇佣关系的相关知识也便于我们进一步认识零工经济的发展所带来的可能性变化。

关于雇佣关系的定义也没有定论，基于不同的研究视角，学者们对雇佣关系的理解和侧重点也有所不同。上文中所提到的人事管理学派又称为一元主义。我们将从多元化研究视角和人力资源管理视角来厘清雇佣关系的概念以及内涵。

1. 多元化研究视角

1935 年《瓦格纳法案》的颁布标志着劳资关系进入了一个新的时代，同时产业工会也获得了实质性的发展，工会会员数量猛增。因此，在此背景下，早期多元化视角下对雇佣关系的研究都是以工会为背景的（孙彦玲、张丽华，2013）。随着 20 世纪 80 年代以来工会参与率的下降，雇佣关系的用语也发生了相应的变化，从产业关系、劳动关系转到雇员关系与雇佣关系，而这一变化的核心在于研究领域的扩大，从工会背景下的谈判扩展到无工会的雇佣制度（孙彦玲、张丽华，2013；李维斯、桑希尔、桑德斯，2005）。博索尔（Boxall）认为，雇佣关系涵盖多个制度、主体、过程、互动形式、多维结果和不断变化的环境（Peter et al., 1993），其从宏观角度阐述了雇佣关系的整体运行架构（孙彦 等，2013）。贾斯伯（Gospel）和帕尔默（Palmer）认为，雇佣关系是一种雇员通过提供体力或脑力劳动来向雇主换取报酬的一种社会、经济和政治关系（Gospel et al., 1993）。李维斯等人则将这一概念进行了细化与拓展。他们提出，雇佣关系是一种法律的、经济的、社会的、心理的，以及政治的关系，在这种关系中，雇员通过投入自己的时间和专业知识来为雇主谋利，并以此换取一系列个性化的、经济的和非经济的报酬（孙彦玲、张丽华，2013；李维斯、桑希尔、桑德斯，2005）。

2. 人力资源管理角度

员工-组织关系是指雇员与雇主之间的联系，包括正式、非正式、社会和心理关系等（孙彦玲、张丽华，2013；Hom et al., 2009）。虽然在建立雇佣关系时，雇员和雇主要进行协商，但是一般情况下雇主会占有主导地位，所以有的研究就从雇主的视角出发，包括诱因-贡献模型、劳动力治理和人力资源系统三种（孙彦玲、张丽华，2013；Wang et al., 2003），但是后两种重视雇主利益而忽视了员工的利益。因此，我们从雇员的视角和利益出发，探讨诱因-贡献模型对雇佣关系的定义。

对于诱因-贡献模型的研究最早可以追溯到巴纳德（Barnard）的研究，他提出雇佣关系是期望雇员的贡献和雇主所提供的诱因进行交换。马奇（March）和西蒙（Simon）则在此基础上于 1958 年提出了诱因-贡献模型，他们认为雇佣关系是指组织提供的诱因与雇员的贡献的交换（孙彦玲、张丽华，2013）。进一步，徐（Tusi）等人于 1997 年在诱因-贡献模型的基础上，从雇主的角度出发，提出了雇佣关系的具体定义：由提供给雇员的一系列人力资源实践和针对这些实践期望雇员做出的贡献所构成（Tusi et al., 1997），并按照所提供的诱因和期望的贡献两个维度将雇佣关系划分为四种不同的类型（孙彦玲、张丽华，2013）。

　　基于此，我们已经对不同的视角下的雇佣关系概念有了认识和了解，可以看到在不同的视角下，关注点的不同导致雇佣关系概念的不同。多元化视角指出，劳动力并非商品，劳动者除了经济和社会的需要，还应该有更多的权力诉求，其知情权、参与权等是非常重要的研究内容，而由于雇佣关系双方的权力并不对等，因此交易无法实现自愿和平等，经济学理论并不能完全用于劳动力市场中（孙彦玲、张丽华，2013）。为了增强雇员的议价能力，工会的出现会起到一定的作用。雇员通过工会与雇主谈判，所以在此视角下的雇佣关系不仅关注个体的交易关系，更注重集体的交易关系（孙彦玲、张丽华，2013）。而从人力资源管理视角来看，其假设前提就是雇佣双方是平等关系，劳动力则像其他商品一样在劳动力市场进行交换。因此，徐（Tusi）等于1997年明确将非工会雇员作为其研究对象，排除工会的影响，主要关注雇主与雇员的个别交易关系。随着数字化时代的发展，两种概念逐步融合，多元化视角研究也逐渐开始关注无工会作用的交易关系，而人力资源管理视角也进一步研究雇员的"建言"、心理因素等的变化与影响，关注双方利益的平衡。

　　雇佣关系的形成和发展还受到各种因素的影响。卢梭（Rousseau，1995）通过对雇佣关系进行理论分析，认为雇佣关系会受到各种内外部因素的影响。其中，内部因素包括个人的解释风格、特质、价值观等；外部因素包括来自外在的信息和社会线索，如组织激励、工作关系等。在员工工作的不同时期，内外部因素发挥着不同程度的作用。入职前，由于还未与组织发生正式的接触，员工个体的内部因素是影响员工对雇佣关系理解的主要力量；入职后，组织和工作对员工个体施加作用，内外部因素共同影响雇佣关系的发展，外部因素可能成为影响雇佣关系发展的主要力量（万向东，2008）。

　　（三）产业关系

　　产业关系具有一百多年历史。产业关系研究最早以雇佣关系为研究的对象，以解决劳动问题为研究的目标；但此后，雇佣关系的主体构成发生了变化，因此产业关系的研究对象就集中于集体雇佣关系，研究内容也侧重于集体谈判和工会（李琪，2018）。产业关系的产生和发展究竟如何是我们需要深入了解和思考的问题。

　　从广义角度来看，产业关系就是雇佣关系；从狭义角度来看，产业关系是集体雇佣关系，或者说，它是一种雇员（劳动者）集体与雇主（资本所有者和管理者）之间发生的关系（李琪，2018）。这种关系的产生是因为社会中出现了一些代表和维护雇员利益的团体，这些团体与雇主之间发生了一系列的利益关系，为了调整这些关系，就需要在社会和工作场所中建立起一套制度。对这些团体、关系和制度的研究进而发展为集社会科学和自然科学诸学科相关内容为一体的学科-产业关系（李琪，2008）。

关于"产业关系"一词的使用渊源存在着不同的说法，有人提出，"产业关系"一词是在美国国会任命一个调查委员会时首次出现的（李琪，2018）；但还有人认为，英国的布拉西勋爵（Lord Brassey）在1885年的一次讲话中就已经使用了"产业关系"一词来表达雇主与工人之间的关系（李琪，2018；Morris，1987）；美国学者考夫曼（Kaufman）则认为亨利·亚当斯在1887年发表的一篇题为《国家及工业活动之间的关系》的论文中，首次使用了"产业关系"一词（李琪，2018；Kaufman，2010）。虽然关于产业关系的溯源存在很多不同的观点和看法，不过总体来说现有文献一致认为，美国是产业关系研究领域的发源地。进一步来说，产业关系作为一个研究和教学领域，首先是在美国，或者更明确地说，美国的威斯康星大学是其发源地（李琪，2018）。

在"产业关系"一词诞生的初期阶段，学者们所关注的和要解决的问题是基于雇佣关系所产生的一系列劳动问题。在工业革命基础上兴起的资本主义社会中，由于机器的广泛使用，工厂就成了劳动过程的实现地，雇用者与被雇用者之间的雇佣关系成为一种普遍的社会关系；在产业关系领域出现并形成之前，新古典经济学被较为广泛地认可和使用（李琪，2018）。按照新古典经济学的理论，雇佣关系就是一种交易关系，在一个自由竞争的劳动力市场中，劳动者所接受的工资、工作条件和工作时间等都是其个人自愿选择的，因此，劳资双方都可以从这个市场中获利，所谓受剥削的情况也就不会过分严重或者长期存在，包括失业在内的相关问题都应该是社会可以接受的，同样是可以通过市场的自我调节得到解决的（李琪，2018；Booth，1995）。换句话说，所有投入市场中的因素都会得到和其相对应的回报，在这样一个市场中，雇佣关系是没有摩擦的，也不会存在问题，再也没有比市场更好的合作与对劳动者提供保护的方式了（李琪，2018；Kaufman，2008）。这只是从理论角度进行分析所得到的结论，但是在现实中，自由竞争市场的出现带来了一系列的劳动问题。由于缺少一定的规则和制度，在这个市场上，劳动力供需双方将雇佣关系视为一般商品的买卖关系，雇员和雇主两者的目的都是实现个人收益的最大化，此时低买高卖就成为市场的行为准则。所以，在市场上和其后的劳动过程中，充斥着互不信任、机会主义、信息不对称和劳资纠纷等众多问题，尤其是在一个买方的劳动力市场中，雇主会凭借其掌握的生产资料，尽可能地压低工资并延长工作时间，而雇员则以低效率工作、高辞职率、街头抗议、罢工以及带有暴力倾向的工会回报雇主的过分行为。最终，雇佣双方面对的是一个低生产效率和低工资的"零和"结果。当劳动力市场一直是买方市场时，雇主带有一定的优势，这些劳动问题也不会为资本主义社会的发展带来过多的问题和影响。直到 20 世纪初社会发生了重大变化之后，资本主义各国的执政者和学者才开始慢慢意识到问题的严重性。

在这些劳动问题充分引起人们的注意和关注之后，人们开始从公共政策入手，寻找解决劳动问题、改善雇佣关系的途径，因此，这类研究也就奠定了产业关系这个研究领域的基础。李琪（2018）指出，产业关系的研究对象是雇佣关系，而两者并非处于平行状态的两个概念或两种关系。从常理来说，雇佣关系是产业关系的根源和研究的基点，换句话说，如果没有雇佣关系，也就不会有产业关系这个研究领域；而从产业关系的起源来说，在学术研究方面，也有多个证据证明产业关系的研究对象就是雇佣关系，或者说，雇佣关系就是产业关系的核心，产业关系是规制化、制度化了的雇佣关系。

基于此，我们对劳动关系、雇佣关系和产业关系的起源和定义有了一定的了解和认识，三者都是随着时代和市场发展所产生的，它们之间也存在着一定的联系。随着社会就业方式的多样化和灵活化，对于劳动关系的研究也变得更加多样和复杂，零工经济的崛起也对传统雇佣关系提出了新的挑战，对于产业关系的研究和关注对象，不同学者也存在着不同的意见和想法。因此，探究传统社会和市场中的三种关系对我们理解和认识零工经济中平台与零工工作者的关系有一定的启发和帮助。

三、数字劳动关系的内涵与特征

2000 年，意大利的知名研究者蒂齐亚纳·泰拉诺瓦（Tiziana Terranova）在《自由劳动：数字经济的生产文化》一文中，对互联网上的许多自由"数字劳动"进行了初步探索，认为这种劳动形式是当代"非物质劳动"的重要表现形式。随着平台经济的兴起和平台企业的产生，数字劳动平台继承了传统的生产力组织形式，又创新了数字时代的条件。在数字劳动平台中，劳动成为最活跃、最具革命性的因素，并且依托于数字技术，数据成为劳动对象。

（一）数字劳动

数字劳动普遍产生于当代资本主义社会中，也符合资本主义数字经济产品的生产文化特点。此后，在传播与政治经济学领域，对"数字劳动"的研究范围日渐扩大，重点聚焦媒介创作内容、传播形态、目标受众，以及商业化进程等领域。在诸多论述中，福克斯都明确认为，他研究数字劳动的主要思想武器就是马克思主义学说，因为马克思主义提供了最有影响力的现代劳动理论。

1. 马克思劳动价值论的黑格尔辩证法重释

首先，福克斯认为，要真正理解"数字劳动"，首先必须对"劳动"的概念有一个清晰的认识。通过对马克思原著的分析，他认为"劳动"有两个内涵："一是反映人类学意义的劳动，二是具有历史特征的劳动。"然而，德语中的"Arbeiten"有时被翻译成"工作"，有时被翻译成"劳动"，这在德国世界产生了巨大的争议：是存在于所有社会形式中的人类学"劳动"，还是只存在于阶级社会中的异化"劳动"？其次，福克斯坚持价值生成的"生产中心论"，反对德国政治经济学家迈克尔·海因里希的"流通中心论"。海因里希认为，经过对德意志马克思主义原著的剖析后，他提出"劳工"有两个内涵："一是反映人类学意义的劳工，二是具有历史特征的劳工。"再次，福克斯强调社会价值形成的"生产中心论"，反驳德国政治经济学家海因里希的"流通中枢论"。海因里希认为，商品的实际价值不是仅存在于单个商品中，而是直接存在于一个商品交换的整个过程中，即一个商品在进行交换之前根本没有任何价值。福克斯同样驳斥了这一点，认为海因里希的商品价值定理生成"流通中心理论"仅仅是为了去除以生产者为中心的商品价值，它不能直接解释一个商品由于受消费者主观影响的市场经济而无法正常销售的客观经济历史事实。最后，福克斯先生运用黑格尔的商品主客体关系辩证法、质量的度辩证法和一与多的量辩证法重构了马克思的商品劳动交换价值论。他将黑格尔的质、量、度与多辩证法充分应用于解析马克思的商品使用价值、价值和商品交换劳动价值三个基本概念之间的劳动关系：具体而言，由商品劳动所具有的二元性质所决定的，两种不同商品劳动要素（即使用价值和交换价值）之间的矛盾劳动关系，在普遍意义上被扬弃，而这种矛盾在交换价值的理解形式下得到了有效处理和解决。福克斯还明确提出，对马克思基本价值一般形式的具体分析方法可以用黑格尔的一与多、吸引与互相排斥的辩证法关系来进行解释。在商品交换过程中，具有不同价格和质量的各种商品，通过一般等价物相互交换时，既相互排斥又相互吸引；而基本价值的一般等价形式，直接构成了涵盖所有商品价值多样性的统一整体。马克思将其具体描述为"它们的基本价值一般形式简单而普通，因此它们是普遍的"。福克斯还对法定货币和商品价格、劳动力的使用价值和生产价格以及剩余价值分别做出了关于马克思主义的正确解释，特别是政治解释。劳动力剩余价格不能简单地根据创造劳动力剩余价值的量来进行计算，还必须取决于与阶级斗争活动有关的阶级政治。剥削工人在必要时除劳动力和时间之外的所创造的剩余价值量，也就是马克思所说的剩余价值。因此，消灭资产阶级和停止剥削工人是马克思阶级理论的两个政治基本诉求。

2. 马克思生产方式理论和新国际劳动分工的辩证统一

福克斯对当今信息资本主义国家社会经济发展两个阶段的基本定义和对新一代国际经济分工（NIDL）的理论分析都大量使用了马克思的生产方式基本理论。他充分继承了马克思唯物史观中生产方式的两个决定性因素作用和用生产方式理论区分社会形态和国家社会经济发展两个阶段的基本理论。福克斯认为，从信息生产力升级的角度看，今天的信息资本主义已经完全进入了一种信息技术生产力升级阶段，这种信息生产力必须具有跨国性；从生产关系的演变角度看，今天的信息资本主义生产关系没有发生改变。因此，从两种生产方式的基本辩证统一关系来看，当今信息资本主义国家社会经济正处于跨国性和信息技术资本主义的不断发展升级阶段。换句话说，在今天的信息资本主义经济社会中，分工已经开始走向全球化和国际化。例如，在利用信息和网络通信电子技术加工产品的过程中，其各个组成部分分散在世界各地。每一种特定的劳动形式都是产品生产中这种联合劳动的一个环节。有两种范式可以解释这种经济状况：一种是全球价值链，另一种是新的国际分工。福克斯提出的价值链的概念（包括从低端到高端的采购、硬件制造、外围设备、软件、操作平台系统支持软件、用户支持软件服务销售和技术支持软件服务）也是目前主流国际媒体经济学中常用的专门分析中国传统媒体和新的国际价值链的重要概念，但它主要关注商品生产的各个周期阶段，往往忽视了工作生产条件和工人阶级斗争关系的各个方面。因此，他主张将它与新的国际经济分工这一概念整合作为一项批判性质的研究。他同时认为，这一分工概念的主要优势在于它充分突出了中国资本与工业劳动之间的这种阶级斗争关系，以及中国资本如何在阶级斗争发展过程中通过改变生产过程的工业全球化和扩散活动来不断降低其生产总成本、增加利润；同时，它也是一个专门探讨中国工人阶级反对中国资本主义经济结构调整所带来的负面影响的阶级斗争的重要概念。福克斯明确表示，他将始终坚持新的马克思主义理论传统，在深入分析工业全球化时特别强调工人阶级矛盾，并努力探讨"生产方式"这一概念如何与新的国际经济分工相关联。新的国际分工与两个层次的生产方式有关。在全球生产力劳动水平上，它从经济全球化的角度连接各种类型的全球生产力和劳动（例如，农业劳动、工业生产劳动、服务产业劳动、知识产权劳动和国际互联网上的用户服务劳动）。这种趋于网络化的各种生产关系形式将自身生产客观地转化为技术产品和信息服务。在生产关系管理层面，动员各种前美国资本主义工人阶级生产关系（例如美国父权制、奴隶制和美国封建主义）与美国资本主义工人阶级生产关系结合，以有效降低基本工资劳动成本，实现企业利润率的最大化。跨国经济信息网络资本主义生产是前美国资本主义生产方式与美国资本主义生产方式的辩证统一。跨国经济信息资本主义用各种前美国资本主义和其他资产阶级剥削者的方法来剥夺现在全世界所有数字经济工作者的基本生产力和劳动。

3. 马克思主义文化观：文化研究和经济因素不可分割

福克斯研究发现，马克思的哲学著作对英国早期文化的哲学研究成果产生了重大影响。现代学者们特别注重研究社会经济组织结构、社会关系和不同文化之间的相互关系。然而，随着新自由主义的逐渐兴起，英国早期文化研究领域的哲学研究逐渐抛弃了传统马克思主义和现代马克思主义。但是直到 2008 年全球金融危机后，西方学术界对马克思经济危机因素理论乃至整个中国政治社会经济学的研究才真正开始复苏。劳伦斯·格罗斯伯格的《文化研究的未来》、约翰·哈特利的《文化和媒体研究的数字未来》和保罗·史密斯的《文化研究的复兴》，特别强调当代文化经济研究者们需要更多地关注世界经济危机因素。文化研究需要认真对待社会经济发展问题，"重视政治经济是文化复兴的必要条件"。史密斯和其他许多文化学者同样认为，文化理论研究机构应该将文化重新定位为基于现代马克思主义经济理论、劳动和无产阶级分析以及政治和社会经济理论批评的现代马克思主义社会文化理论研究。因为文化与社会经济发展有着密不可分的关系。在高等教育中的学科课程设置等受政治经济社会逻辑因素支配的典型案例也证实了这种因果关系。

4. 马克思主义传媒理论：劳动价值论和受众商品理论的辩证统一

福克斯分析认为，将马克思的劳动成本价值论的理论与中国媒体传播政治学和经济学分析理论中的"受众商品"分析理论交叉结合，可以更好地研究基于数字广告劳动的媒体批判主义理论。施密茨的媒体受众传播商品营销理论主要源自对受广告营销驱动的各种大众传播媒体（特别是无线广播电视媒体和有线电视传播媒体）经营运作的深度分析。他特别指出，大众网络媒体所传播产生的各种新闻、形象和娱乐信息并非最赚钱的传统产品，收听广播、电视和其他传播媒体的普通观众才是真正赚钱的传统商品。随着现代科学信息技术的不断进步与发展，我们已经完全进入了一个数字信息发达的时代，大众传媒的传播形式也越来越丰富和多样化，其中最重要的一种传播媒体就是移动互联网。由于移动端和互联网的开放性、共享性和普及性，其主要消费受众主要是生活在网络现代化和数字信息网络经济社会发展环境中的当代中国年轻人。福克斯和笔者一致认为，网络媒体商品市场营销这一概念已经完全可以清楚、明确地描述在移动社交端和网络媒体信息传播服务平台上的网络企业如何能够充分利用其在移动端和互联网上的其他实体市场用户资源进行营销活动；与此同时，福克斯则充分借用了托夫勒在 20 世纪 80 年代初提出的关于实体市场生产者和其他实体市场消费者的利益关系这一概念，使实体生产者和其他实体市场消费者之间的基本利益界限越来越模糊。在此概念的基础上，他们还创造了"互联网消费品"的劳动概念，将企业消费劳动功能和企业生产劳动功能有机整合应用到定向社交网络媒体广告中。换句话说，社交网络媒体广告用户不仅是消费信息的劳动消费者，也是创造信息相关产品的劳动生产者。他们的剩余劳动资本属于自己创造剩余价值的劳动生产资本劳动。定向社交网络媒体广告平台的劳动资本积累劳动模式由定向移动广告平台提供劳动资金。社交网络媒体服务平台定向投放广告获利，其主要特点之一是广告企业可以监控其实体用户活动数据。目前，社交网络媒体服务平台商业资本积累的最大秘密在于控制和剥削实体用户的无偿义务劳动，即"网络奴隶"。根据马克思的用户剩余价值率计算公式可知，互联网实体生产者和实体消费者的无偿劳动被商业资本无限度地控制和剥削。这也就意味着这种资本主义控制生产和剥削消费者的经济形式是一种非常极端的资本剥削经济形式。基于定向数字广告的媒体，商业资本数字广告媒体的商业资本积累使用过程与定向广告商的商业资本积累使用过程既不可对立又相互统一：它们都是拥有各自相对独立的商业资本积累使用过程（对立）；同时，它们在商业用户间与商品间的数据交换使用过程中以一个 m-c（货币-商品）的资本形式进行相互依存。信息通信技术（ICT）商业资本不仅可以剥削住在工厂内部的职业工人，也可以剥削工厂围墙外的其他社会工作者。跨国 ICT 的资本公司建立了一个巨大的美国全球制造工厂（周延云、石云燕，2021）。

5. 马克思论工作与劳动：一般社会中的工作与劳动

马克思提出了工作的人类学特征。在《德意志意识形态》一书中，马克思和恩格斯认为，工作是一种有意识的生产活动，通过这种活动，人类能够改变和组织自然，以满足自身的需求，并"生产自己的生活方式"，这一过程不仅构成了人类"生产自己的物质生活"的基础，同时也表明，从事这种生产活动的人在创造物质资源的同时，也在生产着思想。马克思在《〈政治经济学批判〉导言》导言中解释说，经济包括所有社会的生产、分配和消费过程，而工作是一种嵌入系统的活动。在《资本论》第一卷中，马克思开启了对商品形式资本主义的讨论。在定义了商品的二元性，即使用价值和交换价值之后，他从第 1.1 节的客观结构分析转向第 1.2 节的主体性（即工作世界）分析，即"商品所体现的劳动的二元性"。马克思认为，工作既有人类学的特点，也有历史的特点。在任何社会形态中，工作都是制造符合人们需要的产品的活动。在特定的社会形态中，劳动具有特定的历史特征，如奴隶劳动、家务劳动和雇佣劳动。在对马克思主义政治经济学的批评中，毛泽东说："社会劳动成为以一定形态取得天然物的有目标的社会活动，是人们赖以生存的自然环境，是人与自然界进行其他物质转化的必要条件，与任何人类社会形态无关，恰恰相反，产生交换社会价值的社会劳动是一个独特的社会主义资本主义劳动形态。"① 在探讨工作与人类劳动之间的关系时，需要指出的一个基础问题就是，工作是现代人类社会性的根本，还是经济统治的具体表现。马克思主义指出，人类社会劳动成为利用社会价值和有益劳务的发明创造，是人民的某种生活状态，不是所有社会形式都能转移的。但它是人与自然文学社会价值之间的物质转化，是人类社会生活中永恒的自然必然。自由王国通常只有在人民根据必要或者外部目的而停止劳作时才开始出现。所以，根据社会事物的特性来说，它产生于现实物质生产领域的另一面。

马克思认为工作是所有社会的必要因素。一方面，这可能意味着共产主义社会将不再存在异化，因此工作也不再存在，因为工作总是被异化的。或者，这可能意味着作为工作异化形式的劳动已经结束，工作显示了人类的本质特征。马克思不确定是用共产主义来废除劳动还是废除现代形式的劳动组织。劳动是一种不可避免的异化劳动形式，人类无法控制并拥有自己的生产资料和生产成果。在阶级社会中，劳动是历史上的劳动组织形式。相比之下，工作在所有社会中都是一个更普遍的概念。工作是人类利用技术改造自然和社会，从而创造满足人类需求的商品和服务的过程。《资本论》第三卷中对此描述尤其模糊。真正的自由王国只从劳动结束时开始，而劳动作为一种工作形式，是由必然性和外部自利的结束所决定的。前者是描述人类所有社会生产活动的本质和基础的模型。马尔库塞认为，工作有三个维度，即工作目标、工作对象和工作过程。他认为工作有三个重要特征，即时间连续性、永恒性和责任感。工作的连续性意味着它永远不会结束；工作是"在工作和工作中的持续存在"。对马尔库塞来说，承担责任的工作并不一定意味着它是一种疲劳，而是一种个人幸福的节制。工作的主要和最终目的是确保其时间的连续性和永恒性，并创造其自身的存在。工作包括生产物质使用价值观（如食物、住房和衣服）和非物质使用价值观（如社会关系、责任和幸福），以满足人类生活需要。马肯认为，劳动工具包括劳动材料和劳动手段。劳动创造了"新的对象形式"，即新产品。这意味着劳动是一个生产性消费过程：它消费自然产品和劳动力，并在此过程中创造新产品。劳动消费是指一个消费过程，在这个消费过程中，它自身的物质要素被吞没。因此，个人消费的产品直接体现了消费者的需求，而生产和消费的结果所形成的产品，其使用价值往往超

---

① 毛泽东. 毛泽东选集：3 卷 ［M］. 北京：人民出版社，1991.

出了消费者最初的需求范围，这表明马克思在使用"使用价值"这一概念时，是在一个更广泛、一般人类学的意义上来理解的。马克思运用黑格尔主客体辩证法的概念，系统地论述了生产过程。

黑格尔（1979）提出了主体与客体的辩证关系：生产主体的存在是建立在外部客观环境的基础上的，外部客观环境是人类生存的扩张和条件。人类活动可以改变外部（社会、文化、经济、政治和自然）环境。黑格尔还说，思想本质上是一个过程。马克思将黑格尔的主客体辩证法更具体地应用于经济，以解释经济生产过程是如何运作的。劳动力是个体有目的的社会活动：人们可以将劳动力理解为存在于某个人躯体中的体能和智慧的总和，当某个人产生了必要的价值时就需要利用它。为了通过劳动改变自然，人工工具（技术）至关重要：劳动材料是工人放置在他们自己和他们的劳动对象之间并用来将他们的活动传递给他们的劳动对象的东西或事物的复合体。工人利用这些东西的机械、物理和化学特性，以利用这些东西作为施力的手段，并根据自己的意愿作用于其他目的。从"劳动过程的结果是劳动产品"可以发现，在整个劳动过程中，人类的活动已经通过劳动材料对劳动对象做出了预定的变化。该过程在农业生产中逐渐消失。其产物通常是有利用价值的，是经过一定形式改变而符合人类要求的天然材料。马克思指出，由于主体和主体之间的关系产生了劳动的对象化，从而形成了一个新的产品："劳动的产品是指劳动固化在某个对象上或物化为某个对象，即劳动的对象。"在劳动过程中，人类借助劳动工具，利用劳动来改变劳动对象，结果就是劳动产品，这就是黑格尔的主体与客体。生产力是主体生产力（人力）利用技术生产力（客体生产力的一部分）的系统改造部分自然生产力（也是部分目标生产力），最终生产劳动产品。生产力体系发展的主要目标之一是增加劳动生产率，即产量值（output）。所以，马克思主义把社会劳动力发展的基本概念界定为：社会劳动生产率的增加，一般特指社会劳动过程中的这种变动，它能够减少制造特定产品需要的大量社会劳动时间，进而使少量劳工掌握产品大量利用价值的能力。

6. 马克思论工作与劳动：资本主义社会和其他阶级社会的劳动

阶级社会的工作组织就是劳动产品和剩余劳动力被剥削生产者剩余的统治阶级占有和拥有。马克思把大部分精力集中在分析资本主义和劳动的作用上。马克思在《马克思恩格斯全集》中清楚地表明，在资本主义社会，资本与劳动是一种矛盾的辩证关系，即阶级关系："与资本相对的是他人的劳动，与劳动相对的资本是他人的资本。"资本的存在取决于非资本的存在，资本"只有在与资本的否定相关时才是资本"，即劳动。因此，"实际的非资本是劳动"。这种阶级关系的影响是，劳动面临着贫穷和财富的辩证法：劳动"作为一个对象是绝对贫穷"（劳动没有他所生产的东西），同时，它是财富的普遍可能性（只有劳动而不是资本可以生产财富，是财富的必要条件）。劳动创造的财富就是资本的财富。因此，你工作得越多，你就会越穷。马肯指出，在资本主义社会，工人将劳动力作为商品出售给资本家。因此，为了创造"劳动力的价值，即生产其必要生活资料的价值"，他们在工作日的一部分（必要的工作时间）工作，另一部分工作日不"为工人"，而资本家。在此期间，剩余价值形成。马克思称这部分工作日为剩余劳动时间，这一时期消耗的劳动称为剩余劳动。资本主义的特点是劳动力成为商品。工人没有生产资料和生产成果。他们被迫免费工作（即从事剩余劳动力），在一定份额的工作日内创造剩余价值。当劳动力被物化并在市场上出售时，剩余价值就被转化为资本和货币利润。因此，劳动在许多方面被异化了。

马克思在《1844年经济学哲学手稿》中关于"异化劳动"的一节中首次详细使用了"异化"这一概念。在那里，他定义了下面四种形式的异化：①劳动者与自己的劳动产品相异化；②劳动者与自己的劳动活动相异化；③劳动者与自己的类本质相异化；④人与人相异化。这四种异化形式共同构成了剥削劳动力的制度：劳动力因失业而被迫免费为资本工作，产生了剩余价值和货币利润。剥削发生在特定的生产阶级关系中。自然和人的精神能力都成为人类的本质，成为人类维持自身生存的手段。异化劳动不仅使人自身的身体不同于人，而且使人之外的自然也不同于人，使人的精神本质和人的本质也不同于人。这是马克思在早期作品中首次提出异化的概念，在他的主要作品中也有这种概念。马克思在《〈政治经济学批判〉导言》中的一段明确指出，资本主义社会中存在着异化因素：①工人与自己分离；②劳动材料；③劳动对象；④劳动产品。他提出，劳动能力加工的材料是他人的材料；同样，工具是他人的工具，而工人的劳动只表现为材料和工具实体的附属物，因此它被物化为不属于他的东西。甚至活着的劳动本身也表现为其他的东西，这与活着的劳动能力是相反的，活着的劳动是活着的劳动能力的劳动，这是活着的劳动能力本身的表现，因为活着的劳动的产品已经转移为资本，以交换客观化的劳动。资本主义是社会异化，这意味着工人无法控制他们的劳动力、生产资料和生产结果。为了生存，他们必须在工作日的一部分时间为资本工作。

生产和生产力的发展不是一个抽象的过程。尽管生产在所有社会经济中都是一个共同的过程，但实际上它只能在特定的历史条件下进行。在这种情况下，人们之间会建立某种社会关系。马克思就是在这个背景下讲生产关系的。他认为，在一个以分工为基础的社会中，生产关系已经发展为阶级关系：统治阶级剥削被统治阶级的劳动力，被统治阶级的工作在一定程度上是自由的，为他人产生剩余价值，他们不拥有自己的劳动成果。

资本主义异化，使工人阶级得到"双重自由"，两种根本不同的劳动产品所有者之间必须彼此对立和联系。一方面，他们是金钱、生产资料和生活资料的共同主人。另一方面，他们要购买别人的劳动以提高自己所持有的总价值。但是，如果这位劳动者是自由工人，那么他自己就是劳动的卖方。自由劳动使自由的农民具有双重含义，他们自己不同于奴隶和农奴，后者直接属于生产资料，也不像拥有者农民那样属于生产资料。所以，形成资本主义生产关系的过程只能是把人类劳动与其自然工作条件分开的过程。这一过程一方面使人类社会的生活资料和生产资料都转变为劳动资本；另一方面，在资本主义社会中，资产阶级有了资料后，有权利剥削无产阶级的劳动，因此无产阶级的劳动就被迫成为生产产品出卖给生产资料资本主义家庭。因此无产阶级如果不向生产资料资本主义家庭出卖劳动力以交换，他们就无法生存。

（二）数字劳动平台

数字劳动的产生同当时人们宣传科学技术的发展是分不开的。20世纪70时代，美国宣传与政治经济学先驱斯迈思（Smythe）首先明确提出"受众商品"的理论，指出传播技术的发展使广大受众的注意力变成产品并被出卖给广告商，将"受众劳动"的概念带入人们的视野。于是，广大受众便将注意力放到广告宣传上形成"受众劳动"；而同时，由于对社会商业信息的直接反映，广大受众的购买消费行为也变成了必要劳务。数字劳动的雏形由此显现。21世纪初期，特拉诺瓦（Terranova，2000）在《免费劳工：数字经济的生产文化》一文中明确提出了"数字劳动"的概念，主要包括建立和浏览网站、阅读、写邮件等网络活动，并认为是"现代血汗工厂"的延续，将"数字劳动"归入"免费劳工"，此后，以"数字劳动"为中心词的主题学术会议，以及有关研究成果数量日增。克里斯蒂安·福克斯在《数字劳动与卡尔·马克思》中根据马克思劳工价格理论和马克思主义价值论主张，"数码劳工事实上带有明确的物质属性，数码劳工包括一切有酬和无酬劳动，它有助于产生他们当作产品出卖的数字技能、工作内容和各种数据信息"，并主张"人力资本支配并占有他们的人品、劳务、产品和生活资源、劳动产品"。福克斯还指出，"由于数字媒体技术与内容的生产中资本积累，所需的一切劳动均属于数字劳动。数据并非人类凭空形成或自动产生的，是消耗着一定数量人类大脑与体能的，也是无差别人类劳作的自然产物，而生产数据的劳作过程便是数字劳动"。

数字劳动平台的存在依赖于互联网和移动终端。信息技术逐渐成为一个无形的经济核心动力，并开始渗透到整个生产力三要素中。其中，劳动成为数字经济时期最活跃、最具有革命性意义的因素，而劳动者在数字经济时期的代表性表现就是年龄跨度大、工作数量多，可以熟练地运用移动设备等，这也是数字劳动的核心生产力；劳动资料也是生物化的生产工具，即信息技术。而手机、电脑等电子产品现在已经成为具有技术感和现代性的生产工具，具有很高的普及性和便携性，是中国社会生产力水平的缩影。和以往的劳动对象比较，它们有了质的突破，包括图像、文字、创造力、经验等，其实质是数据和抽象。数字劳动的生产力三要素突出了现代生产力的特点，既继承了传统的生产力组织形式，又创新了数字时代的条件。从内部机制来看，劳动力是决定因素，它影响着劳动材料和劳动工具，并对劳动者产生影响。三者相互作用，形成一个循环的要素变化规律。数字劳动生产力三要素中最具突破性的变化是数据成为劳动对象；从外部形式看，数字劳动的劳动工具和劳动材料具有外部整合性，没有明显的分离，三要素可以同时移动。基于此，数字劳动的高生产力所带来的经济价值将大大超过传统劳动。而信息技术与大数据产业的诞生彻底改变了人类的生产环境与生活方式，是未来人类文明的主要标志。

数字媒体技术和内容的制作，可以在企业、家中或者咖啡馆里完成。而通过使用移动电话、笔记本、iPad 或者其他移动电子设备的网络信号，人们能够随时进行工作。因此，手机用户可以发表对某某品牌化妆品产品使用状况的评价，并通过手机软件编写相应文字介绍或搭配相关照片后，就可以上传至 App 发布。在发布后，他们就能够随时随地和其他的社会化媒介使用者保持在线交流。数字经济时期，由于人类普遍渴望更有效率、更便利的工作方式，而资本追求得到更多的价值增殖，因此不再重视对工作时间和场所的统一规定与要求。和马克思所论述的资本主义的使命（即通过限制工厂工人从分散到集体来塑造工人的组织纪律）一样，当前的数字经济资本主义劳动模式也是对马克思主义所述的模式的否定。资本主义只规范了工作，重视工作结果，在看似随意、独立的工作状态下获得了残余价值的创造和资本积累。这也意味着，数字劳动在工作时间和空间的限制上已经完全进行了突破，这也意味着工作时间与日常生活时间之间的界线更加模糊，地域约束逐渐消失，而数字劳动则通常与非生产性的人类实际活动相结合，剩余价值的生成过程也被逐步隐藏。

在零工经济时代，平台与零工工作者的关系即数字劳动关系与传统劳动关系存在着不同的特点。由于发展背景不同，数字劳动关系呈现出如下新的特征：

第一，法律缺失性。相较于传统劳动关系中具有法律意义和保障的特性来说，数字劳动关系在法律上还没有清晰的界定和管理。一方面，零工经济的发展所催生的平台经济和企业呈现出多样性和灵活性，并且在不同地区平台的发展和规定各有不同，因此在法律意义上无法使用统一的标准来进行强制性的管理。另一方面，平台与零工工作者之间的关系更加多样化，零工工作者可以同时为多个平台服务，离职也相对简单，选择也更多，因此平台在一定程度上并不认为也并不愿意主动去与零工工作者完善劳动关系，也不愿去承担更多的劳动责任，在产生一系列劳动问题时，就会面临无法可依的复杂情形。目前虽然没有统一的法律规定，但随着平台劳动争议问题的不断发生，一些地方性法规随之逐渐出台，对其所在地域的数字劳动关系和平台就业进行管理，起到了一定的积极作用。

第二，非雇佣性。与传统资本主义生产关系截然不同的是，在数字经济社会中的大规模零工工作者以"非雇佣"的经济形态，普遍地投入社会生产活动，创造价值。资本主义也日益借助信息技术革命，深入社会的每一个细部和毛孔，从而完成了中国传统资本主义势力由工业生产范畴向社会生活领域的全面入侵，也使得非雇佣数码劳工及其资产对数码网络中每个社会人的剥削现象更加普遍地存在。在大数据工业生产过程中，社会资本不但利用市场价格选择了传统的公司雇佣劳工形式，还同时以相对低廉的成本获取了适用范围更广的数据原料。但制造这种数据原料的劳工，并未和公司签订真正的劳动合同（没有形成雇佣关系），他们得到的报酬很少。这是一个经典的非雇佣劳动形态，普遍出现在社会个人数据信息、中介数据信息以及公用数据信息商品的生产活动中，并包括在数字资本主义的生产模式之中。非雇用数字劳动形态产生的根本原因在于，新技术的大量使用使得企业劳动的界限越来越模糊，把原来需要雇佣劳动者才能进行的生产工作，交给了公司以外的"社会人"来进行，这也是资本主义生产方式中社会化新趋向的体现。同时，企业劳动和活动信息双方的边界也日益模糊不清。企业掌握生产信息的所有权，但资本有能力以廉价或者免费方式取得劳动结构，这就极大地拓宽了企业制造数据信息商品的劳动力源泉。资本之所以拥有这些力量，并不仅仅因为其对数据信息市场具有绝对的支配地位，还因为个人数据所有者的概念不够清楚，客观上导致了个人数据所有者的经济利益无法受到有效保障，即实质性的数字劳动也不能承认。所以，在研究零工工作者的过程中，这些与人们实际活动融合的非雇佣形式的劳工，应当被区别开来并着重加以分析。

第四篇
新质生产力背景下的
数字劳动关系

第十章 数字劳动之"新"特征

共享经济的到来，颠覆了传统经济的生产运营模式以及人们的工作消费观念。基于"协同共享"的横向分布式网络代替了传统资本主义"垂直整合"的集中管控型公司构架，基于"随时使用，何必拥有"的资源共享观念代替了传统资本主义的"消费即占有，占有即存在"的固化所有权理念。共享经济创造性的突破带来社会资本的大幅增长，一举成为万众瞩目的焦点，越来越多的人对这一新型的经济阶段进行研究分析，但大部分只是对经济现象的表层描述，并没有进行深入的理论探索（张玉明，2017）。"共享"作为人类与生俱来的天性，成为一个经济时代的特征是社会发展的必然选择，信息技术革命带来的零边际成本社会使协同模式成为必然（里夫金，2014）。此时，企业"不求所有，但求所用"，在完成内部资源社会化、社会资源内部化的基础上，通过共享实现了更大范围、更高层次、更深程度的资源优化配置。共享这一理念，贯穿于新经济形态的方方面面，是引领未来的颠覆性变革，在各行各业都会引领时代的发展。共享有着强大的生命力，从知识等无形资源到设备等有形资源都可以通过平台实现共享，提高整个社会资源的利用率，并且和数字化技术一起引起数字劳动关系的新变革。

一、数字劳动的新特征

人类经济的历史进程伴随着技术的变革。在技术革新的推动下，经济形态也在不停地变化。"生产函数"把生产力发挥到极致，经济社会由物资匮乏社会发展为"丰裕社会"，足够的规模经济使市场囤积了巨大的利润空间。伴随着互联网和可再生能源矩阵的发展，第三次工业革命迅速席卷，新一轮的经济变革也开始在各个行业显现。在全球协作共享和创新要素驱动的背景下，依托云计算、大数据、互联网、通信技术、能源革命和物联网的发展，第三次工业革命以一种新的经济模式推动人类社会的进步。目前，中国进入了以互联网为代表的"新技术群"与实体经济深度融合发展的新阶段，新业态、新模式不断涌现，尤其抗击新冠疫情期间，众多领域成为"新技术群"的"试验场""练兵场""培育场"，由此带来了以"无接触""宅生活""云消费"等为代表的数字化生存新实践，在适应、引领、创新经济转型发展的同时，为新一轮技术革命背景下的经济革命按下了"加速键"。近期，中华人民共和国国家发展和改革委员会等 13 个部门公布的《关于支持新业态新模式健康发展激活消费市场带动扩大就业的意见》首次明确提出了 15 种新业态、新模式，以此尝试从激活消费新市场、壮大实体经济新动能、开辟消费和就业新空间、创造生产要素供给新方式四个方面积极探索与聚焦经济发展的新方向、新趋势（李海舰、李燕，2020）。云计算、大数据技术的成熟应用实现了实体资源的虚拟化和数据处理的高效率，通过海量的共享空间和全方位的数据分析，为平台化的经济架构提供了落地实践的手段并打下了扎实的根基；互联网、通信技术的迭代更新能够不断网罗市场上大大小小的参与主体，实现供需双方的快速匹配并促进产消者的诞生，在重复博弈下淘汰传统经济垂直价值链的剩余中间人，减少交易活动中不必要的冗余成本和摩擦成本；能源革命和物联网的发展演进带来了分布式、协同和横向对等的生产交易模式，实现以可再生能源为生产动力的规模化扩张效应，为社会的全要素、跨产业、绿色化生产创造了新的渠道（张玉明，2017）。在此基础上，新经济形态应运而生，表现出数字化、共享化和零工化等特性，也推动劳动关系进入新阶段。新经济形态的理念，是指在工业和技术革命的推动下，产生的新型的不同于之前的经济形势，是大数据、云计算等数字技术和新型共享平台的融合体，并且催生出了零工经济等新业态。新数字劳动形态具有其自身的特征——工作特征元素化，组织特征更加市场化，劳动者特征更加个性化，管理技术与基础设施更加数字化。

（一）工作特征元素化：从职业到任务，岗位动态调整

传统经济下的参与者始终坚持过去得以盈利的因素，过于维护拥有的资源，思想保守，难以有突破性的创新，这成为他们与时俱进的最大障碍。美国著名经济学家熊彼特于 1990 年提出：只有通过不断的技术创新和改造，从内部革新经济结构，即不断破坏旧的、创造新的经济组织结构，才能实现"产业突变"，最终改变人类生存的时空状态。共享经济的发展恰恰实现了这种"致命"的"破坏式创新"。里夫金（2014）认为，相较于传统经济模式，共享经济模式具有内生性的优势。参与各方自发、自主地进行互动，从单一线性博弈转为动态多次博弈，全球范围内的产消者都可以在社会共享中低成本甚至免费地进行协作，直接向终端客户提供资源或生产资料，淡化传统经济中组织的边界，减少原有劳动者对组织的依赖，使之从边界的束缚中解放出来，具有大规模破坏传统经济的潜力。传统经济下"劳动者—企业—消费者"的商业模式逐渐被"劳动者—共享平台—消费者"的共享模式取代，最终形成"破坏式创新"，达成新经济形态下的纳什均衡（刘奕、夏杰长，2016）。通过对模式的破坏式创新，冲击被监管长期保护而低效且供给不足的

传统经济，增进消费者福利产生"劳动者—共享平台—消费者"的共享模式也被称为零工经济（张玉明，2017）。

零工经济是新型经济在劳动用工制度上的具体体现，即新一轮技术革命带来的企业用工模式变革。此时，企业传统的雇佣规则被打破，基于使用权的新就业形态逐渐成为"主流"。区别于以临时工、合同工为代表的"旧"零工经济模式，当前涌现的零工经济热潮主要是基于网络技术的以众包和按需服务工作模式为代表的"新"零工经济模式（谢富胜、吴越，2019）。"零工经济"不仅是劳动雇佣方式的新变化，更是社会生产与再生产过程发生组织变革的结果。以众包和按需服务工作模式为代表的"新"零工经济模式体现了劳动者的"自由"。

共享经济的准入方式是其自由理念的最初表现，以自主进退、自愿参与为特征的共享经济模式下的各个参与方平台准入模式赋予了供需双方极大的自由的权利。"互联网+"时代下的共享经济平台，其规模巨大的参与双方形成了庞大的供给池和需求池，而诸多参与方都是平等自愿、自由地进入共享经济平台的。并且，共享经济平台的出现，极大地改变了社会就业结构，导致大量自由职业者出现，同时也为社会各阶层人才提供了多种多样的兼职机会，使个体得以在共享经济平台自由进退，更加灵活地调整自己的工作时间、工作计划、工作方式。

这种"自由"一方面是工作内容和形式不再受到往常时间、空间的限制，是可以异地，也可以线上。员工受雇于自己，工作形式的选择性提高了，是"在公司"到"在做"的转变。第一，不再受时间限制。过去，员工受雇于企业，被动地接受企业制定的"朝九晚五"的时间制度，约束性强。现在，员工受雇于自己，自主决定工作时间安排，灵活性强。第二，不再受空间限制。过去，生产资料与实体空间的不可分割性使传统员工被迫在指定场所工作，空间约束显著。现在，知识员工的兴起和信息技术的发展，不仅使新型"零工"可与组织完成空间分离，而且使新型"零工"在网络平台的加持下能够面向全球提供服务，空间约束被彻底消除。

（二）组织特征更加市场化：从规模经济到小型化网络组织

在现在的新经济形态下，共享对劳动关系也有着深刻的影响，组织形态发生变革，彼此之间的联系变得更加紧密，更加开放。过去的企业追求所有权，在共享的情境下转变为追求使用权。在追求所有权的规则下，企业通过自建或并购等方式将整个经营业务置于一个组织内部，形成一个完整的业务链条，即产品的试制、一般部件制造、核心部件制造和组装均在组织内部完成，价值链条的上游、中游、下游多个环节均由企业自己负责。企业通过做大规模，成为"实体帝国"。现在，基于新型基础设施，市场交易费用持续降低，外部资源配置优势明显，具体包括资源优势、成本优势、利润优势和风险优势（李海舰、聂辉华，2004）。基于追求使用权的规则，企业倾向于通过"外包""众包"的方式完成整个产品的生产，封闭性价值链条被开放性价值网络取代，企业在全社会"织网"，打造商业生态系统，在全球范围内完成价值创造。企业通过做大网络，成为"虚拟帝国"（李海舰、李燕，2020）。

移动互联网的迅速发展催生了很多第三方平台的出现，与需求者之间的交易不再依附于传统的实体商业组织进行，而更多的是在网络等第三方信息平台上实现。例如，利用P2P进行的投融资交易，资金提供者和资金需求者不需要在传统的金融机构这种中间环节的协调下进行交易，而可以通过网络平台实现即时的匹配；优步、滴滴出行等移动打车软件的出现，使用车者和司机之间形成一种无障碍的联系，而不再依赖传统模式下出租公司的中间协调。也就是说，共享经济这种看似"去中介"的过程其实是舍去了传统的商业实体中介模式，而开始利用新发展起来的移动互联技术在线上平台实现使用权的即时转移。

这种人人参与的平台需要特定组织和团队的资金和技术支持，创建一个可供资源进行低成本交换的共享平台来完成这种共享机制。这样看来，共享经济又是一个"再中介化"的过程，其使用的中介是通过互联网技术和移动信息技术发展出来的各种软件、虚拟社区等，可以实现网络环境下的资源交换。例如，P2P网络借贷平台、打车软件移动客户端、网络短租平台等成为共享经济利用的新型中介平台，交易各方在这种新型信息技术平台上甚至可以实现零成本、无时差交易。

这种平台企业的出现带给组织形式新的变革，企业以平台的形式存在，作为供需双方中间匹配的连接点，既不拥有供给方的资产，也不拥有需求方的员工，只是作为平台匹配供需双方后在订单中抽取佣金。这是一种新型的组织形态，企业由原来的重资产转变为轻资产，更多地将重心放在供需双方的匹配机制以及交易过程中，缩短了市场拓展的时间。例如，传统出租车公司服务能力有限，当其增加市场份额为更多人提供服务时，需要重新购买车辆、招聘人员、建设车库，投资巨大、时间很长。然而，滴滴出行通过共享社会闲置车辆以及与其匹配的驾驶资源、停放资源，实现了"组装式"业务能力的快速扩张，不需要再购买车辆等进行重资产的配置。平台企业的出现使企业开始数字化经营。共享平台使企业的"可变成本""复制成本"趋近于零。这种"零边际成本"在强化企业快速扩张能力的同时，使企业具备了无限复制的能力，且在线上面向全球瞬间完成复制，不受到地理位置的限制。

例如，滴滴出行通过线上申请、审核、付酬的方式，使任何一个车主都可随时随地加入、退出，加快了滴滴出行的业务"组装"速度。而滴滴出行 App 几乎零成本无限下载的特征使其用户迅速从地区拓展到全国，从国内拓展到国外（李海舰、李燕，2020）。

平台企业的出现不只使企业形态本身有了新的可能，并且连接了许多不同种类的企业，形成一个生态系统。平台企业在这里面充当中介，对整个经济生态系统都有着千丝万缕的影响。

首先，平台具有显著的网络效应，而且这种网络效应被看作平台企业得以快速壮大的根本原因（王节祥 等，2020）。第一，同边网络效应，即消费者的产品/服务效用与消费者规模成正比。例如，以微博、微信、QQ 等为代表的具有分享、交流、社交性质的"横向平台"，在用户越多时每个平台的使用者效用越高，平台价值越大。反之，使用者效用越低，平台价值越小。第二，跨边网络效应，又称交叉网络效应，指平台的一边市场主体规模或价值受到另一边市场主体规模的显著影响，其中既包括正向影响，又包括负向影响（Reisinger et al.，2009）。具体而言，平台上商家的规模经济和范围经济导致单位产品价格下降，进而吸引更多的消费者集聚，而消费者的规模经济和范围经济又促使更多的商家集聚，在进一步导致商家成本降低的基础上吸引更多的消费者集聚，如此循环，形成规模经济或范围经济的正反馈效应。值得强调的是，平台网络效应并不是"天然"存在的，双边或多边市场的建立往往面临"鸡与蛋"的动态博弈问题（徐晋、张祥建，2006）。从实践来看，企业需要通过非中性定价策略对其进行激化。

其次，平台企业的发展可以带来协同效应。随着持续性的跨产品、跨企业、跨产业延伸，平台已成为一个复杂的商业生态系统，其价值有赖于系统内各价值模块间的协同。并且，平台的协同经济效应具有典型的互补性、自主性和动态性。①互补性，指各价值模块围绕用户需求提供可兼容但功能不同的产品或服务，以此优化消费场景，提高消费效用。②自主性，指各互补性价值模块能够基于用户需求自由交互、组合，以此为消费者提供个性化的产品或服务。③动态性，一是平台企业作为"网主"掌握价值模块的进入权，会根据系统发展需要适当调整价值模块的类型和数量；二是平台企业作为一个开放系统，内外资源一体化，内部完全市场化，基于弱耦合关系，同类价值模块间既竞争又合作，优质价值模块不断涌现，劣质价值模块不断淘汰，系统始终处于动态最优。总之，平台可将各类自成一体、独立发展的价值模块基于一定的数量关系、质量关系、结构关系、差序关系彼此协同，从而在更大范围、更高层次和更深程度上实现资源的最优配置。

最后，平台企业的存在可以带来精准的经济效应。平台作为双方或多方经济主体直接进行交易、交互的虚拟场所，能够在市场需求个性化、复杂化、动态化的情景下，弱化市场扭曲（余文涛、吴士炜，2020），实现供给与需求的精准匹配，以此缓解行业"痛点"，提高企业生产效率和精准服务能力。其产生精准经济效应的根本原因在于：第一，信息传递去"中间化"。区别于以往需要经过一系列"中间商"才能被企业感知的低效率传播模式，平台实现了生产者与消费者的直接对接，从而在去除冗余环节的基础上，使消费者直接基于平台诉诸需求，导致市场信息传递速度更快、准确程度更高。同时，这一信息传递模式实现了价值链从 B2C 向 C2B 的"逆转"，形成了个性化定制对规模化生产/服务的替代。第二，价值创造去"中心化"。区别于以往企业经营边界有限、价值主体单一的价值创造模式，平台作为一个价值共创系统，开放式、无边界发展，通过直接链接、共享社会资源，实现价值创造主体多元，价值创造能力无限。在"多对多""N 对一"的价值创造模式下，市场信息能够及时和精准地被感知、被转化、被满足。第三，供需匹配"智能化"。区别于以往供需匹配的经验决策模式，智能平台作为平台企业的基础数字设施和核心竞争优势，通过"数据+算法"，实现供需匹配的"智能决策"。平台把供给与需求信息以数字化形式储存，然后基于强大的算法体系实现这些数据的最优匹配。

平台化组织的普及也会给制造业带来形态变革，制造业通过共享经济平台可以实现产业链上的整合，这种企业的业务协作与传统经济模式下的合作生产有很大的区别。其差异的根源在于共享经济平台的开发与使用。共享经济平台降低了传统合作生产的物质成本和时间成本，并且平台的使用改变了传统生产的一对一模式，采用多对多模式实现了生产过程的优化及生产质量的提高，给制造业带来了产业链的缩短和价值链的优化，去除了冗余的环节，提高了生产效率。

（三）劳动者特征更加个性化：个体凸显、内驱为主、家业平衡

在数字化技术带来的零工经济下，劳动者灵活就业的方式显示了个性化的劳动者特征。第一，工作形式的变革可以更好地满足不同人群对生活和工作程度的不同追求。无论是选择自由的"零工模式"还是稳定的"朝九晚五"工作模式，都可以允许人们有更多元化的选择。第二，零工经济的模式使价值创造不再聚焦于企业本身，而是更多地在为了满足工作需要的员工身上。这些具有技能的员工不需要依附于企业来实现自己的价值，在自己价值的创造选择上员工也是自由的。员工倾向于从"单位人"的角色中逃离，挣脱传统雇佣关系，成为企业的"在线资源"，即以"独立承包商"身份参与企业的研发、制造、营销、营运等价值环节。并且，在以互联网为代表的"新技术群"持续赋能，加速个体力量快速崛起的背景下，"企业在线资源"会被进一步转变为可在全社会自由流动的"公共在线资源"，员工从"单位人"彻底变为"社会人"，最终向可供全球共享的"自由人"演进（李海舰、朱芳芳，2017）。平台的出现使远程就业机会增加，员工利用平台可以完成很多众包任务，提升自己的能力，不再执着于为单个企业贡献，而是提升自己的价值。第三，零工经济的模式符合新生代员工希望家业平衡的新观念。同以前的员工不同，现在的 90 后、00 后都是在开放包容的新时代长大的，有着充足的物质条件，他们的技能相对更加多元化，也越发向往自由和更加自我，对于工作，除了满足温饱还追求自我价值的实现，并且不愿意将自己的生活重心完全放在工作中，认为应该有自己的生活而不是无休无止地为公司加班。他们对于传统的雇佣模式天然有着不信任感和畏惧感，愿意以更加自由的方式来工作。零工经济迎合了年轻人的这种生活方式需求。伴随未来二胎大潮的来临及人口老龄化的趋势，不能按照全职方式上班的人将越来越多，上有老下有小的生活状态将耗费大量的家庭劳动和时间。随着网络生产工具的技术发展，各种工作可以更好地在线化，对于这些无法按照正常上班考勤的人而言，零工经济无疑是很好的机会。而对在大城市全职工作的人群来说，面对较高的房价和生活成本，他们也愿意选择以零工经济方式来补充收入。数字劳动的兴起符合他们对生活和工作平衡的需求，不需要一直服务于一个企业，而是根据自己的兴趣和爱好，平衡家庭生活与工作，追求利用自身能力和技能来实现自我价值。零工经济的新就业形式显示了新一代劳动者的新特征。

零工经济的出现不仅给人们带来了"自由"，而且给了原来"一人一职"的人们"多重职业"的机会。第一，由于工作形式的变化，很多众包工作只需要员工按需完成，并不需要员工全职在岗。过去，企业按职定岗，"计时"支付薪酬，管理目标是"将合适的员工放在合适的位置上"。员工同一时段，只能服务一个企业、一个岗位，从事一份工作，领取一份工资。现在，岗位职责不断碎片化，加速劳动力技能化（李晓曼、孟续铎、郑祁，2019），企业从关注劳动过程转变为关注劳动结果，按技定岗，"计件"支付薪酬，管理目标变为"让合适的技能与合适的工作精准匹配"。劳动者在同一时段可以服务多家企业，从事多份工作，领取多份工资。对于一些工作，企业不需要员工全职为企业服务，只需将其外包出去，保证任务最后完成即可。这种转变给了员工多重职业的选择。第二，有了数字化平台的协同。平台作为一种新型协调机制，基于强大的算法体系能够对工作时间和工作任务进行高效切割与协同，以此赋予新型"零工"自主就业、分时就业的现实可操作性（杨滨伊、孟泉，2020）。一方面，单个平台对供需主体及时、精准、高效的匹配能够明显提高劳动者的就业率，压缩劳动者单个角色的工作时间，提高单位时间内劳动者工作"角色"的容纳量；另一方面，在同一算法体系下多个平台间趋近零成本的高效率协作，可实现劳动者在市场中职业角色的快速、无缝切换，给予劳动者更多的角色自主权。第三，劳动者可通过自主 DIY 职业生涯使个体价值得到最大限度的增值。例如，拥有闲置"脑力""体力"和实物资源（房屋、汽车等）的劳动者，通过同时成为知识型众包平台、技能型服务平台、零售或租赁平台等多类平台的用户，在一天内可自主完成多种身份的转换，以此实现劳动收入、资本收入的显著提高（李海舰、李燕，2020）。

（四）管理技术与基础设施更加数字化

新经济形态因为有了云计算、大数据等科技力量的加入，可以更好地整合资源，提高利用效率，并且对供给和需求方进行精准的匹配；在生产流通的过程中，可以去除多余的中间环节，打造更简洁高效的价值链，减少交易活动中不必要的冗余成本和摩擦成本。

随着大数据和云计算等互联网技术的发展，对市场动态做出实时分析得以实现。在新经济模式中，供给方提供的产品和服务的相关信息可以在数字平台上用图文或者影视资料进行详尽的展示，需求方对所需商品和服务的具体要求则可以通过关键词的检索和系统对用户过往交易数据的精准分析及时地反映出来，及时撮合机制的形成降低了供需双方的信息成本。互联网技术的应用使供需双方的交易需求可以在短时间内精准匹配，降低了供需双方的搜寻成本。与此同时，共享平台的出现为交易跨地区、跨时区的进行提供了可能，全球各处的商品和服务的提供者以及需求方都可以允许"有时差"的交流，现代即时通信技术和发达的物流体系为交易的实现提供了基本的技术条件，降低了供需双方的议价成本和决策成本（张玉明，2017）。除了在交易匹配的过程中，在营销过程中数字化技术也改造了传统营销的方式，实现精准营销。例如，企业可以通过多元渠道捕捉消费者的"数字痕迹"，获取市场全面数据信息，进而在大数据、AI、云计算等"新技术群"的支持下对用户进行全方位、立体式画像。此时，"网络数据"取代"调研数据"，"需求挖掘"取代"产品定位"，企业完成更低成本、更高精准的市场匹配和广告投放。再如，数字化营销能够形成流程闭环，上一轮"卖出"数据是下一轮营销的开始，如此循环往复，根据用户画像，精准营销（李海舰、李燕，2020）。精准的大数据推送可以更好地匹配供需，使之达到平衡，减少参与主体之间的信息不对称，降低交易各个环节的成本，例如搜寻成本、沉没成本和机会成本等。

通过大数据的加持，在信用记录的作用下使经济主体受到信用约束，缓解了信用不对称的限制，降低了交易的风险，使远距离的陌生人之间的交易变得可控和可量化；同时可以精准筛选信用记录差的人群，限制其交易等，为经济运行塑造良好的规范机制，并且实现信用等级划分，使用户标签更加精确。

当然，精准的大数据也会让习惯了被动推送的主体主动寻找范围外信息变得更难。通过大数据的偏好推送，人们接收的信息范围越来越精确，这有时候也会成为一种无形的限制，并且涉及隐私问题。大数据对用户信息的随意抓取，存在不规范收集用户数据的风险，如何更好地利用大数据这把双刃剑也是未来需要思考的方向。

在经历了三次工业革命之后，人类社会的生产力发展达到了前所未有的水平。随着生产水平的提高，人类社会由原本的物质匮乏的境况发展到物质资源极大丰富的境况，人们的消费也由仅追求生活必需品的满足到追求生活品质的提高。在这种情况下，人们的很多多余低效的购买造成了资源的闲置和浪费。数字化平台提供的即时通信和大数据分析为盘活闲置资源、提高低效资源的利用率开辟了新的途径，将资源进行精准的供需匹配不再是一件困难的事情，并且交易的成本是很低的。就共享经济市场中的个体参与者而言，拥有一些其他参与者感兴趣的闲置资源或者低效资源，他们能以较低的边际成本来提供这些资产或商品的使用权，抑或是相应的服务，与此同时获得相应的边际收益。共享经济打破了自有资源自用的传统经济模式的禁锢，通过给予其他人使用闲置资源、低效资源的机会，"死资本"能够得到更有效的利用（张玉明，2017）。

数字化的加入使得研发、制造、营销等全过程领域都变得更加高效，跨越了空间和距离的阻碍，带来行业内的形态变革。在研发方面。互联网信息技术，尤其是移动互联网信息技术的日益成熟与发展，使人与人之间实现了实时交互，"远程办公""异地办公""移动办公"成为常态，这意味着传统研发流程中涉及人员交互的环节都可以突破时空的约束，通过虚拟空间被碎片化、低成本、高效率地完成。与此同时，随着"数字孪生"技术在商业中的普及与应用，常规化的劳动密集型研究被综合利用大数据与增强预测算法的研究取代，虚拟数据建模取代真实样本制造，"模拟择优"研发模式取代"实体试错"研发模式，由此极大地降低了实物资本投入，压缩了产品研发周期，提高了产品研发效率（李海舰、李燕，2020）。

在制造方面，从工业化产品到数字化产品，产品的生产过程逐渐从实体空间转移到虚拟空间，传统制造被数字制造取代。相比实体空间，虚拟空间具有"零时间、零距离、零成本、无边界"的特征（李海舰、朱芳芳、李凌霄，2018）。因此，依赖"虚拟车间"生产的企业不仅能够突破时空束缚，随时随地生产，而且能够基于虚拟资源的非排他性使用无限生产。此时，企业一体化集中式生产方式被网络化协同式生产方式取代，数字化产品在被划分为不同技术模块、代码区段的基础上能够面向全体网民被迅速"分包""众包"，而各"承包商"之间并行、高效、协同运作，大大降低了产品的生产成本与生产周期。在此基础上，如果企业开放源代码或设计准入标准，数字化产品往往可以在消费过程中被持续定制、更新和制造（李海舰、李燕，2020）。

在营销方面，数字化技术创新了传统营销方式，例如"智能推荐、大V带货、网络点评"成为企业三大新型营销手段，结合"线下促销、明星代言、实体广告"，实行"虚中有实、实中有虚、虚实打通、融为一体"的全渠道营销新布局。同时，通过内嵌购买链接，企业数字化营销新布局亦成为企业销售渠道新战略，分散化、低成本的"广链接"式数字化渠道管理取代集中化、高成本的"经销商"式实体型渠道管理，提高了管理的效率（李海舰、李燕，2020）。

数字化经营不仅提高了企业运营的效率，资源的可复制性也使企业边际成本无限趋近于零，提升了资源的配置效率。价值创造过程得到了加速发展，企业可以快速地完成生产、服务、交易、盈利、增长。例如，滴滴出行在先进技术的支持下，可以更加高效、精准地匹配顾客和司机，为双方减少距离过远或路线因素产生的传统出租车拒载的情况，并且对行驶路径进行实时优化，从而缩短每单的服务时间，增加日单位交易额，减少订单取消数，使企业的服务规模和经营业绩实现快速提升。

数字化平台不仅让企业变得高效，在消费者方面，随着平台的兴起，需求方不断地加入使平台价值上升，如亚马逊网上商城作为商品交易的数字化基础设施，买家增多可以使卖家的商品销量更大、出售更迅速，卖家增多又可以使买家更容易买到需要的商品。网络效应使得平台用户的平均付费意愿随用户规模的增长而增加，因此也被称为需求方的规模效应。

二、共享视角下的数字劳动

源于社会长期稳定，人们可以追求更高的精神追求。共享理念是共享经济蓬勃发展的原动力，基于共享才有了大众参与。在共享经济的兴起下，基于创新和互联网发展的数字劳动平台，以及线上经济形式的出现为劳动者提供了更广阔的就业空间。新经济的参与主体由原来的企业、精英外延到所有人，也有了更多知识付费、自媒体等新的就业方式，这带给人们更多展现自己价值的可能，同时又能获得收入。

（一）社会的长期稳定，富裕资本增加，生存压力下降

新经济变化的背后是社会长期稳定，资源由稀缺变得充足，人们的生存压力下降，从而可以更好地追求更高层次的需求。新经济形态的出现使得行业发生了颠覆性的变革，数字化平台的普及给原来的工作内容和形式带来了很大的冲击。经济的参与主体不断扩大，向外延展到人人皆可共享，并且在经济需求下催生了很多原来没有的行业，新增了很多就业岗位。技术快速迭代，产生了很多新的行业和公司，比如共享单车、优步、滴滴出行等打车软件，以及众包公司。根据马斯洛的需求理论，人有五种需求，分为高层次需求和低层次需求。低层次需求是生理需求、安全需求和社交需求，高层次需求是尊重需求和自我实现需求，并且人们追求的需求会随着当前等级需求的满足而拾级上升。因为我国现已跨过温饱线，朝着共同富裕的目标迈进，所以在目前的社会发展阶段下，共同富裕是更为强调公平、社会价值和非经济利益的。在这种情况下，人们不需要所有行为都利己，更多的利他行为会存在，人们会追求更高层次的尊重和自我实现的需求。在共享经济的推动下，经济的参与主体扩大到所有人，人人皆可参与共享以及寻求自己想要的资源。人与人之间不再是孤立的点对点，而是形成了一个网络，每个人都处于网络中。这种社会长期发展积累的资本是技术和经济变革的基础。共享理念是共享经济蓬勃发展的原动力，基于共享才有了大众参与。在大众参与下的共享经济平台，人人愿意共享，这才使资源越来越丰富。规模庞大的大众个体乐于分享所拥有的闲置汽车、房屋等实体资源，企业单位乐于分享其所掌握的先进生产技能、实现协同创新，拥有丰富知识的人愿意以其盈余智慧实现群体智慧创新。共享理念充分调动了全社会闲置资源，而资源的丰富性是共享经济平台能够有效实现供需匹配的重要前提。共享有效地在社会整体层面上实现了资源的循环利用与节约，同时在分享与协作之中进一步促使社会资源流动到更有效率的地方，这是对产能过剩的有效克制与先进生产力的全新拓展（张玉明，2017）。

（二）思想解放、价值多元、人类文明的积累，自由度提升

抓住机会开始的创业行为，是新行业开始的途径，也是供给就业岗位的一大来源。创业有着不同的创业动机，分为生存型创业和机会型创业。生存型创业被认为是创业者没有其他更好的选择而不得不参与创业活动来克服其所面临困难的创业行为；机会型创业是指个人出于抓住现有机会并实现价值的强烈动机而开展的创业行为。我们根据家庭创业原因，把创业分为机会型创业和生存型创业。机会型创业主要是指因为"从事工商业能挣更多钱""理想爱好/想自己当老板""更灵活,自由自在""社会责任,解决就业问题"等而创业;生存型创业则是"因为找不到工作"而创业。在剔除其余影响因素后,我们发现电子商务发展指数越高,家庭机会型创业的比重越大。在现在跨过温饱线的情况下,更多的人开始因为多元化的价值观而选择不同的职业。这是因为,在新时代,人们思想解放,价值更加多元。同时,自由度的提升使人们不再表现出单纯的利己行为,而是更多地表现出社会人倾向,这也是为什么共享模式可以被广泛地发展并成为新经济形态的重要表现形式。社会人假设的最先提出者是管理学界的梅奥教授,他在霍桑实验中进行分析总结,首次提出了社会人的假设,认为激励工人的不只有金钱因素,还有非正式组织等社会关系的影响。人不是经济人,而是社会人,是复杂社会关系的成员。社会人在新经济形态下的实例也有很多,比如现在出现的医疗互助共享知识就是利他理念的展现。比如在国外出现的 Patient Innovation(PI)平台以及 CrowdMed 网站,都是罕见病患者为寻求更多医生的帮助或者患者之间分享缓解病痛提高生活质量的创新方案的平台。在这些网站上,患者可以与有相似疾病的其他患者进行更多的交流和分享。平台连接了很多世界各地的医生以及医学爱好者或者对罕见病非常了解的人群,这些人可以对患者进行诊断并给出有效的诊疗建议。这些行为都充分地显示出"利他"理念,人们也会从这种分享中获得自我满足感。实际上,利他既是社会化大生产时代下对各个生产组织、消费个体提出的实现双方效用最大化的合作共赢的要求,也是随着人类文明的不断提升,人类对自身认可与价值实现的精神追求的体现(张玉明,2017)。传统意义中的利己主义由来已久。在经济学领域,经济人的利己性假定是亚当·斯密于18世纪末期提出的。他认为,自爱或自利是人的本性。所谓的经济人就是追求自身利益最大化、体现利己主义本性的人。在此后的一段时期中,西方经济学家对经济人不断赋予新的内涵,但在所有关于经济人的界定中,自利都是最基本的规定,它成为西方经济学理论体系的"硬核"。经济人是市场经济活动的主体,市场经济规律决定了其行为必然是为了利己(林莎、邓春玲,2005)。然而,人们根据直觉和经验就可以知道,新古典经济学的经济人假设忽略了社会问题的复杂性,对非市场、非经济的范畴,经济学则保持沉默(何国卿、龙登高、刘齐平,2016)。对亚当·斯密的思想,后人仅对体现自利假设的《国富论》推崇到无以复加的地步,却忽视了斯密本人极为看重的体现利他主义人性论观点的《道德情操论》,这显示斯密本人对这两种经济人假设都不否认的态度倾向(张玉明,2017)。个人对自身更高层次需要的满足,即为了得到他人的认可或者为了奉献自己的盈余认知，很大程度上会做出利他的行为举动，因而利他主义也可以成为经济人的行为选择（林莎、邓春玲，2005）。从这个角度来讲，共享经济理念之中的利他主义与经济学的利己主义并不矛盾。在通过利他的行为中获得自我满足感和实现感，这也存在利己的部分。基于以上的分析，可以认为，共享经济的利他理念并不是对传统经济学经济人利己假设的否定，而是在共享经济时代下对利己主义进行的内涵上的扩大与发展。共享经济存在的社会环境是一个飞速发展，强调合作创新、协同共赢的新技术时代，在共享经济时代，个体仅仅追求狭义的利己行为是难以实现个体的成功和社会总体福利的提高的。只有参与共享经济平台的各个主体基于自由、自愿、共享的理念，积极分享其所拥有的有形资产以及创意、知识等资源以供他人使用，满足需求方的相关需要并获得物质回报或精神满足感，才能最终在互惠共赢中推动社会资源的进一步有效利用与生产能力的进一步提高（张玉明，2017）。

（三）以技术为表象的智能和科技因素作用越来越大

技术创新伴随着新经济发展带来的就业机会，给更多的人就业的新可能性。数字经济的发展创造了新的就业岗位，产业数字化带来了更多的就业机会，成为新增就业机会的主要来源。2019 年阿里研究院报告《数字经济助力小微企业创立与成长》中的数据显示，2018 年我国数字经济领域就业岗位 1.91 亿个，同比增长 11.5%。其中，数字产业化就业岗位约 1 220 万个，同比增长 9.4%；产业数字化就业高达 1.78 亿个，同比增长 11.6%。从数字经济就业结构来看，2020 年，我国数字产业化领域招聘岗位占总招聘数的 32.6%，占总招聘人数比重达 24.2%，产业数字化招聘占比仍然高于数字产业化占比（阿里研究院，2019）。

由互联网融合而造就的物联网革命以及能源矩阵的出现给经济形态带来新的变革。里夫金提到："物联网将把这个集成世界网络中的所有人和物都连接起来。物联网平台的传感器和软件将人、设备、自然资源、生产线、物流网络、消费习惯、回收流以及经济和社会生活中的各个方面连接起来，不断为各个节点（商业、家庭、交通工具）提供实时的大数据。反过来，这些大数据也将接受先进的分析，转化为预测性算法并编入自动化系统，进而提高热力效率，从而大幅提高生产率，并将整个经济体内生产和分销产品和服务的边际成本降至趋近于零。"（里夫金，2017）在新经济形态零边际成本的推动下，组织边界、行业边界不再明确，知识信息等无形资源可以无限制流动，创新扩大到大众等级，个体的协同创新将成为新的发展驱动方式，共享的合作力量也有助于资源的整合，同时互联网发展也使得创新变得更加方便，门槛进一步变低。

　　从新经济与人力资本的具体关系来看，新经济要求劳动要素具备更为丰富的知识和技能含量，以保证劳动具有创造新价值的能力。在这一条件下，只有作为知识、技术和综合能力承担者的人力资本，才能成为新经济的发展原动力。新经济部门所要求的创新，已经不再局限于精英创新，而是使大众创新成为常态。由于人力资本既是知识和技术的创造者，又是知识和技术的传播载体，因此由精英创新到大众创新，对人力资本的需求势必进一步增大。但在新经济产生的过程中，创新是"破坏式"的，新行业的出现伴随着旧行业的消亡，就像美国著名经济学家熊彼特（1954）提出的：只有通过不断的技术创新和改造，从内部革新经济结构，即不断破坏旧的、创造新的经济组织结构，才能实现"产业突变"，最终改变人类生存的时空状态（张玉明，2017）。这种"致命"的"破坏式创新"带来的是对人力资本需求的改变。低知识技能的人力资本需求减少，从而被机器生产所代替，高知识技能的以及顺应时代需求的人力资本需求上升，这些都是技术变革导致的。

第十一章　数字劳动的隐蔽性

随着零工经济的迅猛发展，新就业形态成为吸纳就业的重要"蓄水池"。这种新业态的本质是平台基于数字化硬件，通过算法构建更加灵活而多样的新就业形态。目前，零工工作者对于平台企业来说是一种稀缺的资源（吴清军、李贞，2018），占有更多的劳动力就能占领更大的市场份额，是平台市场竞争的关键。很多平台运用算法对工作任务进行游戏化设计，力求降低零工工作者的流动性，增加在本平台的接单率，提高其忠诚度（Petriglieri，Ashford，and Wrzesniewski，2019）；同时，为了更好地满足顾客需求和把握任务进程，许多平台选择使用算法技术来进行"背后"操控，而零工工作者则会从心理和生理上感到更多的压力和消极情绪，算法的"黑箱"属性又使得他们无法从中进行研究和解决，由此引发的"隐蔽性"的平台管理控制行为也逐渐显现。

一、算法与算法管理

随着数字化时代的到来和信息技术的飞速发展，越来越多的企业选择采用互联网技术来对员工的工作进行调整或重塑，并监督其工作过程。而随着零工经济的发展，平台所提供的新就业形态在提供高灵活性和高自主性的工作时，也在利用算法技术不断地对零工工作者的工作流程进行优化，并监督其工作行为，力求满足顾客的多样化需求，具备"理性"特征的算法在不断精进的同时也在用不同的方式对零工工作者进行管理和控制，手段也趋于多样化。基于此，我们将探讨下列问题：算法到底是什么？其在平台中的应用如何定义？有哪些管理方式和手段是我们主要关注和探索的问题？

（一）算法

目前对于算法的定义并没有一致的结论，但主要都是从大数据和技术的融合应用角度来理解的。一方面，算法是一种综合性的技术方法，其以大数据为基础、互联网为载体、以机器的自我学习与迭代为路径，并被用来解决某些实际问题（邹开亮，2021）。另一方面，从更为细致的角度出发，算法则是计算机科学领域的一个专业术语，指的是有限、抽象、有效并且符合规律的复合控制结构，在一定的规则条件下完成特定的目的（Hill，2016）。杨学科（2019）则认为，在一定程度上，算法就是一组用来产生输出的指令：用于决策的方法，用于寻找解决方案。由此可见，算法的核心就是按照提前设定好的系统运行，进而获得期望结果的一系列指令。而我们则主要关注平台对算法的应用所产生的一些行为和影响，因此，从平台使用算法技术管理零工工作者的角度来说，算法不仅仅是一种智能技术方法，更是一种带有一定主观性和较强目的性的管理监督工具，即算法本来是一种基于数据事实而得出客观结论的中性机制，但受到资本逻辑的牵引，异化为帮助资本实现增殖的一种新型生产关系式工具（刘顺，2021）。总之，在数字化时代，"算法"（algorithm）作为人工智能技术的重要基石，其所触发的一系列行为从社会底层架构重塑了人们的世界观，甚至修改了社会规则。

基于此，我们对算法的定义以及其结合零工经济背景所产生的新的应用情景和内容有了全面的了解和认识。随着平台使用算法技术监督零工工作者的程度进一步加深，其所带来的一些积极或消极的影响也越来越明显，那么我们应该如何去认识和定义平台应用算法所产生的这些管理行为呢？这是我们接下来需要进行了解和研究的。

最早提出"算法管理"一词的是李（Lee）等人，他们通过对两个网约车出行平台进行案例研究，探讨了数据化和算法执行的管理职能对零工工作者的影响。目前，学者们对于算法管理的定义并不一致，区别在于研究视角不同，主要有以下三种：从控制视角出发，算法管理是一套控制系统，算法会实时监控零工工作者对已有目标函数预设行为的执行，并实时约束其偏离性行为（Lee et al., 2015；Wood et al., 2019）；从决策视角出发，算法管理是帮助零工工作者进行决策的智能化系统，大数据驱动下的算法在不断优化劳动过程的同时也会向零工工作者提供决策信息支持（Leicht-Deobald et al., 2019；Jago et al., 2019）；结合以上两个视角，混合主义视角强调算法管理在某个方面的功能使用，采用较为宽泛的方式将算法管理定义为"以高度自动化和大数据驱动的方式代替管理者对零工工作者的劳动过程进行管理的实践过程"。

结合以上三个不同的定义视角可以发现，算法管理主要强调平台利用算法对零工工作者产生的不同管理行为，应用情景的特性也使得算法管理有了新的意义和内容。因此，从应用场景的特征角度来看，首先，算法管理就是平台为了使零工工作者工作自主性带来的不确定风险所产生的交易成本最小化而采用的一种管理和控制手段，可以进一步加强对零工工作者的控制（裴嘉良 等，2021）。其次，算法管理就是平台背后的虚拟"领导者"，是一种相对严苛的管理手段，这种通过劳动过程的"全景式监控"和设置抢单机制塑造"时间竞赛"的紧迫感的"严苛"的管理风格与"辱虐式管理"要求组织内员工高质量完成任务、制造压力和提高效率的管理风格十分相似（Tepper,

2007)。算法管理正是辱虐式管理在零工经济发展中所衍生出来的对零工工作者进行管理的新形式和手段。

综合以上的探讨，我们发现算法本身是一种客观的技术方法，但随着其被用于各种领域解决问题，而慢慢带有了一定的主观性和目的性，并且随着使用方对算法的不断掌握，算法也会反映出使用方的价值观，成为一种异化的工具和手段。目前，算法在零工经济领域的使用较为广泛，随着算法的不断学习和迭代，平台对其的使用范围也不断扩大，产生了一系列利弊并存的管理行为，即"算法管理"。算法管理更加强调其在平台经营中的使用和对零工工作者的监督管理，带有很强的个体主观性和技术理性。为了进一步探究其作用和影响到底如何，接下来主要关注平台使用算法从哪些方面通过哪些手段对零工工作者进行管理与监督，另外，从以往研究可以看出平台对零工工作者的控制范围是不断扩大的，主要手段也在随着算法技术的发展和完善趋于多样化，但主要关注点在于"平台期望采用控制手段提高顾客满意度"和"采用工作游戏化设计增强零工工作者的工作投入"，从而能够最终提高平台的收入和声誉，掌握更大的供需市场，扩大自身业务范围。

（二）控制

平台为了实现业务的扩大和顾客满意度的增加，应用算法技术对从任务分配开始到最终的任务评价的一整个工作进程进行监督和控制。同时，由于算法技术的不断精进，零工工作者所感知到的算法控制会进一步加强，主要表现在以下几点：

第一，供需匹配和任务分配规则。新就业形态的出现一方面为社会提供了更多的就业机会，另一方面由于其数字化和信息化性质，进一步提高了供需匹配的效率，顾客可以通过线上下单，向平台发送自身的需求和相关要求，而平台则在一定的规则前提下向零工工作者发送订单，选定人员为顾客服务，满足顾客需求。但是，这种看似简单快捷的工作方式却存在一定程度的来自算法技术的操控。一方面，平台在收到顾客的订单信息时，并不会将其全部信息告知零工工作者，如优步平台的司机在接受平台分配给其的订单之前，并不会知道顾客的目的地和报酬，而如果他们拒载，优步平台则有可能通过算法暂停其服务或封锁其账号（刘善仕 等，2022）；另一方面，平台会利用算法技术来为订单匹配成本更低的零工工作者，李等（Lee et al.，2015）在对优步和来福车两家网约车出行平台的研究中首次发现并提出算法承担着平台任务分配的管理职能，平台调度系统不仅考虑了司机与乘客之间的距离因素，还将返程空跑里程、目的地实时需求状况等因素纳入其中，由算法解出最优策略，迅速地将乘客的乘车请求分配给合适的司机。格里斯巴赫等人

(Griesbach et al.，2019）通过研究不同餐饮配送平台员工的工作发现，平台会依据算法管理自主安排不同时段的配送任务，以实现效益最大化，配送员无法得知算法的具体运行程序，以及自己是如何得到任务和具体的订单薪酬的。而为 TaskRabbit 平台工作的零工工作者则会感受到更严格的算法控制：平台规定其员工必须接受任务量的 85% 以上的工作，否则会受到惩罚，如果长期不登录或者频繁拒绝做任务，平台则不会给他们继续分配任务，甚至会被平台封号（Ravenelle，2019）。

基于此，可以看出平台不仅与零工工作者在信息上存在着极大的不对称性，而且其会利用算法技术对零工工作者的工作量进行统计，并将此作为未来任务分配的参考，这种非人性化的制度和管理给零工工作者带来了极大的工作压力。

第二，任务进程和工作行为控制。平台除了从任务分配源头进行把控，以期以最小的成本完成任务，减少顾客等待时间等。为了进一步提高顾客满意度和及时响应顾客要求，平台还将算法技术应用到任务完成过程中，在监控零工工作者的工作过程的同时通过系统提示等规范其工作行为。平台内部的传感系统使得零工工作者在劳动过程中的个体行为几乎完全暴露在算法持续和严密的监控环境下，因此他们必须表现出符合组织目标和平台规范的行为，并完成算法分配的指定工作任务（Pignot，2021）。例如，外卖平台中的骑手在整个配送过程中都要及时向平台反馈配送进度，平台也会通过其手机中的 GPS 进行实时监控，并将骑手的派送信息同步给顾客，以增加顾客对订单的控制和预见性，这种全景化的电子监控极大地限制了骑手自主性的工作行为（陈龙，2020）。罗森布拉特和斯塔克（Rosenblat and Stark，2016）通过研究优步的案例发现，优步平台的传感器系统会根据车载智能系统检测司机的面部特征和刹车等驾驶信息，并利用算法技术进行多维的分析来判断司机是否在正常预设驾驶范围内。另外，外卖平台还会通过惩罚机制来控制外卖骑手的情感和行为，使其在商家和客户面前压抑自身的真实想法和感受（冯向楠、詹婧，2019），而要在工作中表现出积极的情绪，以提高顾客满意度，这对外卖骑手产生了一定的"情绪剥削"（王蔚，2021）。马瑟纳和奥图尔（Matherne and O'Toole，2017）通过对优步的研究分析发现，优步通过车载监控设备对司机出行途中的行为进行实时监控，算法在预判或实际监测到司机欺凌乘客、暴力驾驶和偏离导航等危险行为后会向司机推送安全信息，提醒司机注意工作态度和服务质量，情况严重的会强制暂停司机的服务。

平台不仅利用算法技术将零工工作者的工作流程和状态实时同步给顾客，还会对其工作过程中的行为和情绪进行控制和管理。为了提高顾客满意度和业务收入，平台完全无视零工工作者的情绪感知，算法技术的"理性"和

"零人性化"特性再一次被放大，平台对零工工作者的控制不再限于任务，对其心理状态也产生了一定的消极作用。随着时间的推移，这种影响会不断扩大、加深，平台的规范治理更加紧迫和重要。

第三，任务评分系统的构建。在任务进程的最后一部分，任务的最终评分不仅会对零工工作者的工作表现产生影响，还会对其未来的任务量和发展产生持续性的影响，因此，评分的公平性是非常重要的。但是，平台为了进一步吸引顾客持续下单，将评分的权利交给了顾客，而人的判断是存在一定的主观性的，因此评分的可信度就存在一定的问题，会产生一定的负面影响。比如，当零工工作者完成每单任务时，平台会鼓励顾客对消费体验进行评价，评级系统会收集顾客评价的数据信息进行处理，并结合平台应用程序终端的监测系统针对工作者的实时接单率、拒单率、完成率和准时率等指标信息，经过算法的复杂计算综合得出工作者的绩效评级（Gandini，2018）。罗森布拉特和斯塔克（Rosenblat and Stark，2016）的案例研究表明，当优步平台的司机完成相关的订单后，5星评级系统会邀请乘客对司机的出行表现进行评价。当乘客打出星级结果后，又使用文字对司机态度、是否绕路等信息进行评价，算法系统会综合乘客给出的两个维度的信息，再根据速度、轨迹等多项数据给出司机的综合分数。紧接着，平台会根据顾客给出的评分结果和相关工作信息结果给出最终的任务评分，而这一评分会作为零工工作者未来任务发放量、业务奖励等的依据，会与工作任务分配形成一个监控和控制闭环，更加便利平台的管理。平台算法的运作与控制机制见图11-1。

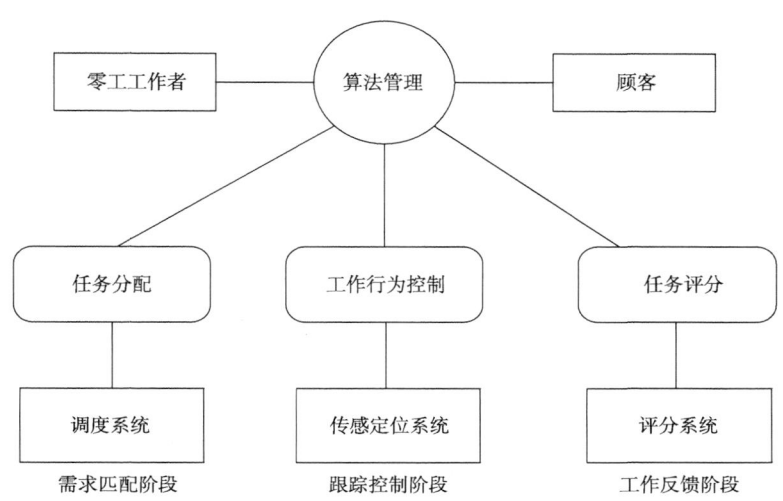

图 11-1　平台算法的运作与控制机制

综合以上三个部分，不难发现平台利用算法对零工工作者的控制范围在不断扩大，手段也不断多样化，使得零工工作者为了保证工作只能依赖平台，服从平台的管理。平台的信息掌控度、过程监督行为和评分评价系统看起来是非常合理的。为了更好地区分零工工作者的工作表现，以此作为奖励或惩罚以及未来发展的依据，平台过分地利用算法技术对零工工作者的整个工作流程进行管理和监督，在很大程度上削弱了零工工作者的自主性和工作的灵活性，甚至会引发零工工作者的消极情绪。因此，平台的治理和规范管理也要关注以上几点，努力营造一个公平、健康的就业环境。

（三）游戏化

近几年来，游戏不单单被当作供人娱乐和放松的手段和工具，其令人着迷的特质和沉浸式的本质同样吸引了众多的学者和管理者应用它来解决各自领域的一些棘手问题（冯绚、胡君辰，2016），"工作游戏化"也随之产生。目前在传统工作领域，对此的关注度比较高。随着零工经济的发展，平台为了更好地激励零工工作者提高工作投入度，增强对平台的认可和依赖程度，也使用算法构建了众多"游戏化"的工作情景。但是工作中的"游戏化"设计是否对零工工作者起到了积极作用，以及该如何进行考量和定义都是值得我们去深入研究的。

首先，关于游戏化的定义尚未有一致结论。德丁等（Deterding et al.，2011）将游戏化定义为"将游戏设计的元素应用在非游戏情境之中"；从进一步阐明目的的角度出发，齐歇曼和坎宁安（Zicherman and Cunningham，2011）则认为游戏化是"利用游戏的思维和机制来解决某些问题或增加用户的参与"。与以上两种定义不同，瓦尔巴赫（Warbach，2014）则将游戏化视为一个过程，即"游戏化是将某项活动变得像游戏一样的过程"。尽管对于游戏化的定义是从不同角度出发的，但不同的定义确实存在着一定的共性内容：①利用游戏思维、游戏机制或游戏元素；②应用在非游戏情境中。但是，并非所有与游戏相关的做法都被称为游戏化，在应用和辨别时，要注意两点，即完成性和部分性以及是游戏还是玩耍，因为游戏强调规则性和结构性，并不是完全自由的。因此，德丁等（Deterding et al.，2011）认为，只有当一项实践是部分性和游戏性的时候，其才有可能被叫作游戏化，如果不具备上述两种属性的话，其可能属于"严肃游戏"（serious games）、"玩具"或者"好玩的设计"（playful design）等其他范畴。游戏化并不是去设计一个完整的游戏，而是提供了很多情境和工具。那么，面对不同的情境，管理者如何去选择合适的工具并采用合适的方法将其应用到实际工作情境中就是非常重要的。

其次，目前关于工作游戏化的研究还处于初期阶段。通过了解游戏化的定义，我们不难发现"应用在非游戏情境中"是很重要的一点。将游戏化引入工作中，于是"工作游戏化"应运而生。管理者将游戏化融入工作中主要是为了增添工作的乐趣，提高员工的工作投入度，但是实际的效果又如何呢？通过学者们的研究和实验发现，虽然工作游戏化所产生的效果和结论不那么一致，但基本上其都会产生一定的积极影响和作用，同时体现在员工的工作绩效和工作体验方面。除此之外，研究发现工作游戏化的积极作用还受到一些情境因素的影响。工作游戏化设计会增加员工积极的情绪体验和感知，如莫利克和罗斯巴德（Mollick and Rothbard，2014）在一项针对销售任务的现场实验和一项实验室的实验中，发现在员工对于企业实施的游戏化设计有一定认同的前提下，他们的积极情感就会增加。相似地，弗拉特拉等（Flatla et al.，2011）的现场实验也发现，相对于传统的校准工作，员工在游戏化情境下的任务中所感受到的困难、沮丧、厌烦等消极情绪都会显著减少，而享受该任务的程度则会相应提高。另外，工作游戏化设计也会积极影响员工的工作绩效，如在莫利克和罗斯巴德（Mollick and Rothbard，2014）所做的现场实验中，员工在游戏化的销售任务中的销售绩效有了更明显的提升。除了以上可量化的绩效的提升，员工的绩效质量也得到了提升，如艾克霍夫（Eickhoff）于2012年与同事们研究了游戏化对众包这一新型工作模式的影响，通过实验发现游戏化的众包任务会有更好的工作质量，同时支付给工作者的单位成本也降低了。而也有研究表明，工作游戏化设计不是万能的，其积极作用也会随着时间消退，如学习游戏化设计的一些元素如徽章获取、积分榜设计或奖励系统可能会对学生的动机和学习行为产生消极影响（Deci，1999；Cameron，2001）。因此，目前看来，工作游戏化是否一定能够带来积极影响是不确定的，在未来的管理和工作中进行工作游戏化设计时不仅要明确目标，还要考察其时间效果，以及后期会不会产生一定的消极影响，提前做好应对措施和方案。

最后，零工经济中的游戏化设计逐渐多样化。目前工作游戏化主要应用于数字经济中平台企业的管理创新，融游戏思维于任务激励和生涯管理中，进而提高工作满意度和组织承诺。随着数字化的发展和零工经济的崛起，平台利用算法技术在对零工工作者的工作流程进行监督和控制的同时也发现了一定的弊端，因此，为了解决算法操控所带来的消极影响，平台也选择采用"游戏化"的工作设计来营造充满乐趣和挑战性的工作环境，力求增强零工工作者的工作乐趣和参与度，进而能够增加平台的零工工作者人数，从而增加平台业务收入。同时，随着算法技术的不断精进，平台的"游戏化"设计变得越来越多样化，从现金性奖励到非现金性奖励，以不同的形式激励零工工作者不断增加工作时间。如某网约车平台通过在单位时间内完成固定单数即可获取红包的挑战性任务设计鼓励网约车司机主动抢单；推出"新司机首周奖""普通翻倍奖""优秀司机额外翻倍奖""金牌服务奖"等激励性计费机制，提高司机工作的积极性以及增加司机在线工作时长。一方面，美团、饿了么等网络送餐平台通过"战斗力等级"对骑手进行分级管理，骑手可以通过完成任务获取战斗力，进而升级（魏巍、刘贝妮、凌亚如，2022）。这种情境感在一定程度上把网约配送员变成了"游戏玩家"，使其主动建立与平台的链接，营造出"工作就是游戏"的氛围，不断享受晋级的成就感，提高了其工作投入度（魏巍、刘贝妮、凌亚如，2022）。在平台劳动力组织过程中，通过"抢单"的任务分配方式调动网约配送员的主动性，尤其是"彩蛋"任务的设计需要通过思考和试错才能顺利完成，充分提高了任务的挑战性，增加了他们的工作乐趣。另一方面，平台基于算法的工作游戏化设计提供了一种沉浸式的游戏情境，网约配送员在游戏中获得乐趣，对游戏表现出更强烈的参与意愿和情境投入感，容易产生强烈的沉浸感和临场感，进而产生最佳体验感。网约配送员为了获得更高的战斗力或绩效水平会主动参与到挑战性的游戏情境中，平台的实时排名和相对公开透明的晋级规则让网约配送员可以通过分数、进度条、战斗力、排名等随时了解自己距离游戏目标实现还有多远（张玉明，2017）。如某网络送餐平台对于如何升级、保级以及等级福利等规则有清晰和生动的描述，骑手可以随时查看自己的等级情况，确定自己的努力目标和是否取得进步；某网约车平台将以红包、奖金为代表的物质奖励和荣誉、称号为代表的精神激励相结合，实现了即时反馈和即时激励，进一步提高了其成就感和参与度（张玉明，2017）。但是，也有研究发现，随着算法控制的不断深入，这种游戏化设计所带来的积极作用也在进一步被削减，如 Instacart 平台为配送员设计的提前访问机制，随着时间的推移，配送员的工作时长、选择机会、平台认可度等都会降低（Kathleen，2019），而平台应用算法过分提高游戏难度也会对零工工作者的工作投入产生消极影响。

综合以上三个部分来看，平台利用算法技术所进行的游戏化设计越来越多样化，如利用抢单现金奖励、业务等级等来增强零工工作者的竞争意识和工作投入度，但是平台为了实现业务利润的持续增长，其利用算法技术不断对游戏化情境进行设计和管理，而其中对零工工作者更高程度的控制和工作干涉也表现得越来越明显。随着时间的推移，其消极作用也慢慢凸显，所以平台如何合理地进行游戏化设计，提高零工工作者的工作乐趣和工作自主性是目前亟待解决的问题。

二、数字劳动中的要素与分配

在数字劳动的要素中，市场要素从系统的外部对数字劳动产生影响，而给数字劳动提供基石的平台企业的组织要素也是重要的影响方面，包括数据要素。作为数字劳动中最特殊、最有变革性的对象，个人数据和公共数据的合理运用和集合都至关重要。除了要素的构成，分配机制和动态定价机制也影响着零工参与者的工作状态。

（一）市场要素、组织要素

1. 市场要素

平台运营企业本身具有体现企业、市场、监管三重身份的基本特征。平台在运行过程中也在进行市场要素的分配，其本身拥有一个相对较大的市场。在这个市场内，需求者发布自己的需求，而供给者可以看到不同的需求，从而进行选择。

平台的市场身份表明其对市场要素分配具有把控权，其作为零工工作者与顾客进行快速供需匹配的桥梁，对两者的信息进行了一定程度的过滤与分配，充分体现了劳动价值的形成与分配过程。在平台经济中，劳动力作为一种商品可以进行交换，零工工作者付出劳动来换取顾客的费用，实现交易。而平台对于市场要素的分配也在一定程度上促进了平台的发展，能够进一步了解交易双方的需求，为进一步扩大业务内容和领域提供了帮助。

2. 组织要素

价值是凝结在商品中的无差别的人类劳动，即由抽象性的劳动所凝结的。劳动价值论把价值定义为一种人类劳动，因此在劳动价值论的价值定义范围内"不能说劳动能创造价值"，《资本论》也没有"劳动创造价值"的语句，只提到具体的人或者劳动者能创造价值。商品交换中交换的是一种劳动（价值）而不是交换的不可度量的效用，这一思想最初是由英国经济学家配第提出的。配第认为，物的有用性使物具有使用价值，使用价值总是构成财富的物质内容，同时又是交换价值的物质承担者。劳动是价值的唯一源泉，也是财富的源泉，劳动是财富之父，土地是财富之母。亚当·斯密和大卫·李嘉图也对劳动价值论做出了巨大贡献。

邓洛普报告指出，在其持续发展的每个关键阶段，劳动行为关系管理系统都应该包括特定的劳动参与者、特定的工作环境、与整体劳动行为关系系统密切相关的意识形态以及用于管理工作组的场所和管理工作组的输出规则。在整个劳动行为关系管理系统中，行为主体、环境和意识形态分别是整个劳动行为关系系统的三个基本要素。规则体系是在这些基本要素的相互影响下逐渐形成和不断变化的整个劳动行为关系的必然产物，规则通过反馈深入到整个劳动行为关系的日常运行管理过程中，作为各组织主体的劳动行为规范和具体行为规范。整个劳动行为关系系统体系由四个主要相关组成部分组成：特定的劳动行为主体、特定的工作环境、贯穿劳动体系的意识形态以及具体行为规范。

邓洛普的现代劳动经济关系伦理系统为我们研究现代劳动经济关系伦理提供了一个有用的系统分析理论框架，但这些系统哲学理论中的模型几乎完全基于雇佣工人组成全国工会这一历史事实，这很难准确解释现代劳动经济关系的一种动态变化水平。因此，它仍然过于简单，缺乏非常重要的经济元素和社会行为上的变化。现代劳动经济关系系统中的理论模型描述了现代劳动经济关系伦理系统中各个组织间的相互作用，但忽视了其他个体的相互作用。现代劳动伦理关系系统中的理论能够承认意识形态，但不足以承认其中的差异性、多样性和非正式劳动关系。系统理论体系的研究侧重点过于狭窄，没有为我们提供任何客观的、可以深入研究的理论。

尽管针对邓洛普的系统理论的批评有很多，但这些理论批评并不完全否认现代劳动社会关系系统整体理论及其作为现代劳动社会关系系统分析方法的重要性。邓洛普首先将劳动系统论中的模型概念引入现代劳动社会关系系统研究这个领域，将现代劳动社会关系系统作为一个新的系统概念进行理论研究，为现代研究者理论研究提供了一个新的关系分析方法框架。邓洛普的系统理论及其贡献主要在于为现代人们研究提供了一种理论上的分析方法和研究框架，并且劳动社会关系系统被人们视为劳动社会经济系统的一个重要子系统。因为劳动社会关系系统是由自身内部环境和自身外部环境两种因素综合构成的有机社会整体。

总之，平台通过内部组织要素的分配与组合，能够更好地实现价值形成，更好地管理零工工作者的工作，并实时分享组织信息，使他们能够得到更多的支持。

（二） 数据要素

在市场经济中，要素分配合理的前提条件就是产权必须清晰，但是，目前，数据产权仍然模糊不清而且被忽视，这也就是数字劳动市场相关问题的症结所在。从知识产权的角度考虑，数据主要可分成四种类别：一种是个人数据，也称为私有数据，这些数据的产权则全部归属于个人。它主要是指人类日常生活中所有活动形成的历史数据，如私密行程、私密相册、个人通信录、来电短信记录、录音等，而个人也有权选择如何利用这些历史数据，以及应用范围。二是公司生产运营数据。这些数据的使用权归属于产生数据的生产单位，如公司在生产经营过程中的各种指标、货物和产品销售数量等，生产单位有充分的权力运用该类数据。三是中间数据。很难确定这些数据的所有权，因此尽管这些数据在大部分情形下都是由个人创造的，但数据挖掘工作却是由公司进行的，包括对微博、微信、淘宝等的表扬和转载记录，还有访问网站的记录。因此公司为发掘、获取和管理这些数据而花费了一定的资金。理论上，企业管理者与原始数据生产者共同享有这些数据的所有者与使用权，但怎样界定其中的份额，以及怎样避免企业管理者滥用或错误利用这些数据，是实际中的难点。四是公共数据。这些数据的产权归属公众机构，包括政府组织、社区非营利机构以及其他组织，可供社会所有部门使用。但是，公司或个人怎样分享和利用这些数据产生的收益仍然是不明确的。在这四种数据类型中，所有权最易于界定的是公司生产运营数据和个人数据，中间数据和公共数据的产权关系与收入分配则不易于界定。

与传统资本主义生产关系截然不同的是，在数字经济社会中的大规模零工工作者以"非雇佣"的经济形态，普遍地投入社会生产活动和创造价值。资本主义也日益借助信息技术革命，深入社会的每一个细微的毛孔中，从而完成了中国传统资本主义势力由工业生产范畴向社会生活领域的全面渗透，也使得非雇佣数码劳工及其资产对数码网络中每个社会人的剥削现象更加普遍地存在。在大数据工业生产过程中，社会资本不但利用市场价格选择了传统的公司雇佣劳工，还同时以相对低廉的成本获取了适用范围更广的数据原料。但制造这种数据原料的劳工并未和公司签订真正的劳动合同（没有形成雇佣关系），他们得到的报酬很少。这是一个经典的非雇佣劳动形态，普遍出现在社会个人数据信息、中介数据信息以及公用数据信息商品的生产活动中，并包括在数字资本主义的生产模式之中。非雇佣数字劳动形态产生的根本原因在于，新技术的大量使用使得企业劳动界限越来越模糊，把原来需要雇用劳动者才能进行的生产工作，交由公司以外的"社会人"来进行，这也是资本主义生产方式中社会化新趋向的体现。同时，企业劳动和活动信息双方的边界也日益模糊不清。通过掌握生产信息的所有权，资本有能力以廉价或者免费方式取得劳动结构，这就极大拓宽了企业制造数据信息商品的劳动力源泉。资本之所以拥有这些力量，并不仅仅在于其对数据信息市场具有绝对的支配地位，还在于个人数据所有者的概念不够清楚，客观上导致个人数据所有者的经济利益无法得到有效保障。所以，在研究零工工作者的过程中，这些与人们实际活动融合的非雇佣形式的劳工，应当区别开来并着重分析。

（三）分配机制

平台作为信息的拥有方，在劳动过程中掌握着更多的信息。平台对零工工作者进行任务分配时，也会综合考虑各个方面的内容，比如完成任务量、顾客评价、工作质量等，因此平台分配机制的构建对零工工作者的工作发展具有一定的影响。

一方面，平台在收到顾客的订单信息时，并不会将其全部信息告知零工工作者；另一方面，平台会利用算法技术来为订单匹配成本更低的零工工作者。

可以看出平台不仅与零工工作者在信息上存在着极大的不对称性，而且其会利用算法技术来对零工工作者的工作量进行统计，并将此作为未来任务分配的参考，这种非人性化的制度和管理给零工工作者带来了极大的工作压力。而分配机制的运用也会受到各种内外部因素的影响，因此平台分配机制在未来要考虑到各方面的影响，给零工工作者带给更多的公平感和安全感，从而对其工作起到积极影响，提升其工作投入度。

（四）动态定价机制

随着算法技术的不断完善和平台对零工工作者工作流程的细化和监督，零工工作者的工作进一步透明化，而相应的算法控制感也进一步加强，此时其工作投入就会受到一定程度的消极影响。为了应对这一情况，同时为了保证在高需求阶段订单的顺利完成，提高顾客满意度，平台也会采取一定的激励手段和措施，其中一个有效的方式就是动态定价机制，在高需求时期适当抬高价格，在一定程度上能够提高零工工作者的工作投入度，增加完成的任务数量。

所谓动态定价机制，是指在不同的交易时段，买卖双方在交易时确定不同价格的定价机制，具体表现为交易价格在短时间内也有波动（张明玉，2017）。在动态的价格机制当中，价格的实时波动则反映了供给、需求以及消费者行为等。比如，滴滴出行的交易撮合就依照就近原则，乘客有乘车需求即就近通知附近车辆。如果某一个区域的用车需求较多，而同时该区域的车辆数无法满足所有乘客的需求，平台就会采用"动态定价"的方法确定用车价格，乘客此时如果想快速找到出行的车辆，可以自主选择主动提高价格来吸引司机接单。除此之外，滴滴平台也会根据用车区域和时段来对价格进行调整，以此来平衡在某一时间和区域内的供需。在平台管理中，为了更快捷地实现供需双方的匹配，同时为了保证在需求高峰时段的劳动力供给量，平台会采用动态定价机制，一方面满足顾客的多订单需求，另一方面激励零工工作者在需求高峰时段增加自己的工作时间。总之，平台希望通过此措施来达到对零工工作者的激励，在零工工作者的工作流程中增加了这一板块的内容和管理，即平台所设定的激励阶段是指算法通过动态的价格操控实现智能运营的过程，算法需要采取动态的定价策略促成平台工作者的跨区域参与和流动，实现市场需求和服务产能的协调（张玉明，2017；Taylor，2018）。明确了这一板块的主要内容和作用后，平台在通过算法技术构建的工作系统中会有一部分专门做动态定价，称为定价系统，直接通过技术进行浮动式的定价策略。

具体来说，针对平台劳动服务需求动态波动的状态，尤其是在需求高峰时期内市场供不应求的情况下（Bai，2019），平台基于以"模型估计+定价算法"为解决方案的供需平衡调节工具，在标准费率的基础上由定价系统按照一定的倍数实施"价格弹性+动态定价"的定价策略，并根据实时市场信息进行价格的调节，优化订单效率结构（Lee et al.，2015；Möhlmann et al.，2020）。定价系统还可以根据当前的市场供给和需求的特征采取浮动式的价格机制来激励零工工作者以增加他们的劳动供给，在供需匹配过程中尽可能实现更高的经济效率和有效性。

换句话说，平台通过动态定价的方式，根据环境变化实时调整顾客需求和运力供给，以有效保证整个系统运行的稳定与用户体验（Gandini，2018）。李等（Lee et al.，2015）通过对优步和来福车两个平台的案例研究发现，这两个平台根据市场需求波动采取动态定价策略，通过激增定价的算法来激励司机的供给行为。当算法预估高峰时期某区域即将出现供不应求的情况时，系统就会设置更高的订单单价来吸引司机跨区域参与劳动。格里斯巴赫（Griesbach et al.，2019）以 Instacart 外卖配送平台为例，发现该平台在 2018 年放弃了每件商品 0.4 美元配送费的固定计价制度，转而实施了一种可变的定价算法系统。平台通过大数据来预测一周内不同时段的送餐需求和配送比率，然后由算法决定不同的配送单价。此外，平台通过算法技术实施的动态定价问题还吸引了众多运营管理和优化领域的学者的关注。大量的实证研究表明，动态定价能大幅增加零工工作者的劳动供给，并且可以优化市场供需匹配结构、提高系统效率。例如，里克尔梅（Riquelme et al.，2016）通过对网约车司机和乘客的动机以及平台利润最大化原则进行均衡分析，发现平台通过动态定价策略所获得的收益并不比固定定价下的收益更高，但动态定价对系统参数更具有稳健性。陈和谢尔顿（Chen and Sheldon，2016）通过对 5 个城市 2 500 万个观察数据进行抽样分析发现，高峰时间内的动态定价可以显著提升优步平台司机的劳动供给量和平台系统的整体效率。当高峰定价算法失效时，平台的订单完成量则会急剧下滑（Chen，2016）。

总之，通过对动态定价机制及平台对此机制的管理与应用的认识，我们发现平台不仅应用算法技术实现对零工工作者工作流程的实时跟踪与控制，还应用其构建激励性系统和结构，以期增加零工工作者的劳动供给量。一方面，平台把握着更多的信息和资源，而零工工作者只能服从其安排和调度。在需求高峰期，平台则不得不把更多的需求分享给更多的零工工作者，实现"跨区域"的劳动供给并满足顾客需求，实现了一定程度上的信息共享和分配。另一方面，平台将激励作用寄希望于算法的自主运算和发展，这在一定程度上是存在风险的，高峰时段的加价是为了更好地吸引工作者，但同时也可能使其产生"疲劳感"，不利于调动零工工作者的工作状态，也不能很好地满足顾客需求，因此在应用动态定价机制之前要做好各方面调查和协调，从而使其效率最大化。在激励阶段，算法管理动态设定了能够有效激励平台工作者参与劳动的价格，以定价算法为基础的技术系统主要通过实时价格调节来平衡并优化市场供需结构（Jago et al.，2019）。

三、平台运行机制

由于独特的产生背景——数字技术的发展，平台运行机制具有组织核心要素外部化的特点，可以将"平台-个人"的关系通过数字平台进行劳动力的调整和补充。同时，在平台和劳动者之间，评价和信任机制扮演着至关重要的角色。这些机制不仅确保了平台与劳动者之间的高效合作，还促进了双方之间的互信与共赢。通过科学的评价标准和透明的信任体系，平台能够准确评估劳动者的能力和贡献，而劳动者也能在公平的环境中展现自己的价值，从而共同推动平台经济的健康发展。

（一）组织核心要素外部化

不同于以往的传统劳动市场，平台对于要素的分配和运行有新的特征和方式，而组织核心要素的外部化就是其中的一个重要特点，主要是指平台对于零工工作者的管理不同于传统企业。传统企业中企业与员工之间是有法律效力的劳动关系，而在零工经济背景下，平台与零工工作者之间的关系更加随意，两者之间没有严格法律意义上的劳动关系，同时零工工作者可以随时从一个平台转到另一个平台工作，也可以同时为多个平台服务，零工工作者的工作变得更加多样、灵活。

随着互联网技术的发展，灵活使用网络平台就业的比例越来越大，"平台-个人"或"企业-平台-个人"的灵活就业模式来势汹汹，在数量、规模和影响力上都在急剧扩张，且与传统的灵活就业模式有着明显的不同。"互联网+"灵活就业，利用互联网和数字移动终端配置劳动力资源，通过在线平台做各种工作，具有灵活就业、不定时、不定所、工作安排去组织化等特点。

（二）评价与信任机制

张玉明在其专著《共享经济学》中提到共享经济带来的一些变化和所面临的一些问题，其中一项就是评价与信任的问题。基于互联网的普及和移动终端的发展，很多素未谋面的陌生人之间也可以进行交易，但是买方和卖方之间存在着一定程度的信息不对称问题，而且由于互联网的出现，这个问题要比传统市场更加严重。因此，信任成为共享经济起步发展的重要影响因素。也就是说，如果交易双方没有信任的基础，就无法完成物品的共享，也就难以有共享经济的出现。零工经济的崛起，对很多领域都产生了不同程度的影响，深刻改变着劳动市场和供需市场。因此，平台的出现为有劳动需求的零工工作者和有服务需求的顾客提供了一个桥梁。但同时我们应该注意到，交易双方在依托平台进行交易时，他们之间的信任关系也是很重要的。平台中所设置的评价与信任机制包括两个部分，其一是评价，其二则是信任。

1. 评价体系的构建

通常在一次市场交易中，卖方会比买房掌握更多的信息，卖方也只会选择性地分享其信息给买方，而买方由于掌握信息较少，会选择尝试性购买，尽力从卖方那里获取更多的信息，力求降低信息的不对称性，增强其信心。但是，随着经济的发展，人们在进行交易时，可能对商品产生一定的不信任和不安全感，评价机制此时就发挥了一定程度的作用，成为买方是否购买商品的一项参考。例如，手机用户可以发表对某某品牌化妆品产品使用状况的评价，通过手机软件编写相应文字介绍或搭配相关照片，并上传至 App 发布。还有更贴近生活的例子，顾客在进入淘宝 App 选定商品种类后，可以通过好评数和购买量进行选择，从而做出最优的购买方案。同理，在零工经济中也是如此，无论是美团、饿了么等外卖平台还是滴滴出行等网约车平台，顾客在需要某种服务并选择平台进行下单时，也会根据以往的经历或者他人评价进行选择，关注配送是否准时、配送员服务态度如何、配送费是否合理等，从而做出自己的决策，并可以在订单完成后在平台的评价机制板块进行顾客评分，对配送员的工作或服务态度进行打分。

一方面，平台通过构建评价系统来进一步提高顾客的满意度，满足顾客多样化的需求。将评分权交给顾客在一定程度上能够反映零工工作者的服务情况，从而使得平台能够对零工工作者进行评级分类，并想办法提高服务较差的零工工作者的服务水平，增加顾客黏性，提高平台的运行效率，扩大业务量和订单数，从而增加平台收入。

另一方面，平台将评分结果作为奖惩依据，实施不同管理。平台将评价权交给顾客，确实在一定程度上提高了顾客的满意度，但顾客的评价往往带有一定的主观性，因而会使零工工作者产生不公平感和不安全感，这是平台需要关注的一个问题。刘善仕等人（2021）指出，平台企业算法技术的应用给平台从业者带来的不仅是工作操作上的实时监控与控制，还通过外部评价等系统进一步对其工作状态进行控制，如平台企业通过算法管理从工作准备、执行和反馈三个阶段来削弱零工工作者的工作自主性，而长时间高强度的劳动要求也会对零工工作者的心理和行为层面产生一定的消极影响。零工工作者的服务质量由顾客在线上评价，平台则通过算法对劳动者进行排名，并依据排名影响零工工作者工作任务的获取。工作的组织者并不是最终用户，零工工作者需要直接面对消费者或者工作发包方，工作组织方和评价方的不一致注定了三角关系的存在。零工工作者的劳动过程属于情绪劳动——压抑真实情绪，是表现出符合组织要求的情绪的劳动过程。平台企业依据顾客评价和算法来控制业绩排序，影响任务的分配——"排名靠前就会分配一些容易的、距离近的订单"，这也会直接影响零工工作者的收入水平和职业发展。

基于此，我们发现评价系统通常出现在订单结束的最后阶段，但同时也是一个反馈系统，顾客所给出的评价结果会反过来影响零工工作者未来的订单或任务量，会在一定程度上影响其未来的工作；顾客评价的主观性会将较差的评价结果作用放大。平台的目的是实现更多收益，而其收益来源即顾客，因此，平台会更加注重顾客的体验和评价，无法从理性角度进行考量，这是未来平台发展要重点关注的部分。

2. 信任体系的构建

前一部分我们提到评级体系的构建对平台来说是很重要的，便于管理的同时提高了顾客满意度。顾客在参考原有的商品信息和评价做出选择之前，其心里会有一定程度的预期。在交易结束后，顾客会将其在交易中的感觉与其期望进行对比，如果体验感较低，则不利于信任的建立；而如果顾客体验感较高，就会形成初次体验的信任感。在平台经济中也是如此，只有顾客在初次下单并获得良好的体验感时，其才会选择相信某一平台的服务或产品，并在未来进行多次购买，所以信任体系的建立也是非常重要的。

由于顾客在进行交易前所获得的信息是非常有限的，因此平台中信任体系的建构主要关注四个方面：平台层面的信息、顾客层面的信息、外部环境、交易的透明性。第一，顾客在下订单之前会登陆平台进行商品或服务品种的查询，因此平台的信息真实性非常重要，其是否可靠是影响顾客信任的重要方面，平台要及时做好信息的维护和更新管理。第二，顾客自己通过信息和资料的查询最终选择是否交易取决于个人特性。不同种类和特质的顾客在面对同样的信息时，可能会做出不同的选择，这与个人的经历、知识水平和习惯等相关，因此平台要对不同顾客进行分类，依据不同的特征来选择不同的方式以获取顾客的信任。第三，平台和顾客之间的交易还受到外部环境的影响。如果外部政策鼓励零工经济的发展，并且其发展已经相对完善，那么顾客选择平台进行交易的次数也会相对较多，交易的可能性就较大；反之，如果外部政策相对匮乏，且发展相对滞后，那么顾客选择平台进行交易的可能性就会降低，因此，交易双方是否能够达成最终交易还会受到外部环境的影响。第四，由于顾客所掌握的信息较少，因此其对交易过程中的透明度的关注就会较强一些。在交易中其是否可以看到更多信息，这些信息是否可靠，是否可以作为其做出抉择的参考都是很重要的。比如平台选择将零工工作者的工作进程展示给顾客，这在一定程度上就增加了顾客的信任感，使其能够实时掌握服务的进度，从而能够提高对平台的零工工作者的信任。

总之，平台通过构建评价体系和信任体系，来进一步增加顾客的黏性，使其能够多次使用该平台。但也应该看到，在这一过程中，零工工作者与顾客之间的关系被进一步弱化，平台则成为主要角色，零工工作者成为弱势群体，这是在未来平台经济发展中应当充分重视的问题。

（三）约束与惩罚机制

与以上的评价与信任机制的建立相同，约束与惩罚机制也是平台为了实现效率最大化而实行的。约束和惩罚则是对零工工作者进行的：一方面，对其就业条件进行约束，有一定的上岗标准；另一方面，对其错误行为和未达到标准的行为进行惩罚，以期提高其工作状态和服务态度。

首先，关于约束机制的构建。平台在确定零工工作者是否可以在该平台工作时就有一定的约束条件，零工工作者必须满足既定的要求才可以在该平台工作，比如说身体条件、年龄等客观条件，这在一定程度上起到了约束作用。平台内部的传感系统使得零工工作者在劳动过程中的个体行为几乎完全暴露在算法持续且严密的监控环境下，因此他们必须表现出符合组织目标和平台规范的行为，并完成算法分配的指定工作任务（Pignot，2021）。

其次，惩罚机制的构建。平台不仅与零工工作者在信息上存在着极大的不对称性，而且其会利用算法技术来对零工工作者的工作量进行统计，并将此作为未来任务分配的参考，这种非人性化的制度和管理给零工工作者带来了极大的工作压力。例如，外卖平台会通过惩罚机制来控制外卖骑手的情感和行为，使其在商家和客户面前压抑自身的真实想法和感受（冯向楠、詹婧，2019），而要表现出积极的情绪进行工作来提高顾客满意度，这对外卖骑手产生了一定的"情绪剥削"（王蔚，2021）。

最后，通过约束与惩罚机制的构建，平台实现了对零工工作者的更大程度上的控制：从开始进入平台到最终任务的完成都可以实时监控，但同时该机制也对零工工作者产生了较大程度的消极影响，其对零工工作者的心理和生理方面都产生了一定的影响。此外，平台的信息掌控度、过程监督行为和评分评价系统看起来是非常合理的。为了更好地区分零工工作者的工作表现，以此作为奖励或惩罚的依据。但是平台过分地利用算法技术对零工工作者的整个工作流程进行管理和监督，很大程度上削弱了其自主性和工作的灵活性，甚至会引发零工工作者的消极情绪感知，因此，平台的治理和规范管理也要关注这些问题，努力营造一个公平健康的就业环境。

由于新业态用工环境的变化和人工智能技术的发展与异化，平台企业的算法技术所带来的社会问题日益显著，算法带来的完全理性和价值观缺失的判断风险使得平台从业者的就业权益受到了威胁。因此，不少学者提出了"算法治理"的概念，通过对当前算法应用进行管理来规制算法技术的发展和应用。在新业态背景下，平台企业的发展和灵活工作方式的出现确实吸引了很多就业人群，解决了众多就业问题，但随着大数据时代的发展和算法的运用，出现了很多社会问题，我们在正确认识算法的同时应积极对其进行治理。一方面，当算法能够快速、系统地做出独立的决策时，个体的主观性正在被慢慢侵蚀；另一方面，当算法将真实可触的世界与大数据下的虚拟世界联系起来时，一次性的不公正决策可能意味着对个人产生了潜在的结构性歧视。当传统的治理路径和治理结构屡屡失败时，由于立法的滞后性和专业差距，新业态下立法者将面临关于算法治理的一些巨大挑战（张欣，2019）。

随着算法技术的发展优化和应用频率的提高，算法在新业态下的平台经济中对公私领域产生了众多复杂的影响，我国的立法者也认识到了这些问题，并采取积极的政策措施来解决。但也只是对于特定场景的初步尝试，没有形成系统性的体系来进行整体的治理工作。也有不少学者给出了算法治理的不同视角和思考角度，值得我们在未来进行尝试和研究。孙逸啸和郑浩然（2021）指出，当前我国的算法治理过程中出现的问题和需求主要集中在应用相关算法技术的新业态情景下的平台经济中，随着当前计算机技术和大数据的发展，算法技术应用所引发的问题愈发明显，系统的治理体系是必要的。他们进行研究并指出要最终建立一套"多方维持均衡"的合理合规的治理体系，要健全目前算法治理形成的相关制度基础，从制度层面进行规则的制定和合规的管控，同时设置限制算法技术性带来的权力扩张的机制，从权责角度进行合理的管理，实现算法技术应用的合理、合规和合法，增强算法治理的公共性。阳镇和陈劲（2021）则从企业社会责任层面出发，通过提高算法技术开发团队和企业的责任感，积极认识到新业态背景下企业新的社会责任，在算法技术应用中进行算法信息披露并建立算法影响的责任评估体系，从思想和制度上贯彻算法治理的理念，从而为未来整个体系的构建打下基础。

第十二章　数字时代企业管理范式转型

一、数字时代的企业愿景

企业愿景作为企业发展的长远目标，为企业和成员绘制了未来发展的美好蓝图，对企业的持续健康发展具有重要的意义。随着市场经济的发展，共同富裕对企业愿景提出了新的要求，认为企业愿景不仅需要聚焦于企业利益，而且需要注重社会责任的倡导，通过聚焦转向推动企业发展，助力共同富裕。

（一）企业愿景

企业愿景，简称"愿景"。20 世纪 90 年代以来，国内外学者基于"愿景"的讨论逐渐成为管理学领域的研究热点。愿景一般由企业内部成员提出，经由内部讨论通过后，成为企业发展的指导方针。企业愿景形成后，管理者会就企业愿景做出简明陈述，并据此制定具体落实方案和行动指南，从而推动企业愿景在企业范围内贯彻落实。借助企业愿景，企业能够对内部人员进行有效培育，将企业愿景贯穿企业经营管理的各个环节，激发员工潜能，增强企业的生产力和竞争力，促进企业发展良性循环。

1. 企业愿景的内涵

企业愿景作为企业的长期愿望，为企业发展绘制出了理想蓝图，代表企业的发展方向和永恒追求。纳努斯（Nanus，1992）在其《愿景领导》一书中正式提出了"愿景领导"一词，同时提出"愿景包括组织长期的计划与未来发展的景象，是组织现况与未来景象间的桥梁"。伴随管理实践的发展，实际工作中出现了"企业愿景"和"企业使命"等概念模糊的问题。诚然，企业愿景和企业使命都指向企业发展方向，但它们之间仍有区别。企业使命强调企业现在正在做的事，而企业愿景强调的则是企业未来将会成为什么样子。企业愿景指出了企业发展的方向和期望，但并不提供详细的行动方案和量化数据，具有理想性的同时也具有可实现性。

柯林斯在《基业长青》中定义了愿景的概念架构，提出"一个构思良好的愿景包括两个主要方面——核心理念和未来前景"（柯林斯，1994）；彼得·圣吉在《第五项修炼》中强调"共同愿景"这一概念（圣吉，1998），但是他们都没有就企业应该如何设定企业愿景展开论述。那么，我们应该如何设定有效的企业愿景呢？

有效的企业愿景需要包括存在的理由、战略、价值观三部分内容，这三者构成了有效企业愿景的内核原则。其中，存在的理由是指企业愿景需要传达企业存在的理由以及企业所从事的活动的原因，即企业为何存在、为谁的利益努力、发挥了什么作用；战略是指企业愿景必须建立起企业的个性化标识；价值观具有重要的引领作用，是指企业内部人员所广泛接受的、企业为证明"存在的理由"和执行"战略"所需贯彻于企业经营活动的观念、态度和信念等。

因此，企业愿景是企业内部根据现有经营状态和经营需要形成的对未来发展方向的一种期望，同时，企业根据企业愿景，整合内部现有可利用资源对企业使命、存在意义、企业价值观、经营战略等具体执行方案进行细化落实，将企业愿景融入生产经营的各个方面。制定有效的企业愿景，帮助企业员工明确企业愿景赋予的使命与责任，增强员工工作目标感，帮助企业在经营管理的过程中形成自己的独特优势，增强自身解决问题的能力。

2. 企业愿景的作用

企业愿景为企业提供了为之奋斗并希望达到的目标，它不仅描绘了企业希望达到的状态，还引领企业内部人员为之努力。美国管理学家加里·胡佛在《愿景》一书中明确指出：伟大的企业之所以伟大，是因为它们能够看到别人看不到的东西，将洞察力与策略相结合，描绘出独一无二的企业愿景（胡佛，2008）。由此，企业愿景的重要性可见一斑。愿景的作用可以从以下三方面进行考察：企业愿景代表着企业的梦想，同时也汇集着个人愿景，能够优化企业管理氛围；企业愿景是企业发展的基石，能够引领企业战略，明确企业的发展方向；企业愿景有助于改善企业的经营状况，促进企业绩效的提升。

（1）激发情感共鸣，优化管理氛围。企业愿景是企业的旗帜和灵魂，具有很强的感召力。它从宏观层面使企业内部拥有了一个统一的目标，并作为员工日常工作的价值导向和评判准则给员工指明了发展方向，同时发挥着激励员工不断前进的导向作用。而价值最大化的企业愿景是以企业成员的个人愿景为基础，逐步上升到共同愿景的长期目标。建立在共有价值观基础上的企业愿景才更能激发出成员对于工作的积极性和创造性。

比如，联想自创业之初就定下了"要把联想办成一个长久的、有规模的高技术企业"的信念，之后又将"2010年力争进入世界500强"作为自己的愿景，而这一愿景凝聚着所有联想人的愿望。在这一过程中，联想采取了"模式培训"、讲述企业发展史、贯穿经营理念等方式将这一愿景根植于每个员工的内心，让员工从内心深处认同企业愿景，指引员工朝着目标不断前进。

因此，企业愿景在一定程度上集中体现了员工的个人愿景，并以共有的目标感和价值观感召企业全体成员，员工也因受到企业愿景的感召，从内心产生对企业的归属感、认同感，继而对工作产生使命感、责任感，更具有团队向心力和企业凝聚力。在情感共鸣的基础上，企业愿景更大程度地激发了员工的潜能和创造力，优化了企业的管理氛围，促使企业全体成员朝着企业愿景的方向不断迈进。

（2）引领企业战略，明确发展方向。企业愿景是企业发展的基石，是企业战略与企业文化的结晶。有效的企业愿景能够引领企业战略健康发展，帮助企业明确发展方向。企业战略由企业愿景体系归纳得出，是企业愿景的具体化。相较于企业愿景的宏观性，企业战略拥有明确的落地运作体系。

有效的企业愿景具有独特性，根据企业愿景制定的企业战略能够帮助企业在竞争中形成独特优势，能够引领企业的发展方向。华为公司的愿景是把数字世界带入每个人、每个家庭、每个组织，构建万物互联的智能世界。而华为的战略又分为四个方面：为客户服务是华为存在的唯一理由，客户需求是华为发展的原动力；质量好、服务好、运作成本低，优先满足客户需求，提升客户竞争力和盈利能力；持续管理变革，实现高效的流程化运作，确保端对端的优质交付；与友商共同发展，既是竞争对手，也是合作伙伴，共同创造良好的生存空间，共享价值链的利益。可见，华为的愿景从宏观层面形成了企业的发展方向，而基于企业愿景形成的战略为成员"做正确的事"提供了行动指南。

清晰、明确且有效的企业愿景能够感召员工不断前进，企业战略为员工提供了实现"愿景"的工具。在竞争日趋激烈的经营环境下，制定有效企业愿景，辅之以切实可行的企业战略，能够为企业发展指明道路，使其在动荡的环境中掌握竞争优势，立于不败之地。

（3）改善经营状况，提升企业绩效。企业愿景的作用体现在对内部员工和企业战略等内部管理的价值上，其对改善企业的生产经营状况和提升市场价值也有一定作用。

一个高效的企业愿景能够从根本上改变某个产业的竞争格局，重新划分产业内各核心企业的竞争份额和市场，或者能够开创出产业内部的新市场，提升企业存在的价值。企业愿景还能帮助企业在行业内形成独特的竞争优势和竞争特色，还能够起到吸引业内其他企业、企业用户和企业股东的关注，提升市场价值的作用。

企业愿景越符合企业的发展方向，越有利于企业形成竞争力。当企业遇到经营危机时，因企业愿景形成的良好企业形象也有助于企业维持一定的市场信誉与支持，在动态环境下也能够增强自身的应对能力。良好的企业形象作为一种无形资产，通过展现企业未来增长的可能性，使企业赢得更多帮助，为企业未来开拓市场提供更多可能。

（二）共同富裕政策下对企业愿景的新要求

共同富裕是中国特色社会主义现代化经济建设的重要一环和奋斗目标，实现共同富裕需要多方的参与和努力，而企业作为经济活动的主要参与者，在践行共同富裕政策的道路上，无疑是重要的推动力量之一。共同富裕政策对企业愿景提出了新的要求，企业愿景的重点也发生了变化，日益呈现出社会责任导向趋势。因此探究共同富裕政策下企业愿景的建设对策具有现实意义。

1. 共同富裕政策下企业愿景的转向

在党的十八届五中全会上，习近平总书记鲜明提出了"创新、协调、绿色、开放、共享"的五大新发展理念。党的二十大报告强调，贯彻新发展理念是新时代我国发展壮大的必由之路。习近平总书记反复强调"共同富裕"这一概念，并基于此发表了系列论述，而"共同富裕"的核心与新发展理念中的"共享"概念又相契合。

国之大者，为国为民。现代企业的愿景不仅需要指向企业存在的理由，还需要回答企业的存在将为社会带来何种贡献的问题，即现代企业不仅要考虑自身利益，还需要承担社会责任。关于企业社会责任的问题，有两种具有代表性的观点，分别是古典观点和社会经济学观点。古典观点以经济学家弗里德曼为代表，他认为企业首先需要对股东负责，管理者的主要责任就是从股东的最佳利益出发从事生产经营活动。企业即使承担社会责任，也应以满足股东利益最大化为前提，不得任意使用企业资源用于满足社会责任的需要。社会经济学观点则认为企业不仅需要对股东负责，还应当对社会负责，管理当局的社会责任不只是创造经济利润，还有增进和保障社会福利，即应当积极承担社会责任。

显然，社会经济学观点与共同富裕政策更为契合。当前我国企业社会责任的实践状况总体进程仍处于相对滞后状态，企业对于社会责任的认知理念也仍有不足（阳镇、陈劲，2022），在企业愿景的设定上与社会责任的融合度和共同富裕政策所倡导的内核也仍有差距。

在共同富裕政策下，企业愿景将会增强从企业利益导向转向社会责任导向的趋势。企业应当更多地回馈社会，更多地关注社会责任和企业的社会价值，推动形成人人参与、人人努力、人人共享的社会格局，扎实推进共同富裕，使发展成果由人民共享。

2. 共同富裕政策下企业愿景的建设对策

共同富裕作为一项系统工程，涵盖经济、文化、民生、环境等多个维度，而企业作为市场主体，积极承担社会责任，将共同富裕理想转化为企业愿景，有助于推动资源共享，实现共同富裕与企业愿景的有效结合。

在共同富裕政策下，企业首先应当坚持基本经济制度，坚持公有制为主体、多种所有制经济共同发展，调动各方积极性，激发各类市场主体活力，这有利于转变经济发展方式，维护社会公平与正义。同时，我国应坚持按劳分配为主体、多种分配方式并存的分配制度，坚持注重效率优先，兼顾公平，对收入分配机制进行完善。第三次分配作为初次分配和再分配的补充，是社会主体自愿参与的分配活动，企业参与第三次分配能够培养企业开放、包容、为国为民的思维，帮助企业更好地回馈社会。

在共同富裕政策下，企业还需要加强全面社会责任管理（徐耀强，2021）。企业的社会责任主要包括企业的社会使命、社会服务、社会产品、社会利益、行为定位五个方面，这五个方面都指向企业在为自身带来利益的同时也需要对社会具有价值，将维护和实现社会整体利益作为其评价生产经营活动成果的指标和依据。将企业愿景与企业社会责任有效结合，有助于企业形成自己的品牌优势和特色，提升企业的知名度和用户黏性。例如，海尔要"创中国的世界名牌，为民族争光"；蒙牛乳业倡导"市民健康一杯奶，农民致富一家人"；等等。这些愿景都融合着企业的社会责任，帮助企业形成自己的品牌优势，对企业发展发挥关键作用。在共同富裕政策下，企业将共同富裕作为共同愿景融入企业发展，不仅能产生可观的经济利益，还能带来无形的财富。

二、共同参与的数字创新

创新是驱动人类文明和经济社会可持续发展的主要动力（陈劲，2015）。伴随物联网、人工智能、5G技术的快速发展，新一轮科技革命和产业变革迅猛发展。在新兴技术的驱动下，企业面临全方位的竞争和变革，数据技术对企业提出的新挑战已经渗透进企业经营的方方面面，数字创新为企业带来了哪些好处，企业又应该如何运用数字创新助推共同富裕，成为我们应当关注的重点。

（一）数字创新的定义

回望过去20年，"互联网服务""新零售"等概念为数字技术的发展提供了契机。随后，云计算、人工智能、区块链、物联网、虚拟现实、大数据等逐步为数字创新助力。但是，在很长一段时间内，仍有企业将数字创新和技术创新直接画等号，这也导致很多企业没能在技术革新的时代成功破局，继而被淘汰。

那么，什么是数字创新？数字创新在本质上与数字化转型密不可分。关于数字化转型，国务院发展研究中心在与戴尔公司联合发布的研究报告中指出"数字化转型是指利用新一代信息技术，构建数据采集、传输、存储、处理和反馈的闭环，打通不同层级与不同行业间的数据壁垒，提高行业整体的运行效率，构建全新的数字经济体系"（经济日报，2022）。而阿里研究院认为：数字化转型的本质是，在"数据+算法定义"的世界中，以数据的自动流动化解复杂系统的不确定性，优化资源配置效率，构建企业新型竞争优势（安筱鹏，2022）。

关于数字创新，习近平总书记在2018年网信工作会议上提到"要发展数字经济，加快推动数字产业化，依靠信息技术创新驱动，不断催生新产业新业态新模式，用新动能推动新发展；推动互联网、大数据、人工智能和实体经济深度融合，加快制造业、农业、服务业数字化、网络化、智能化"（新华网，2020）。党的二十大报告指出，应"加快发展数字经济，促进数字经济和实体经济深度融合"。魏江在《数字创新》一书中将"数字创新"定义为：在创新过程中采用信息、计算、沟通和连接技术的组合，并由此带来新产品、改进生产过程、变革组织模式、创建和改变商业模式等（魏江、刘洋，2020）。

由此，我们不难看出，关于数字创新的定义主要围绕着数字技术、创新过程、创新成果三个核心内容展开。数字技术指的是新一轮科技革命带来的新兴数字化技术，如云计算、人工智能、区块链、物联网、虚拟现实、大数据等。创新过程指的是现代新兴技术与原有传统产业的融合过程，通过传统与新兴的贯通，加强了现代新兴技术在实体领域中的运用。创新成果指的是依靠现代新兴技术与实体产业的融合产生出的包括产品创新、服务创新、战略创新、商业模式创新等成果。

（二）数字创新的意义

伴随科技革命的发展，数字技术的运用日趋广泛，但数字技术不仅是手段和工具，更是在无形中对我们的思维方式、企业管理方式、产业结构等多领域产生重要影响。通过数字创新，企业打破了原有的单一竞争格局，并利用数字化技术加强了企业之间的合作。数字创新为企业带来了新的商业模式和发展机遇，赋能新产业，打破了传统企业的困境；同时，数字创新也顺应了全球数字化转型的发展趋势，而多方参与下的数字创新更为共同富裕的实现提供了新路径。

1. 数字创新赋能传统产业

在传统经营模式中，大多数传统企业的商业模式以粗放型模式为主，通过经销、分销等渠道扩大市场，依靠人口红利和低端产品来占领市场，这种传统经营模式不利于企业形成自身的差异化优势，导致企业核心竞争力不足，企业的可替代性也较强。

数字创新为实体经济带来了全方位的价值。数字创新通过数字技术、数字平台等为传统产业赋能。在经营过程中，数字创新通过提高自动化水平降低人力成本，减少基础性劳动力投入；在产品质量上，数字创新通过增加研发投入提高企业的自主创新能力，改进产品质量；在商业模式上，数字创新通过在企业与用户之间建立沟通渠道，让企业直面用户需求，及时做出更正和改进，通过数字创新与实体经济的融合发展，深化了数字技术在企业经营活动中的应用，帮助企业进行数字化转型，并逐步摆脱原有的依靠单一渠道经营导致的困境。

数字创新为传统企业发展带来了新的机遇。大数据、云计算等科技帮助企业提升了数据的分析和使用能力；基于位置的数字劳动平台也日渐扩充，为企业带来了新的增长方式，并提供了更多具有灵活性的工作岗位；通过数字化服务和设施为其他产业赋能，加强实体经济与传统经济的融合互通。数字创新使数字经济与实体经济的分野日渐模糊，新产业、新模式、新业态正在苗壮成长。

数字创新通过深度整合企业资源，实现了互联网的普惠化，让各行各业、各类群体、不同地域之间打破经营壁垒，使数字化资源广泛覆盖，为传统产业赋能，帮助其摆脱困境，提升企业经营效率和企业绩效。

2. 顺应全球数字化转型趋势

数字创新无疑对经济变革产生了推动和加速作用。在全球经济发展中，世界各国可以通过数字技术及时交换信息，有效提高资源利用效率，提高贸易效率；在产业发展方面，以大数据、云计算为背景的数字技术能够通过全球背景下的信息互通，了解到最新产品和发展动态，据此形成和完善新产业链，同时，通过数字创新，更多发展中国家可以参与到更多产业的发展过程中，承接很多发达国家和欠发达国家的低端生产要素的提供工作；在区域发展方面，各国家间通过共享数据，能够加强全球合作，针对气候变化、环境污染等问题，数字创新为国家间交流沟通提供了新路径。

尤其是在后疫情时代，数字创新以其自身具有的创新力和辐射力，为经济恢复与发展提供了重要支撑。在全球经济增长乏力甚至出现衰退的情况下，数字经济仍保持高速增长态势。可见，数字经济是全球经济实现可持续发展的有效路径。推动数字创新，顺应了全球数字化转型的趋势，符合经济全球化的发展要求，对数字化转型主体多元化、广泛参与具有重要意义。

3. 共同富裕与数字创新

数字创新可以拉动就业。随着数字创新的发展，数字平台对就业结构的调整产生了重要影响。基于位置的数字劳动平台和基于网络的数字劳动平台上涌现了很多的岗位需求，其中基于位置的数字劳动平台的岗位相对而言就业门槛较低且需求量较大，工作灵活性强，无论是全职还是兼职工作，数字创新都提供了更多的就业机会。充分就业是实现共同富裕的前提和基础，数字创新在拉动就业、提高就业率方面发挥了重要作用，对推动共同富裕具有较大潜力。

数字创新推动基本公共服务均等化。基本公共服务均等化涉及的范围涵盖基本民生在教育、就业、社会保障、住房保障、文化体育等多领域的公共服务机会均等（经济日报，2022）。基本公共服务均等化是共同富裕的内在要求。截至 2021 年底，我国累计建成并开通 5G 基站 142.5 万个，占全球 5G 基站数量的 60% 以上，建成全球最大的 5G 网，实现覆盖全国所有地级市城区、超过 98% 的县城城区和 80% 的乡镇城区（2021 年通信业统计公报，2022）。通过数字创新，数字基础设施建设快速完善，基本公共服务提质增效，有利于推进数字化建设。

（三）共同参与数字创新实现路径

克莱顿·克里斯坦森在《创新者的窘境》一书中提出：所有失败案例都具有一个共同点，那就是导致企业失败的决策恰好是在领先企业被广泛誉为世界上最好的企业时做出的（克里斯坦森，2014）。而这一观点在现实中也确有印证，比如曾经盛极一时的诺基亚。自 20 世纪 90 年代开始，诺基亚逐渐迎来自己的黄金时代，直至 2007 年四季度，诺基亚的发展达到巅峰。然而，面对战略转型期，诺基亚做出了错误判断，致使自己落入被动境地，曾经的市场优势和领先地位也不复存在，最终走向衰落。面对企业战略转型期和数字创新发展红利，共同参与需要微观主体和宏观政策双管齐下，方能最大化地实现管理效率和效果，通过打造企业核心优势助推共同富裕。

1. 微观主体——加强协同创新，提高核心技术能力

当前，数字创新正处于快速发展期，但是数字创新也存在发展障碍，比如核心技术能力不足。"卡脖子"问题主要表现在关键核心技术、前沿引领技术、现代工程技术、颠覆性技术创新等方面（人民日报，2022）。关键技术领域核心能力不足将制约我国数字创新的发展进程。因此，企业应协同创新，加强对核心技术能力的开发，补齐短板，提高核心技术能力。

提高核心技术能力的本质在于构建完整的本土化产业链并提高产业链的自主可控程度与竞争优势（王昶 等，2022）。首先，从产业结构角度调整创新模式，将原有的以快速商业化为目的的外向型开放式创新模式调整为以发展企业内生自主创新能力为目的的内向型开放式创新模式，这更符合当前高度动态与复杂的竞争环境要求（陈劲、阳镇，2020）。构建内生型开放系统有助于改善处于低端产业链的企业可替代性强的现象，同时，产业生态的良性循环有助于进一步推动产业融合，在数字创新的背景下，增强企业间资源耦合，完善本土化产业链，朝着建设科技强国的方向不断迈进。此外，从企业治理角度，一方面，通过国家数字科技创新平台，核心企业应该积极推进创新基地建设，加大对基础性共性技术的常规开发，对关键技术实施重点开发，减少因关键技术能力不足导致企业发展停滞现象的发生。另一方面，企业应当加强创新型人才的培育，大型企业可以通过增强和高水平大学、研究院等的创新合作，构建高水平研发团队，发挥企业主体作用，促进高水平人才引进；中小企业加强本企业内部人才培养，提高对核心研发人员的素质培养，通过股权激励、薪酬制度等方式提高员工的留存率。

2. 宏观政策——完善制度监管，提升数字治理话语权

当前，数字创新正处于发展红利期，各国都在积极寻求数字创新领域的话语权。中国作为数字经济体量全球第二的国家，与数字经济体量全球第一的美国在数字创新发展水平上仍有较大差距，在数字创新领域的话语权也相对不足。归其原因，主要是法律监管制度不够完善，建设相对滞后；平台监管不足，基础设施建设不足等。具体可从以下三方面进行改进：

第一，完善法律监管制度，加强法制建设。当前，我国数字创新正处于快速扩张时期，与此同时，由数字创新衍生的数据安全、算法歧视、不正当竞争等一系列问题不断涌现。完善我国数字经济治理体系，需要加快完善相关法律法规体系、建立协同监管机制。数据安全工作是一项长期性工作。对于数据安全问题，我国已经于2021年9月正式施行《中华人民共和国数据安全法》。在此基础上，中国应继续加强司法保护力度，推动实行分级重点保护。对于算法歧视问题，我国已于2022年1月审议通过《互联网信息服务算法推荐管理规定》，对算法歧视的设计主体进行规范，在提高用户体验感的同时，保障商家的合法权益。对于不正当竞争问题，目前多地都已开展反对不正当竞争的专项整治行动，但治理力度和治理效果仍有待加强，应当在原有基础上，加强惩治力度和治理深度。法律监管制度的完善可以帮助我国在数字创新治理领域争取更多的话语权。

第二，建立健全平台监管，促进数字创新平台常态化建设。目前，我国

数字创新领域新型企业的平台监管机制仍有缺失，未能及时且科学、准确地对数字创新安全风险进行防范和监管。应加强我国数字创新领域安全风险防范，根据我国数字创新安全特征形成我国数字创新安全防范预警方法，并制定数字创新安全预警指标，建立我国数字创新安全风险预警平台，对数字安全进行动态预警防范评估，定期对数字安全风险进行审核，对所发现的问题进行及时整改，及时弥补和修正数字创新安全风险短板，保持平台良性发展，加强顶层设计，建造良好的创新环境，加强数字创新安全治理，促进数字创新平台常态化建设。

第三，深度参与国际合作，有效防范和化解数字创新风险。伴随经济全球化的不断深入，数字创新治理逐渐成为全球性的治理问题。有效防范和化解数字创新风险需要深度参与国际合作。首先，可以通过加快"数字丝绸之路"建设，推动构建"一带一路"高质量发展（陈伟光，2022）。通过"数字丝绸之路"建设，加快数字知识产权建设，充分利用数字创新在电子商务、数字贸易、5G 等领域的应用，拓宽与"一带一路"沿线国家的国际合作。其次，完善 G20、区域贸易经济组织、金砖国家等合作组织在数字创新治理领域的合作机制，构建新型数字创新开放发展格局，建立数字创新友好合作关系。此外，要注意防范和抵制发达国家影响我国数字创新安全的行为，强化反垄断审查监管，高度重视和完善我国数字创新风险防控建设机制。

三、同理心塑造尊严和安全感

管理过程中融入同理心，有助于塑造组织中成员的尊严和安全感，帮助员工在组织中寻找自我价值和人生意义，对组织产生更多归属感，从而更加努力地工作。员工在组织中不仅能够获得经济价值，还会获得自我价值，寻求获得生存能力提升的韧性以及改变世界的机会。

（一）尊严

尊严作为人性化管理的重要支柱，是人性的基本原则。尊严根植于全球精神和宗教传统，是建立在自我反思、自我认同、自我发展之上的（Pirson，2017）。人的尊严在现代企业管理中价值凸显。企业应当给予员工足够的自由、鼓励和支持，让每一个人在追求经济价值的同时，也能维护尊严。

1. 尊严的作用

首先，尊严对于个体的发展起着重要的作用。维护和实现个体尊严是人类发展的题中应有之义和显著标志，个体在多大程度上实现尊严是其发展程度的重要体现。其次，从人的发展来看，尊严是对个体地位平等的肯定。尊严作为社会每一个个体所普遍具有的价值禀赋，无法用金钱来度量，但在所有人身上都具有同质性，这也表明其基础是人的平等地位。尊严是指人们都应当享有人格尊严并受到同等的尊重，不因人种、民族、性别、宗教等的不同或社会地位的高低而有所差异。同时，尊严也是人类通过行为获取的建立自我价值和自我自尊的能力，通过尊严的获得，个体的自我价值和自尊也将最大化地实现。

在社会学上，尊严与自由和责任有关。康德指出，在理性基础上产生的自由意志和道德自律是享有人格尊严的关键因素，假如人被某种精神或物质所束缚，则意味着个体完全按照外在的必然性行动，其尊严也将无从谈起。此外，尊严是一点一滴责任感的堆积，对所有事情富有责任感，才能最终换来尊严。综上所述，自由、责任和尊严作为人类追求的主要价值，是相辅相成的。缺乏尊严的指引，我们就无法摸索到自由所向的目标和边界，也就无法对任何事物怀有责任感；没有自由的环境，责任的累积，个体必将成为任人宰割的工具，而人类追求尊严的道路也终将受到阻碍。

而管理学上的尊严与自尊、自治、有意义的工作、正义和幸福有关。人不仅生活在国家里，还生活在每天的工作、学习当中。所以要让人找到归属感，找得到身份、地位和有尊严，这对每一个企业管理者来说都是责无旁贷的。人并非工具，也不能被企业当作工具来看待，在为公司创建经营业绩的过程当中，必须将人的能力发展、人的荣誉与权利置于更关键的位置，甚至让其成为一家公司的终极目标让每一个个体在有意义的工作中体会到幸福。

2. 人性化管理中尊严的角色

在人性化管理中，尊严的意义在于回答我们作为人类存在的意义。人性化管理注重的是公平和尊重，以及弹性和灵敏。这意味着管理团队成员通过积极主动的创新，协同合作等，使企业管理工作方式更加贴近人性，进而合理、高效地提升人的工作潜能。随着越来越多的管理者和公司提倡人性化管理模式，现代公司也逐渐进入人性化管理模式。人性化管理是公司管理模式的最高原则，是对人的全面管理，是一种在整个公司管理工作流程中全面重视个人要素，以充分挖掘人的工作潜力为己任的管理手段，所以人性化管理模式也是对人的尊严进行保护的另一个重要体现方法。

从管理学视角出发，人性是指人们对美好生活的渴望、对发展目标的追求和对自尊的保护。美籍杰出管理学思想家道格拉斯·麦格雷戈（Douglas McGregor）在《企业的人性面》中说："在每一种管理决定以及每一项管理工作举措的背后，都必有某些针对人的本性和人性行为的假设。"所以，管理工作是人的社会活动，是个体对个体的心理活动，在管理工作中实现人性化是以推动人性发展和解放为最根本目的的。重视人的尊严、使人格得以最充分地发展是现代科学管理的核心内容，所以人性化管理是使公司管理工作与人性尊严更加和谐的重要方法。

迈克尔·皮尔逊在《人性化管理》一书中提出了人性化管理的理论模型（Pirson，2017）。人性化管理有两个阶段性目标——保护员工尊严和促进员工幸福。组织可以通过四项驱动力来实现目标，即需求驱动、关系驱动、意义驱动和合作驱动。所谓需求驱动，就是员工内心的深层次需求驱动企业要以员工的尊严和幸福为企业的终极目标；关系驱动指员工对良好的工作和同事之间关系的渴求；意义驱动指实现员工的尊严和幸福对企业来讲是一项有意义的活动；合作驱动指员工在合作中希望能够被尊重。四种驱动的结合有效地推动了员工尊严和幸福的实现。

传统的企业以经济价值为导向，更关注需求驱动，而忽视了意义驱动、关系驱动和合作驱动。在人性化的管理模型中，需要把四项驱动力结合在一起，实现需求驱动、关系驱动、意义驱动、合作驱动的平衡发展。

传统的企业采用经济模型，目标是实现企业利益的最大化，比较关注个人的需求驱动，忽视了意义驱动、关系驱动和合作驱动。其并不重视尊严的存在。在人性化的管理模型中，需要把四项驱动力结合在一起，即在需求驱动的基础上进一步关注意义驱动、关系驱动和合作驱动，实现人的四种驱动的平衡，通过不断的学习和实践，实现员工的尊严追求，最终获得幸福，这样的管理思想是值得推崇的（Pirson，2017）。

个体通过四种驱动的平衡实现对尊严的保护，并终将通过实践智慧感受到幸福以及人生的意义。这种幸福感知会反作用于整个团队和组织，提升团队和组织的效率和凝聚力，最终影响社会福祉。

3. 人性化管理中尊严的维护

尊严与幸福是人性化管理的基石。人性化管理中的个人尊严主要表现在对个人尊严的维护上，重视人的自身潜力，让其自信、自由地发展自己，以便于在工作中更积极而全面地发展自身能力，以达到个人与团体的双重效益。如何转变组织实践以保护和促进人的尊严并最终实现幸福和繁荣是我们需要解决的问题。

（1）促进人的发展。人的发展对企业来说至关重要，促进人的发展就要以企业战略为依据做出一系列有计划、具有战略性意义的人力资源部署和管理行为。企业在招聘员工时不应受性别、年龄、家庭、信仰等因素限制，让每个人在适合自己的岗位上发光发热，人尽其才。同时，注重人的潜能开发，通过和员工的沟通了解员工的个性和能力，在管理工作中注意思维和精神情感上的可塑性和稳定性，并合理地进行有针对性的管理工作活动，知人善任，因才施用，其核心目的就是调动员工的工作积极性，激发员工内在潜能，让员工们切身体会到的自我价值、信心、尊严与自我效能感，让公司、企业成为员工的归宿。

（2）提升责任感。首先，提升员工的责任感，就要给予员工更多的权力，让员工主动参与到管理层的决策活动中。这是集体对职工尊严关注的重要体现。在这一过程中，员工会产生更加强烈的自我价值感，感受到被集体重视和尊重。当员工主动参与到企业决策的制定中时，他们就会主动提升自身责任感，主动为自己、团队和企业负责，集结群众的智慧并汲取其中的精髓，制定出合理且可行的经营策略。通过分权式管理，企业让职工体会到自身的意义与价值感，表现出对员工尊严的维护。

其次，员工要为自己负责，提升自身责任感，主动制定工作规划，执行计划，进而实现组织目标，也就是实施员工自己对自己的控制、管理、规划与负责。"人性化管理"的主要着眼点就是人性、权利与人格。所以，尊严的维护也应当关注个人本身的性格特点和权益。由员工自己针对自身状况，制定适合于自己性格特征的工作规划，自己对自己负责。这样不仅提高了员工的工作积极性，而且实现了员工的权益。员工可以以更积极的态度对待工作，提升自我效能感和工作效率。员工在实现自我管理的过程中，充分感受到了责任感、自我发展和成长的喜悦，也能够有尊严地生存和工作（田芳、姚本先，2010）。

（3）培养能力。一个员工在企业中有不断提升自身能力的需求。在企业管理中，对员工能力的培养往往被视为企业的福利。对员工持续不断地培养不仅能够提高员工的个人能力，还会使员工发自内心地感激企业为他们提供了成长、发展和自我价值实现的机会，感受到企业对人性尊严的维护。这样的结果鼓舞了员工的士气、激发了员工的潜能并有效调动了员工的积极性和主动性。员工有了自尊和自信心以后，他们就会在工作中将"要我做"转化为"我要做"。而员工敬业精神的产生，会自然而然地增强企业的向心力和凝聚力。

（二）心理安全感

科学管理时代，标准化是发展的引擎，即员工作为劳动主体只需执行"最佳实践"来完成几乎所有的任务。而如今，创意和创作才是发展的原动力。"知识工作者"在工作中通过脑力创作和相互协作解决问题，完成不断变化的工作。组织要想实现长远发展，必须寻找并坚持寻找创造价值的新方法，而创造价值的首要条件是人们需要完全充分地释放潜能。知识和创新已成为几乎每个行业中竞争优势的重要来源，这早已不是什么新鲜事了。然而，鲜有管理者停下来，好好思考一下：这种新形势有什么影响，尤其是对于创造一种有助于实现员工和组织双赢的工作环境有什么意义？什么样的工作场所和组织环境有益于员工更加积极主动地投入工作，更能提高组织效率？

1. 心理安全感的作用

艾米·埃德蒙森在《无畏的组织》一书中得出如下结论：心理安全是创造高效、人性化和弹性工作场所的关键因素。心理安全对于不同团体都很重要，无论是金融机构的最高管理层，还是重症监护病房的一线员工。组织要想在一个由创新决定成败的世界中真正地发展壮大，仅雇用聪明又有上进心的人是不够的，知识渊博、技术精湛、善解人意的人并非总是能够在关键时刻将自己掌握的知识运用到工作中——有时是因为他们没有意识到组织需要他们所掌握的知识，但更多时候是因为他们不愿意挺身而出、敢于试错或得罪上司。为实现知识型工作的蓬勃发展，工作场所必须是人们能够自由分享知识的地方，也是人们能够分享各种担忧、问题、错误和不成熟的想法的地方（埃德蒙森，2020）。

在现代经济中，我们所重视的一切几乎都是决策和行动共同作用的结果，而共同的决策和行动，得益于有效的团队合作。在大多数工作中，员工需要通过交流找出一些不断变化的相互依赖关系。团队合作越来越多地呈现动态变化——人员配置在不断变化。这种动态协作称为团队协同。团队协同是跨越各种界限——比如专业知识、地位和距离——与人们沟通和协调的艺术。但是，无论你是不断与新同事组队，还是在稳定的团队中工作，只有在心理安全的工作场所，团队合作才能达到最佳效果。在心理安全的工作场所中，人们知道自己可能会失败，可能达不到预期绩效，甚至可能会因为行业环境的变化或者能力不达标而丢掉工作，但是人们不会受到人际恐惧的困扰，他们愿意并能够承担开诚布公所带来的人际风险。与害怕分享、有攻击性甚至错误的想法相比，他们反而更害怕自己无法充分参与其中。在知识密集型的世界中，无畏的组织可以让人际恐惧降到最低，从而确保团队和组织绩效的最大化。

心理安全是一种让人们可以畅所欲言、做自己的氛围。更具体地说，当人们在工作中具备心理安全感时，他们会自由地分享自己的担忧和错误，而不会害怕出现尴尬的境况或遭到报复，不会担心受到侮辱、忽视或指责。他们知道，在对有些事情感到不确定时，他们可以提问。他们往往比较信任、尊重同事。当工作环境中的心理安全感处于相当高的水平时，就会有好的结果出现：错误被及时报告，便于迅速采取纠正措施，实现跨小组或跨部门无缝协调，分享可能改变游戏规则的创新思路。总而言之，对于在复杂多变环境中运营的组织而言，心理安全是创造价值的重要资源。

传统组织鼓励人们彰显每个人自身"专业强大"的一面，于是我们会尽量隐藏脆弱不安的一面。而在心理安全水平高的组织中，组织里的个体不再戴着面具来面对彼此，甚至拥有足够的安全空间来展示自己的脆弱和恐惧。由于组织内的个体之间建立了非常强的信任关系和连接感，所以人们愿意敞开心扉来分享。每个组织当中有两种角色，一种是理性人，一种是情绪人。很多时候我们都认为自己是非常理性的，决策也是基于理性分析做出的，但实际上无意识的情绪在主导我们的决策。如果组织里的无意识的情绪弥漫，而大家又不自知，就会产生强烈的组织不安全感，进而影响组织的效率。因此，帮助组织内的团队处理负面情绪，构建心理安全空间是十分重要的。这不仅可以让员工在忙碌的工作之余通过探讨来进行更深层次的思考，也会帮助团队里的每个人逐渐卸去面具，真诚地面对彼此。构建这样一个安全的空间，大家会更勇于直面失败、直面挑战，暴露自己的脆弱，也会有更大的包容性和容忍度。而领导者需要用这种不安全的姿态，积极创造正向的心理安全感。

2017年盖洛普的一项民意调查发现，只有30%的员工非常赞同"他们的观点在工作中受到重视"。同时，盖洛普指出，"如果将这一比例提高到60%，员工流动率可降低27%，安全事故可减少40%，生产力可提高12%"。因而，组织仅仅雇用有才之士是不够的。如果领导者希望释放个人和集体的潜能，就必须营造一种心理安全的氛围，让员工自由表达想法、分享信息和报告错误。如果让员工觉得自己的观点在工作中受到重视，产生意义感，就能够塑造一个"无畏的组织"。可见，在企业管理过程中塑造员工心理安全感十分重要。

2. 塑造心理安全感的途径

在传统的组织中，领导者通常是那个最强大、最有智慧，也最有力量的人。但越是这种权威的领导，越容易产生强势的领导风格。而对于那些希望通过塑造一个高绩效团队的领导者而言，需要通过一种谦卑的领导态度来构建团队的心理安全感。作为领导者，如何让团队成为有强烈心理安全感，让所有成员敞开心扉表达自己对于工作的建议和意见的组织呢？这就需要领导者对所有员工的态度和行为发生深刻变化，即创造条件、邀请参与和有效回应。

（1）创造条件、感知响应。沉默文化是一种危险的文化。领导者要在组织中创造合适的环境，让倾听和畅所欲言成为常态。在无所畏惧的工作场所中，员工不大可能不想分享有价值的信息、见解或问题，而领导者需要以自己为榜样创造一个善于倾听的环境。让整个团队达成共同的目标，理解他们所面对的情况是为构建心理安全空间创造条件的前提。这里就需要掌握最重要的技能——构建工作框架。在构建工作框架的过程中，要设定对于失败不确定性和相互依赖关系的期望，以阐明建言的必要性。在构建上司角色的过程中，要告别传统的上司下达命令评估他人表现的角色定位，而变为确定组织方向邀请员工发表有益于团队成长和个人成长的意见。

（2）鼓励贡献、邀请参与。强调使命感是为构建心理安全空间创造条件的另一个关键要素。通过令人信服的愿景和目标来激励员工本就是领导者的任务。领导者要提醒团队成员，他们所做的事情对客户、对世界多么重要。这有助于形成一种干劲儿，帮助员工度过艰难的时刻。领导者必须花时间强调组织的服务宗旨，因为任何人都会感到疲倦、力不从心和沮丧，看不到关键问题和整体情况。这个时候就需要领导者通过共同目标促使员工通力合作，彼此信任，重获他们与工作的紧密连接。这也有助于员工在工作中解决所面临的人际问题。

在邀请参与的过程中，情境式谦逊是一种非常有效的领导风格。坦率地说，面对如今这个充满复杂性和不确定性的世界，谦虚的心态是具有现实意义的。麻省理工学院的沙因教授的"谦卑领导"强调"此时此地的谦逊"。自信和谦逊不是对立的，谦逊是一种简单的认识，即你不能解决所有问题，当然也不能未卜先知。研究表明，当领导者表现出谦逊的态度时，团队会有更多的学习行为（Owens，Johnson，and Mitchell，2013）。

（3）有效回应、鼓励挑战。畅所欲言只是第一步，当人们直言不讳时，领导者要如何回应才是真正的考验。创造条件和邀请参与，确实给员工创建了心理安全空间，但是如果有人站起来提出了一个问题，而上司却生气或者轻蔑地做出回应，安全感就会很快消失。有效回应必须表现出欣赏和尊重并提供推进的方法。为了强化心理安全氛围，各级领导有必要对员工承担的风险做出有效的回应。有效的回应包括三个要素：第一，表达赞赏；第二，消除对失败的偏见；第三，处罚明显的违规行为。

失败是不确定性和创新不可或缺的组成部分，对这一点必须加以明确以及强化。传统的观念认为，失败是不可接受的，表现优秀的人不会失败，因此人们会隐瞒失败以保护自己。但是要构建心理安全空间，就必须承认失败是尝试的自然副产物。表现优秀的人从失败中吸取教训、产生经验并学习分享。失败是促进快速学习、公开讨论和创新的必要因素。

此外，领导者也必须意识到，当人们违反规则，不顾危险地尝试走捷径时，他们也将自己的同事和组织置于危险的境地。对潜在危险的、有害的或者草率的行为做出合理的且经过深思熟虑的回应能够增强，而不是破坏心理安全。因此，一个成功的领导者要时刻进行反思："我是否澄清了组织的界限？""大家是否知道我们组织中哪些行为是应该受到责备的？""我们是否对明显的违规行为做出了适当的强硬回应？"

在当今这个时代，没有谁能够完全掌握信息，完美地完成任何一项工作。因此，让团队的成员可以畅所欲言、分享信息、贡献专业知识、承担风险以及协同工作，比以往任何时候都更为重要。只有这样，才能创造永久性的价值。恐惧限制了我们进行有效思考和采取行动的能力。所以，今天的领导者必须承担驱除组织中的恐惧，创造有利于员工学习、创新、成长的环境这一任务。

（三）同理心

同理心代表着换位思考，代表着拥有和他人共情的能力，可以在与他人的相处中更好地理解他人和与他人沟通。微软总裁萨提亚在《刷新：重新发现商业与未来》中讲公司文化和领导力时，特别强调同理心的重要作用（萨提亚等，2018）。

1. 同理心的含义

同理心（empathy），亦译为"设身处地理解""感情移入""神入""共感""共情"。"同理心"一词源自希腊文 empatheia（神入），原来是美学理论家用以形容理解他人主观经验的能力。同理心其实就是站在当事人的角度和位置上，客观地理解当事人的内心感受，且把这种理解传达给当事人的一种沟通和交流的方式。同理心的重点在于体谅他人，替他人着想，正确了解他人的感受和情绪，进而做到相互理解、关怀和情感上的融洽。

2. 同理心的力量

第一，同理心有助于塑造尊严。同理心和尊重在一定意义上具有共同之处。尊重会将对方的感受和感知放在自己之前，建立在双方都能够理解对方的基础之上，无法理解对方便无法真正做到尊重对方，而尊重正是理解同理心的前提。具有同理心便会学会如何尊重别人，换言之，具有同理心便会使他人的尊严得到维护。在管理公司的过程中，具有同理心的领导者会让员工感受到个体尊严得到了维护。在工作过程中，虽然处于上下级的地位，但具有同理心的领导者会将自己置于员工的立场上思考问题，让员工感觉双方地位平等。基于平等对话、平等交流的情境，领导与员工更能有效沟通，也更有助于提升管理效率。

第二，同理心有助于提升心理安全感。同理心的力量之一在于能将人们从"无共情"状态带入"共情"状态。在这一过程中，一方会感知到另一方站在自己的角度设身处地为自己思考，体会当下自己的感受。在管理公司的过程中，上级通过同理心体会员工在工作中遇到的困难，帮助员工解决工作中遇到的问题。若员工在表达问题过程中能够得到倾听和理解，便能获得心理安全感和心理认同，这更有助于员工及时调整状态，提高企业管理工作的效率和效果。

第三，在企业管理过程中融入同理心，可以移去组织内部的隔阂，给予员工足够的尊重和支持。领导者的谦卑式领导和共情领导力能够帮助员工塑造组织中的心理安全感，找到人生的意义感，找到生活中的责任认知和坚定的信心，进而产生追寻幸福的动力。合作、共享、开放的组织环境能够让员工感受到组织为个人的赋能，工作为生命赋能。领导者应该更多地关心、激励员工，创造适合的环境和条件，开发和利用员工的潜质和创造力，使其实现自身的尊严和价值，进而帮助和引导员工实现自我管理。这种管理模式还蕴藏着另一个重要理念——无论成功还是失败皆有再挑战和激发勇气的精神。

四、关注意义与幸福

亚里士多德认为，"所有的人类活动都是为了获得幸福"。亚里士多德把人生的幸福分为三类——身外之物、人的灵魂和人的身体。叔本华认为，人类的差别取决于三项不同的内容：第一，人是什么？这个问题的答案可以用"个性"一词来概括，包括健康力量、外貌气质、道德品质、智力和教养。第二，人有什么？这里指外在的财产和一切占有物。第三，人在他人眼中是怎样的？这里指人在外界呈现出的样子，也就是人们如何看待。弗兰齐斯科·彼特拉克（Francesco Petrarca）说："我自己是凡人，我只要求凡人的幸福。"可见，对意义和幸福的讨论和追寻是一个亘古不变的话题。

（一）工作的意义

当代英国哲学家、意义理论的集大成者迈克尔·杜梅特（Michael Dummett）认为，应当摒弃实在论的"真"概念，进而从实践中抽象出新的意义理论核心概念。"人"的认知能力与语言实践是意义理论不可或缺的组成部分，相比绝对客观的"真"概念，"确定为真"（实证主义意义论）与"接受为真"（实用主义意义论）才是意义理论的应有核心。"人"的回归，是当代人文思潮在科学哲学领域回归的标志之一，它标志着意义理论从"超人"哲学回归到"人"的哲学，引领了人文范式在科学哲学中的"复兴"。

1. 工作意义的认知误区

长期以来，经济学家基于"理性人"假设，认为解决资源的稀缺性是人类工作的内驱力，只有通过不断地制造、生产、交换稀缺资源才能弥合无限欲望和有限资源之间的鸿沟。这一视角导致我们把人类漫长的进化过程推向悲观的悬崖，认为人类逐渐把自己塑造成为一种自私的生物，背负着无法满足的欲望。

苏兹曼于 2021 年在《工作的意义——从史前到未来的人类变革》一书中介绍了纳米比亚和博茨瓦纳地区的原始部落。部落中的人直到 20 世纪还过着狩猎和采集的生活，但他们非但不像人们所设想的那样每天生活在恐惧和饥饿的边缘，相反营养良好，甚至大多数人比工业社会的人寿命还长，被称为"富足的部落"。苏兹曼花了近 30 年对其生活特征进行观察，发现他们对大自然充满了敬畏和信心，相信大自然肯定会赋予自己充裕的资源，而非过于关注资源的有限性和稀缺性，关注人与人的竞争而非合作。因此，他们的物质欲望很低，不经常储存食物，不关心财富和地位，几乎只为满足短期的物质需求而劳动，每周很少有人工作超过 15 个小时。在这个部落，狩猎和采集的劳动成果都在成员之间平均分配，大部分时间用来休息和休闲，并把闲暇时光完全用在我们认为没有意义的事情上，比如散步、聊天、调情、唱歌、跳舞、讲故事。由此发现，精神的愉悦和富足，无压力的环境和健康的人际关系或许是维持生命力量的源泉，"富足"更多的是精神层面的获得感和满足感。

可见，关于资源的稀缺性假设是人类进入工业化社会甚至城镇化之后的产物。随着物质资源的日益丰富，工作不仅意味着田间劳动、工厂劳动，还意味着想方设法去消耗掉富余的能量，从而催生了服务业，催生了全新的技能、职业工作和贸易，进而也产生了地位、财富、权力等。人与工作之间的关系发生了变化。工作决定了我们是谁，我们的地位，我们的未来以及我们同谁一起度过我们的大部分时间，我们如何调节我们的梦想与现实的距离。这或许是人类对于工作意义感认知的误区。

2. 在工作中找到 "ikigai"

哲学领域对人生意义的讨论是复杂的，这里不做过多涉及。日本人的 "ikigai" 生活哲学可以作为人类对意义追寻的典型代表。ikigai 由两个词组成："iki" 意为生活，"gai" 意为价值或意义。ikigai 一词是由 "生命" 和 "价值" 两个词根组成的，可以诠释为生命中让你感到值得活下去的价值观念。临床心理学家长谷川昭弘（Akihiro Hasegawa）指出，"日本既拥有 'jinsei' 这样的宏大概念（三桥由香里，2019），意为人的一生；也有 'seikatsu' 这样微观的概念，意为日常生活"。他认为，ikigai 的含义与 "seikatsu" 更为相似。日本人相信，日常生活中的小乐趣不断累加会使整个人生更加充实。它是四个相互重叠的圆的交集部分，分别代表你所热爱的东西、你所擅长的东西、这个世界需要的东西，以及可以让你获得薪酬的东西。ikigai 指的是 "存在的理由"，它驱使着人们踏上追寻生命意义之旅，找寻那些能够带来幸福和满足感的东西。

ikigai 蕴含一种向着未来前进的理念，包含期望、内驱和梦想。即便你觉得自己目前的条件不好或者境遇艰难，也依然可以找到当下的价值所在。"生活就是你忙着制订其他计划时发生的事"，ikigai 并不仅仅是你在自己内心里找到的东西，它往往是连接你和外部世界的桥梁，例如人们从摄影和烘焙等兴趣爱好中获得享受，不仅仅因为爱好本身，还因为分享过程中的正向体验带来的成就感。丹·比特纳（Dan Buettner）通过采访日本南部冲绳岛上的百岁老人发现，为他人的生命做出奉献是与外部世界联结的最有收获感的途径（比特纳，2019）。这些长寿老人因自己能与别人分享长寿的秘诀而愉悦，感到有责任向年轻一代传授智慧，促进年轻一代的兴旺和繁盛。外部世界的回应会让人感觉到活力和充实感，找到自己所做事情的意义，并赋予其更强的目标感。

因此，ikigai 能够让人获得稳定的心态、感到幸福和满足，更好地把握日常生活中的成长和进步，更有自我驱动力和上进心，更加积极主动，找到生机和活力，并向前迈进。ikigai 原则意味着深刻的个人追求，即找到自己的生活目标，换言之，这个目标将激发人的内生动力。ikigai 指导人们去考量多种因素，包括所热爱的事物、所选择的人生使命、所从事的职业和所专注的专业方向，换言之，即在喜欢、擅长、个人所得和外界所需之间寻找契合点。这意味着人们能够自由地决定人生的重心，可以不用局限于某件具体的事情，也绝对不会被过多的东西过分地分散精力，而是能够专注于那些能够带来快乐、创造力和满足感的事情上。事实上，并非所有人都能朝着终极理想努力。尽管如此，以乐观的心态看待并付出相应的努力总归是不会有错的，在这个过程中，将会收获幸福和满足。

3. 找到工作中的巅峰体验

一个在工作中的巅峰体验是"心流"（flow）。心流的概念是 20 世纪 70 年代心理学家米哈里·契克森米哈赖（Mihalyi Csikszentmihalyi）在他的书《心流：最优体验心理学》中首次提出的。契克森米哈赖认为，心流体验描述了个体完全投入、专注当下所进行的活动，并自动过滤无关知觉的精神状态，是一种最佳体验（optimal experience）——产生时间的扭曲感、忽略周围环境、集中注意力完全沉浸于当下活动并从中获取快乐的心理状态，能激发出个体惊人的创造力（Csikszentmihalyi，2017）。人在从事自己喜爱的工作时往往会产生忘记时间、忽略周围环境、丧失自我意识并乐在其中的心理状态。当人产生心流时，通常全神贯注，甚至失去自我意识，产生了时间和空间的扭曲感，能激发出绝佳体验。心流状态下，人们专注于一项具体的任务，不会为任何干扰而分心，此时的思维是有序的。因此，能够达到这样一种全情投入、心无旁骛的状态十分关键，这也是找到独属于自己的 ikigai 的重要因素。

心流的产生需要参与者完全投入，从而产生"忘记时间"和"沉浸其中"的状态，表现出强烈的互动性和临场感。积极心理学家彭凯平在《活出心花怒放的人生》一书中，把 flow 翻译成"福流"，这种体验下，一个人的心理和身体被拓展到极致，是一种主动性行为。在这种行为发生时，个体并不会在意未来的收益红利，因为做这件事本身就是最好的回报。

其实这种巅峰体验的产生并不是契克森米哈赖首先发现的。在人类文明发展的历史长河当中，很多思想家、哲学家和宗教人士都谈到过这种奇妙的极致的幸福体验，尤其是东方的传统文化，如儒教、道教、佛教，包括禅宗都经常提及这种由心理活动产生的神奇的快乐体验。"庄子"的第一篇文章《逍遥游》很大程度上就是在描述这种自娱、洒脱、旷达、愉悦的感觉，那是一种真正的物我两忘、身心欢畅的绝妙体验。庄子在《南华经》中的《庖丁解牛》一文中，描述了一个普通宰牛屠夫庖丁在从事自己所熟悉和喜爱工作时达到的一种状态"合于桑林之舞，乃中经首之会"（彭凯平，2020）。

另外一个在工作当中的巅峰体验就是"正念"（mindfulness）。"正念"一词最早起源于东方佛教领域，后被引入管理学领域，描述的是个体"有目的地且不加任何判断地关注当下"（Kabat-Zinn，2005）。艾伦·J.兰格（Ellen J. Langer）教授认为，"正念"是一个关注新鲜事物的简单过程，即便对那些熟悉的事物也能有新的发现，即在当前事件和经历的情境下令人可接受的关注和意识，具体为持续地注意、觉知、关注当下和不加评判地接纳。正念最早应用于临床医学研究，已被证实可以有效促进健康。

"正念"被引入职业健康心理学领域后，开始作为一种相对稳定的情感状态和倾向特质被评估。不同于其他积极情感，如自我效能、心理控制或自尊等已成为广泛研究的主题，正念作为一种能够维持职业健康的积极情感资源的作用尚未得到很好的检验。正念具备内在意识特性，可以同时被个人的意识、感受等内部刺激以及外部环境中的氛围、声音和时间所影响。当激发了个体状态正念后，员工会通过自我调节来提升自身的学习能力和注意力。正念作为一种积极的人格特征，能够有效地降低员工在工作中的情绪耗竭程度（Reb，Narayanan，and Zhi，2015），提高员工工作体验感和效能感，使其降低在组织中的流动意图。高正念水平的个体在工作中可以保持高度专注，并将注意力完全聚焦于当下的工作和任务，高效地完成工作，从而获得更高的胜任力和成就感。另外，高正念水平的个体在工作中会运用更广泛和更具适应性的技能，能够获得更多的工作经验和知识。随着对工作的高度专注，个体的工作会更加高效。

（二）生命的意义

维克多·弗兰克尔在《活出生命的意义》一书中对生命的意义如此阐述："生命的意义在于每个人，每一天，每一刻都是不同的，所以重要的不是生命之意义的普遍性而是在特定的时刻每个人特殊的生命意义。"可见，负责任就是人类存在的本质。我们说的负责任是要强调生命的潜在意义，是要在实际世界中而不是人的内心中发现生命的意义，因为这不是一个封闭的系统，即"人类存在之自我超越"。因此，不论是有待实现的意义还是需要面对的他人，人越是忘记自己——投身于某种事业或所爱的人——就越有人性，越能实现自己的价值。

维克多·弗兰克尔认为，可以通过三种方式来发现生命的意义：第一，通过创立某个工作或者某项事业；第二，通过体验某种事情或者面对某个人——爱的意义；第三，经受苦难过程中的态度，经受苦难将赋予生命更加深刻的意义。我们不能忘记，即使在看似毫无希望的境地，面对不可改变的厄运，人们也能找到生命的意义，能够见证人类潜能的极致，即能够将个人的灾难转化为胜利，将个人的厄运转化为人类的成就。因此，人要关注的不仅仅是获得快乐或者避免痛苦，而是要看到生命的意义。

爱的意义在于其是直达另一人内心的唯一路径，只有在深爱一个人时才能完全了解那个人的本质，甚至是潜在的尚未实现的东西。只有通过爱才能使你所爱的人实现他的全部潜能，使他认识到自己的所能和应为，实现自己的潜能。（弗兰克尔，2010）

1. 人文主义

作为文艺复兴初期批判过去、开创未来的奠基人，彼得拉克（Petrarca）像人文主义的开山鼻祖但丁一样关注人，关注人的幸福和爱情。彼得拉克在一生中用了大量时间研究古典文化，把古典文化看作反封建的思想武器。他说："在我感兴趣的事物中，我总是着意于古典，因为当今世代对于我常常是难以忍受的。"出于这一想法，他不辞劳苦，四处游历，极力搜集希腊、罗马的古籍抄本和历史文物，然后反复阅读，认真校对，并用自己的观点予以诠释和阐述。他把自己的文艺思想和学术思想称为"人学"或"人文学"，以此和"神学"相对立。他大声疾呼，要来"一个古代学术——它的语言、文学风格和道德思想——的复兴"。因此，彼得拉克是文艺复兴的发起者，有"人文主义之父"之称。

中世纪信仰对人的注意力更多地集中在天堂，而彼得拉克把目光从来世转向现世，认为追求现实的幸福是人类的天性。他认为任何人现在不愿成为一个幸者，将来也不愿成为一个不幸者，因为这违背人的天性。彼得拉克开辟了一代新风，启发后继的人文主义者以更勇猛的态度展开对旧世界的批判。事实也证明了这一点：彼得拉克去世后的一百多年里，人文主义获得了极大的发展。在大学和许多没有大学的城市里，科学和人文教育得到了发展。人文主义学者和受过人文教育的罗马教廷、佛罗伦萨共和国以及其他国家和城市的大法官很多。除了专业的人文主义者，人文主义教育还培养了一批有文化修养的企业家。

2. 如何让工作为生命赋能

日本教练与领导力培训领域的领军者榎本英刚（Enomoto Hidetake）在《创造有意义的工作：如何让工作为生命赋能》一书中认为世界正在从"物质时代"向"心灵时代"转变（榎本英刚，2021）。很多人无法感到快乐的根本原因在于他们还没有掌握在心灵时代应该具备的工作观。工作观变化了，你和工作的关系就会发生改变。人与工作的关系究竟是从工作中剥夺能量的关系，还是从工作中获取能量的关系？对于很多人而言，工作占据了人生的大部分时间，耗费了很多能量。这让我们不禁思考，我们是被工作耗能，还是被工作赋能呢？这是一个对我们的人生产生巨大影响的命题。物质时代与心灵时代创造有意义的工作内涵对比见表12-1。

有意义的工作通俗来讲就是让人付出再多也不会觉得累，面对失败也愿意重新再来，让生活从内到外绽放光彩。创造有意义的工作，就是期待解放人们那些一直以来被物质时代的工作观所剥夺的能量和可能性。让他们成为创造崭新未来的原动力实际上是工作中那些看不见的部分，也就是对工作的看法。

榎本英刚在《创造有意义的工作：如何让工作为生命赋能》一书中介绍了日本比较有代表性的工作观——工作就是"谋生手段"，工作就是"忍耐自己不喜欢的事"，工作就是"适应既有的职位"，工作就是"同时只能有一份工作"。这四种工作观让我们远离了"真正的工作"，让工作变得无聊，让我们发生改变的可能性越来越小。

但当我们认定"工作=生命的意义=帮助人们最大限度地发挥与生俱来的潜能"时，无论世界发生什么样的变化，工作都不会受到影响，失业也会随之消失，因为失业意味着"没有工作的状态"。如果判断失业的标准不是收入，而是生命的意义。如果每个人都在找寻生命的意义的话，那就不存在失业的概念了。因此，心灵时代，创造有意义的工作在于诉求和表达自己的生命意义，做想做的事，创造适合自己的工作，可以同时做多份工作。

表 12-1 物质时代与心灵时代创造有意义的工作内涵对比

序号	物质时代	心灵时代
1	谋生的手段	探求和表达自己的生命意义
2	做不想做之事	做想做之事
3	让自己适应既有的职业	创造适合自己的工作
4	同一时间只能做一份工作	可以同时做多份工作

资料来源：榎本英刚. 创造有意义的工作：如何让工作为生命赋能［M］. 戴邈，王晨燕，译. 北京：中华工商联合出版社，2021：182.

（三）幸福

幸福有很多种含义，从亚里士多德的 eudaimonia 到后来的 well-being，还有 flourish 以及 happiness 等表达幸福的词语。分析它们在不同情境下的区别，可以总结为：幸福 1.0——福祉，幸福 2.0——自我感知的幸福。不同类型的幸福侧重点不同：幸福 1.0 侧重最高的善，保持善良这种状态以及外部的影响；幸福 2.0 更强调自我的感知，包括积极的情绪、投入、意义、成就和人际关系五个元素。

1. 幸福 1.0——福祉

积极的幸福在亚里士多德伦理学中起着核心作用，用亚里士多德的话来说，eudaimonia 是在完备的生活中的、合乎德性的、理性的活动。这里面包含了三层意思：理性或明慧（phronesis）、合乎德性（virtues）、完备（complete）的生活，同时必须是有活动（action）的。亚里士多德在《尼各马可伦理学》中关于 eudaimonia 及相关概念的论证可总结如下：首先存在一个最终的目的，这个目的即是"最高的善"（the highest good）。其他所有的"善"，如健康、财富、快乐、美貌、友善等本身并不是目的，而都只是通向"最高的善"的手段和方法。他进一步论证，"最高的善"就是这里所讨论的 eudaimonia，是实现德性（virtue）的活动，也是人一切行为的最终标的（telos），其本身就具有自足性（self-sufficient）和完备性（complete）。最后，明慧指导着人行动的发生。正因如此，与幸福、快乐等概念相区别，eudaimonia 是与人的行为紧密相关的。"有所作为"（doing well）赋予人荣耀与神性，使人区别于自然界的动物而成为城邦的（政治的）动物，甚至"有所作为"。至于德性，在经典的古希腊德性伦理学中，eudaimonia 以德性为必要条件，而在斯多葛学派那里，德性是 eudaimonia 的充分条件。无论怎么看，都应当注意两者之间非常紧密的联系。亚里士多德的说法是，幸福仅仅是 eudaimonia 的一个狭义的表述。eudaimonia 与幸福的不同在于，前者更强调个人，涉及的是伦理学中的明慧和德性等，而幸福对个体的要求仅仅是保持善良即可，更强调的是家庭和社会伦理概念。亚里士多德是不认同快乐主义的，即快乐并不是追求的目标，而是伴随着追求的过程产生的。但是 eudaimonia 却是最高的善和最终的目的，就是我们所追求的目标，这一点可能是 eudaimonia 与快乐最大的不同之处。

well-being 直译就是一种好的存在状态，也有人将其翻译成幸福、福祉，或健康、高价值和高质量的生活等，是指相对于某人而言具有内在价值的东西（intrinsically valuable relative to someone）。伦理学概念来源于希腊语中的"eudaimonia"，在英文中其定义为"what is ultimately good for this person"，其实是一种幸福感，来源于持续不断地对有意义快乐的探寻和追求。"subjective well-being"一词表示人们如何体验和评估他们的生活，通常通过问卷调查获得的自我报告幸福感来衡量。有时我们会区分不同类型的幸福感，例如心理幸福感、身体幸福感、经济幸福感或情感幸福感。不同形式的幸福感往往是紧密相连的。例如，改善身体健康（例如，通过减少或停止成瘾）与改善情绪健康有关。即使在新冠疫情期间，更好的经济福祉（例如，拥有更多财富）也往往与更好的情绪健康相关。福祉在道德中起核心作用，因为我们应该做的事情至少在某种程度上取决于什么会使人的生活变得更好或更糟。

"福祉"的原意是幸福，"福祉"就是对"幸福之追求"。"为了更好地生存"，就更需要"积极地扶助"，通过同理心和换位思考来主动实施援助。人在地球上如果不能相互扶助，那么无论置身于何等环境，其生存都是困难的。正是由于构建互助社会，人类才适应了陆地上的所有生存环境。人的社会性需要其与他人结成社会，相互扶助来经营生活。这种福祉实践的历史变迁，以及作为结果而确立的社会制度——社会福祉，是人类重要的智慧结晶之一。

著名微观经济学家安格斯·迪顿教授在与诺贝尔奖得主卡尼曼合著的《高收入提高了生活评价但没有改善情感福祉》中指出，主观幸福感包含两个方面，即情感福祉和生活评价。情感福祉指的是高兴、紧张、悲伤、愤怒等情感的频率和强度，生活评价指的是人们对自己生活的构想。通过分析盖洛普幸福指数的调查问卷报告，他们还发现，影响情感福祉与生活评价的因素是不同的：生活评价与收入和教育密切相关，对社会经济形态比较敏感，而情感变化相对通过健康、照顾、孤独更能反映出，对能够引起情感变化的环境比较敏感。一般而言，情感福祉随着人们生活质量的上升只有幅度不明显的上升，但会受到低收入的波及。低收入会加剧离异、疾病和孤独等引发的痛苦，从而影响情感福祉。因此，迪顿得出结论，钱多不一定能带来更多的幸福感，但钱少一定与痛苦有关；高收入能带来生活满意度，但这不是幸福本身，而低收入则与较低的物质生活和情感福祉有关。

2. 幸福2.0——自我感知的幸福

我们通常说 happiness 侧重于感觉上的幸福；well-being 则更侧重于福祉、殷盛、蓬勃发展的幸福；而 flourish life 则指自我人生的蓬勃绽放、丰盈繁荣。美国积极心理学之父，认知疗法主要倡导者之一马丁·塞利格曼在《持续的幸福》一书中认为 flourish 是幸福2.0的版本。幸福2.0的理论包括五个元素：积极的情绪、投入、意义、成就和人际关系（塞利格曼，2021）。

（1）积极的情绪（positive emotion）。积极的情绪是幸福的基石，也是幸福1.0理论中的第一个元素。积极的情绪是幸福感和生活满意度。积极情绪是快乐的元素，是主观幸福感产生的前置条件。

（2）投入（engagement）。投入主要是沉浸在任务中的积极情绪体验，如心流（flow）指的是完全沉浸在一项吸引人的活动中而忘记时间、忘记空间，甚至意识消失的状态。积极的情绪和投入符合幸福2.0的理论元素的三个标准：一是积极情绪和投入有助于幸福；二是很多人把它当成终极追求；三是其测量与其他元素无关。

（3）意义（meaning）。意义指归属于和致力于某样你认为超越自我的东西。意义有主观成分，因此，它有可能被纳入积极情绪。如前所述，主观成分是积极情绪的决定性因素，人们对自己的快乐、狂喜或舒适等感觉不会产生错觉，但是意义不同——意义不是单纯的主观感受。从历史逻辑的一致性角度出发，冷静、客观的批判可能会和主观的判断不同。意义也符合幸福2.0的理论元素的三个标准：第一，有助于幸福；第二，往往是终极追求；第三，它的测量和定义与积极情绪和投入无关，与成就、人际关系也无关。

（4）成就（accomplishment）。成就往往是一项终极追求，哪怕不带来任何积极情绪、意义和关系。其短暂的形式就是成就，长期的形式就是成就人生，即把成就作为终极追求的人生。追求成就人生的人，经常会完全投入他的工作中，并在胜利时感受到积极情绪。可见，成就可以是短期目标，也可能是长期目标，即把成就作为终极追求。塞利格曼认为，把成就作为一个要素是因为积极心理学的任务是描述人们追求幸福的实际方法，而非规定这些方法。这样做事可以更好地描述人类在无强迫的自由状态下会选择追求什么。

（5）人际关系（relationship）。有人曾经要求积极心理学的创始人之一克里斯托弗·彼得森（Christopher Peterson）用两个字来描述积极心理学讲的是什么。他回答说是"他人"。你上次开怀大笑是什么时候？上一次感觉到深刻的意义和目的是什么时候？上一次为成就而自豪是什么时候？即使我不知道你的生活中具体何时经历过这些闪光点，我也能知道它们的所有特征就是与他人有关。他人是人生低潮最好和最可靠的解药，所以帮助他人或许是提升幸福感最可靠的方法。积极的人际关系给幸福带来的深刻正面影响，以及在这种关系欠缺时带来的负面影响都是无可否认的。

此外，幸福是一种持续的战斗力。要积极地铸就力量、让自己的心理（情绪能力）同身体一样健康。幸福感比孤独和抑郁更具有感染力，而且它还能够穿越时空，因此重视一直被严重忽视的幸福感的培养是至关重要的。许多人在经历重大打击之后，显现出的沮丧、抑郁、焦虑的状态通常达到了创伤后应激反应障碍（PTSD）的程度。但是内心强大的人不但不会被打倒，反而会成长，就长期来说，他们甚至拥有了比以前更强的心理功能。

尼采说："那些杀不死我的，必然使我更强大。"毫无疑问，成就感会带给人快乐和幸福，但是人生并不仅仅存在积极情绪，许多人在经历重大打击之后，都会出现焦虑、沮丧、抑郁等负面情绪。但是，从长远来看，他们经历挫折后获得了比以前更高层次的心理功能。促进创伤后成长的五要素包括：第一，认识到创伤后信念的崩塌是正常反应；第二，减少焦虑和强迫性的想法；第三，建设性的自我表露，讲出创伤故事；第四，描述创伤后积极的改变；第五，总结因创伤而产生更加坚强、更加无惧挑战的人生原则和立场。

可见，高意义感和幸福感，不仅能够维持积极的情绪，乐观的个性，更会促进健康，使人得到更多的社会支持。

五、数字时代的社会福祉

习近平总书记反复强调，"必须坚持以人民为中心，不断实现人民对美好生活的向往"。推进共同富裕、增进民生福祉，是民之所望、政之所向，也是突破发展的根本目的。共同富裕的目标离不开社会福祉的共享，且社会福祉是实现福祉社会的必经之路。因此，满足人民群众的物质生活需求和精神文化需求是对社会福祉的维护和发扬，且社会福祉的落实是实现共同富裕的关键。

（一）社会福祉与福祉社会

社会福祉是实现福祉社会的过程。社会福祉的内涵是以社会民众需求为导向力图增进人民福祉，改善生活目标，解决人类社会所存在的各类民生问题，促进人们潜能的释放，保障与增加人民的权益。随着时代的进步与社会的发展，现代社会福祉的基本理念与宗旨已演变为：维护每位社会成员的生存、自由、自立的权利，按照每位公民的需求与选择来提供社会福祉服务，使每个人在家庭及所生活的区域内都能享有尊严及有质量的生活。

1. 社会福祉

"社会福祉"出自英语"social welfare"，指"通过法定程序或社会努力来达到社会的群体的安康幸福"，也就是为每位公民提供各种保障，使每位公民皆能享受公平和无忧的生活，使他们的生活充满幸福感。习近平总书记在十九大报告中强调"改革创新社会体制、促进公平正义，增进人民福祉"，并且在二十大报告中专章论述了如何增进民生福祉，提高人民生活品质。在二十大报告中，习近平总书记着重指出，必须坚持在发展中保障和改善民生，鼓励共同奋斗创造美好生活，不断实现人民对美好生活的向往。高度发达的福祉社会，不仅能够满足人民的需要，使每个公民都能充分享有作为人的尊严和幸福感，也是文明社会发展历程的坐标和里程碑，更是小康社会实现后的又一新的征程。

社会福祉要求人们从社会层面考虑如何才能使人过上一种更好的生活。社会福祉涉及社会根据什么来帮助人们生活幸福，需要通过什么样的制度和政策安排来保证他们的生活幸福。具体到企业，企业要以利他为原则，打造正能企业、利他经济，塑造正能社会，提升整个社会的幸福感和社会福祉，建设和谐的福祉社会。

2. 福祉社会

西方早期哲学家重视"友爱"，苏格拉底、柏拉图、亚里士多德等人皆将此作为哲学命题加以论述。西方价值观的重要部分源于宗教，其核心是崇尚"上帝"，主张"原罪"；由此而延伸出的"博爱精神"与"博爱思想"，则构成了西方伦理道德的核心内容之一。东方文化中的"以人为本，以民为体"这一思想在我国有着悠久的历史与传统。早在公元前，中国古代哲人列子就提出了"天生万物唯人为贵"的观点；古籍《尚书》则记载云："民可近，不可下；民为邦本，本固邦宁。"正因如此，为政者要"使老有所终，壮有所用，幼有所长，鳏寡孤独废疾者皆有所养"。（《礼记·大道之行也》）。这些至理名言及论断，与当今世界上大家普遍认可的社会福祉与福祉学的宗旨与内涵可谓殊途同归。东西方的价值观与价值取向，在其形成的历程与思想内涵上虽有很大的差别，但在提倡"爱"的这一点上，则有相通之处。这种"爱"与"关爱民众"的基本点，则构成了近代社会福祉思想的理论基础——世上所有的人皆享有尊严，皆是有价值的存在；主张社会正义与公平，提倡人人平等。

随着世界经济一体化的发展，各种文明与文化相互交融，社会福祉的思想与理念在世界范围内达成一致，即尊重生命，尊重人权，主张社会正义与社会公平，以福祉服务利用者为本，维护其权益，提倡"normalization"，即尊重人的尊严与人格，谋求共生共存，人人参与社会，促使所有的社会成员都能过正常化、标准化、常规化的生活。从大的方面讲，就是要按照习近平总书记所说的"构建人类命运共同体"，人类要"相互联系、相互依存、相互合作、相互促进"，以达到福祉所追求的最高境界。

在 2013 年出版的《大繁荣》一书中，费尔普斯教授从历史的角度解释了 19 世纪在少数几个西方国家生产率快速和持续的增长，以及为这些国家带来的"兴盛"是给所在国家或者地区的人民提供有意义的工作，以及自我表现和个人成长的机会。在书中，费尔普斯进一步指出，经济繁荣的源泉是现代价值观，例如，所在国家或地区人民参与创造、探索和迎接挑战的愿望。这样的价值观激活了实现广泛的本土创新所必需的草根经济活力。与美籍奥地利经济学家熊彼特的创新研究观点不同，费尔普斯教授认为，大多数创新不是亨利·福特类型的孤独的企业家所带来的，而是由千百万个普通人共同推动的，他们有自由的权利去构思、开发和推广新产品与新工艺，或对现状进行改进。正是这种大众参与的创新带来了庶民的繁荣兴盛——物质条件的改善加上广义的"美好生活"，也是社会福祉的提升和福祉社会的起点（费尔普斯，2013）。

习近平总书记在二十大报告中专章论述了如何增进民生福祉，提高人民生活品质。社会要为每个公民提供各种保障，使得每个公民皆能享受公平和无忧的生活，使生活充满幸福感。

（二）社会福祉是实现共同富裕的关键

共同富裕从本质上来说就是发展成果由人民共享，而衡量共同富裕的执行力度和效果也是以满足人民的需要和维护社会福祉的程度为依据的。同时，共同富裕是物质生活和精神生活的全面富裕，涉及社会福祉的方方面面。物质生活富足是共同富裕的基础性要求，精神文化富足是共同富裕不可缺少的组成部分，维护社会福祉就是满足人民群众的物质生活需求和精神文化需求。因此，社会福祉是实现共同富裕的关键。

以人民为中心，是我们党坚持人民主体地位的必然要求，也是我们党和国家贯彻落实共同富裕政策的必然要求。以人民为中心本质上体现了我们党和国家对社会福祉的关注，切实增进和改善社会福祉首先要坚持以人民为中心的发展思想，将人民群众的利益作为一切工作的出发点和落脚点，坚持做到"从群众中来，到群众中去"，全心全意为人民服务。一切对人民负责，着力解决人民群众急难愁盼的问题，增强为民服务的精准性。坚持以人民为中心的思想是维护和改善社会福祉的重要体现，也是扎实推进共同富裕的必然要求。

当前，满足人民群众的物质生活要求的重点在于如何做到高质量满足人民群众的物质生活。2021 年，我们已经实现了全面建成小康社会的宏伟目标，但是当前仍存在收入分配不均、区域发展不协调等问题，因此，要想实现高质量物质生活的富足，就要加强重点领域重点人群的保障，着力解决医疗、教育等领域的民生热点问题，在实现基本公共服务均等化的基础上，以区域经济数字创新带动经济持续健康发展，为人民提供更加优质的物质基础和生活条件。

在精神文化领域，精神文明建设作为意识形态领域的建设重点，应当不断加强社会主义核心价值观的建设，强化社会主义核心价值观的引领作用，将社会主义核心价值观融入企业文化，在经营管理中贯穿人本思想，形成良好的团队氛围。应积极推动文化事业和文化产业发展，在企业发展中满足消费者的精神需求。例如，近年来服装市场出现的国货浪潮既是服装产业的新变化，也是文化产业与服装产业的新融合，这是精神文化建设的重要进步，也是文化产业发展的重要突破。数字创新为教育事业发展提供了新的机遇和平台，各类线上教育平台促进教育资源共享。

第五篇　数字劳动关系
生态治理的国别实践

第十三章 传统劳动关系治理模式

虽然平台经济拥有传统经济无法匹敌的优势，但也给其发展带来了一定的挑战。数字平台中 App 的应用使劳动者"全天候服务"成为可能。工作时间长、强度大、职业伤害没有保障，使得"网约配送"成为过劳现象频发的重灾区。新冠疫情期间，很多数字劳动平台劳动者零收入、零保障、零补偿，处于"裸泳"状态。数字劳动平台就业行业多属于辛苦行业，相对"碎片化"的工作时间，使得零工劳动者以健康为代价，过分地拼命工作，最终身心俱疲，而辛苦背后的职业伤害，以及退出劳动力市场的风险往往只能劳动者自己承担。

新业态中的数字平台劳动者虽然是一种新生事物，但抛开数字技术和算法在新业态中的控制，传统的数字平台就业就属于非典型就业（antypical-employment）和非标准就业（nonstandard-employment）范围，而对于非典型就业劳动者劳动关系的认定目前各个国家有不同的方式。2021 年 7 月，我国人力资源和社会保障部等八部委先后共同印发《关于维护新就业形态劳动者劳动保障权益的指导意见》《关于落实网络餐饮平台责任切实维护外卖送餐员权益的指导意见》等一系列文件，提出"加强政策宣传，积极引导社会舆论，增强新就业形态劳动者职业荣誉感，努力营造良好环境，确保各项劳动保障权益落到实处"。可见，以往流动率高、稳定性差、劳动保障权益缺失问题严重的零工群体将迎来新的革命。

一、缘起

美国《人物》杂志的一篇名为《外卖骑手，困在系统里》的文章在网络上掀起了外卖平台通过算法剥削外卖骑手、企业试图将劳资矛盾转化为消费者与劳动者的矛盾的讨论热潮。如果全职劳动者与平台之间不存在雇佣关系，那将意味着这些劳动者无法获得应得的劳动保障，在工作中也将承担更多的风险。这一问题也是各国零工经济中依赖平台维持生计的零工劳动者的痛点。

工会是数字劳动者最大的盟友，其拥有丰富的经验和资源，可以帮助数字零工与其他工人建立联系，组织抗议活动，并支持工人相关的立法。数字零工需要通过建立工会来维护自己的权益，他们需要集体谈判的力量来改善工作条件，他们需要游说力量来获得法律上的胜利，使他们有权享受劳动者应该享受的权益和福利。他们需要团结起来，在工作中发出自己的声音。

但是，因为数字劳动中工作的特殊性，员工们没有固定的工作场所，很少见面，甚至不知道自己有多少同事，以及同事每天的工作内容和动态。各国劳动法对于这种新型劳动关系也难以约束和规制。因此，布莱斯·科维特（Bryce Covert）认为，如何建立工会和由谁来发起工会对于数字劳动者来说是一项具有挑战性的工作。加上企业的反对，在改变数字零工的现状方面取得的任何进展都被雇主所压垮，数字劳动中的工会更加难以存在。尽管面临这些挑战和挫折，数字零工却比以往任何时候都更加坚定地组织起来去探索维护自己权益的道路。

2019年，工人权利调查记者亚历克西娅·费尔南德斯·坎贝尔（Alexia Fernández Campbell）在一篇关于全球拼车司机停工的文章中写道："数字零工开始认识到，即使没有正式的工会，他们也可以组织自己的团体。"在 Gig Workers Rising 和 Rideshare Drivers United 等团体的支持下，数字零工一直在参与抗议活动。数字零工的第一次重大罢工发生在 2019 年，是由拼车司机发起的。从那时起，基于 Instacart 和 Shipt 等网络平台获取收入的工人开始逐渐参与罢工，这些特定抗议活动的真正历史性在于它们是由一群手无寸铁的工人组织和进行的，以此来引起人们对他们努力确保公平工资、工作场所福利和受保护的工会权利的关注。随着时间的推移，数字零工进行的抗议活动数量有所增加，这一事实说明罢工在聚集零工经济中的工人的有效性。但由于他们无法合法地加入工会，数字零工的罢工并不受法律制裁或保护。因此，他们会因参与抗议活动而面临丢失工作的风险。但这些工人仍坚持通过抗议来保护自己的权益，因为企业从工人那里夺走的权利越来越多。随着平台经济的日益繁盛，一些国家意识到，罢工并不能够成为解决劳动关系问题最有效的方式，因此，应逐渐将数字零工纳入劳动者的范畴进行保护。

二、特征

尽管平台零工劳动总体呈现出蓬勃生机，但其仍处于发展初期，在发展过程中存在不少问题。从主体上来说，平台企业、劳动者、消费者三者矛盾和冲突凸显；从劳动保障上来说，劳动者付出与收入失衡，部分职业风险高；从职业发展上来说，低技能零工职业认同感较低，缺乏长远职业规划。为解决这些问题，可以从以下几方面入手。

第一，降低部分岗位劳动者风险承担额度。近几年经常能看到外卖骑手或快递员发生交通事故的新闻，其高发频率引起了社会的广泛关注。以外卖骑手为例，在平台的派单设置中，从顾客下单的那一秒起，大数据和算法系统便开始根据顾客的位置、骑手的位置、方向及顺路性决定给哪一位派单，并根据取餐点、送餐点、骑手位置三者之间的距离，参考骑手的骑行速度以及穿过红绿灯、堵塞路段、交叉道路等所需的时间，从成千上万条道路中规划出最优的配送路线。但这种最优方案往往轻易就被现实中的一些不可控因素影响，如大风暴雨等特殊天气、突发交通事故造成的堵塞、商家无法出餐、客户不接电话或者客户定位错误等。如果骑手的送达时间超出了系统规定的时间，轻则扣款，重则被投诉、赔餐损甚至封号。外卖骑手只能不断缩短路上的行驶时间，不顾生命安全提升速度。上海市人民政府发布的《2019 年上半年全市快递外卖行业交通事故情况》报告显示，2019 年上半年，全市共发生涉及快递、外卖行业各类道路交通事故 325 起，造成 5 人死亡，324 人受伤。尽管近两年来随着交通管理部门相关政策的出台，交通事故发生率有所下降，但案件总数仍然较高，从事这些行业的零工劳动者仍存在较大的安全隐患，而如果将其纳入法律保护的范围，就会大大降低劳动者自己需要承担的风险水平。

第二，减轻劳动者工作压力。平台零工劳动实际上是一种满足消费者多样化、个性化需求的精准服务劳动，是以消费者需求为导向的劳动。零工劳动者与消费者之间往往处于一种不平等状态。一方面，在平台设定的评价系统和薪资制度中，消费者的评价直接关系到劳动者的劳动收入。平台零工劳动者的好评率越高，等级积分越高，其越容易接到距离近、单价高、交通便利的"好单"；而差评率高的话，则直接面临罚钱、扣分乃至暂停服务和封号的处罚。在实践过程中，劳动者往往因为差评问题与消费者发生冲突，导致"做白活"。因此，劳动者不得不维持与消费者的良好关系。消费者在这个过程中可以随意地、无责任地评价劳动者，并直接导致平台对劳动者进行处罚（各种超时罚款、差评罚款、投诉罚款等），而劳动者却很少能够评价消费者。在投诉方面，顾客向平台发起的投诉基本都能成功，而劳动者即便在劳动过程中吃了亏、向平台申诉，最后也是不了了之。平台对消费者的偏袒形成了劳动者和消费者之间的不平等关系，而这种不平等关系则进一步加剧了二者之间的矛盾与冲突，而法律的介入会在一定程度上缓解这种矛盾。

第三，增强劳动者自身法律意识。由于平台零工劳动的工作流动性较高，劳动者进出频繁，不少劳动者属于跨区域、跨城市劳动，其对于是否有劳动合同等问题缺乏足够的重视，对相关社会保障政策也缺乏足够的了解。相当一部分劳动者仅将平台零工劳动作为一份增加收入的兼职工作，且收入并不作为其生活的主要经济支撑。也有相当一部分劳动者并未将其作为一份长期的职业，只作为缓解当前财务困境的一种手段，因此也没有考虑过关于职业发展的长远规划和保障的问题。平台零工劳动者更在意当前或短期内的经济收益，以及自己能否进入平台工作，自然而然地忽视了其他条件。此外，平台多与劳动者签订电子化的服务条款，这种条款一般内容冗长、烦琐，各个条目均采用专业术语细致地罗列和划分。对此，劳动者一方面缺乏耐心，另一方面也存在看不懂的情况。这就导致劳动者对所签订的服务条款的忽视。因此，针对数字零工的立法保护能够增强劳动者自身的法律意识，让其懂得从法律的角度维护自己的权益。

劳动者即和企业约定有劳动关系的主体，而劳动关系通常被定义为用人单位招用劳动者为其成员，劳动者在用人单位的管理下，提供由用人单位支付报酬的劳动而产生的权利义务关系，包括劳动时间、劳动纪律、安全卫生福利保险、教育培训、劳动环境等。在劳动关系的规制下，数字零工和用工主体形成法律关系和归属关系，数字零工为企业提供劳动服务，而劳动者应有的权益也得到了一定的保证。

此外，在零工经济中，劳动者和平台企业虽然在法律层面上有同等地位，但在实际中，双方的谈判力量差距悬殊，劳动者在工作的时间、地点和价格制定上只能服从平台企业的规定。在雇员身份的认定上，数字零工无法被划分为劳动者，从而失去了作为雇员应得的薪资待遇和福利保障，收入和未来发展具有很大的不确定性。将数字零工认定为劳动者也体现了"倾斜保护"的劳动法原则。

三、国别实践

一些国家对解决数字劳动者劳动关系问题已经进行了一些比较前沿的实践，它们认为数字劳动者享有正式劳动者享有的权益，应该让数字劳动平台劳动者在一定程度上享受和正式雇员一样的福利待遇，受到劳动法的正式保护。这种方式沿用了发展多年的成熟劳动保障体系，在其管理制度等各个方面均取得了一定的经济和社会效益。

（一）美国实践

美国自古以来就是一个向往自由的国家，传统的朝九晚五的工作难以满足美国人随时随地想工作或者不想工作的需求。而零工经济在时间的安排上更加灵活，更能满足美国人的需求和向往。在一项调查中，有85%的优步司机表示，他们与优步合作"是为了在日程安排上获得更多的灵活性，并在工作与生活之间取得平衡"。

但在美国，一些数字零工对优步、来福车等平台企业有一些负面的评价，认为这些平台侵蚀了雇佣关系，规避了企业责任。新冠疫情暴发后，网约车司机等数字零工几乎已成为普通居民日常生活中不可或缺的人，但这些劳动者们应从平台得到的保障，如防护用具、失业保险等，都因其和企业之间不存在标准的雇佣关系而难以获取。在疫情的作用下，美国零工经济中的平台与劳动者之间的雇佣关系认定问题更为凸显。那么，对网约车司机而言，传统雇佣关系不存在究竟意味着什么？以开网约车为生的劳动者是如何争取雇员身份的？政府在平台与司机雇佣关系认定问题上发挥着什么样的作用？

1.《零工经济法案》颁布实施的背景

优步和来福车是美国网约车市场的两大主力。两家公司均成立于 2008 年后，利用经济危机后充足的劳动力，迅速在美国乃至世界扩展业务。尽管发展势头迅猛，但这两家公司并非不存在问题和风险。其中主要的一个问题就是：依靠平台的网约车司机对平台将自己确认为"独立承包商"（independent contractor）而非"雇员"（employee）产生不满。平台将这些网约车司机确认为"独立承包商"而非"雇员"，意味着作为企业的平台否定了传统的雇佣关系，进而规避了企业应负的责任，更意味着司机无法享受应得的劳动保障，还需承担工作中的各种开销和风险。

一般来说，网约车司机属于零工经济的范畴。零工经济是通过互联网平台的信息分发和组织流程，资源提供者快速满足用户需求的一种按需（on-demand）雇佣模式，通常被认为具有灵活性、自主性等特点。其中，灵活性指的是零工劳动者可以自由安排工作时间和地点，选择同时在多个平台工作；自主性可简单理解为零工劳动者拥有是否要工作的权利。但一些依靠平台的网约车司机逐渐意识到零工经济的灵活性、自主性只是假以美名，实质却是让他们以较少的收入付出更多的劳动，以名义上的自主接受隐性的管制，以独立承包商的身份承担工作中几乎全部的开支与风险。优步将其平台上的网约车司机称为"合作伙伴"，宣称自己仅仅是一个提供科技产品的中立性平台，并不提供运输服务，借此否认与一些实质为全职司机的劳动者之间的雇佣关系。优步、来福车以"灵活性"为由，混淆全职者与兼职者的竞次（race to the bottom）行为，几乎垄断了美国的网约车市场。这里的"竞次"可理解为平台通过剥夺劳动者劳动保障、压低劳动者工资，从而在市场中赢得竞争优势的方式。

不过，不少兼职司机认为，优步、来福车的确提供了一个可以灵活利用闲置资源和空闲时间进行额外创收的平台。他们对这些平台还是较为满意的。2019 年，优步旗下网约车司机对优步的认可度有所下降，但还是达到了 44.6%。如此看来，司机对平台的看法基本分为两类：一是依靠平台、工时长、待遇差的司机认为，所谓的灵活性和自主性只不过是优步的"卖点"，实际上消费者评价体系、平台冻结账户权力等规则都管理与控制着"独立承包商";二是兼职的、仅以额外创收为目的、对平台认可度较高的司机认为,这些平台可充分发挥闲置资源的价值,为自己的生活进行实质性补贴。

司机对平台的异见源自他们对平台的不同诉求。全职司机除了开源创收,还希望获得基于劳动法的劳动保障,而兼职者注册多个平台,以期增加收入,更注重灵活性。疫情前,美国仅有约10%的网约车司机希望获得"雇员"身份,81.47%的司机希望保持"独立承包商"的地位。疫情过后,前者增加了7.44%,后者下降了10%,这反映了两方面问题:第一,至少在疫情前,有相当一部分工时长的司机不愿被划分为雇员,因为雇员虽然可获得一定的劳动保障,但只能在一个平台工作,收入有可能减少;第二,疫情使更多全职网约车司机认识到劳动保障是有意义的,不至于让其在特殊时期成为不稳定的无产者(precariat)。

实际上,司机对平台的不同意见并非意味着全职者只求"逃离"平台,兼职者坚定"拥戴"平台,在诸如工资和佣金、低拒载率、乘客和司机信息不对称等问题上,网约车司机内部则存在一定共识。但将这种共识有效地传达和转化为政策却很困难。与传统情况下劳资矛盾可通过工会解决不同,不被确认为雇员的司机没有建立或参与传统意义上的工会的法律资格。此外,不同于传统的劳动过程以集体的形式发生于较为固定的、密闭的场所,零工劳动者的劳动场所不受限制,散落四处,也与他人无通常意义上的"同事关系",这也不利于组织集体行动。那么,网约车司机对平台的不满又是如何解决的呢?

网约车司机,不管其诉求是希望确认雇佣关系还是其他,都通过网络组建了类似工会的"替代劳工组织"(Alt-labor)。这一组织指的是在传统工会之外建立的一种致力于提高劳动者权益的非正式组织联盟。自20世纪60年代以来,传统工会的参会率就一直呈下降趋势。在面对新兴的平台经济时,传统工会也未能及时充分地调整改革,难以代表零工劳动者集体谈判。因此,这一组织联盟的出现在一定程度上弥补了工会的不足。替代劳工组织在网上发起倡议、组织游行、罢工等,但多数情况下,由于参与人数不够多,参与者的地点太过分散,其游行或罢工并不能达到预期的效果。

不管是依靠平台生活、工时较长的司机还是将网约车作为副业的司机,都未真正地获得自主性和灵活性。对全职司机来说,他们受到的隐性控制与管理并不少于在固定、相对密闭场所工作的雇员,但却因独立承包商的身份无法享受相应的劳动保障。对兼职司机而言,其工作确实有一定的灵活性、自主性,但平台的竞次行为缩减了司机的创收金额,也限制了平台所宣传的

"灵活性""自主性"。尽管全职司机、兼职司机的诉求不一，且作为独立承包商的网约车司机无建立或参与工会的资格，但类似工会的组织仍顺利成立了。这些组织发起了一系列维权活动，但由于活动人数不足、参与者地点分散等问题，大多数情况下，这些活动未能达到预期的效果。在此种情况下，政府的介入显得更为重要。事实上，对零工经济下雇佣关系的认证问题，美国加州试图以立法的方式解决。2019 年，作为美国科技创新新经济驱动核心的加利福尼亚州率先推出了《零工经济法案》并于 2020 年颁布实施。该法案的出台历经数年，其中，关于平台与零工群体的雇佣关系界定的理论和实践论争对于零工经济发展以及零工群体劳动权益的保护可视为新型雇佣法律关系研究的标杆。

2. 《零工经济法案》通过的原因

作为一部对劳动关系认定问题进行明确规定的法律，该法案在美国加州得以提出并且能经州议会和州政府通过，有其深厚的理论支撑。

一是零工经济平台密集。就零工经济规模而言，美国主要的零工经济平台在加州的业务比例至少在 11%，包括优步、来福车等知名的网约车平台。在加州雄厚的经济基础上，零工经济平台得以良好发展，而平台与劳动者之间的劳动争议案件也随之增加。但多年来围绕此类案件并无一致的判决标准，可参考的法律在新型零工经济的背景下难以适用。因此，制定一部适用于劳动关系认定的法案，以解决零工经济平台与劳动者之间的劳动争议、协调双方利益需求，成为加州议会 5 号法案（即《零工经济法案》）出台的重要因素。

二是零工经济从业人口多且部分从业者生存境况低下。美国独立研究机构公共宗教研究所（简称 PRRI）发布的《2018 年加州就业调查报告》显示，加州接近 10%的居民为零工经济从业者，而近 48%的零工经济从业者处于贫困之中。优步等平台将自己称为科技公司，将旗下司机一概模糊为独立承包商或平台合作伙伴，称劳动者在工作过程中有自主性，可灵活安排行程，借此免去雇员应获得的最低工资保护、工伤赔偿等劳动保障与福利。由于无相关法律资格而不能建立或参与工会，并且当下集体行动在劳动者分散的情况下难有效力，因此作为独立承包商的司机的维权之路十分曲折坎坷。尽管零工劳动者发起过罢工，但从效果来说并不明显。其中的大部分劳动者无法得到作为雇员的劳动权益保障，需要在法律上解决劳动者的身份问题。因此，政府部门的介入显得更为重要，也更有约束力。在这一方面，美国加利福尼亚州的《零工经济法案》具有十足的代表性。

3. 《零工经济法案》内容剖析

2019 年 9 月 11 日，美国加州立法机关通过了第 5 号议案，即 AB－5

（Assembly Bill No. 5），它也被称为《零工经济法案》。为了缓和零工经济中平台否认与劳动者之间雇佣关系的矛盾，这一法案利用"ABC 测试"认定劳动关系，严格限制了独立承包商的资格认定，保护了依靠平台的全职劳动者的权益。该法案文本包含法案基本介绍、雇员定义、适用范围、雇主定义、补充修订条款以及违法后果解释等内容。

早在 2018 年对 Dynamex 一案的判决中，加州最高法院就运用了"ABC 测试"。Dynamex 是一家遍布全国的快递公司，运送包裹文件等，承诺在 24 小时内运达目的地。在 2004 年之前，该公司还与旗下司机保持着雇佣关系，但此后，为节省开支，二者之间的雇佣关系不复存在，司机不再作为"雇员"而是作为"独立承包商"为该公司运输货物。在这一身份转变前后，司机的工作基本无变化。2005 年 1 月，该公司前工作者查尔斯·李（Charles Lee）在同 Dynamex 签下独立承包协议三个月后，起诉了 Dynamex，指控这家公司故意将雇员划归为独立承包商。

加州最高法院审理此案时，将重点放在对雇佣关系的阐释上。法院认为"雇佣"有三个可替换概念：①对工时、工资、工作环境有控制权；②工作有无自主权，需获得许可；③参与到工作中，从而建立普通法上的雇佣关系。以上三个，满足其中一个，就能认定为存在雇佣关系。不过，法院亦认为，第二个概念不能以字面意思理解，否则将会模糊真正的独立承包商同雇员之间的差异，甚至把前者划到后者的范围内。因此，加州法院采用"ABC 测试"来确定二者之间的界限，使"雇佣"概念的运用更为准确。

由于目前共享经济下平台对雇佣关系的否认与 Dynamex 公司的做法十分相似，因此《零工经济法案》将 Dynamex 一案中的"ABC 测试"纳入正式的法律条文中，在法律层面为雇佣关系的认定提供了依据。基于 Dynamex 一案的判决，该法案的主要目的在于确定零工经济中劳动者的雇员地位，以保障劳动者的应有权益，减少中产阶级的流失和缩小收入差距。因此，该法案核心条款在于规定劳动者具有雇员地位的特征和适用情形，在劳动者付出劳动、服务以取得报酬的前提下，除非雇主证明以下所有条件均成立，否则不可将劳动者作为独立承揽人对待：一是在合同和事实上，劳动者在工作过程中不受到雇主的控制和指挥；二是劳动者完成的工作不在雇主的主营业务范围；三是劳动者日常从事与其工作性质相同的独立行业、职业或业务。以上三个条件需要同时满足，雇主才能将劳动者划为独立承揽人。

此法案将传统的雇佣关系拓展到零工经济范围内，这意味着一旦被认定为雇员，符合标准的劳动者也将享受基于劳动及雇佣法律的一系列权利，如失业保险、最低工资保护、工伤补偿。同时，这也意味着 2020 年 1 月 1 日《零工经济法案》生效后，优步、来福车等平台企业将承担起社会责任，为雇员提供保障，遵守联邦及州有关雇员工时、工资与工作条件的法律法规。

零工劳动者法案把符合此法案中雇佣关系认定标准的零工工作者纳入正式雇员的范围，将增加以优步、来福车为代表的平台企业的运营成本，削弱这些企业在价格成本上的优势，减弱其竞争力。但同时，《零工经济法案》也规定了一些不适用的情况。这些不适用的情况集中在某些职业群体，他们的特征是自己设定或者与客户谈判收费费率，通常也直接和客户沟通，包括医生、保险经纪人、股票经纪人、律师、会计、工程师、兽医、直销人员、房地产经纪人等。豁免群体还包括一些自由职业者，比如自由作家、摄影师等。在法案通过一个月后，优步、来福车等企业提出了《应用软件型司机与服务保护方案》（*The Protect App-Based Drivers & Services Act*），其核心是提高司机们的待遇，增加对其的劳动保护，但希望能获得豁免资格，继续保持司机们的独立承包商身份。这些企业表示，如果能拿到足够多的签名，此方案将纳入加州 2020 年的公投项目，届时由选民决定是否支持此方案。

在对外宣传中，以优步为代表的平台企业称，《零工经济法案》将危害零工劳动者工作的灵活性，甚至会使一些人失去额外创收的机会，也会由于雇佣成本的增加，打车的成本升高，殃及消费者。的确，《零工经济法案》会给一些兼职者、自由职业者带来不利影响。在《零工经济法案》出台后，一些自由撰稿人认为自己向报社媒体供稿不能满足"ABC 测试"中的（B），即"劳动者完成的工作不在雇主的主营业务范围内"。这意味着报社媒体需与自由撰稿人建立雇佣关系，但建立雇佣关系违背了自由撰稿人的意愿。对此种情况，《零工经济法案》对一些自由职业者进行了有限豁免，规定将未超过一定工时或工作次数的劳动者认定为独立承包商。但一些零工劳动者表示有限豁免顾此失彼，认为企业为了避免与零工劳动者确定雇佣关系，将会把劳动者的工作时长和次数控制在相应范围内。这种时长与次数的限制将导致工作机会的减少，而本来致力于保护零工的法案最后却将危害零工劳动者。

《零工经济法案》颁布前，以优步为代表的平台企业投入资金、游说政客，以期阻止这一新法案的出台；法案顺利通过后，这些企业很快组织起来，寻求折中方案，希望自己获得新法案的豁免资格，从而不受限制，继续保持市场优势，规避责任，牟取利润。平台企业这一系列动作究竟能取得什么样的效果，还有待继续观察。不过，作为优步、来福车等平台型公司总部所在地的加州如何处理零工经济下的雇佣关系争议，如何平衡全职劳动者、兼职劳动者、平台及消费者之间的利益，将具有示范意义。

优步等平台企业以"灵活性""自主性"为卖点，吸引有闲置资源和空闲时间的劳动者为其工作，但事实情况却是劳动者受到这些平台的隐性控制，以此为主业的全职者更是陷于一种被精确监管的数字牢笼和无保障的劳动环境中。在零工经济中，最主要的问题恐怕是被平台企业模糊化的雇员与兼职者的差异，这一模糊行为使所有劳动者都被冠以"独立承包商"的称号，而实质上的全职者却因与平台不存在雇佣关系而无法享受应得的劳动保障以及其他权利。

零工劳动者们虽然在雇佣关系认定上的看法不一，但也有共同的诉求，如更高的收入、较低的佣金、最低工资保障等。然而，他们的声音很难以集体的形式发出，即便以集体的形式发出，也是人数不多的集体，很难有传统工会的影响力。在此情况下，政府的管制显得更为重要。加州《零工经济法案》的目标，无疑是保护劳动者的利益，但又不免会伤害零工经济的灵活性，进而伤害到不少零工劳动者的利益。《零工经济法案》在管制以优步为代表的平台企业时，将增加其运营成本，而这一成本很大一部分最终需要消费者买单。可以预见，在消费者、全职者、兼职者和公司之间寻找到平衡点将是一个长期博弈的过程。

4. 对 ABC 标准的简单评价

"ABC"劳动关系认定标准使得网约工被认定为劳动者的概率大增。该标准至少在以下两个方面对网约工有利。首先是举证责任的倒置，先假设网约工和企业成立劳动关系，再由企业来反驳。这也是布里申·罗杰斯（Brishen Rogers）一直主张的，虽然一般民事案件的证据规则是谁主张谁举证，但是考虑到劳动者和雇主的实力差距，建议实行举证责任倒置。其次，对于网约工来说，ABC 标准中的 B 项要求对于他们被认定为劳动非常有利。在 Dynamex 一案中，法官指出，送货司机所提供的服务就是 Dynamex 公司（一家送货公司）的核心业务，Dynamex 很难举证否认这一条。法官最后判决送货司机与公司成立劳动关系。而优步司机提供的乘运服务是优步公司的核心业务。学者凯瑟琳·菲斯克（Catherine Fisk）认为，如果加州法院在优步司机案件中也使用"ABC"认定标准，那么优步司机就应该被认定为劳动者。而一旦网约工根据《零工经济法案》被认定为劳动者，他们将获得最低工资、失业保险、工伤赔偿以及其他一系列基于劳动法的保障和福利。

5. 影响：司法、平台和零工群体

（1）司法影响：明晰加州劳动关系认定标准。由于美国属于联邦体制，关于工人分类的问题在联邦法院与州法院、州法院之间存在很大的分歧。《零工经济法案》建立了一个关于劳动关系认定的检验标准体系，这一明晰的认定标准主要起到三点作用：一是促进了工人分类法的完善。二是有效解决了劳动者和零工经济平台关于劳动关系认定的法律问题。三是提升了司法的公信力。

（2）平台影响：调整零工经济用工模式。该法案对现有的零工经济平台已构成了很大的冲击，主要有以下五点影响。

一是阻止了零工经济平台的监管套利行为。《零工经济法案》对劳动关系认定标准进行了充分说明，并且划出了不受法案影响的特殊行业名单。不在名单内的零工经济平台必须基于事实，对符合雇员特征的劳动者给予相应待遇。

二是促使零工经济平台的用工模式转变。作为位于美国经济实力前列的州，加州颁布的法案有很大可能受到其他州的借鉴和引用，从而在全美推广开来。因此，主要的零工经济平台为了保证竞争优势和维持用工成本，必然要调整商业模式，以规避法案带来的冲击。

三是零工经济平台的用工法律风险增大。现行的美国劳动法律规定，雇主违反有关雇员的法律规定是一种犯罪行为。《失业保险法》同样规定雇主未支付雇员工资和福利是犯罪行为。在《零工经济法案》出台之后，雇员的法律定义相对原来的概念覆盖范围有所增加，定义范围的扩大实际上意味着雇主在劳动关系认定和工资福利给付上，需要考虑因此而带来的法律风险和诉讼成本。

四是减少了额外的诉讼成本。由于工人分类法律和规则的模糊性，加上雇主把劳动者划为雇员以减少人力成本的动机，常常引起不必要的诉讼。《零工经济法案》在明确认定标准和分类规则的同时，实际上也减少了零工经济平台在此类案件上的诉讼成本。

五是用工成本的增加。除了特定的行业，在加州运营的交通运输、家政服务类等零工经济平台均会受到法案的影响。从劳动关系的推定上而言，这一类平台胜诉的可能性微乎其微，势必要重新调整对于平台从业者的劳动关系认定，把劳动者划为雇员，平台在雇员工资福利等方面的支出将有所增加。

（3）零工群体影响：劳动权益保障。《零工经济法案》对于零工经济下的劳动者权益保障具有重要的影响。首先，加强了对零工经济劳动者的社会保障，例如失业保险和工伤保险。《零工经济法案》在原有 Dynamex 案裁决雇主需按最低工资标准支付雇员工资的基础上，以《失业保险法》为依据，要求雇主为雇员提供失业保险。其次，提高了零工经济从业者的工作收入。在法案生效后，被划分为雇员的劳动者将取得不低于最低工资标准的工作收入。相对于之前依劳务关系而取得的收入，劳动者不仅在收入上得到提高，也提高了未来工作的稳定性和收入预期。再次，如果零工劳动者成为员工，平台将控制他们的日程安排。平台将开始分配时间表，而不是让数字零工自由安排。这将破坏最初吸引工人进入零工经济的灵活性。如果没有灵活性，数字零工将会减少很多。经济学家发现，如果拼车司机必须遵守固定的时间安排，他们的工作时间将减少三分之二。绝大多数优步司机表示，零工工作改善了他们的收入、财务安全、工作与生活的平衡以及生活质量。最后，法案对原本议价能力较高的零工经济从业者有可能造成负面影响。如新闻报刊业、出版社和其他媒体大多有兼职写作的作者，法案规定的一年 35 篇限制了一些高产作者的投稿，对用工灵活性造成了一定的负面影响。

（二）西班牙实践

根据研究公司 Afi 的数据，西班牙的送货上门服务是欧洲最具活力的工作之一。截至 2019 年底，零工经济平台拥有 470 万注册用户，比上一年增长了40%。对于如此庞大的数字零工群体，西班牙政府也采取了法律手段来重新调和劳动者与企业之间的关系。

1. 立法过程

西班牙最初实行雇员与自雇就业者的二元身份分类法。2007 年，西班牙立法机构颁布了《自雇劳动者法》，旨在为不具备雇员身份的自雇者提供一定程度的保护。保护的内容涵盖非歧视、医疗保险、病假、产假、宗教自由、职业选择权、自由竞争权、职业培训等方面。此外，危险行业的自雇劳动者还可以在不丧失社会保障的情况下提前退休。这部法律的意义重大，是欧盟范围内关于自雇就业者保护的首部综合性立法，将保护扩展至不具有雇员身份的劳动者。

西班牙《自雇劳动者法》的另一个重要创举是将自雇者进一步细分为两种类型：真正的独立自雇者和经济依赖型自雇者。关于经济依赖型自雇者的判断标准是：亲自为某一客户提供服务，其个人收入的 75% 以上来源于此。在受保护程度方面，经济依赖型自雇者弱于雇员，但强于独立自雇者。至此，西班牙劳动者的身份大体上可分为三类：独立自雇者（即独立承包人）、经济依赖型自雇者和雇员。然而，在零工经济背景下，对于从业者的定性取决于对其的分类，而这一权利并不在当事人手中，合同对身份性质的约定只具有初步意义。司法实践中，西班牙法院更多本着"事实至上"的原则做出最终认定。实践中，劳动者的三种身份都有可能找到一些适用的案例，但是在西班牙，绝大多数零工从业者会被定性为劳动者，成为西班牙法院的主导性裁决立场。

巴塞罗那地方法院社会庭在 2019 年 6 月的判例中认为，Deliveroo 平台的骑手在工作的过程中缺乏自主性，应被认定为劳动关系。

马德里法院社会庭在 2019 年 7 月 23 日的判例认为，应认定 Deliveroo 平台与骑手处于劳动关系之中，骑手在接受任务之后，便失去了工作的自主性。

西班牙最高法院在 2020 年 9 月 25 日的判例中认为，骑手应被视为劳动者。平台与送货工人的这种雇佣关系推定将通过对现行《工人规约》的修正及纳入一项附加规定来实现。

2021 年 3 月 11 日，西班牙政府劳动部部长宣布：西班牙政府与社会伙伴达成了协议，认定"外卖骑手属于雇员身份"。西班牙的"骑手法"于 2021 年 8 月正式生效。该法案规定外卖骑手们（多数靠自行车或电动车送餐）必须被认定为雇员，而非自由职业者。这一法案旨在规范食品配送骑手的工作，这意味着基于 App 的食品配送公司必须向员工支付福利，例如病假和防止解雇，这一法案增加了快递员的数量。据行业协会称，近年来西班牙的快递配送员人数激增至约 3 万人。

而一些机构却表示，该"骑手法"只在外卖行业中有效，并不适用于网约车司机或快递配送员等零工工作者。该项改革促使一些平台尝试寻求法律漏洞来应对法案的实施，而另一些平台则不得不与工会进行谈判以此来减少损失。

2. 西班牙判例

JustEat 是一家英国公司，已经在西班牙"生存"了 11 年。该公司表示将支持这项改革，它已经与工会展开谈判，以达成其西班牙负责人帕特里克·贝尔加雷切（Patrik Bergareche）所说的将是该行业的"第一个集体谈判协议"。部分新成立的数字零工组织也将把数字零工纳入雇员的范围之内。Just Eat 已与 UGT 和 Comisiones Obreras（CCOO）正式签订了公司协议，并成为第一个签署此类劳动关系协议的西班牙交付平台。双方商定的文件是国家一级文件，也是欧洲范围内首批签署的此类劳动关系文件之一，其将成为整个行业未来同质谈判的起点。

该协议将于 2022 年 1 月生效。该协议规定：一名全职数字零工每年将赚取 15 200 欧元（约每小时 8.5 欧元；西班牙最低工资为 7.55 欧元）；工人每天工作的时间不能超过 9 小时；他们每年将有 30 天的假期（其中 15 天在 7 月至 8 月之间）。该协议还规定，公司必须提供所有必要的保护手段，以保证员工的安全：例如车辆、手机、个人防护设备等，尽管"骑手"可能会自己提供部分设备，但企业仍然需要提供部分补贴。

该协议还包括为骑手提供的集体意外保险政策、年度体检以及预防职业风险的信息和培训。骑手有权获得与工作条件相关的算法信息，以及工会组织的权利和工人及其代表在集会上会面的权利。该协议实现了创新与社会保护之间的平衡，也消除了以往存在的不稳定性。

（三）意大利实践

关于需要更新或澄清意大利与数字零工有关的就业法的政治和立法辩论一直以来都很激烈。2016年10月，在意大利北部，为德国送餐公司Foodora工作的外卖员举行了一系列公开抗议活动，迅速引起了媒体的广泛关注，并成为意大利"零工经济"中第一个工人运动的案例。这些抗议活动在意大利引发了一场关于零工经济中工作条件的激烈辩论。因此，分析Foodora骑手在意大利的抗议情况为我们提供了一个反思当前劳工运动在意大利所面临的挑战的机会。

1. 背景

和优步一样，Foodora运营着一个在线平台，利用骑手从当地餐馆向顾客配送食物。这种工作模式类似于一种"基于平台的随叫随到的工作"，或"通过应用程序按需工作"。餐厅向Foodora支付佣金，同时支付送货费用。外卖骑手被归为外部承包商，根据"合作合同"被雇用，登录手机端应用程序，接收由算法自动分配的单个交付作业。因此，虽然工作本身是物理的，但劳动过程的组织和分配却充满着数字化过程。

Foodora于2015年在意大利开始运营，此后一直大力扩张规模。然而，在2016年10月8日，它的扩张遇到了问题：约50名工人在都灵举行了他们的第一次公开抗议活动，呼吁抵制该应用程序。2016年4月以来，Foodora外卖骑手一直通过自组织的请愿书来要求更好的工作条件，他们的要求集中在希望企业能够承担自行车维护和互联网连接成本，同时也希望能够获得更高的薪资。但这些需求都被公司忽略了，加上企业合同条款的改变，导致工人们的公开抗议活动爆发。2016年9月，Foodora开始雇用以计件方式发放薪资的外卖员，将工资从每小时5.4英镑改为每件2.7英镑。但在2016年11月，当Foodora宣布计件工资的方式将扩展到全体员工时，按时计薪的员工却又开始因为雇佣合同而被归类为自主的承包商，这意味着他们无权享有病假和假期工资等标准的雇佣权利。事实上，该公司的工作组织模式类似于从属就业：骑手实行每周轮班制度；在规定的地点等待订单；身穿统一的服装。在此基础上，他们要求被列为雇员，并纳入国家集体劳动合同，从而享受包括其中规定的最低工资水平。

截至2016年9月，骑手们已经在没有既定工会支持的情况下自主地组织抗议。随着与Foodora公司的纠纷升级，骑手开始寻求普通工会SI-COBAS的支持。通过工会，他们正式地向公司提出了他们的要求，并通过罢工和说服周围的骑手罢工进行为期一周的抗议，他们骑车向餐馆老板和公众分发传单，邀请他们共同来抵制这款应用程序。这场抗议让 Foodora 的声誉受到了损害。

这次抗议吸引了意大利媒体的大量报道。该公司试图为其就业行为进行辩护，没想到却进一步损害了公司的声誉。企业声称骑手的工作不是"真正的工作"，而是"一个骑自行车同时获得少量薪水的机会"。随着媒体的日益关注，公司拒绝与员工进行谈判，但会见了一部分抗议者代表。为了满足工人们的要求，该公司将配送费从 2.7 英镑提高到 3.6 英镑，并提供部分车辆维修费用。但 Foodora 拒绝将骑手归类为雇员，骑手更实质性的要求仍未得到满足，例如职业保障。该公司随后优化了企业工作组织模式，以便大多数员工在高峰时间平均每小时可以得到两份送货任务，这缓解了一部分人的不满情绪。然而，意大利建立的工会并没有参与到此次纠纷的解决过程中。

2018 年，六名为 Foodora 公司工作的人在都灵法院声称，他们应该被视为"正式雇员"。都灵法院驳回了他们的申诉，理由是他们的合同关系不能被定性为有关法律下的"正规、从属就业"：他们随时可以拒绝工作。

都灵法院的裁决被提交给都灵上诉法院，都灵上诉法院于 2019 年 1 月 11 日推翻了都灵法院的裁决，并就零工经济中的这一特殊类别的工人做出了明确的声明：他们不应该被视为独立承包商。都灵上诉法院在做出裁决时援引了 2015 年出台的《就业法》第 2 条，该条规定当个人与其工作的公司之间的合同关系以"雇主根据工作时间和地点组织的个人和持续工作表现"为特征时，则劳动者享有正式员工的权利。都灵上诉法院的裁决所依据的事实是，由于雇主在组织个人工作方面发挥着根本作用，因此两者之间的关系属于既定的从属雇佣关系。因此，都灵上诉法院确定，根据《交付和物流部门国家集体谈判协议》的规定，个人有权要求某些报酬和待遇（如带薪假期、病假和所谓的年终第 13 个月工资）。

都灵上诉法院的裁决强化了授予数字零工下属雇员权利的趋势，这一趋势可以追溯到 2015 年意大利《就业法》的通过。但目前一些悬而未决的问题仍然存在，包括根据现行法律法规，这些人是否有权就不公平解雇向下属雇员提供某些保护；是否有权要求为一次交付和另一次交付之间的等待时间付费，如果有权，如何行使权利以及具有哪些限制。

其中一些问题可以通过 2003 年的《比亚吉法》（Biagi Law）来回答。该法律引入了一种非连续性雇佣合同，然而，考虑到自 15 年前通过以来，《比亚吉法》已经历过被废除、重新引入、改造和淡化的过程，并且在今天受到非常严格的限制，它可能不能特别有效地解决有关数字零工的待遇问题。

Foodora 外买骑手的案例表明，"零工经济"工人的集体组织给工会带来了很大的机遇和挑战。欧洲工会需要了解数字零工工作组织形式的特殊性，以便在法律层面采取行动，填补法律漏洞。鉴于数字经济带来的快速变化，需要更新现有的劳动法，这也是目前"零工经济"辩论的主要问题之一，因此，需要使用我们今天可用的法律工具，并对其进行必要的修改，以应对所谓的"零工经济"的挑战。

2. 立法渊源

非典型雇佣关系是由数字平台自主管理的还是从属的？这是在确定关系各方的权利和义务时要考虑的关键问题。重要的是，根据意大利法律，从属工作的概念已经与之前不同了。事实上，通过明确的命令和指示（以及法院制定的其他类似行为）证明雇员受雇主的完全或几乎完全控制，以证明存在从属雇佣关系的要求越来越少。以下三个示例演示了这一趋势：

《比亚吉法》规定，在限制性案件中（今后可以延长），"随叫随到"的工人有权拒绝工作，即使雇主要求他们这样做。这大大削弱了下属工作定义的基石之一：雇主要求服务的权利。

2015 年出台的《就业法》（意大利第 23/2015 号法令）规定，任何"协调和持续"的合作，只要它规定雇主确定工作的地点和时间，就"自动"服从于下属的工作安排。这消除了执行复杂的资格分析的要求——几十年来，这种分析一直是既定的法律实践。

最近的"敏捷工作"条例规定，下属工作安排的模式可以受"各方之间的协议"的制约，该协议可以是分阶段、按周期或根据商定的目标开展工作的协议，而不受工作地点等的精确限制，并且可能使用技术工具来开展工作。对于零工经济中的新工作类型来说，这似乎是一个完美的定义。

因此，在现有的意大利法律框架内，完全有可能找到一个基础，以一种与旧的正式结构截然不同的方式定义从属工作安排：这种安排可能是不连续的，没有固定的位置，不一定以时间衡量，并且可以由工人或公司/雇主自行决定激活。因此，新的、灵活的工作关系可以被视为从属关系。情况就是这样，即使不从法律角度，从经济和社会角度来看也是如此。因此，需要解决的关键问题是：为了满足当今工人和雇主的需求，下属工作安排应该具备哪些特征？这会以两种方式产生影响：在定义层面，找到一个易于识别的标准，以便在自营职业和下属工作之间划出明确的界限，并确定对"新的"下属工作安排的最低保护。一套现代的劳动规则应该考虑：最低工资要求（根据工人是否以及何时有义务接受"工作要求"而设定基线）；保证休息时间与实际工作时间成比例；事故保险、民事责任和临时养老金；等等。相比之下，间接类型的补偿和某些针对解雇的保护措施是为长期和全职工作安排而设计的，不适用于零工经济工作安排。

1942 年，《意大利民法典》确立了从属性劳动和自治性劳动二元分类体系，将劳动分为从属性劳动与自由劳动，二者之间的主要区别在于是否具有隶属关系。相关法律对劳动者保护性的规定基本针对的是从属性劳动关系中的劳动者，且大部分保护性规定是不可违背的，包括工资、劳动时间、劳动者的权利以及停工、劳动关系的消灭等。而数字劳动属于一种新的工作形式，并不属于传统的从属性劳动关系中的劳动，理论界将处于从属性劳动与自由劳动之间灰色地带的劳动关系称为"类从属性劳动关系"或"协作性与持续性的合作关系"。1973 年 533 号法律的出台为部分非从属性劳动者提供了一定的保护，同时衍生出介于从属性劳动者与自治性劳动者之间的第三种劳动者——准从属性劳动者。此后的三十年，越来越多的企业以准从属性劳动者的身份来雇用那些原本应归属于从属性劳动者的员工，从而隐藏真实的雇佣关系，降低成本，规避法律义务。

为了防止企业错误地分类员工致使准从属性劳动者泛滥，2003 年出台了276 号法令，即《比亚吉法》。该立法要求企业和从业者之间的合作至少集中在一个项目上，因此，准从属性劳动有了新的定义——项目工作。法令要求这些项目必须是实际存在的，且有明确的期限，否则员工就应当重新被归类为从属性劳动的雇员。除了要求与项目挂钩，立法机构还试图将产假、病假等一系列社会保障福利扩展到准从属性员工。这一立法企图通过预先确定项目的细节和条件来推进准从属性劳动制度边界的细化，进而实现雇主和雇员之间的平衡。但该法案执行的过程并不像预期的那样成功，准从属性劳动者的权利与保护力度仍然低于其他员工。

2015 年，意大利出台的《就业法》从根本上消除了起源于 2003 年《比亚吉法》的"项目工作"的概念。这一做法旨在一段时间内，以渐进的方式，从非典型就业的不确定灰色区域转移到有薪就业领域。为了将雇佣从属性雇员作为更为可取的选择，立法机构实施了部分激励措施，例如为一些雇员福利提供资金、放宽解雇要求等。同年，意大利还出台了一部法律规定：如果劳动者受公司和雇主的管理和组织，那么这些劳动者就不属于独立劳动者。在这些法案的推动下，虽然准从属性劳动的类别依旧存在，但是它的范围和保护都受到了一定的限制，工人类别更多地向从属性劳动者转移。

在实践中，这些新型关系中的劳务提供者不断要求得到与从属性劳动关系中的劳动者相同的法律保护，意大利立法者逐渐将从属性劳动者的保护范围扩大，适用于这种"类从属性劳动关系"。这类关系首先在《意大利民事诉讼法典》中得到承认。该法典第 409 条将劳动诉讼的规定扩大到所有"主要是个人提供的持续性与协作性服务的合作关系中"。随后，2019 年 11 月 2 日第 128 号法令（《针对劳动保护与解决企业危机的紧急规定》）修改了 2015 年第 81 号法令（《劳动关系法》）第 2 条，并对这种类从属性关系也进行了规定："自 2016 年 1 月 1 日起，从属性劳动关系规则也适用于合作关系，这种合作关系主要表现为个人的、连续的工作，其执行方式由委托方组织。本款的规定也适用于使用数字平台组织提供劳动的方式。" 2019 年第 128 号法令还专门在 2015 年第 81 号法令中增加标题为"数字平台的劳动保护"一章（V-bis），规定了数字平台的义务，包括平台应负责骑手工作中的事故及职业疾病的保险、禁止包括驱逐出平台及因没有接受订单而减少工作机会的歧视、骑手享有最低工时报酬的权利等。

这些年来，外卖平台开始加强对骑手工作时间的管理，并且还规定他们的送餐路线。随着平台对骑手的管理越来越多，平台和骑手之间也就获得了一定的正式法律关系。

尽管骑手可以依据上述法律获得某些之前仅属于从属性劳动者的法律保护，但这些法律并没有从实质上明确解决数字平台与骑手之间的关系。2019 年的 UberEats 案件的判决，更将数字劳动者纳入正式劳动者的范围之内。在外卖平台骑手发生一系列交通事故后，2019 年 7 月，米兰检察院对（属于美国优步公司）、Glovo、JustEat 和 Deliveroo 四个餐饮平台展开了调查。调查发现，上述 4 家企业违反了劳动安全法规。

检察院副检察官蒂齐亚娜·西西里亚诺（Tiziana Siciliano）称，大多数骑手虽然签订自雇合同，但实质上已经成为企业的员工。此外，这些平台的相关员工由一个 IT 平台管理，该平台根据员工的表现给他们排名。"为了避免因为工作量的减少从而导致排名下降，骑手被迫必须接受所有的订单。"西西里亚诺表示，这就是一些骑手不能休假或请病假的原因。因此，检察院决定，2017 年至 2020 年，在上述四个餐饮平台工作的 6 万多名骑手应该被视为雇员，签订劳动合同并享有固定薪酬。企业应该支付其骑手以往的社会保障和保险费用，同时为骑手提供"合适的"装备，包括头盔、手套、反光背心、口罩以及自行车或电动滑板车。媒体报道指出，尽管未明确金额，但这项花费总数也将达数亿欧元。此外，这四家企业还被要求支付共计 7.33 亿欧元的罚金，如果不能在 90 天内缴纳，就可能面临刑事程序。

"判定骑手与公司的雇佣关系后，各类保险都应该由用人单位来代缴，平台就拥有了这个责任。"杨慕华律师说，在这个判定后，骑手的境况和收入会改观很多，但一些平台将因此而赚不到钱。判定出台后，意大利已经有外卖平台选择关闭运营。据了解，尚在运营的大平台宣布了几条对骑手有保护的措施：第一，保障了骑手的最低工资；第二，在雇佣合同下，无论骑手当天是否工作，都要发当天的工资；第三，骑手送餐的车、头盔等工具都由平台提供且需要平台保证质量符合规定；第四，骑手要有产假、病假等福利，加班或假期工作都要享受额外报酬，平台想要解雇骑手也需要支付经济补偿；第五，八个小时工作时间后，骑手就可以下班了。

杨慕华律师说，这个判定更多体现的是社会意义和法律精神，希望向外界传达"意大利的劳动法是认真且有力度的"。但对于判定后出现的部分平台关闭问题，官方也做了解释。检察官后来说：我了解有些平台会因此而停止运营或破产，但是我不愿意因为保护这样的平台、保护社会的经济情况而不顾个人的权益。这是一个有争议的问题，因为某些骑手甚至可能因为平台的停运而彻底失业。这对于社会经济的影响可能是负面的，但是对个人的保护还是很重要的。

3. 判例

2018 年，六名 Foodora "骑手"向都灵法院提出要求，要求他们重新获得"正式"员工关系的资格。2018 年 4 月 5 日，都灵法院驳回了他们的司法索赔，因为他们的合同关系不能被定性为常规雇佣关系，特别是骑手没有义务进行工作活动，因为他们可以自由地拒绝轮班。2019 年 1 月 11 日，在对上述判决提出"骑手"索赔后，都灵上诉法院彻底推翻了一审裁决。

该决定背后的原因在现阶段尚未公布，但法院已经明确了其基本态度：数字零工不应被视为独立承包商，特别是在法院的解释中，与公司的"附加险"合同关系应被适当地限定为第 81/2015 号法令（所谓的《劳动关系法》）第 2 条规定的"合作关系"。由于雇主所起的"组织"作用，雇佣关系制度适用于上述关系。根据既定的判例法，在没有证明行使上述权力的情况下，委托人与自由职业者之间存在雇佣关系也可以得到承认，例如：工人有义务遵守委托人的严格指示；在同一地点和/或在同一委托人确定的工作时间内履行；关系的稳定性和连续性；将工人稳定地纳入稳定的组织结构中；工人有义务定期提交关于其活动的报告；履行全职工作时间；每月、每周或每小时支付固定补偿；使用委托人的工具和材料；存在排他性义务。

如果工人成功地获得雇员的地位，他们将有权获得以下保护：强制性遣散费；雇员的工资；雇员的福利金；针对非法解雇的补救措施；带薪假期；等等。六名曾在 Foodora 担任自由职业者的骑手向都灵的就业法官提出了索赔。为了将他们的关系重新分类为雇佣关系，索赔是基于法律论点的，即这种关系远不具有"自主"性质，而是使用与雇主-雇员关系一致的行为形成的。根据 2018 年 5 月发布的裁决，Foodora 的骑手将被视为自由职业者，因为在诉讼程序中，事实证明他们不受 Foodora 的组织、指令和纪律权力的约束。

法院根据一些法律论据得出了这一结论：骑手没有必须工作的义务，因为他们可以自由地向 Foodora 提供服务，而员工必须在规定的工作时间内履行职责；Foodora 可以自由地接受空闲的骑手，并在他们愿意的时候给他们轮班，而雇主需要要求员工履行工作职责；骑手的工作时间不是像传统雇佣关系中由委托人单方面确定的，因为 Foodora 曾经提前提供某些位置，供骑手选择；Foodora 对在某个时间段上工作的骑手数量进行的检查仅仅是为了协调，这在 Foodora 开展业务时是必要的（当然，这需要知道有多少骑手在各个班次工作，因此可以了解到在什么时间内交付多少订单），而不是展示雇佣关系所特有的组织和指导能力。

法院的裁决随后在都灵上诉法院受到骑手的质疑，该法院于 2019 年 1 月部分确认并部分驳回了一审裁决。一方面，上诉法院确认，Foodora 与其附加险之间的关系不应被归类为雇佣协议。根据上诉法院的说法，正如在一审程序中发现的那样，骑手有权决定是否履行其职责，即使在预先商定的班次向 Foodora 暗示了他们的可用性之后，（在这种情况下）没有义务确定替代者或受到任何纪律处分。另一方面，上诉法院裁定，即使骑手不受 Foodora 的指示、组织和纪律权力的约束，但他们的工作时间和工作场所均由 Foodora 确定，他们被归类为工人的"第三身份"，而不是雇员或自由职业者。因此，根据都灵上诉法院的裁决，即使 Foodora 与其骑手之间的关系不符合就业条件，他们也必须获得与雇员应给予的相同经济待遇（根据意大利第 81/2015 号法令第 2 条）。该法律相当不明确，并且由于自 2016 年 1 月 1 日起生效，因此仅发布了有关其解释的少数先例，特别是，都灵上诉法院已命令 Foodora 向受影响的骑手支付工资差额——在他们关系维系期间实际工作的每个小时——由 Foodora 运营部门的国家集体谈判协议确定的最低小时工资减去实际支付给他们的小时报酬（如上所示，每小时 5.60 欧元）来确定。

由于外卖骑手与四家餐饮外卖平台之间存在一定程度的依附性与从属性，因此米兰检察官认为用人单位必须为劳动者提供必要的保障，如上述提及的购买保险，提供必要的确保安全的劳保设备，等等。尽管意大利检察官的判决在其国内引起了轩然大波，且并未像英国高院判决那样，为平台用工的劳动关系认定给予确定，但是它也向我们表明，在涉及平台用工关系的法律属性的界定问题上，将数字零工和平台确立为劳动关系已经成为主导性立场，意大利的立场也是如此。

从以上三个国家针对数字零工的身份认定的历程与判例分析可以看到，目前，数字零工被纳入劳动者的范畴并享受正式员工应该享有的待遇对于各国仍是比较困难的，需要劳动者、工会和企业等组织的共同参与。但上述国家通过立法实践对数字零工的身份进行规定是目前阶段解决这一问题的有效途径，从强制性方面来说，法律手段可以同属约束企业方和劳动者，但各国的法律还需要在实践中完善。

第十四章 非劳动关系治理模式

尽管目前关于数字零工身份认定的主流做法是将其认定为劳动者并纳入劳动法的保护范围，但由于其从属性弱，有一些国家认为数字零工并不等同于劳动者。本章节将讨论那些认为数字劳工不应该拥有法律意义上劳动者身份的国家的具体实践。

一、缘起

知识经济是当前的经济形态特征之一，世界发达国家的经济形态已经体现出了很强的知识经济的特征，而知识在中国经济发展中所占比重也越来越大。知识作为一种软要素，使个人在某些情况下可以更少地依赖组织协作，帮助个人以更加自由的形式独立嵌入社会生产活动中。管理学家德鲁克曾经就在《管理人的未来》中畅想过未来知识工作者的形态，预言过零工经济的可能性。

伴随二胎大潮的来临以及人口老龄化的到来，不能按照传统方式上班的人群数量将更多，照顾老人和接送孩子都会耗费大量的家庭劳动和时间。随着新技术的发展，对于这些无法正常上班打卡的人而言，零工经济无疑是很好的机会。而由于大城市相对比较高的房价和生活成本，也会有很多有着全职工作的人选择以零工经济方式来补充收入。零工经济与打零工不同的是，零工经济是一种新型雇佣关系，平台将替代企业，成为用工的主要连接体，但由于劳动关系的唯一性，很多地区的零工经济从业者并不存在劳动关系。

二、特征

(一) 灵活招聘，雇佣双方不受事实劳动合同限制

打零工拥有企业（雇主）、个人（雇员）两个端口，可以根据自己的工作性质、时间管理，安排选择哪份工作或一天接几单，工作结束后点击完成，即可获得企业（雇主）端提供的相应报酬。当企业（雇主）或个人（雇员）交易不能完成时，可以在双方沟通后取消或强制结束订单，合乎法律法规的约束。

(二) 就近工作，降低雇佣双方的时间成本

打零工可以随时随地发现周边的工作机会，比如优步司机的定位接单技

术。以地域为分界线，再结合所需要提供的服务，这样的雇佣关系可以让雇佣双方均合理减少时间成本。

（三）雇佣制转为合作制，实现雇佣双方利益共赢

打零工创造的用工模式，使雇佣制转变成了合作制。所有资源全部按劳取酬，工作结束，双方的雇佣关系即结束，避免签订事实劳动合同，没有社保、个税等限制。这种用工方式可以使雇主降低用工成本，雇员自由支配时间，双方都能降低负面情绪，提升满足感，真正创造双赢，成为利益共同体。

（四）完善双方"诚信档案"，开创傻瓜式招聘方式

打零工使用诚信互通的"诚信档案"，为企业、个人提供双方诚信评价，通过双方以往的打工/用工数量、服务/提供就业机会质量、双方评价、背景资料等多种维度，给出信用等级。这可以为用户及企业提供客观的参考信息，开创傻瓜式招聘方式，降低应聘及招聘门槛，有效撮合用工双方，提升双方效率。

三、国别实践

在这些认为数字劳工不应该拥有法律意义上劳动者身份，认为数字劳工不等同于劳动者的国家中，其实践有着自己的特点。本章选取日本和荷兰两个国家，从雇主方或者零工以及工会等方面对关于数字零工的实践进行阐述。

（一）日本实践

数字不会说谎。在日本领先的在线人才市场之一 Lancers 发布的一份报告中，日本的自由职业者社区人数从 2015 年到 2018 年增长了 23%。截至 2018 年，超过 700 万日本人至少承担了两份工作，占劳动力的 11%。此外，日本17% 的劳动人口现在从事自由职业者贸易——作为全职自由职业者、兼职人员、月光人和具有多种收入来源的零工。数字支付平台 Payoneer 进行的一项研究显示，"从 2018 年到 2019 年，日本自由职业者的收入每年增长 125%"。显然，日本处于零工经济发展的繁荣时期。不仅如此，日本政府也开始关注外国劳工，制定新政策，为 30 多万外国工人提供工作签证。

技术进步影响当今商业的关键是其在重塑劳动力市场方面的积极作用。与传统的人才库相比，公司现在可以获得这种类型的人才，这些人才不一定适合他们先前存在的就业模式，但仍然具有高度相关性。鉴于日益激烈的竞争和不断变化的商业环境，许多公司已经开始修改其就业模式，为基于项目和合同的就业创造更多空间，使他们能够在确保效率的同时，在管理劳动力成本方面有更大的自由度。

这种转变对求职者也有影响。许多留在劳动力市场寻找工作的人现在可以自由职业者的身份加入多家公司或从事多份工作。在就业市场中，许多人经常使用数字平台、人工智能和自动化等现代技术，发现自己拥有更多但往往不稳定的工作机会。这构成了零工经济的基础。

零工经济是雇主和求职者的新领域。立法机构也慢慢意识到，零工经济现在已经发展成为当今劳动力市场的重要组成部分。在全球范围内，发达经济体已经开始认识到"零工经济"的盛行，《卫报》的许多专家指出，需要制定法规，以确保参与者发现自己受到法律保护，免受剥削。但大多数辩论仍处于起步阶段，立法机构往往不得不在雇员和雇主的需求与经济限制之间取得平衡。

面对人口老龄化和劳动力相对萎缩，日本经济在相当长的一段时间内一直面临劳动力短缺问题。作为世界上发达经济体之一，日本拥有越来越多的就业机会，但填补这些职位的求职者数量却在减少。因此，为了应对工作结构对灵活性日益增长的需求，政策制定者修改了之前一直遵循的工作监管模式，并允许员工承担多个工作。为了解决日本市场日益严重的劳动力短缺问题，日本允许员工从事多种工作或零工，希望他们能够填补空白。因此，就日本而言，零工经济的出现不仅是雇主与雇员关系的演变，而且是政府为推动更大的劳动力流动性而进行的结构性参与的结果。

1. 雇主变化

雇主慢慢意识到，不仅要遵循最新的法律规定，还要基于重塑公司内部的招聘人才模式，这些模式不一定依赖于传统的人才库。但就目前而言，许多雇主尚未发展其招聘和管理实践以跟上政府的指令。要了解这种转变的相关性，重要的是要看日本劳动力市场的传统结构。在一个传统上重视忠诚的国家，员工从事多种工作的前景是相当不明朗的。直到最近，政府才开始禁止中小型企业的员工从事一份以上的工作；很多公司通常有严格的雇佣规定。

尽管法规允许工人从事多种工作，但公司似乎仍然非常不愿意工人这样做。日本劳动政策与培训研究所进行的一项调查发现，四分之三（75%）的日本公司不希望员工从事兼职工作，理由是这可能会如何影响员工的工作效率。只有11%的公司表示他们允许这种做法，而只有8%的公司考虑允许员工从事副业。

2. 对求职者的影响

从事主要工作以外的工作，通常是自由职业或兼职工作，对日本员工来说是一个新的领域。与美国和欧洲等其他发达市场相比，日本参与自由职业经济的工作人口相当少。因此，在日本，只有一小部分员工参加主要工作以外的工作。日本政府的政策和雇主的不情愿意味着许多人不会选择从事一份以上的工作，但这并不意味着从事更多工作的意愿会降低。

研究表明，从事至少两种不同工作的员工人数有所增加。Lancer 估计，大约 11% 的劳动力将至少从事两份工作。这种增长虽然受到法规宽松的影响，但主要是由日本人今天所经历的购买力下降所推动的。这就是零工经济在解决该国劳工问题方面没有那么有效的原因。

20 世纪 80 年代，研究人员首次发现，越来越多的受薪员工成为心脏病、自杀和其他健康问题的受害者，这是长时间工作的压力和疲劳造成的。但据《大西洋月刊》报道，2021 年以来在兼职工作的人中也出现了类似的趋势。

监管机构和立法机构有责任更好地了解零工经济最终如何重塑工作结构并在此过程中影响个人生活。尽管一些公司预计，允许兼职工作将使员工获得经验和人脉，但他们在主要工作中将难以发展，从而难以提高绩效和士气。与此同时，在日本工资基本不变的时候，兼职使工人有机会赚取额外的钱。在探讨零工经济带来的广泛变革时，一个基础且关键的问题是如何准确界定工作者的身份，这直接关系到他的权益保护。

（1）员工或独立承包商。在美国，确定一个人是雇员还是独立承包商取决于委托人对一个人的活动有多大的控制权。换言之，如果一个人的工作受委托人的自由裁量权的约束，那么这个人就不是"独立于"被委托人的。在日本，根据《劳动基准法》，无论什么职业，"雇员"都被定义为"受雇于企业"，并从中获得"工资"的人。日本对一个人是不是雇员的测试基于美国的类似概念，考虑委托人对工人的控制以及工人对委托人的依赖。但是，日本法院也可以考虑工资的性质，以及工资金额等因素，以便将雇员与独立承包商区分开来。这是因为如果工人收入高，他们就可以承担风险，并以自己的收入保护自己，"独立于"公司；如果他们的收入很低，就非常有必要通过就业法（例如最低工资条例）来保护自己。

例如，地方法院裁定，尽管从事混凝土产品交付的工人使用自己的卡车进行交付，但应被归类为雇员。法院为该工人做出的裁决之一是，在扣除了自己卡车的汽油费和维护费后，他的工资并不高，无法被视为独立承包商。同样，在日本，工资水平也可以成为棒球运动员的门槛，也就是说，日本大联盟棒球运动员被视为独立承包商，而小联盟球员被视为雇员。虽然二者都在球队教练的指导下进行团队运动，但大联盟球员的工资金额明显高于小联盟球员，这使得他们在日本标准下的法律地位有所不同。而根据美国的标准，所有棒球运动员都被归类为员工，因为他们被球队控制。

（2）工会成员。此外，在日本，工人不必是"雇员"才能成为工会成员，这与美国不同。根据《工会法》，"雇员"是指靠工资、薪金或其他同等收入生活的人，而不论其职业类型如何（第 3 条）。这一定义与《劳动标准法》中的定义不同，而且通常比《劳动标准法》的定义更广泛。这种差异背后的基本原理是，《工会法》的目的是通过赋予雇员集体谈判权来保护雇员的权利，以弥补雇主和雇员之间的差距。因此，如果公司和工人之间存在不平等的关系，《工会法》可能赋予工人组建工会的特殊权力，无论此人是雇员还是独立承包商。

对零工工人有用的一个例子是，日本的演员，其中大多数被认为是独立承包商，已经建立了日本演员联盟，与电视台就预订协议和安全条件的条款进行集体谈判。这个原则也适用于前面所说的棒球运动员。无论他们是雇员还是独立承包商，日本棒球运动员都是工会成员，是日本职业棒球运动员协会的成员。

（3）零工。在美国，零工工人，如优步司机，通常被认为是独立的承包商，而不是员工。因此，即使优步司机每天工作超过 8 小时，他们也无权获得加班费，更无权组织工会与优步集体谈判，以协商模板协议中的工作条件。然而，如果适用日本的标准，低工资的事实将被考虑在内，并将使这些司机指向雇员身份。也许更重要的是，即使他们仍然被视为独立承包商，鉴于优步和司机之间预先决定的模板协议的性质，司机也可能有资格组建工会。

即使在日本，工资水平或合同性质都不是决定性因素，每个判决都是在事实的基础上做出的，各种因素都经过权衡。然而，鉴于被错误分类的工人通常比美国的正式雇员获得更低的薪水，并且没有机会进行集体谈判，因此根据日本的法律和实践，重新审查什么可以构成"雇员"是值得的。

日本是通过区分劳动者来判定劳动关系的。日本的《劳动基准法》将劳动者定义为：不论何种职业，被企业或事务所使用而获取工资的人。同时，日本劳动基准法研究会又发表了《关于劳动基准法"劳动者"判断基准》对其进行补充说明，提出"使用从属性"标准。此标准包含两方面内涵：一是人格从属性，即劳动者受到资方的监督指挥；二是经济从属性，即劳动者获得与劳动付出同等的报酬。同时，日本《工会法》将"劳动者"主要定义为有资格参加工会的人。《劳动基准法》对最低工资、工作时间、工伤保险及无正当理由不得解雇等基本劳动者权益进行保障，《工会法》则主要保障劳动者组织工会、集体协商及罢工等民主权益。在标准的长期劳动关系中，劳动者的地位同时获得这两部法律的认定，基本权益和民主权益均得到有效保障。与我国情况类似，由于平台劳动的灵活性，难以认定共享经济平台从业者受到企业监督的人格从属性特征，因而日本共享经济从业者易被认定为《工会法》下的劳动者或独立经营者。相较于《劳动基准法》下的劳动者，共享经济平台从业者的诸多权益无法得到保障，尤其是被认定为独立经营者时，其与企业间的关系只能作为交易关系受到法律调整。

（二）荷兰实践

荷兰政府正计划对零工经济进行监管，根据社会事务部长 Wouter Koolmees 的说法，这项工作可能需要十年的时间才能完成。Koolmees 提出了为自由职业者提供更多就业确定性的计划，同时打击虚假的自雇设置。从广义上讲，有两个目标：第一，确保每小时工资至少 16 欧元；第二，为雇主创建一个新的标准，以区分真正的和虚假的自营职业。此外，Koolmees 的一个想法是：每小时收入超过 75 欧元的高收入承包商将以一年合同的形式起草一份共同的声明。

在荷兰，不超过 1.6% 的成年人口收入超过 50% 来自零工经济。数以百万计的欧洲人以这种方式工作。因此，零工经济已成为对整个就业分类法的挑战。只有 7%~13% 的工人认为自己是自雇人士。大多数人感到压力和被低估，因为平台将他们视为消耗品。

有报告称，零工面临的危险包括身体和情感上的危险。他们无法规划自己的私人时间，因为他们害怕负面评价，所以他们需要随时待命。因为没有任何正式工人的权利，所以他们往往容易受到来自企业的压力。

荷兰国家工会中心（Federation of Dutch Trade Unions，FNV）于 2020 年向优步提出诉讼，要求该公司按照出租车行业规定，给予荷兰当地约 4 000 名优步司机员工待遇。优步辩护称，它只是一个连接乘客与出租车司机的技术平台，因而与司机并非雇佣关系。但阿姆斯特丹法院表示："优步与这些司机之间的法律关系符合雇佣合同的所有特征。"与此同时，法院强调了司机所提供服务的本质，以及优步如何通过其应用程序和算法控制司机的工作与收益的事实。

最终法院裁定，优步平台上的司机受到《出租车运输集体劳动协议》的保护，优步需为平台司机提供更多的福利。最终，优步因未能履行劳动条款而被罚款 5 万欧元。

"我们对这一决定感到失望，因为我们知道，绝大多数司机希望保持独立。"优步北欧总经理在一次采访中说："司机们不想放弃选择是否工作、何时何地工作的自由。为了司机的利益，我们将上诉法院的裁决，同时继续改善荷兰的业务工作。"而 FNV 副主席扎卡里亚·布凡加查表示："根据裁决，优步平台上的司机现在自动受雇于优步，因此他们将获得更多的工资和更多的权益，对于如何保持数字零工的独立，荷兰目前并未做出实质性的规定。"

第十五章　新型劳动关系治理模式

英国等国家有关平台用工的案例判决，实际上反映了欧洲国家对平台劳动者劳动关系认定的趋同走向。英国采用"三分法"框架将优步司机认定为第三类劳动关系——"劳动者"（worker）。国外设立第三类劳动关系的国家，主要目的都是为"中间地带"的人群提供劳动法律保护。这类保护主要包括两方面：一方面属于基本保护，包括对最低工资、加班、法定休假、劳动安全等的保护；另一方面属于集体劳权的保护，包括允许签订集体合同、参与行业行动或组建工会的权利等。

一、缘起

早年间，国际上各国劳动法律框架为典型的二分法，主要规定了劳动关系、民事关系两大用工劳动法律关系。劳动者要么与用人单位形成劳动关系，签订劳动合同，获得五险一金等社会保障，并享有劳动法赋予的带薪休假、加班工资、就业保护等各种权利；要么形成劳务关系，成为自由职业者或自雇者，不享有任何劳动权利。

近年来，随着互联网技术在我国服务产业中的深度应用，涌现出大量新型用工模式，比如网约车司机、外卖骑手等，这些用工形态相比于传统用工更加灵活分散，可以跨越地域限制，其劳动控制通过算法驱动也变得更加隐蔽，因此，这也给以往用来判定劳动关系的理论（劳动关系二分法）带来了挑战。以传统"二分法"框架来认知新型的平台用工形态，必然会出现许多新问题。

（一）平台劳动者的分类困境

平台劳动者与平台之间既有劳动控制性质又有自雇性质，属于一种新型的劳动关系，若将这类新型劳动关系划入任何一项，就好比将一个方形的螺丝钉硬塞进两个圆形的孔中，哪一个都不合适。

（二）平台劳动者权益保障受阻

各国主要从属性标准来判定劳动者与用工企业的关系，包括人格、经济及组织从属性。由于平台用工管理中大量使用算法管理等隐蔽的控制手段，因此劳动者与用工企业的从属性关系变得模糊。在实务上，认定标准的模糊性使得平台劳动者基本被排除在劳动法保护之外，使得他们基本处于无权利保障的状态。

（三）平台劳动者维权途径有限

二分法无法将平台劳动者纳入劳动关系的框架，无形中就将他们排除在劳动保护的大门之外。目前，劳动部门只受理正式劳动关系人员维权的调解和仲裁，不受理平台劳动者的维权诉求。平台劳动者只能通过诉讼来维权，无疑会增加劳动者维权的成本，导致诉讼案件激增，也将平台拖入无休止的诉讼中。

（四）法律系统运作标准不一

无统一的具体标准，给予法律部门很大的自由裁量空间，导致实务中大量"同案不同判""裁决重定轻否"的情况发生。法律适用错误将会导致法律系统运作的低效率。这种低效率表现在人们需要投入更多的资源来抵消法律适用错误所带来的不良影响，如申诉者不断上诉、法律劳动者间的分歧和争议、被控告者想方设法脱离不可控风险等。

事实上，这是各国面临的挑战。从趋势上看，一些国家已经开始逐步有选择地放开对劳动就业市场的强管制，劳动关系的判定从两极化走向精细化，即从"劳动关系二分法"走向"劳动关系三分法"。

可以结合 2021 年 7 月我国人社部等八部委联合发布的《关于维护新就业形态劳动者劳动保障权益的指导意见》进一步了解什么是劳动关系三分法。该文件为如何处理平台企业和新就业形态劳动者之间的关系指明了大方向，首次在中央文件中提出了"不完全符合确立劳动关系情形"，往后劳动就有了"第三种情形"，居于劳动关系或非劳动关系之间，一般把这种判别方式称为"劳动关系三分法"。

"劳动关系三分法"的方式并非我国独创，也见于英国最高法院对于优步司机劳动关系的裁定中。在英国，劳动者和企业之间的关系有三种：①雇员（employee）：对应我国的正式职工；②自雇者（self-employed）：对应我国的自由职业者；③类雇员（worker）：这是一种介于雇员和自雇者之间的关系，只能享有部分劳动关系的待遇（比如没有解雇经济补偿金）。

"劳动关系三分法"的提出，是想要在平台与灵活就业人群之间寻找到一个平衡点。既能让灵活就业人群得到应有的保障，也不至于让平台无法持续发展下去，是目前解决数字零工劳动关系问题的折中办法。

二、特征

我们建议从平台对劳动者的控制性及劳动者对平台的依赖性两方面，综合判定类劳动关系，把处于高控制、高依赖状态下的劳动者，归类为第三类劳动者（如图 15-1 所示），如专职网约车司机、专职外卖骑手等。

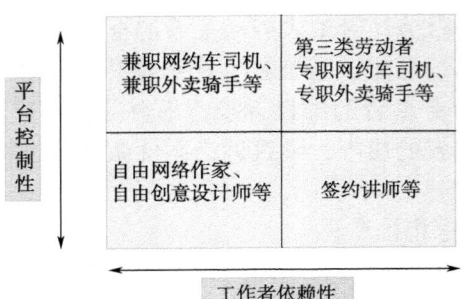

图 15-1　第三类劳动者

（一）平台对劳动者的控制性

如何判定平台对劳动者的控制程度，在实务上争议非常多。结合英国高院判决理由及其他国家的认定标准，我们认为自主定价权、服务控制和监督评价三方面是关键。自主定价指劳动者是否享有对任务进行自主定价的权利。如果劳动者不能决定提供服务的价格，则说明平台占有主体地位，平台对薪酬具有控制权。服务控制指平台企业是否对劳动者的接单率及销单率存在控制，若达不到要求是否会被强制退出系统，甚至是平台企业单方面终止关系。监督评价指劳动者是否受到平台企业的顾客评价体系的监督。在新型用工关系下，平台企业不对工作过程进行监控，转而使用顾客评价体系来监督。但顾客评价体系仍是一种监控，一种隐蔽的监控，由工作过程导向转为工作结果导向，同样是对从业者控制性的体现。

在松散的类劳动关系中，平台对劳动者往往通过算法即 App 来进行控制，而且这类工作往往是一些低技能、面向生活服务类的工作，如网约车司机、外卖骑手、快递员、送货司机等。平台往往依据平台工作灵活性，认为劳动者是完全自主的，他们来去自由、工作时间长短自由、跨平台就业自由。这种理解并不全面，没有看到算法控制的本质。

（二）劳动者对平台的依赖性

平台就业的显著特点是劳动者来去自由、工作时间长短自由、跨平台自由，这就增加了劳动者劳动关系归属的复杂性。一个外卖骑手，可能挂了多个平台的 App，一天内同时在多个平台接单，甚至在一趟路程上同时为多个平台送外卖，这时如果骑手发生了工伤意外，平台责任的追溯就会变得异常复杂。我们建议，通过收入占比、劳动时间占比、是否个人提供服务等指标，来判定劳动者对平台的依赖程度。

收入占比指劳动者在该平台的收入是否构成其就业的主要收入来源。德国明确规定，如果劳动者获得的收入超过其所有收入的50%，便形成劳动者与平台之间的经济依赖性，其关系可判定为类雇员。加拿大的认定标准更高，如果劳动者从雇主处获得80%的收入，便会认定为依赖性承包人。国内学者倾向于认为，如果劳动者在平台的收入占总收入的70%，劳动者就对该平台具有高经济依赖性。

个人提供服务指劳动者以个人身份为平台提供服务，不存在转包情况，也没有雇用其他人来共同提供服务。

我国当前法律法规只明确了劳动关系、民事关系二元框架，类劳动关系能否顺利创设，在很大程度上取决于是否具有权威且可操作性强的类劳动关系认定标准。因此，应以国家强制力实施以控制性（自主定价、服务控制、监督评价）及劳动者依赖性（收入占比、个人提供服务）为主的第三类劳动者判定标准，明确类劳动关系具有法律效力，受国家法律法规的保护。依据高控制性和高依赖性两个标准，可以对平台用工的类型进行细分。如网约司机，我们可以把每天在该平台工作时间低于4小时者列为兼职人员或自雇者，也应该把直雇、加盟类型的网约司机排除在第三类劳动者之外。

为防止出现更大范围的新型隐蔽性雇佣关系，首先，在正式用工前，用工方及第三类劳动者需共同协商订立书面协议，明确规定必要内容。如载明双方主体的详细信息、对劳动的具体内容进行约定、对发生违约时的责任进行界定、明确发生纠纷时的处理方式、规定协议解除后用工单位需要承担的赔偿金等，其余条款由双方自行协商。规范用工协议有助于明确双方的权利与义务，减少劳动纠纷，优化新就业形态下的劳动市场环境。

对于诉讼案件，劳动关系优先判定，司法人员应先考察该从业者是否属于标准劳动关系，具体判定标准参照现行法律，考察从业者人格是否完全从属于企业。若从业者人格不完全从属于企业，其对是否以及何时参与工作具有较大的自由度，则从平台控制性及从业者依赖性两个维度，考察其是否符合第三类劳动者的判定标准。若两个维度都不满足，即从业者享有完全的自主权，则属于民事关系从业者。

（三）构建：第三类劳动者的基本权益保障体系

1. 各类劳动者按照相应法律法规享有不同的权益保障

对于被判定为第三类劳动者的从业人员，应参考相应的规定条例，优先保障基础性、急迫性及劳动者最关切的权利，明确保障其劳动安全、取得劳动报酬、休息休假、劳动争议解决等方面的基本权益，建立系统、规范的劳动保护机制，让用工方承担该承担的责任。

2. 保障第三类劳动者的劳动安全

劳动安全涉及公民最基本的权利，即人身权利中的生命健康权，所有类型的劳动者理应享有劳动安全权，第三类劳动者也不例外，即在劳动过程中人身安全获得保障、免受职业伤害的权利，用工方应防止中毒、车祸、触电、塌陷、爆炸、火灾、坠落、机械外伤等危及第三类劳动者人身安全的事故发生。

3. 取得劳动报酬及最低工资标准保障

劳动报酬直接影响劳动者的生活质量及社会稳定，第三类劳动者应和劳动关系从业者一样，享有取得劳动报酬的权利，依法享有报酬请求权和报酬支配权。此外，第三类劳动者所获得的工资不应低于国家最低工资标准，根据第三类劳动者的工作形式具体表现为最低时薪或最低任务单数：对于以小时来计算报酬的第三类劳动者，引导工会和行业协会根据当地最低工资标准，协商制定该行业第三类劳动者每小时的最低工资标准；对于实行抢单制的第三类劳动者，尤其是网约车司机、外卖骑手（非专送）、物流快递员等，平台企业应该确保当他们在线达到一定时长后平台系统能为他们分配到当天的最低任务单数，基本在线时长及最低任务单数由工会及行业协会、平台协会根据当地最低工资标准协商制定。

4. 休息休假权的保障

充足的休息是对人身体健康的保障，而法定节假日是国务院颁布的全体公民的假日，作为对第三类劳动者实行高控制的企业理应保障劳动者的休息休假权。第一，工作时长的限制：参照《中华人民共和国劳动法》《特殊工时管理规定》等法律、行政法规，第三类劳动者每日最长工作时间（含正常工作时间和延长工作时间）不得超过11小时；涉及驾驶等的工作，设定最长连续工作时限为4小时，当连续工作时间达到该时限时，用工方必须强制劳动者休息。第二，关于休息休假的规定：用工方应当保证第三类劳动者每两周至少有一个连续24小时的休息日。应将第三类劳动者法定节假日休假权纳入法规制度体系，但由于其特性，在节假日薪酬支付的标准上可与传统用工模式进行区分，具体标准可给予工会和行业协会权限进行设置。

5. 构建零工特色社保体系

在社会保险缴纳方面，对于职工类社保，应开辟两条缴纳通路：一条为传统的劳动关系缴纳通路，劳动者和用工方按照各国相关法律规定购买职工类社保；另一条为零工特色的社保缴纳通路，按照"一开放，二扩种，三灵活，四减负"的原则允许所有劳动者缴纳职工类社保。开放缴纳主体资格，允许个人、非劳动关系的用工方缴纳职工类社保为大势所趋，各地应逐步开放缴纳职工类社保的主体资格，不再局限于劳动关系的框架，畅通缴纳渠道。

扩大第三类劳动者所能缴纳的险种。当前，部分省份的非劳动关系从业者能缴纳企业职工基本养老保险、医疗保险，极少省份试行非劳动关系用工方购买工伤保险的办法，但五险中的生育保险、失业保险还极少涉及，应考虑贯彻实施非劳动关系从业者生育保险与医疗保险统一征缴、开放失业保险缴纳渠道，允许第三类劳动者依据自身需要自愿缴纳各类险种。

允许第三类劳动者灵活选择社保缴费时间、缴费基数档次。第一，设计缴费时间更富有弹性的社保缴纳政策。第三类劳动者自行评估其家庭年收入后确有困难的，可申请自愿暂缓缴费，明年再进行补缴，降低劳动者短期经济压力。第二，设计更多档次的企业职工基本养老、基本医疗保险缴费收入基数，第三类劳动者可根据自己的实际收入情况按照"多缴多得"的原则自主选择合适的档次进行缴纳。

构建第三类劳动者专项社保统筹账户，减轻其社保负担。一方面，可以从消费端出发，对消费者享受第三类劳动者服务的费用按比例收取额外服务费或直接提高服务单价，这类额外收费投入社保统筹账户；另一方面，从企业端出发，对企业通过第三类劳动者提供服务所得的利润按一定比例缴纳至该统筹账户。专项社保统筹账户的资金将以社保补贴或代为缴纳第三类劳动者一定比例的费用的形式降低其缴纳社保的费用。

6. 畅通第三类劳动者权益保障渠道

鼓励平台企业建立协商调解组织，与第三类劳动者代表或相关工会组织就用工权益相关内容开展协商，订立集体合同或协议，并接受第三类劳动者诉求表达及进行矛盾纠纷调解。健全劳动保障公共服务体系，畅通第三类劳动者维权渠道，加强部门联动，积极提供劳动保障政策及法律咨询服务。

三、国别实践

英国与法国两个国家有关平台用工的案例判决，实际上反映了欧洲国家对平台劳动者劳动关系认定的趋同走向。英国采用"三分法"框架将优步司机认定为第三类劳动关系——"劳动者"（worker）。除了英国，法国2016年开始生效的《埃尔霍姆里法案》也试图对平台就业形式进行规范，其立法的基础不再是雇主的法律责任，而是平台的社会责任，因此法国成为世界上首个针对平台劳动用工出台法律的国家。

国外设立第三类劳动关系的国家，主要目的都是为"中间地带"的人群提供劳动法律保护。这类保护主要包括两方面：一方面属于基本保护，包括对最低工资、加班、法定休假、劳动安全等的保护；另一方面属于集体劳权的保护，包括允许签订集体合同、参与行业行动或组建工会的权利等。英国、法国对于平台劳动用工的做法都是在不彻底地突破传统劳动法基本原理的同时，引入"平台社会责任"和"雇佣关系过渡态"的概念，从而平衡了权益保护，加大了劳动保障弹性，有利于应对新经济平台用工下日益复杂、灵活的就业形式。

（一）英国实践

英国的平台从业者众多，这一庞大群体对降低失业率具有极其重要的意义。但长期以来，平台从业者虽然可以通过平台获取工资，却并不能享受正式员工所拥有的补助和福利。如何判定数字劳动者的身份，是英国劳工组织和政府长期思考的问题。

1. 立法

英国数字劳动者"劳动身份"的争议最早可以追溯到 2016 年。伦敦的优步司机阿斯拉姆（Aslam）与法勒（Farrar）就其就业权利对优步提起诉讼。2016 年 10 月 28 日，英国劳动法庭就此纠纷判定优步的司机为优步的劳动者。英国高院认为，优步司机是根据优步与乘客之间的服务订单工作的。尽管优步存在书面协议证明司机不是其雇员，但在判断劳动关系时，应当基于保护弱势群体的初衷。随后，优步对这一裁决多次上诉，均败诉。这一具有里程碑意义的裁决，是平台与从业者关系认定从学术走向实务的跨越性事件。同时，以优步司机为参照系所做的进步性立法，也覆盖了全球零工经济下多元化的劳工，很多人的劳权问题因此得到了回应。

英国高院采用控制性标准来判定优步与司机的实质关系。英国高院认为，优步对司机为乘客提供的服务实行严格规定与控制（见表 15-1），司机需满足优步设置的标准化流程，无法以自己的名义从事经营活动和为客户提供服务。

表 15-1　优步对司机的控制

序号	优步对司机的控制性表现
1	薪酬控制：司机的报酬完全由优步决定，司机对此没有发言权
2	服务条款控制：司机的服务条款完全由优步决定
3	服务控制：一旦司机登录 App，优步便可通过两种方式对司机的服务进行控制——一是控制提供给司机的信息，二是控制司机的接单率

序号	优步对司机的控制性表现
4	服务方式控制：优步会审查司机使用的汽车类型，也会对司机的行程路线提供建议
5	客户控制：优步控制了司机与乘客之间的沟通

因此，如果这些司机被认定为优步员工，这将意味着他们有权享受最低工资、带薪假期等待遇。若优步把这些司机当作正式员工对待，意味着公司需要为他们支付多达几十亿美元的工资和社保经费。法官称，优步司机是有权享有最低工资、假日薪资和休息等权利的"工作者"。法院称，合同条款由优步设定，而且工作环境由该公司掌控。

2. 判例

2017 年 1 月，英国的一个名为 IWGB 的工会和贝尔斯·韦特·布雷斯韦特律师事务所代表玛吉·杜赫斯特向伦敦市中心就业法庭提起一项诉讼。杜赫斯特女士被归类为个体经营者。然而，她认为她并没有享受个体经营者所拥有的自由，反而受到经理对其工资的控制，且工作时必须穿制服，并被要求向她的上级汇报工作。

杜赫斯特女士进一步阐述了自己与斯普林特公司的关系：员工会被规定该做什么，什么时候该做，该怎么做。员工完全处于上级的控制之下。该裁决反驳了斯普林特将快递员描述为"为公司提供服务"的个体经营者。该裁决进一步指出：杜赫斯特女士只是一个在为组织工作的快递员，因此与组织的关系非常简单。另一种说法是，杜赫斯特女士在经济和组织上都依赖于该企业。斯普林特公司表示，该案表明，法律对于如何界定劳动者与企业的关系并没有给出明确的答案，并呼吁政府"为全英国可能受到类似影响的企业提供更好的支持和帮助"。

由于英国是"判例法"国家，杜赫斯特女士的判例为其他灵活就业人员提供了可以遵循的先例，他们可以通过提起诉讼来争取享受部分雇员待遇。

（二）加拿大实践

加拿大劳动法采用"控制论"对劳动关系进行二元化判定，包括四个方面：①控制权；②对工具的所有权；③获取利润的机会；④利益受损的风险。但随着经济社会的发展，加拿大劳动法学界的权威学者阿瑟斯教授注意到，越来越多的小商人和工匠开始采用"自雇"形式从事劳动，与公司之间存在依赖关系，但并不受其监督控制，而是成为一个独立的个体。为了向这类劳动者提供劳动法框架下的保护，他提出依赖型承揽人（dependent contractors）

的概念，在传统二元论的雇员和独立承揽人之间建立新的劳动法主体，并且之后被正式纳入劳动法律中。加拿大劳动法将依赖型承揽人定义为：在存在经济依赖的关系中向他人提供劳务或服务以赚取报酬的劳动者，可不考虑劳动合同及生产资料提供主体等其他因素。经济依赖性是共享经济平台从业者劳动关系的主要特征，依赖型承揽人使得共享经济平台劳动者作为中间类型的主体被纳入劳动关系。具体判定上，加拿大劳动关系委员会将 80% 的收入标准作为经济依赖性认定的基准：当劳动者 80% 的工作来自同一个委托人时，则认可其具备经济依赖性。在司法判例中，法庭判定依赖性身份的标准还包括劳动关系是否唯一、雇员对雇主的依赖程度以及劳动关系的持续程度等。当加拿大共享经济平台从业者被认定为依赖型承揽人时，可以享受基本的劳动权益保障，以及集体谈判权、合同终止前获得通知的权利等。

1. 第三种类型的开辟

20 世纪 70 年代，加拿大中央和地方立法开始陆续确立依赖型承包人的概念。1972 年至 1977 年，加拿大有 7 个司法管辖区根据其劳工关系立法通过了给予依赖型承包人法律地位的立法，明确依赖型承包人只需与某人或某机构建立经济依赖关系即可，无须签订正式雇佣合同。

在依赖型承包人的认定上，加拿大突出控制和经济依赖两个要素。如在 Drew Oliphant Professional Corporationv. Harrison 案中，法官在判断当事人是否属于依赖型承包人时，重点考量了二者关系的持续程度、依赖合同关系的程度、工作的唯一性、排他性程度等因素。加拿大劳动委员会在控制和经济依赖要素的基础上引入了更具可操作性的收入标准，即将从雇主处获得的收入比例作为重要判断标准：一名工人如果从单一雇主处获得 80% 以上的收入，则可被认定为依赖型承包人。若一名工人为多方提供服务，或者可能只是将零工作为其他工作收入的补充，那么可能不被认为具有依赖性。例如卡车所有者，虽然其中一些人在加拿大被视为依赖型承包人，但又有一部分人由于存在许多不同的客户而被视为独立承包人。

劳动法遇到平台或"零工"工作时，其核心法律难题之一是法律分类。"雇员"和"独立承包商"之间的区别与劳动法本身一样古老，但其所基于的假设在应用于劳动法学者的描述的标准雇佣关系（SER）以外的工作形式时，显得不合时宜。在 SER 中，工人放弃自主权，并同意在何时以及如何执行工作方面服从雇主的权力和自由裁量权，以换取财务考虑。与 SER 下雇用的传统"员工"相比，零工工人表现出了更大程度的自由，例如，他们可能有权决定何时工作，甚至是否工作。

零工工人可以而且经常在经济上具有依赖性。法律如何对零工进行分类非常重要，因为它是获得许多关键法律权利的"关键"，包括劳动法规定的保护和各种其他社会福利。为了削减成本，提高灵活性并降低法律风险，公司希望可以将工人标记为独立承包商。然而，这就陷入了两难境地，因为尽管公司希望将工人置于保护性就业法的范围之外，但它们也希望保持对工作绩效和质量的控制。

在加拿大，由于普通法和一些与就业有关的法规长期承认"依赖型承包人"的中间类别，因此公司很难成功执行这一举措。这一类别起源于阿瑟斯（Arthurs）教授1965年发表的一篇题为《依赖承包商：反补贴权力法律问题研究》的法律评论文章。亚瑟斯教授认为，依赖型承包人与不稳定员工之间的共同点比真正的企业家更多。特别是，他们与为他们提供工作的公司之间的关系具有经济依赖和议价能力不平等特点。亚瑟斯认为，由于集体谈判法旨在通过启用和调节反补贴工人权力来纠正谈判能力的不平等，因此有强有力的政策理由将集体谈判法的范围扩大到依赖型承包人，例如出租车司机，业主-经营卡车司机，渔民和其他名义上"自雇"，但他们在经济上仍然是具有依赖性的类似工人。

1975年，安大略省对《安大略省劳资关系法》进行了修订，将"依赖型承包人"纳入"雇员"的定义中。其他省份紧随其后。这项改革为成千上万的承包商打开了大门，包括舞者、卡车司机、送货工人、出租车和豪华轿车司机等，使他们加入工会并获得受法律监管的集体谈判权利。在20世纪90年代早期，零售、批发、百货商店联盟发起了一项活动，在多伦多组织了大约5 000名出租车司机。这些司机中的许多人拥有自己的汽车，支付自己的费用，对自己的工作时间有自由裁量权。尽管如此，安大略省劳资关系委员会（OLRB）仍裁定他们是派遣公司雇用的依赖型承包人。该市几家大公司的大多数司机投票赞成工会化。

在这种历史背景下，OLRB在2020年2月裁定为平台公司Foodora工作的司机是"员工"并有权加入工会，这并不奇怪。安大略省劳动工委员会裁定，这项工作由Foodora应用程序控制，使用由Foodora开发、拥有和控制的算法，其唯一目的是提高Foodora的商业利益。司机可以为其他平台公司以及Foodora工作的事实并没有改变结果，因为OLRB认识到许多员工会为不同的雇主做多份兼职工作。Foodora司机投票赞成加入加拿大邮政工人工会（CUPW），轻松满足安大略省工会认证的多数门槛要求。Foodora对工会化的回应是宣布它将于2020年5月完全撤出加拿大。CUPW提出了一项不公平的劳工实践投诉，声称该决定是对其司机寻求集体谈判的决定的非法惩罚。

虽然依赖型承包人这一类别很久以前就被引入集体谈判立法，但基本劳工标准立法却并没有规定。尽管如此，加拿大劳工法庭在解释劳工标准立法时认识到该立法旨在广泛适用，以保护尽可能多的工人。因此，从加拿大的许多判决中可以发现，在其合同中被归类为独立承包商的工人仍然是"雇员"，并受包括最低工资法在内的立法保护，但其雇员的性质并没有在法条中被确定。

2. 判例

目前，加拿大正在通过一系列法律途径将基于应用程序的零工工人重新指定为雇员，以便保护他们的最低工资、组织权并保护"就业标准法"。工会和工人正在为自己的权益做争取。

2020 年，无论是在安大略省劳工委员会还是在加拿大最高法院，对许多人来说并不友好，但它为加拿大的零工工人提供了一些有希望的法律决定。

（1）美食家联队：前进三步，后退一步。2020 年 2 月，Foodora 工人在 OLRB 赢得了胜利。此前，该委员会错误地裁定 Foodora 的司机为独立承包商，但实际上他们是依赖型承包人。重新裁定意味着承认他们的雇员身份，为他们赢得了组建工会的权利。在最终数票之前，Foodora 完全退出了加拿大，CUPW 声称此举正在破坏工会，但 Foodora 说这是由于破产。尽管如此，Foodora 的工人仍在 6 月 12 日成功地认证了他们的工会，8 月，鉴于该公司的突然破产，工人从 Foodora 赢得了 346 万美元的和解金。

Foodora 的案例为零工工作者树立了榜样。这群工人没有实际的工作场所，并且他们在工作中会自己完成自己的任务，交流较少。在这种情况下，虽然 Foodora 的组织是在多伦多，但是 OLRB 会的决定不仅适用于安大略省的工人，还适用于其他地区的工人，因为该解决方案已分发给全国各地符合条件的 Foodora 工人。

（2）Uber Black 和 UFCW。美国食品和商业工人联合会（United Foodand Commercial Workers，UFCW）也致力于零工的重新分类，这次是多伦多的 UberBlack 司机。与 Foodora 类似，他们的案件正在由 OLRB 审理。

OLRB 尚未就此事做出决定，因为首先要决定这些工人是雇员还是独立承包商，才可以进行后续案件的分析。优步的律师在 6 月的听证会上表示，它认为本案与 Foodora 的决定没有任何联系。然而，代表 UFCW 和优步尊享服务（Uber Black）司机的律师之一布兰登·麦卡特钦（Brandon Mc Cutchen）告诉 UFCW 将此案视为 CUPW 与 Foodora 战略的重要组成部分。零工经济受到越来越多的关注，各国开始为这些工人提供可以提供的保护。

（三）法国实践

事实上，法国的《劳动法》没有具体规定确定是否存在雇佣关系以及独立工人的标准是什么。但是，法国最高法院已经就雇佣合同规定了标准。据法国最高法院称，当一个人承诺以另一个人的名义并在另一人的监督下工作以换取报酬时，就存在就业合同。证明雇佣合同存在所需的三个要素从以下几方面体现出来：①劳动的表现；②作为报酬的回报；③双方之间存在上下级关系。在这三个标准中，第三个是决定性的。

根据劳动和社会保障法，这些就业标准已经被明确规定。但事实上，在过去几年中，用于决定是否将某人纳入强制性社会保障计划登记的标准，与确定是否存在雇佣合同的标准是一致的。

根据判例法，上下级关系是指在雇主的权力下完成工作，雇主有权下达命令和指示，监督所述工作的履行，并在其下属失败或违约时实施惩罚（法国最高法院，2006 年 3 月 22 日，上诉号 05-42346）。相比之下，独立工作者是以独立和非从属方式向另一方提供服务的人。

虽然法国的《劳动法》没有界定独立承包商的地位，但第 L.120-3 条规定，在公司登记处或商业代理登记处的登记信息上写的不是雇员的所有人都不得以从属方式提供服务。然而，这一推定受到质疑，而且法国《劳动法》进一步规定，当上述人员在将一方服务提供者置于另一方永久从属地位的条件下直接或间接地向一方提供服务时，可以确定就业合同的存在。事实上，无论合同的规定如何，法官总是将工程合同归类为雇佣合同。众所周知的判例法认为，合同的性质不是由双方当事人表达的意愿或协议的名称决定的，而是由提供作品的条件决定的（法国最高法院，2005 年 7 月 12 日，Mengelle 诉 Groupe Envergure）。

1. 雇主在雇用雇员时的义务

在雇用新雇员之前，无论其打算雇用的雇员是从属性还是非从属性的，雇主必须在员工正式工作前一周向社会保障当局申报新雇员（法国《劳动法》第 L.320 条），并且必须向主管劳动监察员登记新雇员。

申报申请必须包含以下信息：公司的注册名称、APE 代码、雇主地址、公司及其不同机构登记册中的公司识别号码或支付社会保障缴款的号码，员工的姓名、国籍、出生日期和地点、社保号码（如果员工已经有的话），员工雇用的日期和时间。在向当局交付声明之日起五个工作日内，向雇主发送收货确认书，雇主必须立即将其交给雇员。

如果雇主（即公司的法定代表人）未能遵守这些义务，将被处以 1 500 欧元的罚款。此外，该公司将被处以 7 500 欧元的罚款。而且，无论员工人数多少，雇主都必须按照所有雇员加入公司的顺序保存其所有雇员的登记册（法国《劳动法》第 L.620-3 条）。

根据法国《劳动法》第 R. 620-3 条，登记册必须包含以下强制性信息：员工的名字和姓氏、国籍、出生日期、性别、工作内容、任职资格、工作的起止日期、收到正式授权雇用或解雇的日期，对于需要工作许可证的外国工人还需要登记与工作许可证相对应的许可证类型和注册号。

如果雇主未能履行这些义务，将对上述登记册中未提及的每个员工的雇主个人处以 750 欧元的罚款，而公司将对上述登记册中未提及的每个员工处以 3 750 欧元的罚款。自员工离职之日起，此强制性信息必须存档五年。该登记册必须可供劳动监察员查阅。

2. 承包公司与独立工人签订合同时的义务

根据法国《劳动法》第 R. 324-4 条，当工作提供者（即与服务提供者订立合同的一方）"不是个人"时，必须在订立合同的六个月内向企业提供以下文件：近 6 个月内共同承包商必须缴纳的缴款和社会保障缴款的社会保护当局出具的社会申报证明（社会福利证明），社会声明证书（社会声明证明），共同承包商在社会申明证书日期前向税务机关提交申报的宣誓书，以及向商业手续中心提交的申报单。

当共同承包商被行业注册处强制性要求注册时，或者当这涉及受监管的职业时，就必须提供以下文件：行业注册处的注册证书，在贸易登记处注册的身份信息，共同承包商出示的报价、广告文件或专业信函。当共同承包商雇用雇员时，由该联合承包商在合同签订之日起每 6 个月向商业登记手续中心提交一次登记的人员申报书的收据，直到合同执行结束，确认工作将根据劳动法第 L. 320，L. 143-3 和 R. 143-2 条规定完成。

3. 合同执行期间的保护

（1）员工。雇员受雇佣合同的约束，并以此身份从法国《劳动法》和适用的集体谈判协议的规定中受益。因此，他们受益于公司向员工提供的任何强制性和可选福利（例如股票期权、利润分享权、带薪假期等）。雇员受益于被称为"雇员计划"的特殊社会保障计划。雇主和雇员都向雇员计划缴纳一部分费用，缴款按雇员的工资额计算。雇主在社会保障缴款中所占的份额（约占雇员工资总额的 45%）和雇员的份额（约占雇员工资总额的 25%）均由雇主直接支付，雇主从雇员的工资总额中扣留雇员的份额。社会保障缴款包括：国家社会保障计划（包括保健、残疾和与工作有关的事故和疾病保险）、国家强制性养恤金计划和国家失业计划。

（2）独立工作者。独立工作者在签订的劳务合同的范围内进行活动，而不是在雇佣合同的范围内进行活动。因此，法国《劳动法》和集体谈判协议都不适用于独立工作者。此外，独立工作者也无权享受公司向其员工支付的任何强制性或可选福利。独立工作者不能从国家社会保障计划、国家强制性养老金计划或雇员的失业计划中受益。但是，独立工作者必须在其工作开始后的 8 天内在非雇员的社会保障计划中进行登记，并且必须自费支付社会保障缴款（即雇用独立工作者不会触发第三方企业支付任何社会保障缴款）。这些费用的缴纳是根据收入进行评估的，通常占总薪酬的 30% 左右。至于与工作有关的意外和疾病，独立工作者无权享受与这一特定风险有关的任何强制性保险计划，但可以购买可选的社会保障保险或私人计划。

（3）合同关系的终止理由和程序。用人单位解除劳动合同必须以"真实、严重的原因"为依据，并按照具体程序进行。雇佣合同可以基于企业或个人原因终止。个人原因通常源于员工在工作或工作之外的行为（例如，员工缺勤）或他无法执行他的任务。企业的原因通常来源于企业发展的不稳定或维护竞争力的需要。在这两种情况下，解雇的理由必须经过企业评估。此外，雇主终止雇佣合同要求与雇员举行解雇前会议，遵守特定的时限，并在雇主考虑解雇一名以上雇员时，需要向雇员代表提供信息并进行协商。在没有真正和严重原因的情况下，解雇被认为是不公平的，雇员有权获得损害赔偿。相反，劳务合同的终止不受任何有关终止原因或过程的法律要求的约束，并且只能遵守合同的规定。

（4）解雇金。如果因严重或故意不当行为以外的其他原因被解雇，雇员有权根据适用的集体谈判协议的规定和法国法律获得不同的报酬，包括遣散费、补偿金以及代替带薪假期的补偿。

此外，如果解雇被认为是不公平的，雇员可以向法院要求不公平解雇的损害赔偿。在拥有至少 11 名员工的公司和服务至少 2 年的员工中，赔偿金额应至少等于其 6 个月的总薪酬（包括基本工资和奖金，视具体情况而定）。法院判给的赔偿金额主要取决于雇员在听证会当天的情况（即员工是否仍然失业）以及雇员在寻找新工作方面的进展。此外，公司必须向失业当局偿还当局向雇员支付的福利金（最长可达 6 个月）。

相反，承包公司与独立工作者之间签订的工程合同的终止不受法国劳动法的约束。因此，工程合同的终止受合同双方规定的规则和适用于合同终止的法国《民法典》一般原则的管辖。因此，工程合同的终止通常不会触发支付任何遣散费或损害赔偿金，除非合同规定或在滥用违反合同关系的情况下由法院裁定，法院很少承认这一点。

（5）重新分类。如前所述，尽管工人在法国独立工作者社会保障计划中登记，但如果独立工作者向承包公司提供服务，从而产生合法的上下级关系，则可以确定实际上存在雇佣合同。推定"独立工作者"如能证明与订约方存在合法的上下级关系，可在劳务合同履行期间或解除后随时要求将其工作合同重新分类为无限期劳动合同。这种请求必须提交就业法庭，由法庭对这个问题进行管辖。自法国《劳动法》第 L.120-3 条修订以来，当独立工作者将其身份重新分类为雇员身份时，这将意味着企业必须开始为员工缴纳社会保障款。因此，社会保障当局也只能要求公司支付自重新分类之日起的所有社会保障缴款。

但是，如果证明雇员身份是故意不向当地主管社会保障机构办公室（URSSAF）申报的（即如果雇主故意决定不在 URSSAF 登记雇员并且没有向这些当局缴纳社会保障缴款），在这种情况下，如果雇主宣布雇员身份，将被要求向社会保障当局支付其在过去三年中应支付的所有缴款，因为三年是社会保障缴款的法定时效。

法国立法和司法存在一定的分歧。立法者试图寻找非典型雇佣的第三条道路，但是 2019 年底的宪法委员会的决定又与此相反。2020 年，最高法院的判例直接将优步司机认定为劳动者。虽然劳动法学界关于"第三身份"或者"第三条道路"目前还存在争议，但是，判例是倾向于用归属性框架认定劳动关系的。

2019 年 12 月 24 日，法国通过了 LOM 法案。该法案对平台劳动者做了某些最低限度的规定，比如平台骑手和优步司机等平台劳动者有权提前知道每一单的距离和价格，并且可以自由决定是否接单（拒单不受惩罚）。此外，平台劳动者可以自行决定上线时间和下线时间，同时这一法案还要求平台公开劳动者酬劳的计算方式等。同时，该法案规定，平台应通过内部规章确定其履行社会责任的条件与方式，并明确定义其与独立工作者之间的关系。这表明，法国试图回避平台与劳动者之间劳动关系的存在，以寻求建立双方关系的"第三条道路"。

法国拟议的立法将把新的权利扩大到零工经济中的工人，不仅可能改变优步和 Deliveroo 等平台公司的就业格局，也可能改变更广泛的物流行业的就业格局。国民议会于 2021 年 9 月 17 日通过由参议院审议的 Loid' Orientationdes Mobilités（LOM）法案，确认了优步这类乘车应用程序的司机是自雇人士。布鲁塞尔的律师 Jean-Franco is Gerard 说"法国政府普遍支持零工经济"。他补充说，政府已经确认了数字零工的承包商/自雇人士身份，并为他们提供了额外的权利，而不是像加州立法那样将数字零工归类为雇员。

由于 LOM 是刚刚起草的，因此其改革的范围是有限的，该措施仅适用于以下公司：①在法律上符合"数字平台"的条件，其目的是通过电子手段提供服务，交换或共享商品或服务；②提供通过车辆配送食物或者顾客的服务。

因此，只有符合数字平台资格并开展上市活动的公司才能从这些潜在的新立法条款中受益，但大多数使用承包商的公司都被排除在外。

（6）新的司机权利。2016年，法国立法机构通过了《埃尔霍姆里法案》（*ElKhomri Act*），用法律为自雇平台工人提供了多项劳工权利：罢工权、组织权、培训权等。该法律还为传统雇员规定了一项额外的权利：在非工作时间可以不登陆 App。

而 LOM 法案把这种权利扩大到运输业的自雇司机。杰拉德说，LOM 将这种权力定义为在不必要工作的情况下关闭驾驶应用程序的权利，让司机自由选择想要工作的时间，允许司机自由拒绝乘客而不会受到处罚。

（7）章程对雇主的价值。根据 LOM 法案，数字平台有权制定一份章程，概述行使其社会责任的条件和程序、提供的驾驶员工作的条件、新权利将如何实施以及可能为数字零工带来额外福利的信息。但是，这些章程必须与数字零工协商，并寻求政府当局的批准。此外，数字平台必须确保在章程中做出的所有承诺是可实现的，因为未来将司机重新归类为员工的行动可能会从证明企业违反章程中的承诺开始。

4. 判例

最高上诉法院社会法庭于 2018 年 11 月 28 日做出一项判决。该案涉及一名独立工人受到零工经济数字平台的制裁，该平台现已不复存在。它附有一份解释性说明，更广泛地揭示了最高法院对独立工作者与数字平台（如优步，Deliveroo 或 Stuart）之间雇佣关系的看法。

2016 年 8 月 8 日的《劳动法》通过插入第 L. 7341-1 至 L. 7341-6 条，为零工经济平台规定了社会责任（而不是法院在其新闻稿中错误地指出的"社会"责任）。最高上诉法院认为，这些条款赋予自营职业者的权利（包括工会和采取罢工行动的权利以及接受专业培训的权利）并没有伴随对无工资收入的绝对推定（这项规定已从法律草案中撤回）。

因此，最高上诉法院认为，其关于雇佣合同的已解决判例法必须适用：无论双方如何描述他们之间的合同，雇员都是在从属关系中从事工作的人。从属关系的特点是在雇主的权力下工作，雇主有权发布命令和指示，监督业绩和惩罚违法行为（CassSoc., 1996 年 11 月 13 日，第 94-13. 187 号）。

应由审判法官根据案情评估有助于确定是否存在从属关系的事实和证据要素，而不是最高上诉法院。社会商会将检查下级法院的推理，并确保它们得出其调查结果的法律后果（CassSoc., 2005 年 12 月 1 日，05-43. 031 至 05-43. 035）。

在这种情况下，Take Eat Easy（TEE）使用数字平台来提供餐点。它使用了快递员合同中规定的一种机制，这种机制在平台部门是非典型的，被称为"罢工"。罢工机制允许 TEE 增加控制和约束（例如经济处罚或打电话给司机进行采访），旨在迫使快递员遵守其服务合同中规定的众多指示。最高上诉法院认为，这些规定相当于制裁。此后，TEE 破产，清算人拒绝快递员将所执行交付的付款纳入清算负债的要求。快递员随后要求将他们的合同重新定性为雇佣合同。

上诉法院特别指出，该申请配备一个地理定位系统，使该公司能够实时监控快递员的位置，并记录总行驶公里数，因此该平台的作用不仅限于将餐馆老板、客户和快递员联系起来。该公司还有权制裁快递员。最高上诉法院认为，根据这些调查结果，法官不能根据案情驳回将此类关系视为雇佣合同的可能性，尽管没有排他性，而且快递员有选择工作时间和工作日的自由。最高上诉法院（如同所有自营职业工人和服务提供者一样）将重新评估自营职业工人作为雇员的范围。

令人惊讶的是，最高上诉法院与审判法院不同，它希望不惜一切代价将其旧标准适用于一种新的情况，而这种新情况的具体特点似乎没有得到考虑。面对职业关系的转变，也许应该允许评估是否存在雇佣关系的标准发生变化，正如审判法官就此问题做出的许多裁决所表明的那样。

因此，法院忽视了 2016 年《劳动法》修正案背后的立法意图——该修正案无疑是为了加强对无薪工作的推定。这一判决似乎否认了这种专业关系的非典型性质，尽管它在《劳动法》中得到承认。该法典规定平台可以单方面设定服务标准和定价。上诉法院可决定驳回承认雇员身份的标准问题。无论如何，它必须重新审查案件的事实要素，并检查快递员是否在法律上永久地从属于 TEE。

最高法院的这一判决远未结束关于数字平台上独立工作者地位的辩论，而是针对非常具体的事实做出的判决，只是建立适用于这一新类别工人的规则的艰苦过程中的一个阶段。尽管如此，但事实仍然是：除非在特殊情况下，否则数字平台上的独立工作者将不是雇员。

（四）德国实践

在过去的五年中，德国对在线工作的需求增长了 60%。虽然公众对平台公司的关注通常集中在优步或亚马逊等科技公司上，但在线工作市场——UpWork 或 Fiverr 等平台——也变得越来越重要。德国劳动法采用"三分法"原则划分劳动者，在雇员和独立劳动者之间增设"类似劳动者"。类似劳动者指具有经济从属性，需要获得一定程度权益保障的劳动者。

1. 立法规定

类似劳动者的判定包括两个条件：①雇员亲自执行工作任务；②雇员主要为一个组织工作，或大于 50% 的收入来源于同一组织。可以看出，德国"三分法"的判定基础是从属性，认定劳动关系的核心是人格从属性。"三分法"也将对劳动者的保护划分为三类：对雇员给予完全的倾斜保护，对类似劳动者给予不完全的倾斜保护，对独立劳动者不给予倾斜保护。在德国，类似劳动者适用于民法、商法以及经济法的一般规定，以及劳动法中诉讼程序、劳动基准、集体合同、非歧视的部分规则。具体而言，类似劳动者享有劳动争议调解、带薪休假、成立工会、集体协商和非歧视性保护的权益。类似劳动者的设立来源于以承揽方式为雇主服务的家庭工场劳动者、小老板和其他手艺人，其工作形式与共享经济平台从业者相似。

从判定标准来看，类似劳动者放宽了人格从属性要求，仅要求雇员工作"亲自执行""主要从属于一个组织"；同时，按大于 50% 的收入标准对经济从属性进行具体界定，符合经济从属性条件的共享经济平台从业者可以被纳入劳动法保护体系。这样共享经济平台从业者劳动关系便得到了合法认定，且劳动者权益得到一定程度的保障。

2. 判例

一家德国法院证实，一名平台工作人员不是平台运营商的雇员，但保留了与平台最终用户建立有时限的雇佣关系的可能性。通常，众包工作者不是员工。慕尼黑高级劳工法院（LAG）在 2019 年 12 月 4 日的裁决中也澄清了这一点，尽管它也允许向联邦劳工法院提出上诉。但与此同时，有更多迹象表明，"平台经济"正在成为政治焦点。在本案中，这个平台工作人员（在工会的积极支持下）声称，他与平台经营者之间已建立劳动关系。这是通过与平台运营商签订的"基本协议"完成的，该协议使他能够通过应用程序接受某些订单。这意味着平台运营商可以有效地终止基本协议，而不必遵守劳动法或德国解雇保护法规定的适用通知期。

那立法者是否在采取行动？

后来，联邦劳动和社会事务部（BMAS）经常表示希望为"平台经济"制定法规。该事务部发言人引述如下：平台经济中的工作需要良好的监管。因此，BMAS 提出建议，在平台工作之间、平台之间建立一个公平的竞争环境。与此同时，我们希望保护那些公平竞争的公司，这样他们就不会遭受竞争劣势。然而，BMAS 仍在内部审查可能的具体措施。客户、平台运营商和平台工作者之间的三方关系是零工经济中的典型特征，可能会给立法者带来相当大的挑战。

　　由于慕尼黑高级劳工法院允许上诉，联邦劳工法院现在将处理与人群工作有关的法律框架条件，并可能在未来提供新的指导。同时，客户和平台运营商最好通过仔细起草合同来限制此类工作安排的潜在风险。

第六篇　新质生产力背景下的数字劳动关系生态治理

第十六章　中国特色数字劳动关系系统

劳动关系系统起源于系统论，应将劳资政几方以及外部环境看作一个开放交换的系统，关注系统的动态变化以及和环境的交互产生的影响。其中，邓洛普的劳动关系系统理论是经典之作，他提出了一个用于理解企业集体经济谈判与整个劳动利益关系的基本分析理论框架，包括分析经济、技术和其他社会各种因素的相互作用。它可以用来帮助解释影响整个劳动利益关系谈判制度的各种因素及其相互影响。在物联网的快速发展下，数字技术对劳动关系系统产生了冲击和影响，新就业形态的出现以及劳动关系主体的新互动都是中国情境下的新实践，从而产生了中国特色情境下的数字劳动关系系统。

一、系统论以及劳动关系和劳动关系系统

劳动关系系统这一观点是建立在系统论的基础之上的。钱学森是我国系统科学和系统工程的开创者和奠基人。钱学森对系统思想到系统实践的整个创新过程都做出了开创性贡献。在系统管理学术体系的框架下，系统被定义为"由相互作用和相互依赖的若干组成部分结合成的具有特定功能的有机整体"（钱学森，1991），功能性和整体性是其基本属性。从辩证唯物主义视角看，系统是能够反映和概括客观事物之间的普遍联系，并形成一个具有某种功能的整体的最基本概念（钱学森，1990）。系统科学是通过系统的思想和视角来研究各纵向科学所涉及领域的问题，并形成这些问题共同的本质属性和规律，建立相应的理论与技术体系的科学（许国志，2004）。

正是从系统思想出发并结合现代科学技术的发展，钱学森明确指出："系统科学是从事物的整体与部分、局部与全局以及层次关系的角度来研究客观世界的。"也就是说，系统科学是从系统角度来研究客观世界的，系统是系统科学研究和应用的基本对象。

自然科学是从物质、物质结构和物质运动的角度研究客观世界的；社会科学是从意识和人类社会及其发展的角度来研究客观世界的。系统科学和自然科学、社会科学等不同，但有着深刻的内在联系。系统科学能把自然科学、社会科学等领域研究的问题联系起来作为系统，进行综合性、系统性和整体性研究（于景元，2018）。

在系统论的研究中，系统结构、系统环境和系统功能是系统的三个重要

基本概念。系统结构是指系统内部构成的部分，系统环境是指系统所处的外部因素，系统功能是系统发挥的作用，可以表现出系统的整体性（于景元，2016）。

系统不是其组成部分简单地放在一起，而是在彼此的交互配合中表现出单个组成部分没有的性质，这就是系统的整体性。系统的这个性质意味着，对于系统应高度重视系统整体，如果仅着眼于系统内部的组成部分，即使组成部分都认识了，也不等于认识了系统整体。系统研究表明，系统结构和系统环境以及它们之间的关联关系决定了系统的整体性和功能。这是一条非常重要的系统规律，是系统研究和应用的核心问题。从理论上来看，研究系统结构与环境如何决定系统的整体性和功能，揭示系统存在、演化、协同、控制与发展的一般规律，就被称为系统学，特别是复杂巨系统学的基本任务。国外关于系统复杂性的研究，实质上是系统整体性问题研究，也是系统理论方面的探索（郭雷，2016）。

正是这些定义让系统科学具有交叉性、综合性和整体性等特点，也正是这些特点，使系统科学处在现代科学技术发展综合集成的整体化方向上，并已成为现代科学技术体系中的一个新兴科学技术部门。

而根据 2009 年版《辞海》的诠释，劳动关系有广义和狭义之分。广义的劳动关系是指"一定的生产资料所有制形式的基础上人们在社会劳动中相互产生的社会联系"，是"生产关系的组成部分"。根据这一定义，"劳动关系"因人类存在五种社会形态而存在五种类型。劳动关系是一种不排斥社会形态的生产关系。狭义的劳动关系是指"劳动者和用人单位之间为实现劳动过程而发生的社会关系"（董凤岐，1986）。"辞海"中的定义没有对劳动关系的意识形态加以限制，但是劳动关系是生产关系的具象，其在不同经济体制、不同社会情境中都会有不同的意义和作用。在西方，劳动关系被称为产业关系（industrial relation），英美学界关于劳动关系的研究也存在多元论、一元论、马克思主义等多种视角。而在中国，有学者认为，劳动关系是劳动过程中劳动者与劳动力使用者所结成的一种社会经济关系，是社会生产过程中生产资料与劳动者结合的具体表现形式（常凯，1995）。

除了劳动关系的定义，还应明晰什么是劳动关系系统。劳动关系系统是指现代社会系统中以劳动关系为基本关系所构成的包括劳动关系的内部构成和外部环境因素交流互动的有机整体。其基本要素是以个体或群体身份出现的，运行是能动的，除了受客观条件制约，还受人的主观思想影响。劳动关系系统是一个复合的开放系统。社会的开放发展，使劳动关系系统的开放性不断提高，呈现一种动态发展变化过程。随之产生的劳动关系系统理论将环境因素作为劳动关系构成的基本内容之一，提出了劳动关系系统与环境之间是一种相互交换、相互影响、相互制约的辩证关系。在劳动关系系统中，劳动关系的稳定与整体功能的优化都需要系统内各要素的有机搭配及与外部环境的发展达到协调。劳动关系中人的观念、思维、情感以及人与人之间的关系在整体功能的发挥中都有着不可忽视的作用。劳动关系系统理论是目前研究劳动关系的经典分析框架，它形成于 20 世纪 40 年代，在诸多劳动关系系统理论中，以邓洛普的劳动关系系统理论最具有代表性。劳动关系系统理论运用系统学的视角研究劳动关系，建立起一个系统的思考模型，阐述了劳动关系系统内部与外部的互动和联系，对如何构建和谐稳定的系统关系做出贡献。

二、邓洛普劳动关系系统理论

在《1844 年经济学哲学手稿》《资本论》等经典著作中，马克思对资本货币和社会资本、劳动力作为商品的实际使用价值和生产价值、资本主义社会劳动的基本过程、价值的基本形成与价值增殖的基本过程、劳动资本是如何隶属于社会资本等的重要知识范畴做了阐释，考察了现代资本家与雇佣工人及其生产关系如何产生与持续发展的全过程，对现代资本主义的劳动生产关系条件下那些原本看似平等的资本雇佣工人条例以及资本对社会劳动的控制与劳动剥削生产关系问题进行了更加深刻的研究分析，讨论了背后资本与社会劳动的本质内涵、资本和社会劳动未来的发展趋势等重要问题，展现出了现代资本主义下劳动生产关系的一些基本特征，形成了一系列的资本劳动生产关系基本理论。其主要形成内容一般包括：这种劳资关系内容产生于一种雇佣资本劳动；这一特殊的社会劳动关系的社会经济形式不断出现；这种劳资关系的基本实质也就是强制剥削和被强制剥削、统治和强制被统治这样的社会关系；这种决定雇佣劳动与其他资本之间相互关系的一种社会经济基础也就是以资本私有制经济为社会基础的一种资本主义生产关系；解决雇佣劳动与其他资本之间冲突的根本途径之一也就是彻底消灭雇佣劳动和废除资本主义下的私有制；这种劳资关系的基本形成直接反映了雇佣劳动与其他资本之间合作的相互联系和各种可能；等等。马克思的现代劳动工资关系经济理论研究具有非常重要的哲学理论研究价值和科学实践研究价值，它无疑是第一次将工业劳动与社会资本的劳动关系理论提升为达到保证社会主义经济劳动关系正常运转的重要轴心理论地位的现代科学经济理论体系，是马克思"劳动的政治经济学"的一个非常核心的理论内容，为当时世界各国劳动工人的民主革命阶级运动发展提供了基本行动指南与基本理论指导。

（一）时代背景

20世纪上半叶，在经济危机和两次世界大战期间，凯恩斯主义被认为是20世纪30年代以来最具国际性和影响力的西方主要资产阶级国家政治经济理论、政策思想理论。而在进入第二次世界大战后，它被西方主要资本主义发达国家广泛认可，并被视为一项国家政策。邓洛普在50年代后期所产生的局部劳动阶级关系理论和局部劳动阶级的经济制度思想，也受到了凯恩斯基本学说的重要影响。在1945年第二次世界大战后，全球经济社会步入崭新的冷战时代，并出现了这样一次崭新的现代信息技术革命。现代技术进步已成为国家劳动生产率最主要的影响因素；而垄断市场经济发达，国家垄断管制的程度也相应提高，对整个人类经济社会生活的直接垄断和控制不断加强，应对经济危机和困难的控制能力进一步增强；一些垄断国家资产阶级通过总结新的执政管理经验，采取一些新的改善行政措施，缓和资产阶级矛盾；垄断国家行政干预能力得到进一步加强，包括通过局部劳动阶级立法制度调整局部劳动阶级关系。邓洛普理论正是在进入冷战时代的历史背景下，从如何维护资产阶级社会政治经济统治的基本立场出发，创立了局部劳动阶级关系经济制度基本理论。其主要目的也就是在改变资本主义生产方式的大范围内局部充分调整生产关系，在经济制度内充分调节局部劳动阶级关系，缓解资产阶级矛盾，努力尽快实现资本主义经济制度的长期稳定。

（二）理论提出

邓洛普指出，工会活动是特殊经济法律系统理论中的特殊经济"活动家"，其可以用使工资和劳动就业机会最大化的特殊经济理论模型体系来进行解释。此后，学者们逐渐开始用大量实证理论数据重新检验当代现有的企业劳动利益关系基本理论框架及其基本理论假设和基础研究理论依据。当代企业劳动利益关系基本理论框架是在新社会古典学派、新社会制度管理学派和企业组织内部行为管理学派的基本理论框架争论中逐渐得到研究和发展的。邓洛普提出了一个用于理解企业集体经济谈判与整个劳动利益关系的基本分析理论框架，包括分析经济、技术和其他社会各种因素的相互作用。它可以用来帮助解释影响整个劳动利益关系谈判制度的各种因素及其相互影响。他不仅试图在相对分散的谈判目标基础上重新建立一个更广泛的集体谈判关系模式；还试图通过建立一个一般化的理论框架来解释和帮助理解整个劳动利益关系中各种可能的特殊现象，并试图解释每个特殊经济规则的根本基础以及整个劳动利益关系系统的其他各个方面与这一特殊经济规则的相互影响。

（三）理论架构

邓洛普报告指出，在其持续发展的每个关键阶段，劳动行为关系管理系统都应该包括特定的劳动参与者、特定的工作环境、与整个劳动行为关系系统密切相关的意识形态以及用于管理工作组的场所和管理工作组的输出规则。在整个劳动行为关系管理系统中，行为主体、环境和意识形态是整个劳动行为关系系统的三个基本要素，规则体系是在这些基本要素的影响下逐渐形成和不断变化的整个劳动行为关系的必然产物，通过反馈深入整个劳动行为关系的日常运行管理过程中，作为各组织主体的劳动行为规范和具体行为规范。整个劳动行为关系系统体系由四个主要相关组成部分组成：特定的劳动行为主体、特定的工作环境、贯穿劳动体系的意识形态以及具体行为规范。

1. 特定的劳动行为主体

特定的劳动行为主体主要可以分为三个管理系列：第一，各级代表管理；第二，具体员工管理，可以由具体员工管理类别和非各级管理职能部门的具体员工各级代表管理；第三，与政府劳动利益关系管理有关的具体企业政府管理机构。这三种管理主体相互作用，成为各种政府劳动利益关系管理行为的主要载体。

2. 特定的工作环境

特定的劳动行为主体的这种行为方式应该受到主体环境因素的直接影响。环境因素直接规定了各个主体在系统过程中的相互作用。特定的工作因素大致可以划分为三类：主体工作组的场所和主体工作组的专业技术环境条件、市场或政府预算中的限制以及主体权利在整个企业社会经济系统过程中的地理位置和利益分配。

3. 贯穿劳动体系的意识形态。

社会制度经济中的意识形态往往是社会主体普遍追求的一套政治思想和一种信仰，往往在很大程度上直接影响着社会制度的正常运行。一种广义的意识形态也许是指影响劳动社会关系的一种文化因素环境。这些文化因素往往是一个社会时代或一个社会国家的重要制约力和因素。

4. 具体行为规范

具体行为规范指的是劳动雇佣关系管理制度正常运行的基本规则。它们也同时指用于规定限制不同工作场所劳动行为者之间雇佣劳动关系的法律规则和劳动条例。邓洛普把劳动规则的研究制定和条例建立过程作为劳动雇佣关系制度研究的一个中心。

（四）　理论评述

邓洛普的现代劳动经济关系伦理系统为我们研究现代劳动经济关系伦理提供了一个有用的系统分析理论框架，但其中的系统哲学理论中的模型几乎完全基于雇佣工人并组成全国工会这一历史事实，这很难准确解释现代劳动经济关系的一种动态变化水平。因此，它仍然过于简单，缺乏非常重要的经济元素和社会行为上的变化。现代劳动经济关系系统中的理论模型描述了现代劳动经济关系伦理系统中各个组织间的相互作用，但忽视了其他个体的相互作用。现代劳动伦理关系系统中的理论能够承认意识形态，但未能承认其中的差异性、多样性和非正式劳动关系。系统理论体系的研究侧重点过于狭窄，没有为工人提供任何客观的、可以深入研究的理论。

（五）理论影响

尽管对邓洛普的系统理论的批评有许多，但这些理论批评并不完全否认现代劳动社会关系系统整体理论及其作为现代劳动社会关系系统分析方法的重要性。邓洛普首先将劳动系统论中的模型概念引入现代劳动社会关系系统研究这个领域，将现代劳动社会关系系统作为一个新的系统概念进行理论研究，为现代研究者理论提供了一个新的关系分析方法框架。邓洛普的系统理论及其贡献主要在于提供了一种系统理论上的分析方法和研究框架，因为劳动社会关系被人们视为劳动社会经济系统的一个重要子系统。劳动社会关系系统是由自身内部环境和自身外部环境两种因素综合构成的有机社会整体。

三、数字劳动关系系统

在新时代经济体制下的劳动关系系统变得更加动态和广泛。伴随共享经济到来的零工经济的工作方式，让人们的劳动关系变得更加开放、灵活。人们不再单纯地服务于某一家企业，而是可以通过平台的众包机制来灵活地利用自身的技能完成任务并获得薪酬。通过平台，雇员、雇主之间的劳动关系被弱化了，更多的劳动者成为一个独立的个体，从而和多家企业产生价值交互。这种基于平台的零工经济形态产生了数字劳动关系系统。在这个数字劳动关系系统中，外部环境由于人工智能和互联网技术的成为变得更加动态和互联，主体也不再只是简单的"劳、资、政"，AI代替简单劳动力的同时加入劳动关系的主体并参与彼此间的互动，人机共存的工作模式已成为常态。系统运行、规则产生方面不仅需要正式的规则限制，还需要在数字化时代制定应对"人机共存"的规则和伦理。图16-1展示了开放式资源下资源与能力的交互。

（一）外部环境

在数字劳动关系系统的外部环境中，经济体制和产业结构都在技术的支持下发生了很多变化，比如，随着互联网技术的进步和普及而产生和发展起来的平台经济。世界通行的平台经营模式是21世纪初最耀眼的新经济模式，它开创了众多财富传奇企业（如苹果、脸书、谷歌、亚马逊、阿里巴巴等），

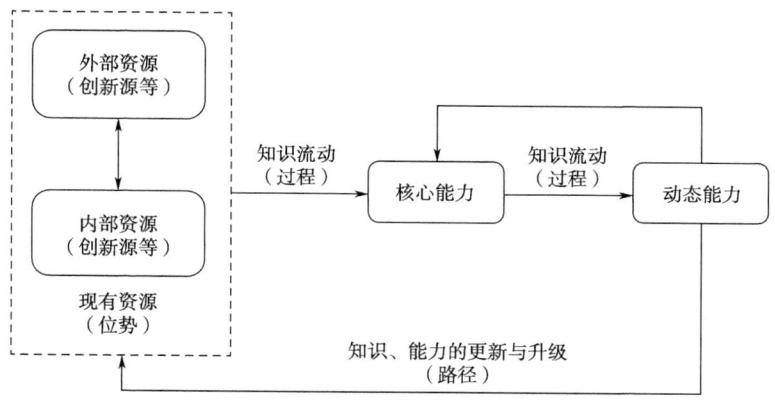

图 16-1　开放式资源下资源与能力的交互

并成为引领全新经济时代的最主要经济体，尤其是在由移动互联、物联网、大数据和云计算技术所催生的新"物联网"大背景下。与在传统市场经济中单纯地界定为买方与卖方之间的单边交易市场不同，网络平台以双边交易市场为载体。双边交易市场则以"平台"为核心，利用客户间的博弈获得最大收益。平台经济已然成为全面融合产业链，提升社会资源配置效能，逐步渗透、颠覆和重建传统社会经济经营环境的新型社会经营模式，以虚拟或真实的空间资源为主要基础，并以平台公司为主体，整合相关市场主体力量，形成新的经济体系，实现共同增值（Kost，Fieseler，and Wong，2020）。此外，人工智能等数字技术的快速发展也为灵活化的用工方式提供了强大的技术支撑，与以往传统的"企业＋员工"的模式不同，"工作外包"（work outsourcing）、"共享劳动力"（shared labor force）将成为未来的主要用工模式（冯彦君、隋一卓，2018），受人工智能等技术驱动的平台化市场组织将在企业与员工之间发挥重要连接作用，但这也使得人类劳动的从属性呈现弱化趋势（邓雪、曾新宇，2020）。

　　此外，在政治和法律方面，针对平台经济和零工经济的出现，我国也出台了很多法律法规。比如在 2021 年 7 月 16 日，人力资源社会保障部、国家发展改革委等八十一部门联合公开发布了《关于维护新就业形态劳动者劳动保障权益的指导意见》（中国人力资源和社会保障基金会〔2021〕第 56 号）。此外，国家发展改革委等 17 个部委联合公开发布了《关于大力发展实体经济、积极稳定和促进就业的指导意见》，提出要积极大力发展共享信息服务平台就业共享服务经济、众包经济、共享信息服务产业经济等新的社会经营经济业态和新的服务经济模式。交通部等 7 个部委于 2016 年 7 月 1 日共同出台

《出租车网上预约运营与服务质量管理暂行办法》，第十八条明确规定"网上租车平台与驾驶员按照时间和服务频率的特性订立各种类型的劳动合约或约定"。这一规定为在线租车平台和司机提供了足够的自主空间，没有强制执行机构监管的要求。鉴于当时几大服务平台之间的激烈竞争，司机仍然是各方的主要人力资源，在这种市场机制的有效驱动下，司机仅仅获得了较为有利的经济回报，对其原有劳动合同权益的司法保护并未更为突出。而在中国，在线的出租车服务平台和出租车司机之间几乎没有发生过诉讼或者纠纷。

（二）主体互动

伴随着互联网平台和云计算大数据的普及，在数字劳动关系系统中的主体以及互动方式发生了转变。传统的"雇佣者"和"员工"被"劳务与资产需要方或平台"和"自主劳动者——零工"所代替，需要方和零工之间不产生雇用与被雇用的关联，也不产生传统的管理与被管理的关联，以一种"自我雇佣"的经济形态重新走向自由劳动力市场（李晓曼、孟续铎、郑祁，2019）。并且，随着网络和计算机等技术的出现以及经济的迅猛发展，中国劳动者的职业价值观被逐步改变。劳动者已开始由"对公司的忠诚度"转化为"对技术的忠诚度"和"对职务的忠诚度"。公司以平台为主要媒介，传递零散的工作需求。每一个劳动个体都可以选择同时参加多种活动或临时工作，并按照其对人力资本关系稳定性中的各种需求规划职业生涯。新型劳动关系的表现形式给监管部门带来了新的转变，注重对平台的监管和对灵活就业劳动者的保护，确保他们不被困在大数据的算法中，改变了原来只需要监管企业执行和固有员工的合法权益的模式，而是要在"劳动者–平台–需求者"的模式下进行多方监管。

人工智能技术的进步使得 AI 加入劳动关系的主体之中。AI 代替了劳动技能低的人工，进一步影响了劳动力市场的供给和需求。普华永道在 2018 年发布的《人工智能和相关技术对中国就业的净影响》报告中也预测，中国预计有 26%的工作岗位在未来 20 年被人工智能替代（何勤、董晓雨、朱晓妹，2022）。智能机器的生产带来的是技术性失业，人机共存的工作模式给劳动关系的主体互动带来了新的角色。现在的机器人不是简单的重复劳动，而且变得更加类人化，逐渐有人类的思考方式，更加精细化和智能化。除信息搜集、数据处理以及其他简单重复性的体力劳动外，一些推理决策、沟通互动等需要具备一定技能水平的工作也能被人工智能所承担（段海英、郭元元，2018）。随着机器智能等级的提高，人工智能会和人类拥有更强的平等性和合作交互性，补充劳动力市场。

（三）系统运行

数字化技术普及给劳动关系系统运行带来的影响主要是能量的交互和结

构的变化。在系统论的思想中，系统内部各部分的运行和互动都与外部环境息息相关。而数字化技术使得外部环境的变化更动态、更迅速。在互联网的帮助下，环境的不确定等级大幅提高。数字化技术同样会为内部结构与外部环境的能量交互提供新的方式和渠道，使系统的环境开放性和复杂性增强，将数字化技术纳入劳动关系系统中思考符合系统论的思想，也更能强调其对系统组成部分的影响。我们从整体分析到局部分析再回到整体分析，运用整体论和还原论来讨论数字化的加入对劳动关系系统的影响。还原论方法是把所研究的对象分解成部分，当部分研究清楚后，整体就清楚了，如果部分还研究不清楚，就再继续分解下去进行研究，直到弄清楚为止。但是还原论也有不足，仅仅了解微观不能够从整体上把握系统的运行。而整体论更关注整体效果，不过分注重每部分单独的作用。钱学森指出：整体论和还原论的统一构成了系统论，在数字化加入系统的当下我们更应该这么分析。

数字化技术带来的是一种更敏捷、更快速的技术变革，数字化在劳动关系系统的内部使劳、资、政三方的互动结构发生变化。数字化平台的加入为劳资政新型互动提供了新的渠道，平台的存在使劳动者不再是和某一个企业建立劳动关系，而是可能与多家企业有着外包业务上的关联。数字化使得劳动关系系统内的互动结构变得更复杂，但在能量的交互上也有了新的可能，数字化平台的出现给劳动者和企业带来了新机会，使企业可以通过众包形式发布任务，进而降低企业的人力成本，同时劳动者也有了获得更多就业机会的可能。数字化加入系统内部运行，让系统内部运行的主体关系更加错综复杂，但大数据的加入也让企业和劳动者匹配得更加精准，降低了交易成本。

数字化技术同时也加入劳动关系系统的外部环境，系统环境带来的变化对系统内部组成部分间的问题产生了深刻的影响，让原来清晰、简单的关系变得复杂化，而且也会对系统的功能和整体性造成影响。数字化技术使得信息传递更加迅速，互联网让知识技能可以跨越时间和空间进行分享。技术的变革使劳动关系系统的外部环境更加动态、更加不确定。

劳动关系系统的运行有两种基本形式：劳动关系的冲突和合作。冲突与合作是劳动关系系统运行中的一对矛盾，会交替出现，而运行的基本方向则是劳动关系的合作。人工智能和数字化平台的加入还使得传统的运行过程加入了"算法"的控制，在劳动关系博弈的过程中更加复杂，也更加智能。劳动关系系统的有序运行是依靠各行动主体在特定环境以及共有的意识形态的规制下，经过不断博弈的过程从而达到平衡的。传统劳动关系系统的博弈过程主要关注谈判、调解、仲裁、立法对劳动关系的协调，而人工智能在劳动关系主体中的嵌入使得博弈的过程更为复杂，算法对工作场所规则制定、劳动过程控制、生产和服务过程中的价值创造的作用日益凸显（何勤、董晓雨、朱晓妹，2022）。特别是"算法歧视"等情况更是加剧了劳动力之间的不平衡。有一部分平台企业在获得市场优势地位后，诱导劳动者加班、疲劳劳动、克扣工资，损害新业态劳动者报酬、休息等劳动权益。而新出台的就业形态相关政策，在劳动报酬和劳动强度上有很大改进。政策建议，平台公司应建立并健全与工作任务、强度相符的薪酬分配、调整机制，必须按时足额提供已协调的工作劳务，不得克扣或者无故拖欠，在高热、低温等环境工作的，也应按照有关规定予以适当补偿。互联网餐饮平台公司更禁止将"最严算法"设作考核要求，采用"算法取中"等方法，合理设定预订量、准时度、在线量等工作绩效目标，并适度放宽配送时长。而平台公司在建立并健全有关订单分配、计件单价、抽成比例、奖励措施等直接关乎劳工利益的工作机制规范和平台算法标准时，也必须充分倾听劳工代表的建议，并予以工作成果披露。公司内应设立投诉平台，以强化与劳动者之间的交流，及时掌握劳动者的想法，并通畅申诉途径，让劳动者的投诉能够被有效地反映并得到公正处理，同时建立多重主体积极参与、以多重途径解决劳动问题的平台。在发生劳动纠纷时，人工智能技术的应用会使得调解的过程更加简单、智能，能够以行为数据等为基础进行线上调解，通过线上、线下手段的融合，更好地解决劳资双方的争端。人工智能技术的应用也使得劳动仲裁发生了新的变化。一方面，人工智能技术的应用能够直接助力劳动仲裁的裁决，人工智能通过从大量类似案件中学习的经验，辅助裁决决定的形成；另一方面，人工智能技术的应用也使得人工智能取代人类劳动力引发的劳动争议案件开始出现。在此背景下，如何做出公正的裁决需要引起重视。人工智能技术的应用对社会造成的不确定性增加——新就业形式的出现、劳动从属性的弱化、人工智能可能对人类造成的伤害，这要求不断完善与补充相关的法律。所以，在机器智能程度不断上升的时代，在促进新劳动标准形成的同时也要将新的劳动标准融入算法设计中，以维护劳动者的权益。

（四）规则产生

在之前的劳动关系系统中，强调正式规则的产生，而在人工智能和云计算等大数据的普及下，很多劳动者不再和企业绑定，而是通过平台完成众包的任务来获得薪酬。在这种零工经济的形势下，正式规则不仅应该关注传统的劳资双方，也应该保护看起来"模糊"的劳资关系。以美团、饿了么这两大外卖平台为例，骑手通过平台连接商家和顾客，完成物品的交换，骑手在中间付出了很多劳动，但骑手在受伤时却发现自己签订的劳动合同是很不明确的，最后可能无人承担骑手工伤的赔偿。所以，规则应该因平台的加入以及劳动形式的变化更加关注人工智能和大数据下的劳动关系治理制度，不断完善和更新规则，更好地保护各大主体的合法权益，尤其是在劳动力市场上处于弱势地位的劳动者。只有适应平台经济下劳动关系的新特点，对新出现的用工方式和劳动关系加以规范和治理，才能构造和谐、清晰的劳动关系，做到权责明确，不出现"无人问津"的情况，使劳动关系系统平稳运行。在机器智能化程度越来越高的今天，更应该加强行业工人的道德自律，建立与行业相关的正式标准。中国政府应该通过对标准的严格界定和监管审查，将行业标准变得更加规范化，旨在维护社会公正与正义，保障公民权利、隐私权与国家安全。

在数字劳动系统中，人工智能作为一种新的劳动力代替了劳动技能低的人群，人机共工的局面已司空见惯。但是，人工智能的运用不是为了完全地代替人类，而是为了运用更少的成本来提高经济效率。人工智能技术的发展必须坚持以人为本，人工智能技术的应用是为了造福人类，人机关系（man-machine relationship）应该是"和谐共生"（唐波、李态，2021），所以，在人机共存的情况下，要设定新的非正式的规则作为道德伦理来对正式的规章制度进行补充。在现在算法和大数据抓取的背景下，人们的行为都被算法所"捕捉"和"控制"，随之出现的"算法歧视"也让人们对智能技术的信任降低，而故意错误引导算法的行为也会影响算法的正常运行，进而导致恶性循环。所以应尽量避免"算法歧视"以及人工智能可能对人类造成的伤害，形成符合人类价值观的算法文化，这也是在为人工智能技术的应用构造良好的人机信任的社会环境（何江新、张萍萍，2020；沈苑、汪琼，2019）。在制定人工智能行业道德规范时，应将主流的价值观纳入系统运行框架，实现行业规范与价值取向的有机统一，以此来达到约束和引导行业员工行为的目的。

可以从以下两个角度切入制定人工智能行业道德规范：一是防止人工智能做出对人类不利的事情，如身体伤害、算法歧视等。这强调的是在进行算法设计时，应将人类共同的价值观念、道德观念植入其中。二是对于设计人工智能算法以及使用人工智能的人员，应该制定伦理规制。这强调的是设计人工智能算法的科研人员应该具有较高的伦理道德意识，保持谦卑之心，同时也要防止人工智能的使用者恶意应用，促进人工智能向善发展（何勤、董晓雨、朱晓妹，2022）。

从复杂系统视角看劳动关系治理，我们可以发现，劳动关系的迭代过程中既有系统结构上的创新，也有系统功能上的演进，劳动关系系统功能体现了一个系统与外部环境之间的物质、能量和信息的输入与输出的变换关系。

结构是"部分的秩序",功能是"过程的秩序"(张文焕,1990)。劳动关系的中国理论,是对系统的结构、功能和行为的总结,是系统的结构、功能和行为的内在规律。我国"进入新发展阶段,贯彻新发展理念,构建新发展格局"过程中的复杂系统管理将成为新时代管理思维范式、实践范式与研究范式的基础性思想和工作方法(魏巍、黄伟、杨河清,2022)。

第十七章　数字劳动关系下中国的探索与实践

前面章节所述的各国的做法预示着我国的劳动关系判定需要从两极化走向精细化，即从"劳动关系二分法"走向"劳动关系三分法"，在 2021 年 7 月八部委发布的《关于维护新就业形态劳动者劳动保障权益的指导文件》首次提到了"劳动三分法"。这份指导文件明确把新就业形态分成了三种类型：符合确立劳动关系情形的，企业应当依法与劳动者订立劳动合同；不完全符合确立劳动关系情形但企业对劳动者进行劳动管理，指导企业与劳动者订立书面协议，合理确定企业与劳动者的权利义务；个人依托平台自主开展经营活动、从事自由职业等，按照民事法律调整双方的权利义务。其中，"不完全符合确立劳动关系情形"是首次出现的全新表述，这实际上是一种过渡态，类似于上文中的"worker"，既不完全属于劳动关系又不完全归类于民事关系，而是介于两者之间，可以拥有部分劳动法权益保护。这也意味着，以后我国的劳动就有了"第三种情形"，居于劳动关系或非劳动关系之间，我们暂且把这种判别方式称为"劳动关系三分法"。

劳动关系三分法的提出，是想要在平台与灵活就业人群之间找到一个平衡点，既能让灵活就业人群得到应有的保障，也不至于让平台无法持续发展下去。所以平台企业也要做好政策前瞻，积极拥抱新的制度。但平台企业需要明确，平台与灵活就业人员不是对立的，两者其实处于共荣共生的状态。只有平台健康发展，灵活就业人员才能持续、稳定地获得收益，反之亦然。

一、数字经济的规制与立法探索

近年来，我国数字经济发展速度惊人、成效斐然。数据显示，2020 年我国数字经济规模达 39.2 万亿元，占 GDP 比重为 38.6%，保持 9.7%的高位增长速度。数字经济的数字化、智能化、平台化、生态化等新特征，引出了其规制和监管方面的全新课题。通过梳理我国数字经济的规制与立法现状，笔者发现我国主要从政策引导、生产要素治理、市场秩序管制三个方面对数字经济进行规制。

（一）政策引导产业发展

我国通过制定一系列政策措施进行包容监管，引导数字经济产业有序发展。国家层面多次强调，要加快传统产业的数字化、智能化进程，做大做强数字经济，拓展经济发展新空间；国务院及有关部门相继发布了《促进大数据发展行动纲要》《国家信息化发展战略纲要》《关于促进分享经济发展的指导性意见》《关于发展数字经济稳定并扩大就业的指导意见》《关于推动工业互联网加快发展的通知》《工业数据分类分级指南（试行）》等一系列政策战略文件，鼓励和引导数字经济相关行业、产业全面发展。鉴于我国还处于数字经济发展的初期阶段，很多新业态、新模式还没有充分发展，有些问题也尚未完全明晰，这些政策文件和战略措施对推动数字经济发展起到了重要的指引作用，以逐步探索的方式灵活地解决了一些数字经济发展中面临的政策障碍（何波，2020）。

（二）生产要素治理

国务院及有关部门先后制定了以《中华人民共和国电信条例》《无线电管理条例》为基础，以《互联网域名管理办法》《电信网码号资源管理办法》《互联网 IP 地址备案管理办法》等为支撑的法律法规，明确电信、无线电资源的定义、分配和使用规范，建立互联网域名管理的基本制度，确立互联网 IP 地址资源管理的基本要求。2021 年 9 月 1 日起正式施行的《中华人民共和国数据安全法》为规范数据处理活动，保障数据安全，促进数据开发利用，捍卫个人、组织的合法权益打造了一个"保护网"。国家网信办、工信部、公安部、市场监督管理总局联合开展移动应用程序（App）违法违规收集使用个人信息专项治理，针对部分头部 App 进行评测，督促部分违规企业及时整改。为保障新业态劳动者权益、明确平台对劳动者应承担的责任，相关部门也相继采取了一系列行动，具体政策举措将在下一节详述。

（三）市场秩序管制

全国人大常委会于 2018 年 8 月审议出台了《中华人民共和国电子商务法》，建立电子商务领域的基本法律制度，如电子发票制度、电子合同规则、跨境电子商务等，为规范数字经济市场秩序奠定了基础。《信息网络传播权保护条例》明确了网络服务提供者侵权责任的归责原则，以及网络知识产权保护规则。适时修订的《反不正当竞争法》有关条款新增了数字经济时代规制新型互联网不正当竞争行为的准则（何波，2020）。2021 年 2 月 7 日，国务院反垄断委员会正式印发了《国务院反垄断委员会关于平台经济领域的反垄断指南》，对反垄断的相关概念、原则、认定方式、具体表现等内容做了详细规定，旨在预防和制止平台经济领域垄断行为，促进平台经济规范有序、健康发展。

数字经济在国内掀起了新一轮发展浪潮，多地将其视为经济发展新引擎。地方立法先行，为国家立法"探路"，对数字经济概念、数据资源、数字产业化等给出了"地方标准"。2020 年 12 月 24 日，浙江省十三届人大常委会审议通过了《浙江省数字经济促进条例》，首次在法律制度层面明确了数字经济的概念，重点从数字基础设施规划建设、数据资源开放共享、数字产业化发展、产业数字化转型、提升治理数字化水平、激励和保障措施等方面对促进浙江数字经济高质量发展做出明确规定，成为全国第一部以促进数字经济发展为主题的地方性法规。2021年9月1日起实施的《广东省数字经济促进条例》，立足广东实际，聚焦"数字产业化、产业数字化"两大核心，突出制造业数字化转型，强调营造良好数字生态，做好数据资源开发利用保护和技术创新，加强粤港澳大湾区数字经济规则衔接、机制对接，旨在促进广东省数字经济发展，打造具有国际竞争力的数字产业集群，全面建设数字强省。2022年5月27日，河北省十三届人大常委会表决通过了《河北省数字经济促进条例》。该条例明确了数字化转型的重点，规定了推动钢铁、装备制造、石油化工、食品、医药等传统优势行业加快数字化转型，明确数字化转型的路径和要求，推动大型工业企业开展工业互联网集成应用创新，推动实施"互联网+"绿色制造，加快传统能源和新型能源生产的数字化改造，首次专设"京津冀数字经济协同发展"一章，探索破解"信息孤岛""数据烟囱"，加强数字化治理，推动数字政府建设，为量子信息、虚拟现实、众创众包众扶众筹、数字田园、远程医疗等未来业态创新与产业发展增速。

总之，国家通过政策立法规制数字经济，是国家在面向未来领域实现系统性制度建设的重要基石，也是国家促进数字经济蓬勃发展的核心环节所在。关于平台经营和新型职业形式管理的政策规定，也应当充分考虑这种新型的经营管理模式和传统经营管理模式之间在经济实质上的区别。在平台型多边经济合作市场中，市场主体数量总量巨大，同时由于这些市场主体利益相互交织，其中许多市场主体的经营活动很难被直接监管，这都使得地方政府部门对新型市场主体监管困难，在管理难度、利益模式、风险管理方式等方面都较传统市场更加复杂、多变。政策讨论者首先应该认识到网络平台上模式的复杂化，以及多市场主体的平衡性，以便在政府支持政策和规范过程中，可以更加符合实际情况。要用更长期的视野来审视相关的规章制度，并逐步推进完善，同时在规划长期的规章制度建设框架的同时，也要处理好短期的问题，如新业态劳动者权益保障等重大问题。

二、新就业形态劳动者权益保障试点政策比较

在新就业形态中，员工的工作强度过大、员工的合法权益得不到保障和员工的安全事故现象频发等问题不断出现，继而引发员工的工作满意度下降和员工的身心健康处于消极的状态等问题。因为新业态用工模式还没有纳入

劳动法律规制，新业态下的灵活就业与传统灵活就业也无法相提并论，导致平台与平台从业者之间的劳动纠纷日益凸显。如何界定这些平台与平台从业者之间的关系？如何有效保障他们的劳动权益成为越来越突出的社会问题和法律问题？为了妥善化解平台与平台从业者之间的纠纷，各地裁审机构频频发布互联网平台典型案例和相关文件，梳理、总结了裁判经验，对纠纷解决提出具体建议。为保障新型职业形式劳动者的劳动保护权利、明确平台对于劳动者应承担的责任，相关部门也相继采取了一系列行动。

构建任何制度都要考虑其经济基础，包括以新的就业形式保护工人权益制度。在第二次世界大战之后，全球国民经济逐渐恢复，并逐步走向工业经济时期，这一时期产生了传统的劳工关系与社会保险机制。在这一时期，生产过程及其所形成的社会保障机制，主要依赖于高劳动生产率与高收益水平。新型平台经济则和这种传统的市场经济状况有所不同，它是一个多主体、多要素在平台经济中共同获利的商业模式。因此，新型劳动经济不能与传统劳动经济一样。新型劳动经济关注如何划分平台经济中不同主体的责任，以及每个主体可以承担的劳动保障成本，都需要更详细的研究。

同时，制定政策又必须以动态的视野来思考问题，还要顾及市场主体间的博弈。在地方政府新出台的很多政策文件中，对于选择以劳务派遣方式用工的平台公司，均明确要求其依法承担劳务派遣的用工单位民事责任，并计入劳务关系范围。虽然上述政策措施试图通过构建良好劳务关系，促使这些劳动群体得到一定的劳动保护权利，但也应考虑到上述政策措施所带来的交易成本的提升，可能使目前规模很大的承包人逐渐转变为规模较中等或小的承包人。相比较而言，大加盟商更具有规范发展市场的力量。如果形成了小承包商主导市场经济的格局，对于新型职业形式劳动者的社会组织管理将再次回到传统非正规就业市场"小、乱、散、差"的局面。

2018年4月10日，北京市朝阳人民法院举行新闻通报会，并发表了《互联网平台用工劳动争议审判白皮书》。该白皮书显示，北京市朝阳人民法院自2015年至2018年的第一季度，共审理了188件网络平台的用工劳务纠纷刑事案件。在已审结的171项案件中，超过84%的案例都是基于双方对如何确立良好劳动关系而产生的争论。2018年3月28日，北京市第一中级人民法院发表了《劳动争议审判白皮书（2010—2018）》，认为新类型诉讼在解决上存在着法律依据缺陷，且传统的劳动关系判断标准已无法充分满足社会不断涌现的对"新业态"劳动者就业的新需求。2021年4月28日，北京市第三中级人民法院举行了涉及新业态用工的劳动纠纷判决与观察媒体通报会，重点介绍了新业态从业人员的劳动基准保护与安全保护等问题中的突出问题。

　　与传统劳动争议案件相比，新企业用工引发的劳动争议案件有五个显著特点：第一，现有法律法规政策影响突出，争议的行业特征明显，"群体取暖"诉讼较为普遍。大多数纠纷发生在服务行业，由于网络的便利性和"无隐秘性"，很多新就业形态劳动者会主动、积极地在网上分享自己的工作经历，引得有相同受害经历的劳动者"抱团"。同时，对于这种新型的就业形式和雇佣形式没有成熟的法律法规来界定，使得受害者无法积极合法地维护自己的权益。第二，针对劳务合同纠纷的争论焦点较为集中，劳动者和平台公司之间，甚至是劳动者、消费者和平台公司三方间的法律关系错综复杂，法律性质亟待厘清。新就业形态主要在劳动者是为自己工作还是为企业工作方面存在争议，这就使我们对劳动者的身份及其与平台企业之间的关系模糊不清。第三，由于工资体系、管理制度、任务分配形式以及用工模式具有可操作性，传统的劳动争议将面临新课题。新就业形态在用工时间、用工模式、劳动地点等各个方面都与传统就业形式有很大区别，这给传统劳动条律在解决新型就业方式中出现的劳动争议带来了很大的困扰。第四，企业用工规范性亟须进一步增强，企业从业人员的基本权利保护制度需要完善，企业用工主体的责任性质需要明晰。平台企业是只提供了一个工作渠道，还是同时提供了工作岗位，这对于企业理解劳动者是不是企业的员工，是否要为劳动者承担相应责任带来了困难。第五，证据的电子化，即所谓无纸化证明，发展趋势更加明确，导致证人审核与认证的审判实践中遇到新课题与新挑战。很多劳动者通过互联网平台与企业建立劳动关系，这种无纸化的形式使得很多劳动者在与企业交流的过程中，一些重要的信息都是通过网络呈现的，而网络上的证据比较容易造假，这增加了证据审查的难度。对于处理以上几方面问题，全国总工会对新就业形式进行了相应说明。国家总工会优先发布了《中华全国总工会关于切实维护新就业形态劳动者劳动保障权益的若干意见》等文件，为贯彻落实习近平总书记新时期有关创新就业形势、发展平台经济的重要讲话和重要工作指示精神，对我国各级工会充分认识保护新就业形态劳动者劳动保护权利问题做出了指示。此后，地区相继发布了针对新就业形态劳动者的劳动社会保障政策文件。

　　目前，全国已实施新就业形势相关措施的地方主要有北京市、山东省、吉林省、浙江省、重庆市、河北省和广东省等。按照习近平总书记重要指示和中央决策部署的必然要求，要处理好企业灵活用工人员在基本工资、社会保障、特别劳动待遇、职业培养、团队建设、社会民主参与和民族精神文化等工作方面所遇到的实际困难和重大问题，各地出台的政策也主要从这几方面入手。山东省和广东省在 2020 年就优先制定了相关规定，具体来说，集中在对灵活就业员工的范围界定，对新就业平台和灵活就业员工建立工会以及加入工会的规定，对灵活就业员工的社会保障、社会服务、工作培训，少数地区还包括设立"互联网+社保"平台、灵活就业人员职称评审和企业员工申诉平台。

（一）我国六地典型新就业形态的劳动者权益保障政策的对比

下面对我国各地已出台的有关新就业形态的劳动者权益保障政策进行对比。由于已出台相关政策的地区占少数，并且某些地区政策涵盖不够全面，因此，这里将北京市、重庆市、吉林省、浙江省、广东省和山东省这六个典型的区域的政策进行对比（见表17-1）。

表17-1 各地出台文件政策时间

地区	北京市	重庆市	吉林省	浙江省	广东省	山东省
时间	2021年9月	2021年10月	2021年12月	2021年10月	2020年7月	2020年10月
文件	《关于促进新就业形态健康发展的若干措施》	《关于维护新就业形态劳动者劳动保障权益的实施意见》	《吉林省维护新就业形态劳动者劳动保障权益实施办法（试行）》	《浙江省维护新就业形态劳动者劳动保障权益实施办法》	《广东省灵活就业人员服务管理办法（试行）》	《关于支持多渠道灵活就业二十条措施的通知》（鲁政办发〔2020〕19号）

注：表中的政策文件见附件。

各省市大多从四个方面对新就业形态劳动者的劳动权益进行维护，分别为建会入会、社会保险、劳动保障、法律服务。

1. 建会入会

北京市、重庆市和浙江省都提出要积极吸引劳动者加入公会，北京市提出加强工会组织建设，重庆市针对新就业形态职业的特点创新劳动者建会入会方式，通过单独建会、联合建会、行业建会、区域建会等形式扩大工会的覆盖面。吉林省、广东省和山东省没有强调工会的建设事宜。

2. 社会保险

北京市规定在北京固定或长期就业的职工，可在北京市申办养老保险、医疗和失业保险，至于多家公司共同雇用的雇员，则每个公司均为雇员代办工伤保险。重庆市可让劳动者自主选择办理养老保险或者医疗保险，同时在多个企业就业的，所有企业都应为劳动者办理工伤保险，这也适用于广东省和山东省。吉林省对于劳动者办理养老保险和医疗保险放开了户籍限制。浙江省的劳动者办理养老保险和医疗保险则不受户籍限制，这比吉林省的限制门槛要低一些，在工伤保险方面，允许劳动者单险种参加。重庆市、吉林省和浙江省都没有提出为劳动者办理失业保险的规定。广东省可在就业地或户籍地自主选择缴纳养老保险，自愿参加失业保险。山东省可按月、季、半年或年缴纳养老保险。在广东省和山东省，已毕业两年以上的院校学生和就业困难人员进行灵活就业且已办理社会保险的，依法获得灵活就业社会保险补助金。其中，山东省享受补贴的金额不超过已缴社保的三分之二。

北京市和重庆市都设立了职业损害保障制度，以保障受到职业损害的劳动者得到医学救助和经济赔偿。吉林省则针对出行行业的企业进一步提升对劳动者的保护水平。浙江省则提高了企业在恶劣气候等特定情形中对劳动者的保障，并具体规定可以实行限制接单、拖延业务完成期限等举措。广东省在广州、深圳、佛山试点，并按照试点情况逐步建立健全职业危害保障制度，把各种新型职业形态人员都列入了职业危害保护范畴。

北京市和重庆市都鼓励平台公司为劳工购置商务保障，如身体意外、雇员责任等的保障，北京市还引导商业保险公司开发适合的产品。吉林省和浙江省在商业保险方面并没有涉及。对于一系列保险条款，浙江省还规定可以在劳动合同或协议中写明，这意味着这些条款具有法律效力，劳动者可以就是否同意这些保险条款来决定是否签署劳动协议或合同。山东省对依托电子商务、网络预约出租汽车、外卖等新业态平台灵活就业且办理就业登记人员购买意外伤害保险的，将根据购买保险费数额一定比例给予补助，一般每人每年不超过 100 元。

3. 劳动保障

在劳动保障方面，各地在不同的维度有不同的政策规定。

（1）劳动报酬。吉林、浙江、重庆、北京四个地方政府都建立了与岗位任务、劳作力度等相配套的人均收入分担和调节激励机制，规定不准克扣和无故拖欠劳动者的工资，并及时足额提供不低于本市最低工资标准的工资。吉林省强调，在高温、严寒等严酷情况下上班的，必须按照国家有关规定予以适当补偿。吉林省和浙江省都规定，新就业形态劳动者在法定节假日上班的，必须提供超过正常上班时段的工资。山东省将稳慎上调最低工资标准，并统筹疫情防控工作与经济发展，探索并统一公布新型就业形式、较灵活职业人员相对集中的职位（工种）的市场工资价格，进一步加强对企业拖欠劳动者工资行为的监察执法检查力度。

（2）劳动强度。北京市、重庆市和吉林省指导平台公司，依法依规编制修订了直接关乎劳动保护利益的制度规范和平台算法，并采取"算法取中"等方法，科学合理地设定了考评标准与惩罚要求，有效防止了超强度劳动以及由此引发的社会安全危害问题。重庆市还要求企业设置疲劳提醒，避免超强度劳动。

（3）劳动定额。吉林省和浙江省都规定企业应合理控制劳动者的在线上班时长，对连续上班超过四小时的，劳动者应当设定不少于二十分钟的休息时间。浙江省还规定确定的劳动定额，必须使本企业内同岗 90% 以上的劳动力在规定工作时限内能够完成。

（4）加强互动。吉林省按照规定加强公司管理与平台的互动，以实现企业不同业务需求，确保用户的自由选择权，并依法查处不正当的价格竞争。建立健全劳动者投诉的办理时间、处理程序等内容，建立健全投诉与恶意申诉鉴别处理制度，通过民主协商和平等交流，客观、公平地满足劳动者的合理申诉需求。

（5）安保措施。吉林、浙江、重庆、北京都严格遵守安全卫生保护标准，建立安全生产规章制度和操作规程。重庆市和吉林省还强调强化高温等恶劣气候及特殊情况下的劳动保护。

（6）安全培训。吉林省和浙江省加强安全监管，指导企业职工和劳动者做好交通安全教育，并定期进行交通安全培训和精神卫生教育培训；指导企业职工做好职业操守、服务标准和应急处理措施等方面教育培训。

（7）孕妇权益。浙江省已规定确保妊娠七个月以上及在哺乳期的女职工，每日上班时间不得晚于晚上八时，且不得开展夜间劳动，妊娠女职工也不得在 35℃ 以上的高温天气开展户外或露天作业。

（8）子女入学。重庆市和吉林省按照规定，确保了符合条件的新就业形态劳动者子女在常住地公平接受义务教育的权益。

（9）申诉机制。吉林、浙江、重庆、北京的企业都应当建立健全劳动者投诉制度，以切实确保劳动者的投诉获得及时、有效的答复和客观公正的处理。重庆市还为畅通举报申诉途径公开了申诉电话等信息。

（10）集体协商合同。北京市支持行业协会、工会等组织协商制定保障劳动者权益的行业规范和劳动者职业规范，签订行业性集体合同协议。浙江省规定公司建立、修订直接触及劳动者利益的制度和平台算法，必须全面倾听职工和劳动者代表的建议，将结果公布和通报劳动者，企业和劳动者协商达成一致意见的，可以在劳动合同或者协议中明确工时和休息休假办法。

（11）劳动协议和劳动派遣。吉林、浙江、重庆、北京地方政府都规定建立劳务关系的，必须订立劳动法。不能完全确定的，则签订书面合同。

（12）外包等。北京市、重庆市和浙江省都规定，平台企业通过研发外包等合作方式用工的，如果劳工利益遭受侵害，平台企业依法负有相关民事责任。吉林省规定，对于研发外包等联合方式用工的，平台公司只有监督责任。

（13）困难救助。北京市规定，对因突发事件而造成基本生存短暂出现严重困难的劳动者，应依法予以临时救济。广东省规定，对在技能培训期内生活有困难的，予以一定补助；生活困难且不符合失业保障金办理要求的失业人员，予以一次临时补贴。其他省市对就业期间出现生活困难的新业态就业劳动者没有相应的帮扶政策。

4. 法律服务

在法律服务方面从以下四个维度进行阐述。

（1）调动各组织力量。北京市和重庆市规定，由公共法制服务中心和社会协调机构等，向劳动者提供法律咨询、法律援助、社会矛盾排解等服务。北京市人民调解组织和人民法院通过调解、诉讼渠道解决灵活就业人员的委托、承揽等民事关系争议。

（2）加强约束管理。吉林省根据以下八种情况，依法查处并公告，将企业信息系统纳入国家政务公开及信用信息服务系统，统一录入企业的守法信用档案中，并会同交通、邮政管理、市场监管、商务等主管部门对失信企业进行联合惩戒，从企业准入、资格审查、财政融资开发、政府采购、招投标、评优评先等方面，法律依规进行约束管理。四种情况分别为：①克扣、无故拖欠劳动者劳动报酬，数额较大的；②拒不支付劳动报酬，依法移送司法机关追究刑事责任的；③不依法参加社会保险或者不依法缴纳社会保险费，情节严重的；④违反工作时间和休息休假规定，情节严重的；⑤违反女职工和未成年工特殊劳动保护规定，情节严重的；⑥违反禁止使用童工规定的；⑦因劳动保障违法行为造成严重不良社会影响的；⑧其他重大劳动保障违法行为。

（3）职业选择。吉林、浙江、重庆、北京地方政府均禁止企业以支付劳动保证金、押金等名目向劳动者征收财物等违法行为，也不得限制劳动力在其他平台就业。

（4）杜绝歧视。吉林省和浙江省均规定，企业在招聘劳动者时不能违规设定性别、种族、年龄等歧视性要求。

由于广东省和山东省属于我国较早制定有关灵活就业人员劳动保障政策的地区，相较于后来制定政策的其他地区，有很多方面并未涉及，但这两个地区在制定相关政策方面为其他地区开了先河并做出了榜样。

（二）我国七地非典型就业试点政策中有关职业伤害保障政策的对比

我国目前非典型就业人员的工作大多在户外，在工作过程中，发生意外的情况比传统工作或者户内工作更多，并且与传统就业形式不同，导致无法用传统就业形式的劳动保障政策来保障新就业形态劳动者的权益。《中共中央 国务院关于抓好"三农"领域重点工作确保如期实现全面小康的意见》（2020年中央一号文件）指出，新商业形式从业人员的职业伤害保护问题表明了解决这一问题的紧迫性和重要性。因此，迫切需要建立新业态员工的职业伤害防护体系，为该群体提供必要的职业安全防护，并以此为契机构建国家职业伤害防护体系。接下来着重介绍山东潍坊，江苏南通、吴江、太仓，浙江、湖州、衢州及广东地区新就业形态中的有关职业伤害方面的政策并进行对比（见表17-2）。

表17-2　非典型就业试点政策职业伤害保障权益对比

类型	纳入工伤保险体系			商业保险	建立就业专项基金支持	组合模式	
	个人缴纳		平台缴纳单险种工伤保险				
地区	山东潍坊	江苏南通	广东省	江苏吴江	江苏太仓	浙江湖州	浙江衢州
保障模式	纳入保险基金	纳入保险基金	建立特定人员单项保险	政府主导，商业机构经办	建立职业伤害保险基金	实现工伤保险、商业保险与平台企业三方共担机制	单险种工伤保险和补充商业保险组合模式
管理机构	社会保险机构	社会保险机构	人力资源社会保障部门	人社局	太仓市人力资源和社会保障部门	社会保险机构	社会保险机构
保障人群	参加基本养老保险或医疗保险的潍坊市灵活就业人员	参加基本养老保险或医疗保险的南通市未建立劳动关系的劳动者	包括未建立劳动关系的劳动者：提供网约车、外卖、快递等劳务的数字劳动平台的劳动者	在吴江区域内提供劳动，但未与企业建立劳动关系的劳动者	本市户籍参与非全日制就业，并未与企业建立劳动关系的人员	在湖州市范围内工作的灵活就业人员	在衢州范围内的通过平台或网络实体接单并获得报酬的劳动者
保障范围	在工作时间和场所因工作原因受到的伤害	在工作时间和场所因工作原因受到伤害或因工外出下落不明的	因工遭受伤害或职业病	在工作岗位因工作原因受到突发的、非疾病的事故伤害，造成身故、残疾、受伤的	在工作场所或岗位上突发疾病或因工作原因受到伤害	职业伤残	因工作遭受事故伤害或患职业病的

续表

类型	纳入工伤保险体系			商业保险	建立就业专项基金支持	组合模式	
	个人缴纳		平台缴纳单险种工伤保险				
地区	山东潍坊	江苏南通	广东省	江苏吴江	江苏太仓	浙江湖州	浙江衢州
资金来源	参保费率为1%，缴费基数与基本养老保险、基本医疗保险一致并同步征收	费率为0.5%，缴费基数与基本养老保险、基本医疗保险一致并同步征收	从业单位自愿为从业人员办理单项参加工伤保险，其缴费费率按照行业基准费率和浮动费率规定执行	每人每年180元，可单独参加	就业专项基金列支，个人不缴费，必须单独参加职工和居民医疗保险或养老保险	纳入工伤保险范围，企业可根据自身实际需求选择参加单险种工伤保险，并选择性购买补充商业保险	以全省上年度职工平均月工资为基数，参照邮政业二类行业基准费率按月缴纳工伤保险费，实行浮动费率。鼓励企业依据自身需要参加工伤补充保险
保障水平	除特殊情况外，参照《工伤保险条例》执行	除特殊情况外，参照《工伤保险条例》执行，全部执行一次性待遇	按照双方相关协议规定，或按照《工伤保险条例》《广东省工伤保险条例》，针对非劳动关系的从业人员特点，规定了相应的待遇衔接办法	医疗费首先由医保报销，余额以3万元为限继续报销，职业伤害伤残补助金按照等级发放，职业伤害身故补助金一次性补贴40万元	医疗费用由医保基金按照工伤保险标准执行	按照《工伤保险条例》《浙江省工伤保险条例》执行	按照《工伤保险条例》《浙江省工伤保险条例》等相关配套规定执行

1. 灵活就业纳入工伤保险制度统筹管理

山东潍坊和江苏南通率先试行该种模式。对于参加养老保险或医疗保险的潍坊市数字劳动平台劳动者，通过劳动者自行缴费的形式，将其纳入工伤保险基金。这一方案的优势是标准统一、便于操作。劣势是覆盖范围较小，很多劳动者由于不愿意主动支付费用而导致参保率低。

2. 商业保险性质的职业伤害保险

此种形式目前在多个平台广泛适用，即由数字劳动平台劳动者在工作过程中自行缴纳商业保险或者部分平台主动支付此费用。但是，商业保险保障不足，且多为一次性理赔，没有长期性，对于因病致残而永久性退出劳动力市场的风险保障不足。

3. 由就业专项资金建立福利职业伤害保障制度模式

就业是民生之本，我国一直实施就业优先战略，政府就业专项基金主要来源于失业保险金，在提升员工技能、开展培训、改善就业环境等方面做出有益改善。将就业专项资金用于新业态劳动者工伤保险也是政策试点中有创新性的政策实验方向。江苏省太仓市政府在政策制定过程中，采用了国家投资专项资金建设福利性职工职业损害保障制度的创新管理模式，通过设定创新政策并借鉴现行工伤保障机制，有效化解了新型职业形式下的工作人员职业损害风险。采取社会保险模式，保障水平更高，能更好地适应当下新业态发展的工作模式，所有数字劳动平台岗位工作人员均有实现其职业伤害保障的途径。基于辩证角度，任何事情都有其两面性。采取两种参保制度体系在实践中也容易出现制度"分散化"、参保逆向选择、待遇衔接等方面的问题。

4. 建立单险种工伤保险

广东省于 2021 年初推出《关于单位从业的超过法定退休年龄劳动者等特定人员参加工伤保险的方法（试用）》。该办法规定，使用平台登记和完成劳务信息提供的数字劳动平台劳动者，其登记平台可以自动为其进行单项工伤亡保障。该办法的实施，不仅可以灵活有效地解决数字劳动平台劳动者的职业伤害问题，自愿参保的模式也没有给平台造成压力。

5. 组合模式

浙江湖州市和衢州市采用了工伤保险和商业保险组合的保障模式。由于工伤保险属于一种社会保险制度，在实际操作中具有很大的局限性，其首先要求劳动者与用工单位存在劳动关系，然而有关"非典型就业劳动者"的身份认定目前还存在争议，故采用工伤保险和商业保险组合的方式，突破了劳动关系的限制，有利于推进"全民保险"的实现。

综上所述，我国目前对于数字劳动平台劳动者的职业伤害保障尚处于探索阶段，与国外的保障模式有相似之处但又有所区别。我国现有的政策试点主要划分为纳入工伤保险范围、采取就业特殊保障专项基金列支、商业保险、工伤保险与商业保险组合四种模式。在将数字劳动平台劳动者纳入工伤保险范围后，又区分为个人缴纳和平台缴纳两种类型。在保障模式方面，山东潍坊和江苏南通由各级社会保险机构负责，缴费纳入保险基金；江苏太仓市则在继续建设现有社会保险保障的基础上，特别为数字劳动平台劳动者增设职业损害保障基金。这些模式尽管借鉴了中国现有工伤保险制度，但却完全属于"另起炉灶"，对中国现行体系的冲击很小，而且在各方面都能够灵活地进行调整，不被《工伤保险条例》的约束所影响，比如社会保障水平、资金来源等。而江苏的吴江地区，通过以政府为主体、由商业机构直接经办的组合管理模式，让商业保险公司直接参与到职业损害保护中，不但扩大了职业损害保护的种类和适用范围，而且更能实现职工的合法权益。广东省也是通过建议平台为大数字劳动平台劳动者进行单险种工伤投保，从而有效缓解了其职业损害保护问题。在医疗保障水平方面，江苏吴江地区已经设定了一种比较完善的医疗保障标准，在职业损害人员医疗服务费用支付方面，首先由医保机关按照规定进行报销，剩余部分将以三万人民币为限进行继续赔付，职业损害人员工伤津贴，以及职业损害人员日常生活自理障碍津贴根据受伤等级和人员的受伤状况进行补偿，而对于发生意外或职业损害造成人员死亡的，最高补偿标准则是一次性给付其近亲属四十万元。浙江湖州市和衢州市都选择了将数字劳动平台劳动者纳入工伤保险保障范围内，并以商业保险辅助的"1+1"保障模式，主要针对市区范围内活动的"数字劳动平台劳动者"建立三方共担机制。除此之外，其他试点地区都以《工伤保险条例》作为基础，按照双方协议规定及地方政策执行。

分析上述地区非典型职业伤害保障制度体系对于我国数字劳动平台劳动者职业伤害保障制度具有积极的借鉴意义。现有试点政策都存在缺乏上位法依据、行业职业伤害发生概率测算及缴费公平性等问题。在推进新就业形态职业伤害保障试点政策上，各地方政府可以进行更加多样化的有益尝试。

三、司法判例与政策指引

互联网的蓬勃发展催生了新的劳务交易模式，即在传统劳务供应方与劳务需求方之间增加了互联网平台，劳务需求方往往要通过互联网平台获取劳务供应方的劳动。尽管互联网平台企业主张其为信息提供中介，但实践中互联网平台为了维护其公司形象、提高客户满意度，会在一定程度上对劳务提供者进行规范或指示，由此导致平台与劳动者对双方关系判定模糊不清的情况（王天玉，2016），新业态劳动者权益保障成为难题。

在新业态用工模式下，常见的劳动争议案件主要包括平台从业者与平台企业之间关于劳动关系认定的争议、关于工伤赔偿责任的争议以及雇主承担侵权责任的争议。其中，劳动关系认定的争议成为劳动争议审判面临的首要困难和挑战。劳动关系的确认直接影响着平台劳动者能否获得劳动关系项下加班工资、未签书面劳动合同经济补偿金、赔偿金、二倍工资差额及社会保险等劳动权益保障。

所谓劳动关系，是劳动者与用人单位在实现劳动过程中发生的社会关系。其基本内容是劳动者提供劳动，用人单位使用该劳动并支付工资。从该意义上说，它是一种合同关系，具有合同之债的财产要素。但与民法之债的关系不同的是，它还具有身份的要素。劳动者必须亲自提供劳动而不能由他人代理。在劳动过程中，劳动者与用人单位会形成从属关系，劳动者须服从用人单位的管理。而正是这种从属性，使劳动关系与其他民事法律关系区分开来（国家法官学院案例开发研究中心，2016）。

我国现行劳动立法对劳动关系未进行界定，而现行规范性文件仅《关于确立劳动关系有关事项的通知》（以下简称《通知》）对劳动关系的认定标准有明确规定。在数字零工劳动争议案件的审理中，法官认定劳动关系皆以《通知》为依据。作为与《中华人民共和国劳动法》配套的政策文件，对其进行完整解读后即可发现，《通知》第1条所规定的只适配于典型劳动关系，该认定标准显然滞后于互联网平台用工灵活化的现状（王全兴等，2018）。

下面将列举几个我国司法机关对数字劳动关系的典型判例，以期帮助读者理解数字劳动关系的认定逻辑。

案例一：庄燕生诉北京亿心宜行汽车技术开发服务有限公司劳动争议案（国家法官学院案例开发研究中心，2016）。

【案件基本信息】

1. 裁判书字号

裁判书字号：北京市第一中级人民法院（2014）一中民终字第6355号民事判决书。

2. 案由

案由：劳动争议纠纷。

3. 当事人

原告（上诉人）：庄燕生。

被告（被上诉人）：北京亿心宜行汽车技术开发服务有限公司（以下简称

"亿心宜行公司"）。

【基本案情】

"e代驾"是亿心宜行公司研发的一款App，包含客户端和司机端。通过手机下载该App后，客户可以发布代驾需求。系统根据就近原则将代驾需求推送给附近的司机，由司机直接联系客户，将客户送到指定地点并收取费用，公司则按费用的20%收取信息服务费。代驾司机是否提供、何时提供代驾服务由其本人决定。

2011年10月6日，庄燕生到亿心宜行公司提供代驾服务。2013年4月15日，双方签署"e代驾"驾驶员合作协议，其中载明：一、合作内容：由亿心宜行公司（甲方）向庄燕生（乙方）提供代驾服务的信息，由乙方向客户提供代理驾驶服务。二、乙方按照甲方对社会公布的各项收费标准收取并获取服务收益，甲方从乙方收取的服务费中扣除相应费用，作为甲方提供信息服务的费用。三、合作服务流程：①由甲方接受客户预约后通知乙方服务内容，或客户直接与乙方联系。②乙方依据本协议执行"代理驾驶"的合作任务。四、收益分配与结算形式：①甲方向乙方提供代驾服务信息，暂定按每次代驾实际收费的20%收取信息费用，扣除税后其余部分为乙方所得。②通过"e代驾"正规预约渠道预约乙方的，视为甲方向乙方提供代驾服务信息，甲方有权收取对应的信息费。③随着市场的变化以及竞争情况的改变，甲方有权调整对乙方收取的信息费，其他特殊情况信息费用的收取甲方另行通知乙方。2013年4月2日，亿心宜行公司对庄燕生罚款500元。2013年8月，亿心宜行公司在其网站发布公告，以庄燕生多次恶意逃单为由与其解除合作关系。

庄燕生以要求亿心宜行公司支付未签书面劳动合同二倍工资、违法解除劳动关系赔偿金、补发工资、退还罚款为由向北京市石景山区劳动争议仲裁委员会提出申请，仲裁委员会裁决如下：驳回庄燕生的仲裁申请。

庄燕生不服上述裁决，向法院提起诉讼并称：其于2011年10月6日按招工广告到亿心宜行公司应聘，成为该公司司机，从事代驾服务工作。在劳动中，代驾司机必须穿工服，戴工牌，必须以"e代驾"员工身份，以"e代驾"的名义按照其指定的收费标准收费，并遵守其他规定，向"e代驾"的客户提供服务。上述事实完全符合劳动关系构成要件，故要求判令亿心宜行公司支付：①未签订劳动合同期间双倍工资114 906元；②补偿工资41 784元；③违法辞退赔偿金20 892元；④退还违法罚款500元。

亿心宜行公司答辩称：双方是合作关系，亿心宜行公司只收取信息费。穿工服、戴工牌是形式上的东西，是帮助代驾司机有更好的形象，这是按合作协议履行的。事实上，庄燕生有自主选择权，可以自主选择把软件打开，选择是否接单，并没有固定的工作时间。亿心宜行公司提供信息，庄燕生根据信息选择是否与客户签约这种模式不是劳动关系，双方是合作关系。

【案件焦点】

庄燕生与亿心宜行公司之间是否属于劳动关系。

【法院裁判要旨】

北京市石景山区人民法院经审理认为：本案原告作为代驾司机，可以兼职也可以全职，工作时间自己掌握，不符合劳动关系的认定标准。且根据庄燕生与亿心宜行公司签订的"e代驾"驾驶员合作协议，二者是合作关系。庄燕生未能提供充分证据证明其与亿心宜行公司存在劳动关系，故其基于劳动关系的各项诉讼请求，没有事实依据及法律依据，法院不予支持。依据《中华人民共和国民事诉讼法》第六十四条第一款，以及《最高人民法院关于民事诉讼证据的若干规定》第二条之规定，判决如下：驳回庄燕生的诉讼请求。

宣判后，庄燕生提起上诉。北京市第一中级人民法院经审理认为：劳动关系的成立需要劳动者为单位提供有偿劳动，接受用人单位的管理，服从单位的劳动分工及安排，遵守劳动纪律及相关规章制度；同时，用人单位必须为劳动者提供工作条件，按照劳动者的劳动数量和质量给付其劳动报酬，保障劳动者享有相关福利待遇。认定劳动关系的要素应参照《劳动和社会保障部关于确立劳动关系有关事项的通知》第一条之规定："用人单位招用劳动者未订立书面劳动合同，但同时具备下列情形的，劳动关系成立：（一）用人单位和劳动者符合法律、法规规定的主体资格；（二）用人单位依法制定的各项劳动规章制度适用于劳动者，劳动者受用人单位的劳动管理，从事用人单位安排的有报酬的劳动；（三）劳动者提供的劳动是用人单位业务的组成部分。"从本案的主要事实来看，庄燕生没有固定的工作场所，工作时间可自行掌握，庄燕生亦非按月从亿心宜行公司获取劳动报酬，结合代驾司机的行业特点以及本案中庄燕生与亿心宜行公司签订的"e代驾"驾驶员合作协议的情况，法院认为，庄燕生与亿心宜行公司之间并非劳动关系，故庄燕生基于其与亿心宜行公司存在劳动关系而提起的各项诉讼请求，缺乏事实和法律依据，法院均不予支持。依照《中华人民共和国民事诉讼法》第一百七十条第一款第（一）项之规定判决：驳回上诉，维持原判。

也就是说，庄燕生虽然必须穿亿心宜行公司工服，戴工牌，按照公司指定的标准收费，但这只是庄燕生提供代驾服务的形式，不足以据此认定庄燕生与亿心宜行公司之间存在劳动关系。根据查明的事实，庄燕生的工作完全由其自行安排，想接单即可打开手机软件，不想接单也可不受亿心宜行公司的约束。在这种情况下，并不存在庄燕生服从亿心宜行公司指挥的情形，不能认定庄燕生在接受亿心宜行公司的劳动管理。同时，从庄燕生与亿心宜行公司签订的协议看，亿心宜行公司向庄燕生提供信息，收取信息服务费，其余的代驾服务费则作为庄燕生的收入，可见庄燕生也并非从亿心宜行公司按月获取劳动报酬，故庄燕生与亿心宜行公司之间并非劳动关系，而是一种合作关系，双方之间是一种平等的民事主体关系，权利与义务应按照合作协议确定。

案例二：陶新国与"e代驾"平台等机动车交通事故责任纠纷案（陶新国与北京亿心宜行汽车技术开发服务有限公司、中国平安财产保险股份有限公司上海分公司等机动车交通事故责任纠纷一审民事判决书，2014）。

同样是代驾司机在"e代驾"平台工作，当司机在代驾过程中造成交通事故引起责任纠纷时则产生了不同的判决结果。如果延续前述案件的审判思路，认定司机与互联网平台公司之间系合作关系，那么应由代驾司机承担事故造成的损害；反之，如果认定双方属于劳动关系或雇佣关系，则司机的行为属职务行为，其对第三人造成的损害将由公司承担赔偿责任。

【案件基本信息】

1. 裁判书字号

裁判书字号：（2014）浦民一（民）初字第37776号。

2. 案由

案由：机动车交通事故责任纠纷。

3. 当事人

原告（上诉人）：陶新国。

被告（被上诉人）：赵鹏；鲁能集团有限公司上海分公司；北京亿心宜行汽车技术开发服务有限公司（以下简称"亿心宜行公司"）；中国平安财产保险股份有限公司上海分公司。

【基本案情】

2013年3月9日晚，在上海市浦东新区周浦镇某饭店聚餐的被告鲁能上海分公司的员工潘某通过被告亿心宜行公司的官网电话联系代驾服务，亿心宜行公司在受理后将代驾服务信息发送给被告赵鹏。被告赵鹏在收到信息后随即赶至该饭店，在潘某签署代驾服务确认单后驾驶车主为被告鲁能上海分公司的沪LSXX＊＊小型普通客车离开饭店。当晚20时40分许，被告赵鹏驾驶沪LSXX＊＊小型普通客车行驶至周浦镇旗杆村葡萄路十字路口处，因未让右侧车辆先行，不慎将驾驶电瓶车行驶至此的原告撞倒，致使原告车损人伤。经交警部门认定，被告赵鹏负事故的全部责任，原告无事故责任。

沪 LSXX＊＊小型轿车在被告平安财险上海分公司处投保了交强险及商业三者险（责任限额 1 000 000 元、有不计免赔率条款），保险期间均自 2012 年 9 月 3 日零时起至 2013 年 9 月 2 日二十四时止。

另查明，被告亿心宜行公司系专门从事科技开发和代驾服务的公司，代驾服务手机软件"e 代驾"系由其开发。"e 代驾"包含代驾客户软件系统及代驾驾驶员接单软件系统，当客户在手机端安装"e 代驾"代驾客户软件后，即可以通过该软件的定位查找功能查找代驾驾驶员，亦可以通过拨打该软件主页界面的电话"4006-91-3939"联系代驾服务。代驾驾驶员接单软件系统由被告亿心宜行公司安装于由其分配给代驾驾驶员使用的专用手机中，代驾驾驶员在开启软件系统后即被认为处于可接单状态，退出软件系统即表示不接单。此外，代驾驾驶员亦接受被告亿心宜行公司的短信派单任务，本案被告赵鹏即接受的短信派单。

还查明，被告赵鹏经朋友介绍在被告亿心宜行公司上海办事处报名并经考核后成为代驾驾驶员，并按约定交纳了 500 元信息费后领取了工作服、胸卡及专用手机，但未签署书面协议。2013 年 3 月 9 日，被告赵鹏在代驾服务过程中发生交通事故。同年 5 月 27 日，被告赵鹏与被告亿心宜行公司签署了《协议》及《协议附件》，《协议》第一条约定："合作内容：由甲方向乙方提供代理驾驶送车服务的信息，由乙方为客户提供代理驾驶服务（以下简称'代驾服务'）。乙方按照甲方对社会公布的各项收费标准收取并获取服务收益，甲方从乙方收取的服务费中扣除相应费用，作为甲方提供信息服务的费用。"第三条约定："合作服务流程：①由甲方接受客户预约后通知乙方服务内容；或客户直接与乙方联系。②乙方依据本协议执行'代理驾驶'的合作任务。"第五条约定："收益分配与结算形式：①甲方向乙方提供代驾服务信息，暂定按每次代驾实际收费的 20% 收取信息费用，扣除税费后其余部分为乙方所得。②通过'e 代驾'正规预约渠道预约乙方的，视为甲方向乙方提供代驾服务信息，甲方有权收取对应的信息费。③随着市场的变化以及竞争情况的改变，甲方有权调整对乙方收取的信息费，其他特殊情况信息费用的收取甲方另行通知乙方。"《协议附件》包含"e 代驾"服务规范、"e 代驾"财务制度、"e 代驾"事故处理流程、保守商业秘密协议四个部分，其中"e 代驾"服务规范规定了代驾驾驶员在代驾服务过程中应遵守的行为规范，包括必须佩戴胸卡，着公司统一服装等；"e 代驾"财务制度规定了代驾服务的收费标准及公司向代驾驾驶员收取的信息费标准，还约定代驾驾驶员从入职起需开设个人账户并预存代驾信息费 500 元，当信息费余额低于 200 元时公司不再提供信息，代驾驾驶员需要给个人账户续费，每次续费金额不低于 500 元；"e 代驾"

事故处理流程约定了代驾过程中如出现交通事故的处理办法及理赔事宜，其中理赔事宜规定首先由客户车辆保险进行理赔，保险不赔及免赔部分由公司承保的保险进行理赔。此外，代驾驾驶员需按标准（维修天数小于等于 7 天的按照每天 100 元，大于 7 天的按照一次性 1 000 元）赔偿客户因事故导致的交通费用；保守商业秘密协议约定了代驾驾驶员必须遵守的保密约定。

原告陶新国要求先由被告平安财险上海分公司依次在交强险及商业三者险的责任限额范围内承担赔偿责任；不足部分，由被告赵鹏及被告鲁能上海分公司承担连带赔偿责任。

被告赵鹏辩称，事发时，其系接受被告亿心宜行公司的指派完成代驾服务，属于职务行为，故赔偿责任应由亿心宜行公司承担，其不应承担责任；事发后，其支付了 1 000 元给亿心宜行公司，公司答应处理后续赔偿问题。

被告亿心宜行公司辩称，公司与被告赵鹏系签署合作协议，明确双方系合作关系，公司仅通过手机软件"e 代驾"提供服务信息，由被代驾人自由选择代驾司机完成代驾服务，代驾服务完成后费用亦由被代驾人与代驾司机直接结算，公司仅收取每单 5 元至 20 元的信息费用，故被告赵鹏不是公司员工，事发时并非职务行为，事故责任应由被告赵鹏自行承担。事故后，考虑被告赵鹏无力垫付医疗费，故公司从人道主义出发为原告垫付了医疗费35 926.95 元，要求在本案中一并处理。

【案件焦点】

第一，原告损失中超出保险理赔范围的部分由谁承担？第二，原告的合理损失如何确定？

【法院裁判要旨】

上海市浦东新区人民法院经审理认为：第一，因租赁、借用等情形机动车所有人与使用人不是同一人时，发生交通事故后属于该机动车一方责任的，由保险公司在机动车强制保险责任限额范围内予以赔偿。不足部分，由机动车使用人承担赔偿责任；机动车所有人对损害的发生有过错的，承担相应的赔偿责任。本案中机动车所有人为被告鲁能上海分公司，其员工通过委托代驾服务协议将机动车实际使用权转移给被告赵鹏，其作为机动车所有人仅在对损害的发生存在过错的情况下才承担赔偿责任。现原告并无证据证明被告鲁能上海分公司对损害的发生存在过错，故其要求被告鲁能上海分公司承担连带责任的请求，本院不予支持。

第二，被告赵鹏是否属于执行职务行为？其与被告亿心宜行公司是何关系？首先，从事发当时的情形来看，被告赵鹏系收到被告亿心宜行公司的短信通知，要求其完成代驾服务，且通过代驾服务确认单可以认定，委托代驾服务协议系由被告鲁能上海分公司与被告亿心宜行公司签订，被告赵鹏并非协议当事人，故被告赵鹏的代驾行为系接受被告亿心宜行公司的指令为履行协议做出的特定行为。其次，从被告赵鹏与被告亿心宜行公司的约定来看，被告赵鹏系经被告亿心宜行公司考核并认可的代驾驾驶员。在提供代驾服务的过程中，被告赵鹏必须接受被告亿心宜行公司制定的规章制度及行为规范，并须穿着公司统一的制服、戴胸卡，故被告赵鹏在工作时间内接受被告亿心宜行公司的管理。再次，被告赵鹏根据被告亿心宜行公司制定的标准收取费用，对于代驾费用被告赵鹏并无议价权，其仅以付出的劳动获取相应报酬。最后，从雇佣关系的特征来看，雇佣关系是指当事人一方在一定期间或不定期内为另一方当事人提供特定或不特定劳动且接受另一方当事人的安排指挥，并以此获取劳动报酬的法律关系，本质特征在于一方当事人接受另一方的一定管理，并向其提供劳务以获取报酬。本案被告赵鹏与被告亿心宜行公司之间符合雇佣关系的一般特征，应认为双方之间属于雇佣关系。综上所述，本院认为，被告赵鹏事发时在执行职务过程中，属于职务行为。根据法律规定，雇员在从事雇佣活动中致人损害的，雇主应当承担赔偿责任，故对于原告损失超出保险理赔范围的部分，应由被告亿心宜行公司基于职务关系承担。被告亿心宜行公司抗辩其与被告赵鹏之间系合作关系，但从协议的内容来看，被告赵鹏仅以劳动换取报酬，既不对被告亿心宜行公司的经营承担风险，也不享受除劳动报酬以外的其他利益，其实质仍为雇佣，故对被告亿心宜行公司的抗辩本院不予采纳。

从上述两个案例可以看出，同样是司机穿着工作服、佩戴胸卡、接收平台发布的信息，司法分析及定性并未形成可以共同遵循的逻辑路径，显示出法律面对互联网新问题的适用窘境。同时，该"同事不同判"现象显示出政策取向上的差异：在劳动争议案件中，不认定为劳动关系，看重的是平台企业的利益；在民事侵权（交通事故责任）案件中，认定为雇佣关系/劳动关系，看重的是受害人的利益和交通秩序（王天玉，2016）。

案例三：李相国与北京同城必应科技有限公司劳动争议案（李相国与北京同城必应科技有限公司劳动争议一审民事判决书，2017）。

【案件基本信息】

1. 裁判书字号

裁判书字号：北京市海淀区人民法院（2017）京 0108 民初 53634 号民事判决书。

2. 案由

案由：劳动争议纠纷。

3. 当事人

原告（上诉人）：李相国。

被告（被上诉人）：北京同城必应科技有限公司（以下简称"同城必应科技公司"）。

【基本案情】

李相国在自己的手机上下载同城必应科技公司的"闪送 App"，经注册、审核，前往公司位于北京市朝阳区双井的办公场所进行考试后，同城必应科技公司向李相国发放了工牌。李相国于 2016 年 5 月 29 日起开始进行抢单、从事配送工作。在职期间，双方未签订劳动合同。李相国登录手机 App，自主决定上线时间，自主抢单，自行安排交通工具在规定的时间内完成闪送业务；每完成一单闪送业务，可按照该单费用的 80% 计提收入，收入累计在 App 个人账户内，可于每周一进行转账提取。2016 年 7 月 24 日，李相国在进行闪送业务时因发生交通事故而受伤。李相国认为属于工伤，应享受工伤保险待遇，要求确认自己与同城必应科技公司间存在劳动关系。

同城必应科技公司辩称：其一，同城必应科技公司、客户、闪送员之间的法律关系应适用合同法中居间合同的相关规定进行调整。公司创新性地设立了闪送平台，用以解决客户小件物品急送的需求与社会上闲散运力之间无法有效对接的矛盾。由客户在"闪送 App"上发布送货需求信息，由闪送员通过"闪送员 App"接收信息，并自主选择是否承接送货业务。一旦闪送员承接送货任务，则在客户与闪送员之间形成了货物运送合同，合同双方通过闪送平台进行结算，同城必应科技公司从每笔货物运送费用中收取相应的信息服务费。从整个交易流程及各方承担的权利与义务考量，均符合合同法中居间合同相关条款的规定。其二，同城必应科技公司与李相国之间不存在劳动关系所应当具备的法律特征。李相国通过手机 App 进行抢单并完成闪送任务，对其不限定在网期限、不考勤、不限定工作时间和地点、不到同城必应科技公司指定地点报到、没有完成任务的额度要求。李相国自主决定是否承接闪送任务、自主决定使用何种交通工具，闪送费用及信息服务费及时结清，并且闪送员从事的闪送任务也不是同城必应科技公司的主营业务。同城必应科技公司不向闪送员提供相应的劳动条件。双方之间不具备成立劳动关系的法定情形。其三，同城必应科技公司已经为闪送员购买了商业保险，李相国发生的事故已经经由保险理赔。综上所述，同城必应科技公司与李相国之间系平等民事主体之间的合作关系，合作过程是间断性、偶然性的，不具有劳动关系所体现的连续性、必然性和从属性。请求法院驳回李相国的诉讼请求。

【案件焦点】

李相国与同城必应科技公司之间是否为劳动关系？

【法院裁判要旨】

北京市海淀区人民法院认为，对于李相国与同城必应科技公司之间是否存在劳动关系，应从以下几个方面分析：

第一，同城必应科技公司辩称双方之间为平等主体之间的居间合同关系，该辩称意见能否成立？

依据原合同法之规定，居间合同是居间人向委托人报告订立合同的机会或提供订立合同的媒介服务，委托人支付报酬的合同。在居间合同关系中，居间人仅向委托人报告订立合同的机会或者为订约提供媒介服务，具体合同条款及内容系委托人与相对人自行协商确定的。而本案中，同城必应科技公司不仅通过闪送平台获取运输货物服务的需求信息，并向众多闪送员发送，而且规定了货物运输合同的权利义务关系，包括服务标准、收费标准等，相关的条款并非由闪送员与客户协商制定。在居间合同关系中，居间人并不参与委托人与相对人之间合同的履行。而本案中，同城必应科技公司通过闪送平台分配闪送业务，监督闪送员运输货物之过程，并通过闪送平台向客户直接收取服务费用。虽然合同履行的收益在同城必应科技公司与闪送员之间分配，但分配比例由同城必应科技公司规定，收益提取方式、提取时间亦由同城必应科技公司规定。因此，事实上货物运输合同关系形成于同城必应科技公司与客户之间，且相关客户也相信是与闪送平台运营方——同城必应科技公司之间形成货物运输合同关系，而非与闪送员之间。闪送员的作用在于提供货物运输服务，使同城必应科技公司得以履行货物运输合同中运输货物之合同义务。

同城必应科技公司认为自己收取的只是信息服务费，类似于中介费，这一理由不能成立。虽然运送货物的需求信息是通过闪送平台发布的，但闪送平台的运营公司实际上组织了货物运送的整个过程；平台运营公司收取的费用虽然在每一单合同中比例并不高——只占20%，但平台的整个经营模式是通过提供货物运输服务来获取利润的。因此法院认为，闪送平台的运营公司——同城必应科技公司并不是一家信息服务公司，而是一家从事货物运输业务的公司，其关于收取中介费的意见不能成立。

综上所述，同城必应科技公司关于与李相国之间属于居间合同关系的辩解不能成立。

第二，同城必应科技公司主张与李相国之间是平等民事主体之间的合作关系，该辩称意见能否成立？

　　同城必应科技公司主张，依据合作协议，双方已明确约定属于商业合作关系，不存在劳动关系，不受劳动法调整。对此法院认为，基于劳动法之性质，当事人不可以以协议约定的方式排除劳动法之适用。对于双方之间法律关系的性质应从涉案相关法律事实出发，依据相关法律规定进行判断。若双方关系之性质指向劳动关系，则用人单位一方以格式条款形式做出的、排除劳动者主要权利的约定无效。

　　因此，同城必应科技公司依据该份合作协议，主张与李相国之间是平等主体之间的合作关系，依据不足。对于双方之间的法律关系，应依据劳动法律之相关规定及劳动法之相关原理，结合涉案法律事实进行分析判断。

　　第三，李相国与同城必应科技公司之间关系是否具有从属性之特征？

　　通常认为，从属性是劳动关系之本质特征。劳动者对于用人单位具有人格从属性、经济从属性，用人单位一方具有强势和主导地位。目前，司法实践中认定劳动关系多参照《劳动和社会保障部关于确立劳动关系有关事项的通知》（劳部发〔2005〕12号）。该通知第一条规定："用人单位招用劳动者未订立书面劳动合同，但同时具备下列情形的，劳动关系成立。（一）用人单位和劳动者符合法律、法规规定的主体资格；（二）用人单位依法制定的各项劳动规章制度适用于劳动者，劳动者受用人单位的劳动管理，从事用人单位安排的有报酬的劳动；（三）劳动者提供的劳动是用人单位业务的组成部分。"该条文体现了对劳动关系从属性的判断路径。

　　本案中，同城必应科技公司与李相国符合法律、法规规定的劳动关系主体资格，同城必应科技公司在招聘闪送员时，对工作方式、工作特点、收入计算、奖励等进行了说明，对担任闪送员的条件做出了要求，该内容具有招聘信息之性质。同城必应科技公司对报名的闪送员进行了培训，说明其对提供服务的人员在工作方面有一定的标准要求。

　　同城必应科技公司为李相国发放了工牌。该工牌具有身份识别功能，在李相国佩戴工牌进行服务时，其代表同城必应科技公司。在工牌背面详细列明了对闪送员服务流程的具体要求，说明同城必应科技公司对李相国的服务过程进行管理，要求李相国按照公司的规章制度进行服务。

　　李相国虽然可以自主决定是否接单，但其一旦接单，就需要按照同城必应科技公司规定的工作流程来完成服务。

　　以上充分说明李相国在担任闪送员期间，与同城必应科技公司之间存在相当的人格从属性。

　　李相国自2016年5月29日担任闪送员，至同年7月25日期间，每周有规律地收到报酬。由于李相国工作时间相对稳定，其收取的报酬金额也相对稳定。根据双方当事人均认可的李相国接单详情，李相国每天工作时间为 10 小时左右。李相国称仅为闪送平台一家工作，同城必应科技公司也未提交李相国在其他单位工作之证据，并且同城必应科技公司亦在合作协议中明确要求闪送员不得同时为其他平台服务。因此，本院有理由相信，在该期间，李相国未从事其他工作，从事闪送员工作获取的报酬是李相国的主要劳动收入。李相国对同城必应科技公司在经济上的从属性亦十分明显。

前面已论述，同城必应科技公司是一家提供货物运输服务的公司，李相国提供的闪送服务是同城必应科技公司业务的组成部分。

因此，李相国与同城必应科技公司之间的关系具有从属性之特征，符合劳部发〔2005〕12 号文件之规定。

第四，双方的关系具有灵活性的特征，是否影响劳动关系的认定？

法院同时注意到，双方之关系与传统劳动关系有一定的区别，具有相对灵活性之特征。

正如同城必应科技公司所述，李相国自主决定是否接单，自主决定使用何种交通工具，无须考勤，同城必应科技公司不限制其工作地点、工作时间、工作量，不向其提供劳动工具。以上互联网信息技术介入传统劳动供求关系后产生的新工作岗位所呈现之特征，是否能够阻却双方劳动关系之判定？本院认为不能。

其一，李相国可以自主决定是否接单，但只要其注册成为闪送员，并决定以此谋生，则其必须通过完成一定的工作量来获得维持生活所需之收入，所以尽管从每一单闪送业务来看，李相国有接单或不接单之选择自主权，但从其整体工作来看，其并无更多的选择自主权。

其二，李相国可以决定自己的工作时间，公司无须考勤。但从双方均认可的接单记录来看，李相国在担任闪送员期间，每日基本工作 10 小时左右（指接单时间起始点），每周平均收入 1 400 元左右。如果李相国要保持这样的收入水平，其对工作时间、工作量并无过大的选择自主权。并且灵活安排工作时间本身并不排斥劳动关系的存在，因为劳动关系项下本身有多种用工的工时形式，包括相对灵活的用工工时形式。

其三，李相国可以自主决定使用何种交通工具，同城必应科技公司并不向其提供劳动工具。但本院认为，在本案中所体现出来的这种互联网经济下新的用工模式中，所谓的交通工具并不是主要的生产资料，由闪送平台运营方——同城必应科技公司通过互联网技术所掌握的信息才是更为重要的生产资料，这些信息及信息技术手段是李相国个人无法掌握的，同城必应科技公司借助其对相关信息及技术手段的掌控权，在与李相国的用工关系中处于强势支配地位。

因此，本院认为，同城必应科技公司与李相国之间用工关系的灵活性，并不能掩盖其劳动关系之本质。

第五，对李相国适用劳动法保护是否有必要性？

同城必应科技公司认为，公司已经为李相国投保了商业保险，并且保险公司已经理赔，己方已尽到义务。

但本院注意到，李相国通过同城必应科技公司投保的"员工意外医药补充医疗保险"，只获得了第一次手术的相关费用理赔，其后续二次手术费用无法获得赔偿，并且其在治疗期间的工资等相关待遇均未得到保障。在李相国为同城必应科技公司工作中受伤的情况下，同城必应科技公司仅提供商业保险，对李相国的救济显然是不够的。

同城必应科技公司从李相国提供的劳动中获益，则其应当承担相应的法律责任及企业之社会责任。若允许其低成本地用工，则其必然缺乏防范用工风险之主动性，对采取劳动安全保护措施的积极性必然不高，因此带来的社会问题必然增多。本案中，同城必应科技公司对李相国使用的交通工具的安全性、驾驶员资质等均未严格审核，即可证明这一点。互联网企业不能因其采用了新的技术手段与新的经营方式而不承担本应由其承担的法律责任与社会责任。

不可否认，李相国在同城必应科技公司工作的时间及完成工作情况具有一定的稳定性，而在闪送平台注册的众多闪送员的工作情况与李相国的情况并不完全相同。因此，本院认定李相国与同城必应科技公司之间有劳动关系，并不代表所有注册的闪送员与同城必应科技公司之间均具有劳动关系。闪送员之间情况的不同可能会使同城必应科技公司面临管理上的困难，但作为运用新技术手段进行经营的公司，其完全可以运用信息技术优势实现合法的经营、管理，不能因为闪送员之间情形不同而一概否认劳动关系。

不可否认，目前同城必应科技公司与李相国之间的劳动关系，缺乏完全吻合的法定工时形式与其匹配，亦缺乏完全适应的社会保险制度。但本院认为，不能因为相关配套制度尚不完善而拒绝向劳动者提供基本权利之救济——如李相国要求确定劳动关系从而获得工伤保险待遇之基本权利。

综合以上各方面之分析判断，本院认为，李相国与同城必应科技公司之间自2016年5月29日起存在劳动关系。由于李相国受伤后同城必应科技公司并未提供相关待遇，而李相国一直主张工伤保险待遇。因而本院确认双方劳动关系解除的时间以李相国开始为其他单位工作的时间为准，即2017年3月30日。

依据《中华人民共和国劳动法》第三条、第四条,《中华人民共和国劳动合同法》第七条之规定,本院判决如下:确认李相国与北京同城必应科技有限公司自 2016 年 5 月 29 日至 2017 年 3 月 30 日止存在劳动关系。

表 17-3 对案例一与案例三进行了对比分析。

表 17-3　案例一与案例三对比

庄燕生诉北京亿心宜行汽车技术开发服务有限公司劳动争议案	李相国与北京同城必应科技有限公司劳动争议案
(1) 穿工服,戴工牌,按照公司指定的标准收费,只是提供代驾服务的形式,不足以据此认定存在劳动关系; (2) 没有固定的工作场所,工作时间可自行掌握,工作完全由代驾驾驶员自行安排,不存在服从亿心宜行公司指挥的情形,不能认定接受平台公司的劳动管理; (3) 庄燕生并非从亿心宜行公司按月获取劳动报酬; (4) 签订合作协议	(1) 闪送平台公司实际上组织了货物运送的整个过程,相关客户也相信是与闪送平台之间形成货物运输合同关系,货物运输是其业务范围; (2) 依据合作协议,主张合作关系的依据不足; (3) 对闪送员进行了招聘、培训; (4) 有服务流程具体要求,对闪送员的服务过程进行管理,具有人格从属性; (5) 李相国称仅为闪送平台一家工作,工作时间相对稳定,每周有规律地收到报酬,且该收入是劳动者的主要劳动收入,经济从属性明显; (6) 从其整体工作来看,其并无更多的选择自主权; (7) 灵活安排工作时间并不排斥劳动关系的存在,劳动关系项下包括相对灵活的用工工时形式; (8) 交通工具并不是互联网经济下主要的生产资料,平台通过互联网技术所掌握的信息才是更为重要的生产资料; (9) 平台处于强势支配地位; (10) 若允许平台低成本用工,则其必然缺乏防范用工风险之主动性,对采取劳动安全保护措施的积极性必然不高,带来之社会问题必然增多; (11) 保障李相国要求确定劳动关系从而获得工伤保险待遇之基本权利
非劳动关系	存在劳动关系

【案例启示】

司法实践中,认定劳动关系的标准通常包括:①管理标准,主要指劳动者服从用人单位的管理,遵守用人单位的规章制度。②生产条件标准,主要指用人单位提供了基本的劳动条件,包括劳动场所、劳动对象和劳动工具,这样劳动者同用人单位提供的生产资料相结合，双方之间才能形成劳动法律关系。③报酬标准，主要指劳动者向用人单位提供劳动，用人单位向劳动者支付劳动报酬，由用人单位发放劳动报酬是认定劳动关系的重要标志。④劳动内容标准，主要指劳动者提供的劳动是用人单位业务的组成部分，如果劳动者提供的劳动不属于用人单位的业务范围，一般来说，双方之间就不存在劳动关系。数字零工与平台企业之间究竟是什么关系，是否必然存在劳动关系，我们认为对此不能一概而论。法院认定某数字零工与平台公司之间有劳动关系，并不代表所有注册的数字零工与该平台公司之间均具有劳动关系，法院认定某数字零工与平台公司之间不具有劳动关系，也不能代表所有数字零工与平台公司之间均不具有劳动关系。数字零工之间情况不同，还是应当结合案情来具体分析双方之间是否符合劳动关系的认定标准。

第十八章　新质生产力下劳动关系系统治理路径

　　基于数字技术和设施发展的共享经济和平台经济的出现，让劳动关系的治理变得更加复杂和多变，数据成为劳动关系系统中重要的变量，相关的利益主体增加以及这种新就业模式下的劳动者权益保障等面临新的挑战都是。同时，大数据和物联网的发展让许多劳动者困于"算法"之中，被数据无情控制。对"算法"的合理人性化设计也可以保障劳动者的合法权益，从而对劳动关系系统治理做出贡献。本章从劳动者、平台以及政府方面对劳动关系系统的治理路径进行探索。

一、劳动者层面

　　在劳动者层面，平台经济和平台企业的出现让灵活用工成为新时代劳动关系的重要演变方式。劳动者通过数字平台产生雇佣关系，比如外卖骑手等。在提供更多就业机会的同时，平台经济下劳动者的关系从属变得模糊，劳动者的权益保障成为问题。同时，这种松散的组织构成让组织文化的传播变得困难，组织中的工作幸福感因互联网而大大降低，需要注意这种未来的新工作模式给劳动者带来的特性。

（一）劳动者权益保障

　　对于活跃在新形势下"零工经济"的劳动者，其模糊的劳动关系给权益保障带来了风险。对于平台企业来说，制定合适、有效的策略可以使劳动者的权益得到保障。一方面可以引导平台企业直接用工，从而降低这种流动性大、难以确立长期劳动关系的劳动者比例；另一方面也可以科学测定，引入工会等其他方代表进行劳动者的劳动测量，更好地保障劳动者权益。在职业伤害保障和安全生产责任方面也可以进行规定。

1. 引导平台企业直接用工

　　鼓励平台企业直接用工，提高自有员工比例。加快电子劳动合同信息平台建设，大力推广电子劳动合同。对于依托互联网平台就业的新就业形态劳动者，符合确立劳动关系情形的，指导平台企业或用工合作企业依法与劳动者订立劳动合同。对于不完全符合确立劳动关系情形的，指导企业与劳动者订立书面协议，合理确定企业与劳动者的权利与义务。制定发布快递员、外卖送餐员、网约车驾驶员书面协议通用示范文本。对于个人依托平台自主开展经营活动、从事自由职业等其他情形，按照民事法律调整双方的权利与义务。

2. 保障劳有所得

督促企业科学确定劳动者工作量和劳动强度，主动指导工会组织、行业协会、重点企业和劳动者代表等就定员定额、计件单价、抽成比例、报酬构成及支付、奖惩等直接涉及劳动者权益的问题开展集体协商，充分听取工会、劳动者代表意见建议，并将结果公示告知劳动者。督促企业向提供正常劳动的劳动者按时足额支付不低于当地最低工资标准的劳动报酬，不得克扣或者无故拖欠劳动报酬。新就业形态劳动者在法定节假日工作的，企业应支付高于正常工作时间劳动报酬的合理报酬，在高温、大雪、强降雨等恶劣天气下连续户外工作的，应适当给予补贴。引导企业建立劳动报酬合理增长机制，逐步提高劳动报酬水平。全面放开参保户籍限制，外省和省内跨地区流动的灵活就业人员，均可根据自身情况参加企业职工基本养老保险。全面落实全民参保计划，通过信息比对，对不符合以单位身份参加企业职工基本养老保险的新就业形态劳动者，积极引导其以灵活就业人员身份参加企业职工基本养老保险或参加城乡居民基本养老保险，做到应保尽保。拓宽网上服务渠道，积极开发网上办事功能、手机应用软件，实现参保缴费、关系转移接续等服务的"网上办""掌上办"，提高社保服务便利性。新就业形态劳动者与平台企业或用工合作企业订立劳动合同的，企业应依法为劳动者参加职工基本医疗保险。灵活就业人员可自愿选择参加就业地职工基本医疗保险或城乡居民基本医疗保险，除设立必要的待遇等待期外，取消养老保险关系、户籍等参保限制。新就业形态劳动者参加基本医疗保险，参保缴费执行当地统一政策。非本地户籍劳动者参加城乡居民基本医疗保险，按当地参保居民同等标准给予补助。加快完善异地就医直接结算服务，为新就业形态劳动者提供便捷、高效的医疗保障服务。

3. 强化职业伤害保障

直接用工的平台企业，承接合作用工的劳务派遣单位，加盟商、代理商等外包企业，应依法为建立劳动关系的劳动者参加工伤保险。根据国家统一部署，以出行、外卖、即时配送、同城货运等行业的平台企业为重点，适时启动平台灵活就业人员职业伤害保障试点，并按要求逐步实现制度全覆盖。平台企业要通过购买人身意外、雇主责任等商业保险，切实提升平台灵活就业人员保障水平。

4. 落实安全生产责任

督促企业树牢安全"红线"意识，严格遵守安全生产相关法律法规，制定并完善各项安全生产规章制度，强化主体责任，加大资金投入，改善安全条件，配备防护装备，配齐劳保用品，确保生产作业安全。督促企业加强安全意识、安全标准、防护知识、安全操作和应急处置等方面的培训，重点加强道路交通安全宣传教育，引导劳动者严格遵守交通法规，预防和减少交通事故的发生。严格落实恶劣天气等特殊条件下预警预报和停止作业、安全避险等具体劳动保护措施和应急处置要求，最大限度减少安全生产事故的发生。

（二）组织消失中的个体幸福感

社会学家认为，当人们评估自己的地位时，往往会比较自身和其他个体或群体的相对位置，也可以理解为相互之间的攀比效应。这种相对位置的比较，很可能会产生相对剥夺的心理感受。简言之，一个人原本对自己是满意的，但看到别人更好时，他对自己就不满意了。然而在数字经济时代，一方面，新就业形态的劳动者常常独自工作，独自面对顾客的各种要求，一整天交流的对象寥寥无几，说话的次数也屈指可数，这导致员工常处于一种心理闭塞的状态，心里的想法无人诉说，感到工作幸福感极低。另一方面，职业风险高、工作时间长、劳动强度大、保障水平低等是新就业形态劳动者最为关注的问题。然而，与传统意义上的职工相比，新就业形态群体具有组织方式平台化、工作机会互联网化、工作时间碎片化、就业契约去劳动关系化及流动性强、组织程度偏低等特点，这导致新就业形态员工最关注的问题难以得到解决。

新就业形态劳动者群体依托平台经济而产生，工作时间灵活性强，收入不稳定，生活压力大，工作强度高，长期处于紧绷状态。新就业形态劳动者群体基层组织建设不健全或功能不完善，对该群体精神文化需求关心不够、手段不足，不能有效满足他们的精神文化需求。不稳定的劳动关系会给职工思想政治引领工作带来挑战。新就业形态打破了旧有行业和法律秩序下的利益关系和管理规范，在管理手段、劳动法律体系、就业服务管理、社会保障政策等方面需要做出改变。新就业形态劳动者群体社会保障缺乏，收入不稳定，部分职工对职业发展前景比较迷茫；保障体系不健全，与传统劳动关系相比，新就业形态劳动者难以建立和平台的直接劳动关系，难以享受医疗、工伤等社会保障制度，职工权益难以得到有效保障，容易形成不稳定因素。劳动权益保护方面存在漏洞，新就业形态劳动者参与经济社会事务途径狭窄，往往只能通过网络、自媒体发表观点，话语权较弱，普遍希望工会可以为其发声，参与企业管理。新时代价值观冲击和信息渠道多样化给职工的思想政治引领工作带来困难。随着经济社会发展，职工的思想十分活跃，观念不断更新，价值观念多元化，精神文化需求日益增长且复杂多样，加大了思想政治工作的难度。大量新就业形态劳动者通过抖音、快手等短视频平台获取信息，网络信息的多样化、复杂化给职工思想政治引领工作带来困难。并且，新业态工会组织建设和实际作用发挥仍然不够，工会组织认同感偏低，多数职工表示偶尔参加或基本不参加企业工会组织开展的活动。

（三）面向未来的工作感知

数字化的本质特征表明，未来和现在被压缩在当下。个体应该意识到面向未来对于自身和组织的重要性，员工应专注于人的成长并调整坐标指向未来。专注于人的成长：个体需要专注于自己的成长，成为与时俱进的典范，成为持续学习和变革成长的践行者。关注行业变化，具有民族使命感、责任感，努力挖掘组织成员的成长潜力，确保团队与个人一起成长，是需要持续进行的工作。调整坐标指向未来：对于员工来说，需要在向目标努力的情况下敢于试错，不羞于犯错，继续探索新道路。

新就业形态劳动者应在数字化时代有成为自己的领导者的意识。第一步：自我设定新目标。这是对自己发起的新挑战，也是自我超越的一小步。第二步：养成在实践中不断精进的习惯，不断修炼。不断学习提升，既要接受实践的挑战，解决工作中的问题，也要走在实践前面，创造新的可能性。第三步：要有强大的学习能力。强大的学习能力不仅仅包含获取理论知识，成为自己的领导者，还需要通过学习拥有洞见力，在面对问题时能够形成独立见解；通过学习提升适应力，驾驭变化，透过知识技能的精进窥见世界之美；通过学习获得说服力，学会融会贯通、举一反三；通过学习拥有定力，与心对话，不受外界干扰。在以价值共生为基本共识的数字化发展中，无论是组织中的哪个人，只要通过持续变革、面向未来和自我造就这三个关键行为，不断地提升和丰富自己，就能够在瞬息万变的发展中找准自己的定位和价值，感知自己的责任和使命。

二、企业治理

在企业层面，要通过企业内部的算法优化和制度保障进行劳动关系的治理。比如，在算法披露方面加强对劳动者的人文关怀和安全保障。同时，企业在制度和文化层面要承担社会责任，积极将伦理道德内设到制度和算法中，从而使劳动者不再囿于冰冷的"算法"中，而真正通过算法来获得工作上的帮助，将民主参与纳入企业建设，可以更有效地聆听劳动者的诉求，构建更和谐的劳动关系。

（一）用算法优化工作

在算法披露体系建设方面，企业和政府应共同献力。对于企业来说，一方面在算法的源头层面加强对算法的数据来源、数据收集标准、算法学习训练标准（数据分析处理过程）予以合规化披露；另一方面构建算法决策的潜在影响与风险评估的披露体系建设，最终在企业内部层面构建算法的责任披露制度、算法透明度管理制度、算法影响的责任评估制度等算法治理制度体系。同时，强化对算法开发过程中的数据收集与处理过程、算法训练过程中的负责任价值理念的宣传，并着力于强化以人为中心的技术创新意识，充分考虑到算法技术在设计、开发与运用过程中潜在的负面社会影响，尽可能地披露算法具备标准化的系列技术参数与相应决策可能的社会风险评估结果，保证在算法设计、开发与形成运用过程中能够符合人本主义下的道德伦理价值取向。企业还应制定智能算法备案制度，要求各大数字平台企业在每次调整其智能算法时，必须向反垄断监管机构提交一份代码备案。一方面备案制能够有效降低算法黑箱状态，增加算法程序透明度，只有当算法的训练过程和决策过程在一定程度上被公开，对算法程序本身的监管才能得以进行；另一方面，当出现反竞争行为时，能够拥有第一手证据，避免在反复更新中开发者辩称失去了最初的算法代码，导致证据不足（戚聿东、蔡呈伟，张兴刚，2021）。

（二）企业社会责任

平台企业在制定涉及员工的算法的过程中，应将管理伦理的因素有效嵌入算法管理的实践中，未来寻求以效率为导向的数字技术管理与以人性为导向的伦理管理之间的平衡，倡导在算法管理的效率之外注入人文关怀（刘善仕等，2022）。平台工作者对算法管理的认知体验与应对策略见图18-1。

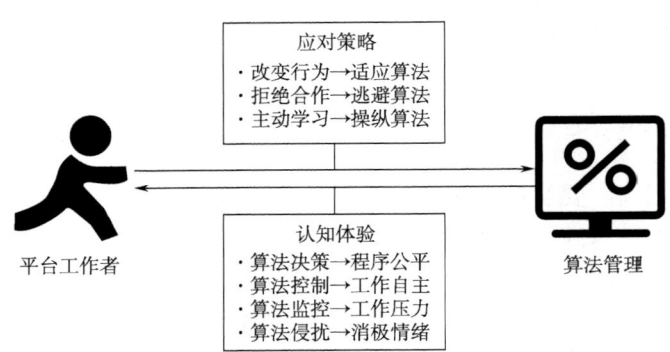

图18-1 平台工作者对算法管理的认知体验与应对策略

平台算法内嵌于平台商业生态圈，生态治理中不仅存在"平台企业—平台算法—平台用户"的正向路径，而且应当存在"平台用户—平台算法—平台企业"的逆向路径（肖红军，2022），因此，应重构平台企业的社会责任评价模式：由传统的外部政府或社会组织对企业的直线型社会责任评价转向"政府（社会机构）—平台企业—平台内双边用户—政府（社会机构）"的双重社会责任评价体系，即平台企业在一定程度上发挥了对平台内用户企业的社会责任评价的第三方功能（见图18-2），实现了由外部第三方评价转向平台自组织式评价，降低政府作为公权力主体对于平台内用户企业的社会责任行为的监管成本。其只需要对平台企业的社会责任行为进行监管，从而降低政府对企业社会责任治理成本，进而提高社会责任"政府治理"的效率（阳镇，2018）。

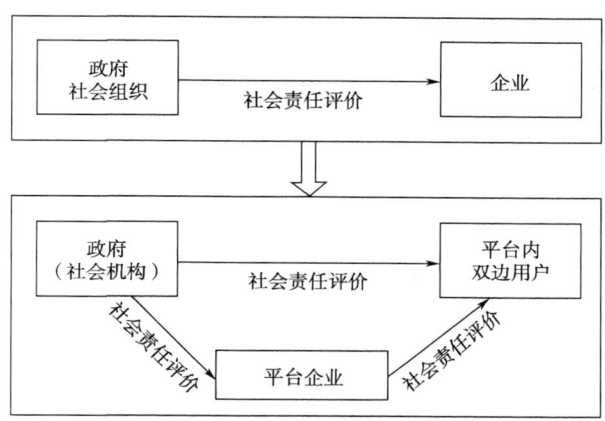

图 18-2　传统经济与平台经济的社会责任评价体系

（三）数字时代的民主参与

员工也应该成为平台企业价值创造的共享者。员工不仅仅为平台企业创造市场价值与社会价值，更成为平台企业组织内的价值共创与共享者，即员工成为平台组织内的创客。平台企业基于平台界面实现员工价值创造意愿与价值创造能力的全面激活，实现平台价值真正意义上对员工共享，打造全面的"平台企业个体—员工"价值共创与共享网络（阳镇，2020）。

三、政府治理

随着数字经济和平台经济的快速发展，有时不免出现问题，政府需要为经济的平稳发展起到保障作用。在公共服务和社会保障方面，政府可以促进群众的就业，出台政策推动产业的繁荣，保障企业发展，扩大就业岗位。同时，在社会期望与舆论方面予以正确的引导，出台相关政策对算法等进行规范和控制，从而从政府层面发挥治理作用。

（一）公共服务与社会保障

平台经济的发展还为社会提供了新的就业岗位，政府应促进群众的就业，为确保群众在新经济领域就业提供指导和保障。

（1）大力发展产业互联网，推进传统产业数字化转型和智能化升级，提升女性的就业机会和就业质量。政府应该致力于互联网特别是移动网络的基础设施建设，在34万亿元的"新基建"计划中优先向"数字经济新基建"倾斜。继续致力于提高网速和降低上网费率，拓展网络用户规模并提高网络服务能力，利用网络技术创新教育服务供给新模式，有效结合整体社会教育资源，积极开办网络教育、在职培训、电子商务等培训课程，持续扩大优质教育资源覆盖面，特别是提高女性互联网使用率和数字技能水平。同时，注重优化互联网应用服务质量。线上线下的紧密结合将为女性工作和家庭的平衡带来新机遇，更为女性线上就业和兼职就业提供了条件，从而不断提高女性的技能水平和就业能力，进一步为有效增加女性工资水平和缩小性别工资差异提供可能（戚聿东、刘翠花、丁述磊，2020）。

（2）优化升级互联网等新型基础设施建设，大力发展新型灵活就业形态。政府应全面落实网络提速降费，优化升级互联网基础设施建设和网络服务能力，积极打造以互联网技术为基础的核心监管能力，尤其是面向农村地区、低收入和灵活就业群体，持续推动流量和网民规模高速增长（戚聿东、丁述磊、刘翠花，2021）。

（3）人力资源和社会保障部应积极推进"互联网+职业技能培训计划"，为其提供专项技能提升培训政策，提高灵活就业者职业技能水平和综合就业素质。针对灵活就业者实施职业技能培训，关键在于提升培训质量，包括合理的培训时长和培训补贴标准，实施实名制管理，增强灵活就业者职业技能培训的针对性和实效性（戚聿东、丁述磊、刘翠花，2021）。强化平台企业与行业协会、高校科研机构等之间的合作，通过自建培训平台或科研院校为灵活就业者职业技能培训做好保障。同时，应鼓励灵活就业者积极、努力地提高自身互联网使用技能，通过在线教育和网络学习提高自身人力资本和社会资本以更好地适应社会发展和劳动力市场需求（戚聿东、刘翠花、丁述磊，2020）。

（4）引导灵活就业者合理利用网络资源，加强数字教育与数字素养，弥合不同年龄、城乡间的数字鸿沟。政府和社会要积极引导灵活就业者树立主动学习、终身学习的理念，努力构建自动化和公开化的数字内容网络教育管理系统，充分利用现代数字技术发展线上教育，为其数字教育创造有利条件。此外，尤其要提高中老年、农村户籍等灵活就业者的互联网使用技能和数字素养，进一步提升互联网对其就业创业的溢价效应，填平不同年龄、城乡群体间的数字鸿沟，提高灵活就业者的社会地位和身份认同感，提高其有效劳动供给能力（戚聿东、刘翠花、丁述磊，2020）。

（5）以数字经济发展为契机，持续推动就业结构优化升级。数字经济发展催生的新产业、新业态和新商业模式更多地集中在第三产业领域，应进一步加大服务业就业优先政策的实施力度，制定减税降费、创业补贴、担保贷款等惠企纾困政策，切实扩大服务业就业吸纳能力。在推动就业结构优化过程中，应降低传统产业就业者的退出和转换壁垒，提高劳动者的再就业能力，最大程度防范结构性失业风险，使其适应技能转型和环境变化（戚聿东、刘翠花、丁述磊，2020）。

（6）完善新就业形态的公共就业服务和保障体系，以实现更高质量的就业。数字经济发展衍生了众多灵活多样的新就业形态，当前其公共就业服务和社会保障体系还不完善，政策性补贴覆盖不足，需要积极探索与其相对应的就业服务保障体系，研究平台企业参保责任，鼓励新就业形态从业者积极参保，强化劳动保护，以提升就业质量（戚聿东、刘翠花、丁述磊，2020）。

（7）注重各区域数字经济平衡发展，努力缩小各区域就业质量差异。当下各区域数字经济发展不平衡，尤其是中西部地区要加强数字经济基础设施建设，推进数字技术在多领域的深度应用，不断壮大中西部数字经济规模，努力缩小与东部地区的发展差距。同时，应在中西部地区积极制定数字人才战略，大力推进"互联网+职业技能培训计划"，并对就业质量定期评估、动态监测。就业质量较低的省份应找到症结并及时修正，进一步缩小各区域就业质量差异（戚聿东、刘翠花、丁述磊，2020）。

（8）建立灵活就业者就业统计制度并健全灵活就业社会保障体系。以个人经营、非全日制、新就业形态等灵活方式就业的个体，可以在常住地公共就业服务机构办理就业登记，按规定享受各项政策和服务。充分保障灵活就业者的合法权益，继续对灵活就业者给予社保补贴，并在社会保险、税收缴纳等方面进行制度创新和服务创新，打通制度障碍，破解灵活就业者面临的账户转移衔接困难、风险补偿困难等制约灵活就业发展的瓶颈，为灵活就业者提供健全的社会保障体系（戚聿东、丁述磊、刘翠花，2022）。

（9）完善《中华人民共和国劳动法》《中华人民共和国就业促进法》《中华人民共和国社会保险法》《中华人民共和国职业教育法》等相关法律。明确包括新职业从业者和平台或企业之间的法律关系、劳动关系、权益保障、职业培训等在内的权利与义务。以新职业从业者是否受用人单位规章制度的约束、管理、监督、奖罚为标准，采取不同方式、不同标准对不同身份的新职业劳动者予以分类保护。符合该标准的从业者，可以被纳入劳动法保护范围，将其认定为数字平台劳动者；不符合该标准的从业者，应通过政府、工会、行业协会、企业共同强化其权益保障。设立新职业发展专项资金，用于新职业发展和公共服务平台建设。增强新职业从业者法律意识，提升其核心竞争力（戚聿东、丁述磊、刘翠花，2021）。

充分发挥各级工会组织的作用。突破以工资收入为主要生活来源或者与用人单位建立劳动关系的法律限制，充分吸纳新职业从业者加入各级工会组织（戚聿东、丁述磊、刘翠花，2021）。

（二）数字立法与政策规制

对政府来说，在社会生态层面强化社会公众对算法治理的社会期望与舆论引导治理功能，最大程度地缩短社会公众与算法之间的知识距离，强化社会公众中的专业人士在算法治理中的认知引导功能，尤其是算法开发与人工智能协会需强化对算法设计的透明度要求，最大程度地提高算法透明度，细化算法开发者与算法应用者的基本法律责任与社会责任（阳镇等，2021）。政府还应关注平台算法问责制。平台算法问责制的构建还应当设立专门的问责机构，如算法问责委员会，同时制定更加全面、细化的救济措施（肖红军，2022）。

修订反垄断相关法。国家应当在反不正当竞争、电子商务、反垄断等领域形成分层次的数字经济竞争规制体系。建议根据数字经济的特征，评估平台、数据和算法三元融合结构对竞争的影响，在反垄断的法律中也对滥用相对优势地位的不法行为进行约束，从而搭建适合市场监管和数字经济发展需要的市场支配地位和相对优势地位的双重规制方式。在已经搭建的平台、数据、算法的三维模式里，必须界定和厘清各个法律主体、法律客体及相互间的法律关系，同时需要对平台、数据、算法的三维结构单独加以界定，而不能仍然采用传统的"相关市场界定"等方法。

完善数字经济发展所需的体制机制。依靠全面深化改革，加快完善社会主义市场经济体制，为数字经济发展体系提供制度保障，充分激发市场活力与社会创造力。要想深化行政管理体制改革，就要以完善产权制度和要素市场化配置为重点，切实完善产权有效激励、要素自由流动、价格反应灵活、竞争公平有序、企业优胜劣汰的市场经济体制。要想为数字经济发展与产业结构升级创造高效的体制机制环境，就要更好地发挥政府的作用，进一步简政放权，持续深化"放管服"改革，实行简约监管、包容监管、审慎监管、智慧监管等监管方式，破除阻碍数字经济发展的行政审批制度，充分发挥市场在资源配置中的决定性作用（戚聿东、丁述磊、刘翠花，2022）。

总之，首先，明确算法非中立；其次，监管机构应采取措施对受到智能算法不利影响的主体进行调查和救济；再次，规定智能算法的设计者和使用者应对智能算法产生的反竞争后果承担责任；最后，算法设计者必须保留算法模型、用于训练算法的数据和决策记录（戚聿东、丁述磊、刘翠花，2021）。

（三）共同富裕下的数字现代化

平衡多元目标：反垄断、数据安全、消费者隐私保护等规制手段的协同。平台已经不是一个简单的市场组织，而是兼具行业协会和政府职能的新型基础设施和基础组织。因此，应当对其进行严格监管，在强化相关事前、事中管制的同时，相应调整与此相配套的事后管制，构建技术驱动型执法体系和司法体系。借助区块链技术实现竞争执法和反垄断监管，强化事前事中监管，弱化事后处罚措施，做到事前预防、事中控制及事后监督同步，实行法律与技术共同治理的模式。

强化数字技术作为数字经济的支撑作用。完善优化符合数字技术创新规律的资源配置方式，科研经费、人才队伍和重点科技创新平台等资源向数字技术攻关项目倾斜，瞄准未来数字技术重点领域科技项目，建设一批技术创新基地，加快突破数字技术和新领域科技难关，从根本上化解产业低端过剩、高端不足的深层次矛盾，解决制约产业结构升级的"卡脖子"难题，提高产业供应链的安全保障能力。加快各类数字技术的研制、技术试验和商用步伐，大力拓展各类创新技术的应用场景建设，确保各类新型关键数字技术对产业结构升级发挥最大的支撑效用。推动数字技术和经济社会发展的深度融合，塑造更多依靠创新驱动、更多发挥先发优势的引领型发展，促进发展方式向依靠持续的知识积累、技术进步和劳动力素质提升转变，加快互联网、大数据、人工智能与传统产业的融合发展，提高传统产业数字化、智能化发展水平（戚聿东、丁述磊、刘翠花，2022）。

参考文献

［1］埃德蒙森．无畏的组织［M］．刘娜，薛阳，译．北京：东方出版社，2020．

［2］安筱鹏．拥抱不确定性：从"战疫"看企业数字化转型的五大启示［EB/OL］．（2020-04-10）［2022-05-25］．http：//www. aliresearch. com/cn/information/informationdetails？ articleCode = 569650246610127872&ty pe =% E6% 96%B0% E9%97%BB.

［3］布林尼．生态学［M］．北京：生活·读书·新知三联书店，2003．

［4］蔡昉．迈向共同富裕的三大途径［M］//中国式现代化．北京：北京中信出版社，2022．

［5］曹如中，刘长奎，曹桂红．基于组织生态理论的创意产业创新生态系统演化规律研究［J］．科技进步与对策，2011，28（3）：64-68．

［6］曹仰锋．生态型组织：物联网时代的管理新范式［J］．清华管理评论，2019（3）：12．

［7］曾湘泉，徐长杰．新技术革命对劳动力市场的冲击［J］．探索与争鸣，2015（8）：32-35．

［8］常凯．劳动关系·劳动者·劳权：当代中国的劳动问题［M］．北京：中国劳动出版社，1995．

［9］常凯．劳动关系的集体化转型与政府劳工政策的完善［J］．中国社会科学，2013（6）：91-108

［10］常凯．劳动关系学［M］．北京：中国劳动社会保障出版社，2005．

［11］陈劲，阳镇，朱子钦．"十四五"时期"卡脖子"技术的破解：识别框架、战略转向与突破路径［J］．改革，2020（12）：5-15．

［12］陈劲．创新管理及未来展望［J］．技术经济，2013，32（6）：1-9．

［13］陈劲．构筑组织的生态体系［J］．管理学家（实践版），2013（10）：104-105．

［14］陈劲．加快形成促进新质生产力发展的科技创新能力［J］．今日科技，2024（1）：卷首语．

［15］陈劲．开展迎接创新强国的技术创新研究［J］．技术经济，2015，34（1）：1-4．

［16］陈龙．"数字控制"下的劳动秩序：外卖骑手的劳动控制研究［J］．

社会学研究，2020，35（6）：113-135，244.

［17］陈伟光．数字时代的全球经济治理变革与中国的参与［J］．当代世界，2022（3）：34-39.

［18］陈祥勤．劳动价值论：商品世界的历史科学［J］．哲学动态，2022（5）：23-37.

［19］陈晓红，李杨杨，宋丽洁，等．数字经济理论体系与研究展望［J］．管理世界，2022（2）：208—224.

［20］陈云．陈云文集［M］．北京：人民出版社，1984：66-73.

［21］迟冬梅，段升森，张玉明．和谐的力量：劳动关系氛围对组织韧性的影响［J］．外国经济与管理，2023，45（1）：88-103.

［22］比特纳．蓝色地带：向最长寿的老人学长寿［M］．北京：中国旅游出版社，2009.

［23］麦格雷戈．企业的人性面［M］．北京：中国人民大学出版社，2008.

［24］邓雪，曾新宇．人工智能视域下劳动法困境及对策研究［J］．山东工会论坛，2020，26（4）：102-109.

［25］第一次国内革命战争［EB/OL］．（2005-06-24）［2021-10-10］．http：//www.gov.cn/test/2005-06/24/content_9284.htm.

［26］丁守海，丁洋，吴迪．中国就业矛盾从数量型向质量型转化研究［J］．经济学家，2018（12）：57-63.

［27］丁守海，夏璋煦．新经济下灵活就业的内涵变迁与规制原则［J］．江海学刊，2022（1）：98-104，255.

［28］丁述磊，戚聿东，刘翠花．数字经济时代职业重构与青年职业发展［J］．改革，2022（6）：1-15.

［29］董凤岐．我国为什么要实行劳动合同制［J］．党校教学，1986（5）：1-4.

［30］段海英，郭元元．人工智能的就业效应述评［J］．经济体制改革，2018（3）：187-193.

［31］方卫华．硅谷高科技发展兴衰的因素与公共政策的启示［J］．科学技术与辩证法，2004（2）：70-74.

［32］冯华，陈亚琦．平台商业模式创新研究：基于互联网环境下的时空契合分析［J］．中国工业经济，2016（3）：99-113.

［33］冯喜良，张建国，詹婧，等．灵活用工：人才为我所有到为我所用［M］．北京：中国人民大学出版社，2018.

［34］冯向楠，詹婧．人工智能时代互联网平台劳动过程研究：以平台外卖骑手为例［J］．社会发展研究，2019，6（3）：61-83，243．

［35］冯绚，胡君辰．工作游戏化：工作设计与员工激励的新思路［J］．中国人力资源开发，2016（1）：14-22．

［36］冯彦君，隋一卓．"后现代性"视阈下劳动法的革新与完善［J］．南通大学学报（社会科学版），2018，34（4）：62-68．

［37］高中华．孰重孰轻？根据地职工权益与阶级利益的权衡及劳动政策变迁（1927—1945）［J］．晋阳学刊，2016（4）：40-55．

［38］工业和信息化部运行监测协调局．2021年通信业统计公报［EB/OL］．（2022-01-26）［2022-05-27］．https：//www．cnii．com．cn/gxxww/ssgx/202201/t20220126_ 353992．html．

［39］郭雷．系统学是什么［J］系统与控制纵横，2016，36（3）：11．

［40］国家法官学院案例开发研究中心．中国法院2016年度案例：劳动纠纷［M］．北京：中国法制出版社，2016：5．

［41］国家统计局．中华人民共和国2021年国民经济和社会发展统计公报［EB/OL］．（2022-02-28）［2022-06-05］．http：//www．stats．gov．cn/xxgk/sjfb/zxfb2020/202202/t20220228_ 1827971．html．

［42］国家统计局发言人付凌晖就2020年5月国民经济运行情况答记者问［EB/OL］．（2020-06-15）［2022-06-23］．http：//www．stats．gov．cn/tjsj/sjjd/202006/t20200615_ 1760268．html．

［43］何波．中国数字经济的法律监管与完善［J］．国际经济合作，2020（5）：80-95．

［44］何国卿，龙登高，刘齐平．利他主义，社会偏好与经济分析［J］．经济学动态，2016（7）：98-108．

［45］何江新，张萍萍．从"算法信任"到"人机信任"路径研究［J］．自然辩证法研究，2020，36（11）：81-85．

［46］何勤，董晓雨，朱晓妹．人工智能引发劳动关系变革：系统重构与治理框架［J］．中国人力资源开发，2022，39（1）：134-148．

［47］何晓斌，石一琦．中国县域零工经济及劳动者现状研究［J］．清华社会学评论，2021（15）：106-132．

［48］黑格尔．法哲学原理［M］．北京：商务印书馆，1979．

［49］洪银兴．中国共产党领导建设新中国的经济发展思想演进［J］．管理世界，2021（4）：1-12．

［50］侯风云．论马克思劳动价值论及其理论意义和实践意义［J］．河

北经贸大学学报，2022，43（3）：1-8.

[51] 胡斌，李旭芳．复杂多变环境下企业生态系统的动态演化及运作研究 ［M］．上海：同济大学出版社，2013.

[52] 胡钰．建设新常态下的创新生态 ［N］．科技日报，2015-03-02.

[53] 贾若祥，王继源，窦红涛．以新质生产力推动区域高质量发展 ［J］．改革，2024（3）：38-47.

[54] 江小涓．数据交易与数据交互 理解数据要素市场特征的关键 ［EB/OL］．（2024-02-28） ［2024-03-27］．https：//lcg. tsinghua. edu. c/info/1029/1627. htm.

[55] 江宇．正确认识改革开放的历史：深刻学习习近平关于改革开放前后两个历史时期不能相互否定的重要论断 ［J］．党的文献，2018（6）：33-43.

[56] 帕克，埃尔斯泰恩，邱达利．平台革命：改变世界的商业模式 ［M］．志鹏，译．北京：机械工业出版社，2017.

[57] 里夫金．零边际成本社会：一个物联网，合作共赢的新经济时代 ［M］．北京：中信出版社，2017（4）：79.

[58] 2020年基本公共服务均等化总体实现 ［EB/OL］．（2017-03-03） ［2022-05-27］．http：//www. gov. cn/xinwen/2017-03/03/content_ 5172774. htm.

[59] 国研中心报告指出：传统产业数字化转型需因"业"制宜 ［EB/OL］．（2018-04-09） ［2022-05-25］．http：//www. gov. cn/xinwen/2018-04/09/content_ 5280758. htm.

[60] 集中力量打好关键核心技术攻坚战 ［EB/OL］．（2022-03-15）［2022-05-29］．http：//theory. people. com. cn/n1/2022/0315/c40531-32374905. html.

[61] 凯利．失控：机器、社会与经济的新生物学 ［M］．北京：新星出版社，2010（3）：80.

[62] 克里斯坦森．创新者的窘境 ［M］．北京：中信出版社，2014.

[63] 福克斯．交往批判理论：互联网时代重读卢卡奇、阿多诺、马尔库塞、霍耐特和哈贝马斯 ［M］．王锦刚，译. 北京：中国传媒大学出版社，2019：59.

[64] 雷善玉，曹耀升，强红钰，等．产业互联网平台生态系统价值共创演化机制：基于壹点壹滴的案例研究 ［J］．管理案例研究与评论，2023，16（6）：747-760.

[65] 李海舰，李燕．对经济新形态的认识：微观经济的视角 ［J］．中国工业经济，2020（12）：159-177.

[66] 李海舰，聂辉华．论企业与市场的相互融合 ［J］．中国工业经济，

2004，（8）：26-35.

[67] 李海舰，原磊. 论无边界企业 [J]. 中国工业经济，2005 (4):94-102.

[68] 李海舰，朱芳芳，李凌霄. 对新经济的新认识 [J]. 企业经济，2018 (11)：45-54.

[69] 李海舰，朱芳芳. 重新定义员工：从员工 1.0 到员工 4.0 的演进 [J]. 中国工业经济，2017（10)：156-173.

[70] 李昊林，彭錞. 良好数字生态与数字规则体系构建 [J]. 电子政务，2022 (3)：31-38.

[71] 李坤刚. 非典型就业的社会保险问题研究：以平衡保护理论为视角 [J]. 社会科学辑刊，2013 (1)：57-61.

[72] 李琪. 产业关系概论 [M]. 北京：中国劳动社会保障出版社，2008.

[73] 李琪. 产业关系溯源 [J]. 中国人力资源开发，2018，35 (2)：89-97，117.

[74] 李维斯，桑希尔，桑德斯. 雇员关系：解析雇佣关系 [M]. 大连：东北财经大学出版社，2005.

[75] 李晓华. 深刻把握推进新型工业化的基本规律 [J]. 人民论坛，2024 (2)：8-13.

[76] 李晓曼，孟续铎，郑祁. 我国非正规就业市场的功能定位与政策选择 [J]. 中国人力资源开发，2019，36 (6)：79-87.

[77] 李云，李锡元. 自我职业生涯管理与经理人职业成长：劳动关系氛围与组织结构的权变影响 [J]. 科研管理，2017，38 (1)：100-108.

[78] 厉以宁. 论共同富裕的经济发展道路 [J]. 北京大学学报（哲学社会科学版），1991 (5)：1-11.

[79] 林莎，邓春玲. "经济人"利己与利他行为的理论分析 [J]. 社会科学战线，2005 (6)：191-196.

[80] 刘诚. 数字经济与共同富裕：基于收入分配的理论分析 [J]. 财经问题研究，2022 (4)：25-35.

[81] 刘春英，万利. 劳动关系氛围对员工创新行为的影响：情绪劳动的中介作用检验 [J]. 经济与管理研究，2018，39 (6)：78-87.

[82] 刘冬梅，杨瑞龙，朱旭峰，等. 新质生产力与科技创新 [J]. 中国科技论坛，2024 (3)：1-5.

[83] 刘军，刘小禹，白新文. 雇佣关系变迁及其影响因素的实证检验 [J]. 经济科学，2007 (2)：68-76.

［84］刘善仕，裴嘉良，葛淳棉，等．在线劳动平台算法管理：理论探索与研究展望［J］．管理世界，2022，38（2）：225-239，14-16.

［85］刘顺．资本逻辑与算法正义：对数字资本主义的批判和超越［J］．经济学家，2021（5）：17-26.

［86］刘涛雄，戎珂，张亚迪．数据资本估算及对中国经济增长的贡献：基于数据价值链的视角［J］．中国社会科学，2023（10）：44-64，205.

［87］刘向兵，闻效仪，潘泰萍，等．中国劳动关系研究70年回顾与展望［J］．中国劳动关系学院学报，2020（2）：1-10.

［88］刘旭，柳卸林，韩燕妮．海尔的组织创新：无边界企业行动［J］．科学学与科学技术管理，2015，36（6）：12.

［89］刘洋，应震洲，应瑛．数字创新能力：内涵结构与理论框架［J］．科学学研究，2021，39（6）：981-984，988.

［90］刘奕，夏杰长．共享经济理论与政策研究动态［J］．理论参考，2016（9）：34-40.

［91］卢江，陈弥文．论新中国70年劳动关系演进：基于政府与市场作用的视角［J］．经济纵横，2019（10）：24-34.

［92］陆杉，高阳．供应链的协同合作：基于商业生态系统的分析［J］．管理世界，2007（5）：160-161.

［93］马克思．资本论：1卷［M］．北京：人民出版社，2004：52.

［94］美国商务部．浮现中的数字经济［M］．姜奇平，译．北京：中国人民大学出版社，1998.

［95］莫怡青，李力行．零工经济对创业的影响：以外卖平台为例［J］．管理世界，2022（2）：32-44.

［96］裴嘉良，刘善仕，蒋建武，等．共享经济下新型非典型雇佣策略研究：基于动态能力视角［J］．中国人力资源开发，2021，38（7）：109-124.

［97］彭凯平．活出心花怒放的人生［M］．北京：中信出版社，2020.

［98］戚聿东，蔡呈伟，张兴刚．数字平台智能算法的反竞争效应研究［J］．山东大学学报（哲学社会科学版），2021（2）：76-86.

［99］戚聿东，褚席．数字经济发展促进产业结构升级机理的实证研究［J］．学习与探索，2022（4）：111-120.

［100］戚聿东，丁述磊，刘翠花．数字经济背景下互联网使用与灵活就业者劳动供给：理论与实证［J］．当代财经，2021（5）：3-16.

［101］戚聿东，丁述磊，刘翠花．数字经济时代互联网使用对灵活就业者工资收入的影响研究［J］．社会科学辑刊，2022（1）：2，125-138.

［102］戚聿东，丁述磊，刘翠花．数字经济时代新职业发展与新型劳动关系的构建［J］．改革，2021（9）：65-81．

［103］戚聿东，刘翠花，丁述磊．数字经济发展、就业结构优化与就业质量提升［J］．经济学动态，2020（11）：17-35．

［104］戚聿东，刘翠花．数字经济背景下互联网使用是否缩小了性别工资差异：基于中国综合社会调查的经验分析［J］．经济理论与经济管理，2020（9）：70-87．

［105］戚聿东，肖旭．数字经济时代的企业管理变革［J］．管理世界，2020，36（6）：135-152，250．

［106］钱学森．要从整体上考虑并解决问题［N］．人民日报，1990-08-14（3）．

［107］钱学森．在授奖仪式上的讲话［N］．人民日报，1991-10-19（1）．

［108］清华大学社会科学学院经济学研究所．互联网时代零工经济的发展现状、社会影响及政策建议［EB/OL］．（2020-11-12）［2022-06-05］https：//www. tioe. tsinghua. edu. cn/_ local/1/DA/40/32B29C65A5E630FEC38A1853619_ 570-B5EF1_ 45D3EB. pdf.

［109］福生天天：钱多不一定幸福，钱少一定会影响情感福祉［EB/OL］．［2022-06-02］. https：//www. sohu. com/a/220682572_ 100057906.

［110］打造数字经济新优势［EB/OL］．（2021-10-15）［2022-06-04］.http：//opinion. people. com. cn/GB/n1/2021/1015/c1003-32254174. html？ivk_ sa = 1023197a.

［111］筑牢数字生态的制度根基［EB/OL］．（2022-03-17）［2022-06-04］.http：//tj. people. com. cn/n2/2022/0317/c375366-35179124. html.

［112］任保平．以数字新质生产力的形成全方位推进新型工业化［J］．人文杂志，2024（3）：1-7．

［113］萨提亚，纳德拉，陈召强，等．刷新：重新发现商业与未来［J］．中国经济报告，2018（3）：126-126．

［114］沈苑，汪琼．人工智能在教育中应用的伦理考量：从教育视角解读欧盟《可信赖的人工智能伦理准则》［J］．北京大学教育评论，2019，17（4）：18-34，184．

［115］盛朝迅．新质生产力的形成条件与培育路径［J］．经济纵横，2024（2）：31-40．

［116］施炳展，李建桐．互联网是否促进了分工：来自中国制造业企业

的证据［J］．管理世界，2020（4）：130-149．

［117］舒尔茨．论人力资本投资［M］．北京：北京经济学院出版社，1990．

［118］苏华．多边平台的相关市场界定与反垄断执法发展［J］．价格理论与实践，2013（8）：29-31．

［119］孙新波，孙浩博．数字时代商业生态系统何以共创价值：基于动态能力与资源行动视角的单案例研究［J］．技术经济，2022，41（11）：152-164．

［120］孙彦玲，张丽华．雇佣关系研究述评：概念与测量［J］．首都经济贸易大学学报，2013，15（1）：94-103．

［121］孙逸啸，郑浩然．算法治理的域外经验与中国进路［J］．信息安全研究，2021，7（1）：15-26．

［122］汤黎明，汤非平，贾建宇．我国共享经济的理论价值、实践意义与模式创新［J］．宏观经济理，2022（4）：70-75．

［123］唐波，李志．人工智能对人力资源的替代影响研究［J］．重庆大学学报（社会科学版），2021，27（1）：203-214．

［124］唐镰，刘华．新中国劳动关系70年：发展、变革和迭代［J］．求索，2020（3）：130-138．

［125］田芳，姚本先．论人性化管理中的尊严［J］．社会心理科学，2010（9）：5．

［126］田杰棠，张春花．数字经济与实体经济融合的内涵、机理与推进策略［J］．技术经济，2023，42（1）：25-33．

［127］佟家栋，张千．数字经济内涵及其对未来经济发展的超常贡献［J］．南开学报（哲学社会科学版），2022（3）：19-33．

［128］万向东．农民工非正式就业的进入条件与效果［J］．管理世界，2008（1）：63-74．

［129］王昶，何琪，耿红军，等．关键核心技术国产替代的逻辑、驱动因素与实现路径［J］．经济学家，2022（3）：99-108．

［130］王国才，施荣华．计算机通信网络安全［M］．北京：中国铁道出版社，2016．

［131］王虎峰．灵活就业人员对医保政策的回应性研究：基于十一个城市的调查分析［J］．人口研究，2009，33（3）：89-98．

［132］王节祥，陈威如，江诗松，等．平台生态系统中的参与者战略：互补与依赖关系的解耦［J］．管理世界，2021，37（2）：10，126-147．

［133］王节祥，高金莎，盛亚，等．知识付费平台跨边网络效应衰减机

制与治理 [J] . 中国工业经济, 2020 (6): 137-154.

[134] 王磊, 张云昊 . 公共数据共享如何加速超大城市治理数字化转型?: 基于上海公共数据平台建设过程的案例分析 [J] . 电子政务, 2024 (3): 40-52.

[135] 王明亮, 张清霞 . 面向知识转移的非典型雇佣合作创新治理 [J] . 中国科技论坛, 2020 (10): 38-46.

[136] 王楠, 陈详详, 孙百惠, 等 . 谁的创意更具价值: 内外部领先用户的对比研究 [J] . 南开管理评论, 2021, 24 (5): 51-62, 63-64, 72.

[137] 王全兴, 石超 . 新中国 70 年劳动法的回顾与思考 [J] . 求索, 2020 (3): 118-129.

[138] 王全兴, 王茜 . 我国 "网约工" 的劳动关系认定及权益保护 [J] . 法学, 2018 (4): 57-72.

[139] 王天玉 . 基于互联网平台提供劳务的劳动关系认定: 以 "e 代驾" 在京、沪、穗三地法院的判决为切入点 [J] . 法学, 2016 (6): 50-60.

[140] 王蔚 . 数字资本主义劳动过程及其情绪剥削 [J] . 经济学家, 2021 (2): 15-22.

[141] 弗兰克尔 . 活出生命的意义 [M] . 吕娜, 译 . 北京: 华夏出版社, 2010.

[142] 魏江, 刘洋 . 数字创新 [M] . 北京: 机械工业出版社, 2020.

[143] 魏巍, 黄伟, 杨河清 . 中国共产党领导下的劳动关系治理百年历程: 基于复杂系统视角的研究 [J] . 中国劳动关系学院学报, 2022, 36 (2): 25-36.

[144] 魏巍, 刘贝妮, 凌亚如 . 平台工作游戏化对网约配送员工作卷入的 "双刃剑" 影响: 心流体验与过度劳动的作用 [J] . 南开管理评论, 2020: 1-18.

[145] 魏巍, 杨河清, 王欣 . 新就业形态中非典型雇佣关系影响因素及优化 [J] . 中国劳动关系学院学报, 2019, 33 (1): 19-31.

[146] 吴清军, 杨伟国 . 共享经济与平台人力资本管理体系: 对劳动力资源与平台工作的再认识 [J] . 北京: 中国人力资源开发, 2018, 35 (6): 101-108.

[147] 吴清军, 李贞 . 分享经济下的劳动控制与工作自主性: 关于网约车司机工作的混合研究 [J] . 社会学研究, 2018 (4): 137-162, 244-245.

[148] 习近平 . 不断做强做优做大我国数字经济 [J] . 求是, 2022 (2): 82-83.

［149］习近平 . 国家中长期经济社会发展战略若干重大问题［J］. 求是，2020（21）.

［150］习近平 . 扎实推动共同富裕［J］. 求是，2021（20）.

［151］夏杰长，刘诚 . 数字经济赋能共同富裕：作用路径与政策设计［J］. 经济与管理研究，2021（9）：9-11.

［152］肖红军，阳镇 . 平台型企业社会责任治理：理论分野与研究展望［J］. 西安交通大学学报（社会科学版），2020，40（1）：57-68.

［153］肖红军 . 构建负责任的平台算法［J］. 西安交通大学学报（社会科学版），2022，42（1）：120-130.

［154］肖巍 . 灵活就业、新型劳动关系与提高可雇佣能力［J］. 复旦学报（社会科学版），2019，61（5）：159-166.

［155］谢富胜，吴越 . 零工经济是一种劳资双赢的新型用工关系吗［J］. 经济学家，2019（6）：5-14.

［156］谢康，胡杨颂，刘意，等 . 数据要素驱动企业高质量数字化转型：索菲亚智能制造纵向案例研究［J］. 管理评论，2023，35（2）：328-339.

［157］谢康，夏正豪，肖静华 . 大数据成为现实生产要素的企业实现机制：产品创新视角［J］. 中国工业经济，2020（5）：42-60.

［158］新华网 . 互联网助力战"疫"，习近平的这些话更显意义非凡［EB/OL］.（2020-04-20）［2022-05-25］. http：//www. xinhuanet. com/politics/xxjxs/2020-04/20/c_ 1125879647. htm.

［159］新华网 .（受权发布）中华人民共和国数据安全法［EB/OL］.（2021 - 06 - 11）［2022 - 06 - 04］. https：//fgw. sh. gov. cn/cmsres/7e/7e405f41fe814fe98ed4a0922f2866f6/31262692f1a9d65c7cdcbe566f0574bf. pdf.

［160］熊彼特 . 经济分析史［M］朱泱，孙鸿敬，李宏，译 . 北京：商务印书馆，1996.

［161］徐晋，张祥建 . 平台经济学初探［J］. 中国工业经济，2006（5）：8.

［162］徐淑英，樊景立 . 组织与管理研究的实证方法［M］. 北京：北京大学出版社，2008.

［163］徐耀强 . "共同富裕"视域下企业文化建设对策［J］. 中外企业文化，2021（11）：17-19.

［164］许国志 . 系统科学［M］. 上海：上海科技教育出版社，2004.

［165］严成樑 . 社会资本、创新与长期经济增长［J］. 经济研究，2012（11）：48-60.

[166] 阳镇, 陈劲. 迈向共同富裕: 企业社会责任的底层逻辑与创新方向 [J]. 清华管理评论, 2022 (Z1): 68-76.

[167] 阳镇, 陈劲. 算法治理: 成为责任型数智企业 [J]. 清华管理评论, 2021 (4): 85-94.

[168] 阳镇, 尹西明. 平台企业社会责任实践: 新情境、新维度与新范式 [J]. 清华管理评论, 2020 (12): 88-95.

[169] 阳镇. 平台型企业社会责任: 边界、治理与评价 [J]. 经济学家, 2018 (5): 79-88.

[170] 杨滨伊, 孟泉. 多样选择与灵活的两面性: 零工经济研究中的争论与悖论 [J]. 中国人力资源开发, 2020, 37 (3): 13

[171] 杨学科. 论智能互联网时代的算法歧视治理与算法公正 [J]. 山东科技大学学报 (社会科学版), 2019, 21 (4): 33-40, 58.

[172] 杨志明. 劳动关系 [M]. 北京: 中国劳动社会保障出版社, 2011.

[173] 尹西明, 陈劲, 王华峰, 等. 强化科技创新引领 加快发展新质生产力 [J]. 科学学与科学技术管理, 2024: 1-10.

[174] 尹西明, 苏雅欣, 陈劲, 等. 场景驱动的创新: 内涵特征、理论逻辑与实践进路 [J]. 科技进步与对策, 2022, 39 (15): 1-10.

[175] 尹西明, 武沛琦, 钱雅婷, 等. 面向新质生产力培育的科技成果转化: 场景范式与实践进路 [J]. 科学与管理, 2024: 1-14.

[176] 于景元. 从系统思想到系统实践的创新: 钱学森系统研究的成就和贡献 [J]. 系统工程理论与实践, 2016, 36 (12): 2993-3002.

[177] 于景元. 系统科学和系统工程的发展与应用 [J]. 科学决策, 2017 (12): 18.

[178] 余文涛, 吴士炜. 互联网平台经济与正在缓解的市场扭曲 [J]. 财贸经济, 2020, 41 (5): 146-160.

[179] 熊彼特. 经济发展理论 [M]. 北京: 商务印书馆, 1990.

[180] 詹婧, 王艺, 孟续铎. 互联网平台使灵活就业者产生了分化吗?: 传统与新兴灵活就业者的异质性 [J]. 中国人力资源开发, 2018, 35 (1): 134-146.

[181] 马奇. 马奇论管理: 真理、美、正义和学问 [M]. 丁丹, 译. 北京: 东方出版社, 2010.

[182] 张乐, 李瑾. 数字经济时代劳动关系的互构共变机制: 基于控制与自主的交互视角 [J]. 人文杂志, 2024 (3): 120-129.

［183］张黎明，周晓宇．论信息生产力的质态变化、特征与价值［J］．中国管理信息化，2022，25（5）：108-111.

［184］张文焕，刘光霞，苏连义．控制论·信息论·系统论与现代管理［M］．北京：北京出版社，1990：138-150.

［185］张闻天．张闻天选集［M］．北京：人民出版社，1985.

［186］张希坡．革命根据地的工运纲领和劳动立法史［M］．北京：中国劳动出版社，1993.

［187］张欣．从算法危机到算法信任：算法治理的多元方案和本土化路径［J］．华东政法大学学报，2019，22（6）：17-30.

［188］张亚豪，李晓华，刘尚文．数据要素赋能服务型制造发展：场景应用、作用机制与政策建议［J］．改革，2024（1）：69-81.

［189］张玉明．共享经济学［M］．北京：科学出版社，2017.

［190］张志毅．需求侧改革的关键是增强民众消费能力［J］．中关村，2020（12）：28-29.

［191］郑祁，杨伟国．零工经济前沿研究述评［J］．中国人力资源开发，2019（5）：106-115.

［192］中共中央文献研究室，中央档案馆．建党以来重要文献选编（一九二一——一九四九）［M］．8册．北京：中央文献出版社，2011：650.

［193］中国网信网．二十国集团数字经济发展与合作倡议［EB/OL］．［2022-02-10］．http：//www.cac.gov.cn/2016-09/29/c_1119648520.htm.

［194］周延云，石云燕．克服"劳动盲点"的力作：论福克斯《数字劳动与卡尔·马克思》［J］．渭南师范学院学报，2021，36（4）：63-68，92.

［195］朱晓红，陈寒松，张腾．知识经济背景下平台型企业构建过程中的迭代创新模式：基于动态能力视角的双案例研究［J］．管理世界，2019，35（3）：142-156，207-208.

［196］纵凯，王玉霞．国外双边市场理论的最新进展［J］．东北财经大学学报，2012（3）：201217-21.

［197］邹开亮，陈梦如．算法控制下"网约工"权益保护的困境与出路［J］．价格理论与实践，2021（6）：44-48，93.

［198］榎本英刚．创造有意义的工作，如何让工作为生命赋能［M］．戴邈，王晨燕，译．北京：中华工商联合出版社，2021.

［199］汉迪．非理性的时代［M］．方海萍，译．杭州：浙江人民出版社，2012.

［200］中共中央马克思恩格斯列宁斯大林著作编译局．马克思恩格斯选

集［M］．北京：人民出版社，2012.

［201］纳斯波洛娃．转型中的劳动力市场：平衡灵活性与安全性：中东欧的经验［M］．黄安余，译．北京：中国劳动社会保障出版社，2012.

［202］巴拉诺夫斯基．政治经济学原理［M］．赵维良，等译．北京：商务印书馆，1987：22.

［203］托达罗．第三世界的经济发展［M］．于同申，译．北京：中国人民大学出版社，1988：315.

［204］费尔普斯．大繁荣［M］．余江，译．北京：中信出版社，2013.

［205］圣吉．第五项修炼：学习型组织的艺术和实务［M］．郭进隆，译．上海：上海三联书店，1998.

［206］柯林斯．基业长青［M］．真如，译．北京：中信出版社，1994.

［207］胡佛．愿景［M］．薛源，译．北京：中信出版社，2008.

［208］特维德．逃不开的大势［M］．陈劲，译．北京：中信出版社，2022.

［209］塞利格曼．持续的幸福［M］．赵昱鲲，译．杭州：浙江人民出版社，2012.

［210］契克森米哈赖．心流：最优体验心理学［M］．张定绮，译．北京：中信出版社，2017.

［211］三桥由香里．日本人的生活哲学：Ikigai 让你每天充满意义和喜悦［M］．汪幼枫，陈舒，译．北京：机械工业出版社．2019.

［212］配第．赋税论献给英明人士货币略论［M］．陈冬野，等译．北京：商务印书馆，1963：42.

［213］苏兹曼．工作的意义：从史前到未来的人类变革［M］．蒋宗强，译．北京：中信出版社，2021.

［214］ADNER R，KAPOOR R. Value creation in innovation ecosystems：how the structure of technological interdependence affects firm performance in new technology generations［J］．Strategic management journal，2010，31：306-333.

［215］AMIRKHANYAN A A. Collaborative performance measurement：examining and explaining the prevalence of collaboration in state and local government contracts［J］．Journal of public administration research and theory，19 (3)，523-554.

［216］BAI J，SO K，TANG C. et al. Coordinating supply and demand on an on-demand platform：price，wage，and payout ratio［J］．Manufacturing & service operations management，2019，21 (3)：556~570.

［217］BOOTH A L. Economics of the trade union［M］．Cambridge：Cambridge

University Press, 1995.

[218] CAMERON J. Negative effects of reward on intrinsic motivation-a limited phenomenon: comment on Deci, Koestner, and Ryan [J]. Review of educational research, 2001.

[219] CHANDLER A D, Strategy and structure: chapters in the history of the american industrial enterprise [M]. Massachusetts: The MIT Press, 1969.

[220] CIBORRA C U. The platform organization: recombining strategies, structures and surprises [J]. Organization science, 1996, 7 (2): 103-118.

[221] CLEGG H A. A new approach to industrial democracy [J]. Revue française de sociologie, 1960, 1 (4): 494.

[222] COASE R H. The nature of the firm [M]. New York: Oxford University Press, 1937.

[223] KAHNEMAN D, DE ATON A. High income improves evaluation of life but not emotional well-being [J]. Proceedings of the national academy of sciences of the United States of America, 2010, 107 (38): 16489-16493.

[224] DAVID W. The fissured workplace [M]. Cambridge: Harvard University Press, 2014.

[225] DECI E L, KOESTNER R, RYAN R M. The undermining effect is a reality after all—extrinsic rewards, task interest, and self-determination: reply to eisenberger, pierce, and cameron and lepper, henderlong, and gingras [J]. Psychological bulletin, 1999, 125 (6): 692-700.

[226] DEMSETZ, HAROLD. George J. Stigler: Midcentury Neoclassicalist with a Passion to Quantify [J]. Journal of political economy, 1993, 101 (5): 793-808.

[227] DENDRINOS I. The use of independent contractors by knowledge instensive firms - evidence from Greece [J]. European journal of social sciences, 2011, 22 (1): 14-24.

[228] DUGGAN J, et al. Algorithmic management and app-work in the gig economy: a research agenda for employment relations and hrm [J]. Human resource management journal, 2020, 30 (1): 114-132.

[229] DWECK C S. Mindset: the new psychology of success [M]. New York: Random House Digital, Inc., 2008.

[230] FARRELL J, SALONER G. Coordination through committees and markets [J]. Economics working papers, 1988.

[231] GANDINI A. Labour process theory and the gig economy [J]. Human

relations, 2018, 72 (6): 1039-1056.

[232] GOSPEL H, PALMER G. British industrial relations [M]. 2nd. London: Routlege, 1993.

[233] GRANT R M. Toward a knowledge-based theory of the firm [J]. Strategic management journal, 1996, 17: 109-122.

[234] GRIESBACH K, REICH A, ELLIOTT-NEGRI L, et al. Algorithmic control in platform food delivery work [J]. Socius: sociological research for a dynamic world, 2019.

[235] HANNAN M T, FREEMAN J. The population ecology of organizations [J]. American journal of sociology, 1977: 929-964.

[236] HILL R K. What an algorithm is [J]. Philosophy & technology, 2016, 29 (1): 35-59.

[237] HYMAN R. Is industrial relations theory always ethnocentric? [M] // KAUFMAN B E. Theoretical perspectives on work and the employment relationship. New York: Cornell University Press, 2004: 265-289.

[238] IANSITI M, LEVIEN R. The keystone advantage: What the new dynamics of business ecosystems mean for strategy, innovation, and sustainability [M]. Brighton: Harvard Business Press, 2004.

[239] IANSITI M, LEVIEN R. Strategy as ecology [J]. Harvard business review, 2004.

[240] JAGO A S. Algorithms and authenticity [J]. Academy of management discoveries, 2019, 5 (1): 38~56.

[241] JAKOBSON L, Melvin N. The new arctic governance [M]. Oxford: Oxford University Press, 2017.

[242] JONES C I, TONETTI C. Nonrivaly and the economics of data [J]. American economic review, 2020, 110 (9): 2819-2858.

[243] KABAT - ZINN J. Wherever you go, there you are: Mindfulness meditation in everyday life [M]. New York, NY: Hyperion, 2005.

[244] EISENHARDT K M, JEFFREY A. Martin dynamic capabilities: what are they? [J]. Strat. Mgmt. J., 2000 (21): 1105-1121.

[245] KAUFMAN B E, JOHN R. Commons and the wisconsin school on industrial relations strategy and policy [J]. Industrial and labour relations review, 2003, 57 (1): 3-30.

[246] KAUFMAN B E. Paradigms in industrial relations: original, modern

and versions in-between [J]. British journal of industrial relations, 2008, 46 (2): 314-339.

[247] KIDD PT. Agile manufacturing: a strategy for the 21st century [C]. Coventry, UK: IEE Colloquium on Agile Manufacturing, 1995.

[248] KIM H, LEE J N, HAN J. The role of IT in business ecosystems [J]. Communications of the ACM, 2010, 53 (5): 151-156.

[249] KOEING. Business ecosystems revisited [J]. Management, 2012, 15: 208-224.

[250] KOGUT B. Joint ventures and the option to expand and acquire [J]. Management science, 1991, 37 (1): 19-33.

[251] KOST D, FIESELER C, WONG S I. Boundaryless careers in the gig economy: an oxymoron? [J]. Human resource management journal, 2020, 30 (1): 100-113.

[252] LEICHT-DEOBALD U, et al. The challenges of algorithm-based hr decision making for personal integrity [J]. Journal of business ethics, 2019, 160 (2): 1-16.

[253] MARCH J G, SIMON H A. Organizations [M]. New York: Wiley, 1958.

[254] MATHERNE B P, O'TOOLE J. Uber: Aggressive management for growth [J]. Case journal, 2017, 13 (4): 561-586.

[255] MAYER K J, NICKERSON J A. Antecedents and performance implications of contracting for knowledge workers: evidence from information technology services [J]. Organization science, 2005, 16 (3): 225-242.

[256] MOORE J F. The death of competition: leadership and strategy in the age of business ecosystems [M]. New York: Harper Business, 1996.

[257] MOORE J F. Predators and prey: a new ecology of competition [J]. harvard business review, 1993, 71 (3): 75-86.

[258] MORRIS R. The early uses of the industrial relations concept [J]. Journal of industrial relations, 1987, 29 (4): 532-538.

[259] OWENS B P, JOHNSON M D, MITCHELL T R. Expressed humility in organizations: implications for performance, teams, and leadership [J]. Organization science, 2013, 24 (5): 1517-1538.

[260] BLYTON P. Workforce flexibility [M] //Brian Towers. The handbook of human resource management. 2nd Edition. Oxford: Blackwell, 1996.

[261] BOXALL P F. The significance of human resource management: A

reconsideration of the evidence [J] . International journal of human resource management, 1993 , 4 (3): 645-664.

[262] PETRIGLIERI G, ASHFORD S J, WRZESNIEWSKI A. Agony and ecstasy in the gig economy: cultivating holding environments for precarious and personalized work identities [J] . Administrative science quarterly, 2019, 64, (1): 124-170.

[263] PIGNOT E. Who is pulling the strings in the platform economy? Accounting for the dark and unexpected sides of algorithmic control [J] . Organization, 2021, 28 (1): 208-235.

[264] PIRSON M. Humanistic management: protecting dignity and promoting well-being [M] . London: Cambridge University Press, 2017.

[265] POWER, THOMAS, JERJIAN G. Ecosystem: living the 12 principles of networked business [J] . Financial times management, 2001.

[266] PRAHALAD C K, RAMASWAMY V. Co-opting customer competence [J] . Harvard business review, 2000, 25 (1) .

[267] RAVENELLE A J. We're not uber:control, autonomy, and entrepreneurship in the gig economy [J] . Journal of managerial psychology, 2019, 34 (3) .

[268] REB J , NARAYANAN J, ZHI W H. Mindfulness at work: antecedents and consequences of employee awareness and absent-mindedness [J] . Mindfulness, 2015, 6, (1): 111-122.

[269] COOPER R G, SOMMER A F. The agile-stage-gate hybrid model: a promising new approach and a new research opportunity [J] . Journal of product innovation management, 2016, 33 (5): 513-526.

[270] ROCA-PUIG V, BELTRÁN-MARTÍN I, BOU-LLUSAR J C, et al. External and internal labour flexibility in Spain: A substitute or complementary effect on firm performance? [J] . The international journal of human resource management, 2008, 19 (6): 1131-1151.

[271] ROSENBLAT A, STARK L. Algorithmic labor and information asymmetries: a case study of uber's drivers [J] . International journal of communication, 2016, 10 (27): 3758-3784.

[272] ROUSSEAU D M. New hire perspective of their employer's obligations:a study of psychological contracts [J] . Journal of organizational behavior, 1990, 11 (5): 389-400.

[273] ROUSSEAU D M. Psychological contracts in organizations: understanding

written and unwritten agreements ［M］.Thousand Oaks, CA: Sage Publications, Inc, 1995.

［274］SANTOS F M, EISENHARDT K M. Organizational boundaries and theories of organization ［J］. Organization science, 2005, 16 (5): 491-508.

［275］SCHWEISFURTH T. When passion meets profession-how embedded lead users contribute to firm innovation ［J］. Springer fachmedien wiesbaden, 2012.

［276］SPREITZER G M, CAMERON L, GARRETT L. Alternative work arrangements: two images of the new world of work ［J］. Annual review of organizational psychology & organizational behavior, 2017, 4 (1): 473-499.

［277］TAYLOR, TERRY A. On-Demand service platforms ［J］. Manufacturing and service operations management, 2018, 20 (4): 704-720.

［278］TEPPER B J. Abusive supervision in work organizations: review, synthesis, and research agenda ［J］. Journal of management, 2007, 33 (3): 261-289.

［279］TERRANOVA T. Free labor: producing culture for the digital economy ［J］. Social text, 2000, 18 (2): 33-58.

［280］TUSHMAN M L, ANDERSON P. Technological discontinuities and organizational environments ［J］. Administrative science quarterly, 1996, 31: 439-465.

［281］DESS G G, Picken J G. Changing roles: leadership in the 21st century ［J］. Organizational dynamics, 2000, 28: 18-34.

［282］TUSI A S, PEARCE J L, PORTER L W, et al. Alternative approaches to the employee organization relation: does investment in employees pay off? ［J］. Academy of management journal, 1997, 40 (5): 1089-1121.

［283］VON HIPPEL E. Lead users: a source of novel product concepts ［J］. Management science, 1986, 32 (7): 791-805.

［284］WAGAR T H. The labour-management relationship and organization outcomes ［J］. Relations industrielles, 1997, 52 (2): 430-447.

［285］WANG D, TSUI A, ZHANG Y, et al. Employment relationships and firm performance: evidence from an emerging economy ［J］. Journal of organizational behavior, 2003, 24 (5): 511-536.

［286］WERBACH K. (Re) Defining gamification: a process approach ［M］. Cham: Springer Cham, 2014: 266-272.

［287］WOOD A J, MARK G, VILI L, et al. Good gig, bad gig: autonomy and algorithmic control in the global gig economy [J] . Work, employment and society, 2019, 33 (1): 56-75.

[288] WOOD A J, et al. Good gig, bad gig: autonomy and algorithmic control in the global gig economy [J] . Work, employment and society, 2019, 33 (1): 56-75.

[289] LI Y R. The technological road map of Cisco's business ecosystem [J] . Technovation, 2009, 29: 379-386.

[290] ZAHRA S A, NAMBISAN S. Entrepreneurship and strategic thinking in business ecosystems [J] . Business horizons, 2012, 55 (3): 219-229.

[291] ZHANG X Z, LIU J J, XU Z W. Tencent and facebook data validate metcalfe's law [J] . Journal of computer science and technology. 2015, 30 (2): 246-251.

[292] ZICHERMANN G, CUNNINGHAM C. Gamification by design: implementing game mechanics in web and mobile Apps [M] . California: O'Reilly Media, Inc. 2011.

附录1 全国新就业形态政策

人力资源社会保障部 国家发展改革委 交通运输部 应急部市场监管总局 国家医保局 最高人民法院 全国 总工会关于维护新就业形态劳动者劳动保障权益的指导意见

发布时间：2021 年 07 月 16 日

各省、自治区、直辖市人民政府、高级人民法院、总工会，新疆生产建设兵团，新疆维吾尔自治区高级人民法院生产建设兵团分院，新疆生产建设兵团总工会：

近年来，平台经济迅速发展，创造了大量就业机会，依托互联网平台就业的网约配送员、网约车驾驶员、货车司机、互联网营销师等新就业形态劳动者数量大幅增加，维护劳动者劳动保障权益面临新情况新问题。为深入贯彻落实党中央、国务院决策部署，支持和规范发展新就业形态，切实维护新就业形态劳动者劳动保障权益，促进平台经济规范健康持续发展，经国务院同意，现提出以下意见：

一、规范用工，明确劳动者权益保障责任

（一）指导和督促企业依法合规用工，积极履行用工责任，稳定劳动者队伍。主动关心关爱劳动者，努力改善劳动条件，拓展职业发展空间，逐步提高劳动者权益保障水平。培育健康向上的企业文化，推动劳动者共享企业发展成果。

（二）符合确立劳动关系情形的，企业应当依法与劳动者订立劳动合同。不完全符合确立劳动关系情形但企业对劳动者进行劳动管理（以下简称"不完全符合确立劳动关系情形"）的，指导企业与劳动者订立书面协议，合理确定企业与劳动者的权利义务。个人依托平台自主开展经营活动、从事自由职业等，按照民事法律调整双方的权利义务。

（三）平台企业采取劳务派遣等合作用工方式组织劳动者完成平台工作的，应选择具备合法经营资质的企业，并对其保障劳动者权益情况进行监督。平台企业采用劳务派遣方式用工的，依法履行劳务派遣用工单位责任。对采取外包等其他合作用工方式，劳动者权益受到损害的，平台企业依法承担相应责任。

二、健全制度，补齐劳动者权益保障短板

（四）落实公平就业制度，消除就业歧视。企业招用劳动者不得违法设置性别、民族、年龄等歧视性条件，不得以缴纳保证金、押金或者其他名义向劳动者收取财物，不得违法限制劳动者在多平台就业。

（五）健全最低工资和支付保障制度，推动将不完全符合确立劳动关系情形的新就业形态劳动者纳入制度保障范围。督促企业向提供正常劳动的劳动者支付不低于当地最低工资标准的劳动报酬，按时足额支付，不得克扣或者无故拖欠。引导企业建立劳动报酬合理增长机制，逐步提高劳动报酬水平。

（六）完善休息制度，推动行业明确劳动定员定额标准，科学确定劳动者工作量和劳动强度。督促企业按规定合理确定休息办法，在法定节假日支付高于正常工作时间劳动报酬的合理报酬。

（七）健全并落实劳动安全卫生责任制，严格执行国家劳动安全卫生保护标准。企业要牢固树立安全"红线"意识，不得制定损害劳动者安全健康的考核指标。要严格遵守安全生产相关法律法规，落实全员安全生产责任制，建立健全安全生产规章制度和操作规程，配备必要的劳动安全卫生设施和劳动防护用品，及时对劳动工具的安全和合规状态进行检查，加强安全生产和职业卫生教育培训，重视劳动者身心健康，及时开展心理疏导。强化恶劣天气等特殊情形下的劳动保护，最大限度减少安全生产事故和职业病危害。

（八）完善基本养老保险、医疗保险相关政策，各地要放开灵活就业人员在就业地参加基本养老、基本医疗保险的户籍限制，个别超大型城市难以一步实现的，要结合本地实际，积极创造条件逐步放开。组织未参加职工基本养老、职工基本医疗保险的灵活就业人员，按规定参加城乡居民基本养老、城乡居民基本医疗保险，做到应保尽保。督促企业依法参加社会保险。企业要引导和支持不完全符合确立劳动关系情形的新就业形态劳动者根据自身情况参加相应的社会保险。

（九）强化职业伤害保障，以出行、外卖、即时配送、同城货运等行业的平台企业为重点，组织开展平台灵活就业人员职业伤害保障试点，平台企业应当按规定参加。采取政府主导、信息化引领和社会力量承办相结合的方式，建立健全职业伤害保障管理服务规范和运行机制。鼓励平台企业通过购买人身意外、雇主责任等商业保险，提升平台灵活就业人员保障水平。

（十）督促企业制定修订平台进入退出、订单分配、计件单价、抽成比例、报酬构成及支付、工作时间、奖惩等直接涉及劳动者权益的制度规则和平台算法，充分听取工会或劳动者代表的意见建议，将结果公示并告知劳动者。工会或劳动者代表提出协商要求的，企业应当积极响应，并提供必要的信息和资料。指导企业建立健全劳动者申诉机制，保障劳动者的申诉得到及时回应和客观公正处理。

三、提升效能，优化劳动者权益保障服务

（十一）创新方式方法，积极为各类新就业形态劳动者提供个性化职业介绍、职业指导、创业培训等服务，及时发布职业薪酬和行业人工成本信息等，为企业和劳动者提供便捷化的劳动保障、税收、市场监管等政策咨询服务，便利劳动者求职就业和企业招工用工。

（十二）优化社会保险经办，探索适合新就业形态的社会保险经办服务模式，在参保缴费、权益查询、待遇领取和结算等方面提供更加便捷的服务，做好社会保险关系转移接续工作，提高社会保险经办服务水平，更好保障参保人员公平享受各项社会保险待遇。

（十三）建立适合新就业形态劳动者的职业技能培训模式，保障其平等享有培训的权利。对各类新就业形态劳动者在就业地参加职业技能培训的，优化职业技能培训补贴申领、发放流程，加大培训补贴资金直补企业工作力度，符合条件的按规定给予职业技能培训补贴。健全职业技能等级制度，支持符合条件的企业按规定开展职业技能等级认定。完善职称评审政策，畅通新就业形态劳动者职称申报评价渠道。

（十四）加快城市综合服务网点建设，推动在新就业形态劳动者集中居住区、商业区设置临时休息场所，解决停车、充电、饮水、如厕等难题，为新就业形态劳动者提供工作生活便利。

（十五）保障符合条件的新就业形态劳动者子女在常住地平等接受义务教育的权利。推动公共文体设施向劳动者免费或低收费开放，丰富公共文化产品和服务供给。

四、齐抓共管，完善劳动者权益保障工作机制

（十六）保障新就业形态劳动者权益是稳定就业、改善民生、加强社会治理的重要内容。各地区要加强组织领导，强化责任落实，切实做好新就业形态劳动者权益保障各项工作。人力资源社会保障部、国家发展改革委、交通运输部、应急部、市场监管总局、国家医保局、最高人民法院、全国总工会等部门和单位要认真履行职责，强化工作协同，将保障劳动者权益纳入数字经济协同治理体系，建立平台企业用工情况报告制度，健全劳动者权益保障联合激励惩戒机制，完善相关政策措施和司法解释。

（十七）各级工会组织要加强组织和工作有效覆盖，拓宽维权和服务范围，积极吸纳新就业形态劳动者加入工会。加强对劳动者的思想政治引领，引导劳动者理性合法维权。监督企业履行用工责任，维护好劳动者权益。积极与行业协会、头部企业或企业代表组织开展协商，签订行业集体合同或协议，推动制定行业劳动标准。

（十八）各级法院和劳动争议调解仲裁机构要加强劳动争议办案指导，畅通裁审衔接，根据用工事实认定企业和劳动者的关系，依法依规处理新就业形态劳动者劳动保障权益案件。各类调解组织、法律援助机构及其他专业化社会组织要依法为新就业形态劳动者提供更加便捷、优质高效的纠纷调解、法律咨询、法律援助等服务。

（十九）各级人力资源社会保障行政部门要加大劳动保障监察力度，督促企业落实新就业形态劳动者权益保障责任，加强治理拖欠劳动报酬、违法超时加班等突出问题，依法维护劳动者权益。各级交通运输、应急、市场监管等职能部门和行业主管部门要规范企业经营行为，加大监管力度，及时约谈、警示、查处侵害劳动者权益的企业。

各地区各有关部门要认真落实本意见要求，出台具体实施办法，加强政策宣传，积极引导社会舆论，增强新就业形态劳动者职业荣誉感，努力营造良好环境，确保各项劳动保障权益落到实处。

人力资源社会保障部　国家发展改革委

交通运输部　应急部　市场监管总局

国家医保局　最高人民法院　全国总工会

2021 年 7 月 16 日

附录 2　北京市新就业形态政策

北京市就业工作领导小组关于印发《关于促进新就业形态健康发展的若干措施》的通知

京就发〔2021〕3 号

各区就业工作领导小组，市就业工作领导小组各成员单位，市委、市政府各相关部、委、办、局，各相关单位：

经市委、市政府同意，现将《关于促进新就业形态健康发展的若干措施》印发给你们，请结合实际认真贯彻落实。

北京市就业工作领导小组

2021 年 9 月 5 日

关于促进新就业形态健康发展的若干措施

依托互联网平台的新就业形态不断壮大，为劳动者就业增收开辟了新渠道，在稳定就业、促进就业中发挥了积极作用，也为首都发展数字经济提供了重要人力资本支撑。为贯彻落实党的十九届五中全会精神，推动本市新就业形态持续健康有序发展，经市委、市政府同意，现提出如下措施：

一、界定新就业形态劳动者的范围

（一）本文所称新就业形态劳动者，主要包括：

1. 依托互联网平台（以下简称"平台"），与平台企业不完全符合确立劳动关系情形，根据平台规则完成工作和接受劳动管理，获取劳动报酬的劳动者（以下简称"平台网约劳动者"）。

2. 依托平台，依法从事个体经营或个人自主利用自己的体力、专业技能等依法从事劳务、咨询、设计等活动，并取得劳动报酬的劳动者（以下简称"平台个人灵活就业人员"）。

3. 与平台企业或加盟、代理、外包平台业务的合作企业、劳务派遣企业（以下统称"企业"）建立劳动关系或形成事实劳动关系，完成平台企业、平台、平台内经营者等所赋予工作任务的劳动者（以下简称"平台单位就业员工"）。

二、维护新就业形态劳动者的劳动权益

（二）合理确定平台企业与"平台网约劳动者"的权利义务。"平台网约劳动者"享有平等就业和选择职业、取得劳动报酬、享受社会保险、获得劳动安全卫生保护和休息休假等基本劳动权利。引导平台企业依法依规制定修订直接涉及劳动保障权益的制度规则和平台算法，通过"算法取中"等方式，合理确定考核和奖惩要素，避免超强度劳动和因此造成的安全伤害问题。推动平台企业建立健全与工作任务、劳动强度相匹配的收入分配和调整机制，按时足额向提供正常劳动的"平台网约劳动者"支付不低于本市最低工资标准的劳动报酬，不得克扣或者无故拖欠。指导平台企业健全落实劳动安全卫生保护责任制，严格遵守安全卫生保护标准，建立安全生产规章制度和操作规程，减少安全生产事故和职业病危害。支持平台企业建立完善"平台网约劳动者"的申诉机制，客观公正处理纠纷问题。（责任单位：市人力资源社会保障局、市市场监管局、市商务局、市交通委、市应急局、市卫生健康委）

（三）规范"平台单位就业员工"的用工管理。企业应依法与建立劳动关系的新就业形态劳动者订立劳动合同。指导平台企业选择具备合法资质的企业合作完成平台工作，将规范劳动用工、保障劳动权益相关内容，列入合作协议必要条款，建立监督考核机制，合作企业"平台单位就业员工"劳动权益受到损害的，平台企业依法承担相应责任；平台企业采用劳务派遣方式用工的，依法履行劳务派遣用工单位责任。支持企业根据线上、居家、项目制等新工作形式，依法完善工作时间、休息休假等劳动用工规章制度。（责任单位：市人力资源社会保障局、市市场监管局、市商务局、市交通委、市邮政管理局）

（四）提供人文关怀关爱帮助。鼓励企业建立与新就业形态劳动者的交流协商机制，积极打造企业文化，提供公益互助，重视身心健康，开展人文关爱活动。加强新就业形态行业工会组织建设，吸纳劳动者加入工会组织。建设"务工人员之家"，扩大"暖心驿站"覆盖，调动企业和社会各界力量帮助新就业形态劳动者解决劳动间隙的休息、餐饮、停车、充电等困难。对因突发事件导致基本生活暂时出现严重困难的新就业形态劳动者按照相关规定给予临时救助。（责任单位：市总工会、市妇联、团市委、市人力资源社会保障局、市民政局等）

（五）健全法律援助和争议调处机制。调动公共法律服务中心（站）、各类调解组织等力量，向新就业形态劳动者提供法律咨询、法律援助、矛盾调解等服务。人民调解组织、人民法院通过调解、诉讼渠道解决"平台个人灵活就业人员"的委托、承揽等民事关系争议。各级法院、劳动争议仲裁机构要加强劳动争议办案指导，畅通裁审衔接，根据用工事实认定企业和劳动者的关系，依法依规处理争议案件；各级劳动保障监察机构会同相关行业主管部门依法加大拖欠劳动报酬、违法超时加班等突出问题的治理力度，维护劳动者权益。（责任单位：市司法局、市高级人民法院、市人力资源社会保障局、市市场监管局、市总工会）

三、健全新就业形态社会保障制度

（六）引导新就业形态劳动者参与"全民参保计划"。企业应依法为"平台单位就业员工"参加社会保险，引导和支持"平台网约劳动者"和"平台个人灵活就业人员"根据自身实际参加相应的社会保险。逐步完善灵活就业社会保险制度，稳定长期在京实际就业的"平台网约劳动者"和"平台个人灵活就业人员"可按规定参加本市职工基本养老、基本医疗和失业保险，也可选择在户籍地参加社会保险。加强社会保险公共服务平台建设，提供更加便捷优质的参保缴费、权益查询、待遇领取和结算、社会保险关系转移接续等服务。（责任单位：市人力资源社会保障局、市财政局、市税务局、市医保局）

（七）增强工伤和职业伤害保障。企业应为"平台单位就业员工"参加工伤保险，对在两个及以上企业同时就业的，涉及企业应当分别为其缴纳工伤保险费，发生工伤的企业依法承担工伤保险责任。按照国家部署，以出行、外卖、即时配送、同城货运等行业的平台企业为重点，建立职业伤害保障制度，保障遭受职业伤害的"平台网约劳动者"获得医疗救治和经济补偿。鼓励平台企业为新就业形态劳动者购买人身意外、雇主责任等商业保险，引导商业保险公司开发适合的产品，提升保障水平。（责任单位：市人力资源社会保障局、市财政局、市税务局、北京银保监局）

四、拓宽新就业形态职业发展渠道

（八）提高参与职业技能培训的积极性。建立线上线下课时衔接、直播点播课程互补、知识技能跨界学习的灵活培训模式，积极开发新职业培训规范标准，培育市场培训资源，打造开放多元的技能提升培训平台，为新就业形态劳动者提升职业技能创造条件。鼓励平台企业组织新就业形态劳动者参加职业技能、创业指导、法律知识、职业道德、安全生产和职业卫生教育等培训，并提取职工教育经费。经认定平台企业开展网约配送员等职业培训的，给予职业培训补贴。进一步规范职业培训市场秩序，创新事中事后监管模式，数字化追溯培训过程，杜绝虚假舞弊行为。（责任单位：市人力资源社会保障

局、市教委、市财政局）

（九）创新职业评价模式。试点推广平台企业自主评价职业技能等级，开发新职业评价标准规范。试点平台企业所颁发的职业技能等级证书，经备案后纳入我市技能人才统计和认定范围。动态完善职称评审专业目录，符合条件的新就业形态劳动者可按照规定程序，自主申报职称评审。（责任单位：市人力资源社会保障局）

五、增强就业创业帮扶

（十）加强就业创业服务。鼓励人力资源服务机构、创业孵化基地等创新提供求职招聘、服务外包、创业指导等专业服务，积极参与公共就业创业服务的，给予公共就业创业服务补贴。组织"创业北京"等创新创业大赛，激发新就业形态创新创业活力。公共就业创业服务机构要加强对新就业形态岗位招聘、职业薪酬和行业人工成本等信息的采集发布，即时开展职业指导，便捷提供政策咨询服务，精准帮助劳动者实现新形态就业。依法规范面向新就业形态劳动者的人力资源服务，着力查处未经许可的个人、机构实施网络招聘、劳务派遣等活动，以及发布虚假招聘信息，限制劳动者到其他平台就业，以缴纳保证金、押金或者其他名义向劳动者收取财物等违法行为。（责任单位：市人力资源社会保障局、市发展改革委、市经济和信息化局、市科委、中关村管委会、市教委、市财政局）

（十一）增强就业创业扶持。对本市城乡就业困难人员、高校毕业生、退役士兵等重点帮扶群体，以新就业形态实现个人就业创业的，按规定给予社会保险补贴、税收优惠，以及创业担保贷款及贴息等政策。引导创业担保贷款机构健全符合新就业形态特点的尽职调查和资信评估，简化申请流程，加大资金支持力度。简化就业创业手续，"平台个人灵活就业人员"个人销售自产农副产品、家庭手工业产品，利用自己的技能从事依法无须取得许可的便民劳务活动和零星小额交易活动，以及依照法律法规不需要进行登记的，无须办理市场主体登记；仅通过网络开展经营活动的，申请登记个体工商户，可以将网络经营场所登记为经营场所。（责任单位：市人力资源社会保障局、市财政局、市税务局、市金融监管局、人民银行营业管理部、市市场监管局）

六、保障措施

（十二）建立多方协同治理机制。将新就业形态劳动权益保障纳入平台经济监管体系，人力资源社会保障、市场监管、交通管理、应急监管、卫生健康等部门要加强跨部门协调联动，充分利用信用、智能和协同监管手段，建立平台企业用工情况报告制度，健全劳动者权益保障联合激励惩戒机制，合力促进新就业形态与平台经济共同规范健康有序发展。支持行业协会、工会等组织协商制定企业保障劳动权益的行业规范和劳动者职业规范，签订行业性集体合同或协议，加强行业监管，维护劳动者合法权益。（责任单位：市人力资源社会保障局、市市场监管局、市委网信办、市交通委、市商务局、市邮政管理局、市应急局、市公安局、市经济和信息化局、市卫生健康委、市消防救援总队、市总工会、市工商联）

（十三）强化数字化监管服务。结合全市平台经济综合监管系统建设，建立新就业形态动态监测机制，推动政企数据对接融合，加强政务信息共享应用，精准判断劳动者就业状况，监测新就业形态发展动向，分析就业形势，预警防范劳动用工和失业风险，逐步实现新就业形态劳动权益维护、安全生产管理、职业伤害认定、社会保险经办、就业创业帮扶等数字化管理服务。（责任单位：市人力资源社会保障局、市发展改革委、市市场监管局、市经济和信息化局、市政务服务局、市委网信办、市统计局、北京调查总队）

（十四）加强宣传引导。加大法律法规政策宣传，树立履行社会责任的企业典型，着力宣传新就业形态劳动者职业风采，提高新就业形态社会认同感和职业自豪感。充分发挥新闻媒体的舆论监督和引导作用，及时发现暴露侵权行为，引导社会公众尊重、理解、体谅新就业形态劳动者。（责任单位：市委宣传部、市人力资源社会保障局、市总工会、市妇联、团市委等）

附录 3   广东省新就业形态政策

广东省人力资源和社会保障厅 广东省财政厅关于印发《广东省灵活就业人员服务管理办法（试行）》的通知

各地级以上市人力资源和社会保障局、财政局：

现将《广东省灵活就业人员服务管理办法（试行）》印发你们，请结合实际认真贯彻落实。

广东省人力资源和社会保障厅   广东省财政厅
2020 年 7 月 30 日

广东省灵活就业人员服务管理办法（试行）

第一条   为进一步加强对灵活就业、新就业形态的政策支持和服务管理，促进新业态新模式蓬勃发展，根据国家和省有关规定，制定本办法。

第二条   本办法所称灵活就业人员主要包括：

（一）个体经营者；

（二）非全日制从业人员；

（三）新就业形态人员（包括依托电子商务、网络约车、网络送餐、快递物流等新业态平台实现就业，但未与新业态平台相关企业建立劳动关系的从业人员）；

（四）法律、法规、规章规定的其他灵活就业人员。

第三条   实行灵活就业人员承诺制就业登记制度，灵活就业人员可到就业地公共就业人才服务机构办理就业登记，填报个人信息、就业类型等就业信息，并对信息的真实性作出书面承诺，无需提供就业证明材料。

公共就业人才服务机构应当通过比对社保登记、工商登记、纳税情况等信息核查登记信息。核查无误的，原则上在 1 个工作日内办理就业登记手续。

灵活就业人员已在用人单位参加社会保险的，可纳入新增就业统计。

第四条   人力资源社会保障部门建立新业态平台灵活就业人员就业信息采集制度，对通过新业态平台实现灵活就业人员的工作时长、劳动收入、工作地点、联系方式等信息进行定期采集、汇总比对分析，对采集数据前一个自然月每周工作时长超过1小时，且月劳动收入不低于当地城市居民最低生活保障标准的，可纳入新增就业统计。

新业态平台企业按信息采集制度要求提供相关信息的，按纳入登记人数给予适当补助。

第五条 公共就业人才服务机构应加强岗位信息发布和引导，将新业态平台企业灵活用工需求纳入常规岗位信息发布渠道。灵活就业人员有转岗需求的，公共就业人才服务机构要提供个性化、精准化的职业指导、岗位推荐等服务。

鼓励经营性人力资源服务机构、行业协会、社团组织等向灵活就业人员提供职业介绍、政策宣传、技能培训、参加社保等服务，按规定给予服务补助。

第六条 人力资源社会保障部门应将办理了就业登记的灵活就业人员纳入城镇新增就业、失业人员再就业等指标统计范围。

第七条 鼓励和引导灵活就业人员参加企业职工基本养老保险。灵活就业人员可凭有效身份证件在户籍地参加企业职工基本养老保险。灵活就业人员（含外省户籍）可凭有效身份证件和就业登记证明在就业地参加企业职工基本养老保险。

第八条 用人单位应当为其非全日制从业人员参加工伤保险。在两个或两个以上用人单位同时就业的非全日制从业人员，由各用人单位分别为其缴纳工伤保险费，依法享有工伤保险待遇权利。

试行在单位就业的非劳动关系特定人员参加工伤保险办法。在单位就业的非劳动关系人员，可以由单位为其缴纳工伤保险费，参照工伤保险规定享受工伤保险待遇权利。

第九条 按照国家部署，在广州、深圳、佛山市开展新就业形态人员职业伤害保障试点。根据试点情况逐步建立健全职业伤害保障制度，将各类新就业形态人员纳入职业伤害保障范围。

第十条 毕业2年内的高校毕业生和就业困难人员实现灵活就业，办理就业登记并缴纳社会保险费的，按规定享受灵活就业社会保险补贴。

第十一条 灵活就业人员参加技能提升培训，按规定给予技能提升补贴。对生活确有困难的，培训期间可按规定给予一定生活费补贴。

支持新业态平台企业开发相关领域职业标准、行业企业评价规范、培训课程标准等，给予一定补贴。

第十二条 各地要畅通灵活就业专业技术人才职称申报评审渠道。灵活就业人员中的专业技术人才，符合条件的可通过人事代理机构或各级人力资源社会保障部门设立的职称申报点按规定申报评审相关专业技术职称。

第十三条 个体经营者可按规定申请创业担保贷款并享受贴息；符合条件的，可享受一次性创业资助、租金补贴等扶持政策。

新就业形态人员购置生产经营必需工具的，可申请创业担保贷款及贴息。

第十四条 实行灵活就业人员承诺制失业登记制度，灵活就业人员失业后可按规定在户籍地、常住地、就业地或参保地办理失业登记。办理失业登记应当提供个人基本信息和失业原因，并对信息的真实性作出书面承诺，无需提交失业证明材料。

公共就业人才服务机构应当通过比对社保登记、工商登记、纳税情况等信息加强核查，不得以人户分离、户籍不在本地或没有档案等为由不予受理。核查无误的，原则上在 5 个工作日内办理失业登记手续。

第十五条 各地要对登记失业的灵活就业人员加大就业帮扶力度，及时提供技能培训、就业创业服务，帮助其尽快实现再就业。

对生活困难又不符合失业保险金领取条件的失业人员，可由就业补助资金给予一次性临时生活补助。对符合当地城乡居民最低生活保障申领条件的人员，协助引导其向当地民政部门申领城乡居民最低生活保障。

第十六条 各地要结合灵活就业人员的实际需求深入开展"互联网+人社"建设，充分利用数字政府资源和全省人社大集中系统平台优势，加大部门数据共享利用，完善人社政务服务线上业务办理，逐步推行就业失业登记、社保经办、政策享受等全流程网办。

各级公共就业人才服务机构和社保经办机构应加强诚信体系建设，建立健全与灵活就业服务管理制度相匹配的"告知承诺-信用管理-联合惩戒"服务模式，优化办事流程、简化证明材料、创新服务手段、提高服务效能。

第十七条 用人单位根据实际情况依法使用非全日制用工的，应与其签订书面劳动合同或订立口头协议。各地要畅通举报投诉渠道，运用网络化、网格化管理手段及时掌握和依法查处新业态平台企业劳动保障违法行为。用人单位和劳动者发生劳动争议的，双方应当积极协商解决；劳动者合法权益受到侵害的，有权依法申请调解仲裁、提起诉讼。

第十八条 对未建立劳动关系，不适用现行劳动保障法律法规的灵活就业人员，人力资源社会保障部门应引导其与就业单位协商双方的权利和义务，合理确定服务时间、报酬、休息休假、劳动保护等基本权益。协商不一致的，引导双方通过人民调解组织、工会组织和行业协会等调解解决纠纷。

第十九条 本办法自 2020 年 9 月 1 日起施行，有效期至 2022 年 8 月 31 日。

附录4 吉林省新就业形态政策

关于印发《吉林省维护新就业形态劳动者劳动保障权益实施办法（试行）》的通知

吉人社联〔2021〕203号

各市（州）人民政府，长白山 管委会，长春新区、中韩（长春）国际合作示范区管委会，各县（市）人民政府，各级人民法院、总工会，各有关单位：

为深入贯彻落实《关于维护新就业形态劳动者劳动保障权益的指导意见》（人社部发〔2021〕56号）《关于做好快递员群体合法权益保障工作的意见》（交邮政发〔2021〕59号）《关于落实网络餐饮平台责任 切实维护外卖送餐员权益的指导意见》（国市监网监发〔2021〕38号）等政策文件，省人力资源和社会保障厅、省发改委、省市场监管厅、省交通运输厅、省邮政管理局、省商务厅、省政务服务和数字化局、省医保局、省教育厅、省公安厅、省应急厅、省网信办、省司法厅、省高级人民法院、省总工会联合制定了《吉林省维护新就业形态劳动者劳动保障权益实施办法（试行）》（简称《实施办法》），经省政府同意，现印发给你们，并提出如下要求，请一并贯彻落实。

一、统一思想认识

近年来，随着平台经济快速发展，新就业形态已成为劳动者就业特别是灵活就业的重要方式，对实现"六稳""六保"目标，促进全省经济发展和社会稳定发挥了重要作用。但是，随之出现的新就业形态劳动关系认定难以及劳动报酬、工作时间、社会保险、职业伤害等权益保障方面问题也日益增多。对此，党和国家高度重视，要求各地补齐制度短板，落实新就业形态企业劳动保护责任，维护劳动者合法权益，提升劳动者获得感、幸福感、安全感。各级政府、各相关部门和新就业形态企业要切实强化政治意识，把思想和行动统一到党中央、国务院和省委、省政府决策部署上来，坚持发展规范并重，增强责任感、使命感和紧迫感，实现好、维护好、发展好新就业形态劳动者权益，推动新就业形态规范健康发展，促进公平正义和社会稳定。

二、强化统筹协调

维护新就业形态劳动者权益是一项综合性、长期性、系统性工程，情况复杂，任务艰巨，需要统筹社会各界的力量持续发力，协同推进，确保各项政策措施落实落地。

（一）强化部门协同。要加强组织领导，健全工作机制，将维护新就业形态劳动者权益纳入党委、政府重要议事日程，统筹建立人力资源社会保障、发展改革、市场监管、交通运输、邮政、商务、政务服务和数字化、医保、教育、公安、应急、网信、司法行政、法院、工会等多部门共同参与的协同机制，坚持守土有责，加强密切配合，形成党政主导、部门协同、企业和劳动者参与、法治保障的工作格局。省里制定了贯彻落实《实施办法》省直部门任务分工清单，各地、各相关部门要担起治理责任，落实行业主管部门监管责任，夯实各类新就业形态企业主体责任，参照省里模式实行"挂图作战"，进一步细化工作方案，确定责任分工，明确"时间表、路线图"，定期调度通报进展情况，务求工作取得实效。

（二）加强改革创新。平台经济和新就业形态都是新生事物，并且在持续发展变化中，有效维护新就业形态劳动者权益面临较大挑战。各地要深入学习劳动保障法律法规，认真领会上级文件精神，不断深化对新就业形态的客观认识，正确把握问题导向，勇于打破思维定式，充分结合我省和本地实际进行探索实践，着眼建立健全新就业形态劳动者权益维护长效机制，加强与现行法律法规和政策措施进行无缝衔接，积极寻求依法破解难题的新举措、新办法，推动新就业形态劳动者权益维护工作在理论、体制、制度、机制和方法等方面实现创新发展。

（三）强化专项治理。目前，我省围绕营造良好舆论环境、提升劳动争议处理效能、开展专项执法监察、强化就业和社会保险服务等重点工作任务，正在全省推进实施维护新就业形态劳动者权益保障专项行动。各地、各相关部门和单位要抓住我省出台《实施办法》的良好契机，坚持"规定动作"和"自选动作"相结合，在前期摸清和掌握平台企业、用工合作企业用工情况和新就业形态劳动者权益保障现状的基础上，综合运用法治手段和着实有效的行政措施，积极整合各职能部门的力量，集中开展专项治理活动，全力打好"组合拳"，着力解决好本地区维护新就业形态劳动者劳动保障权益方面存在的突出问题。

三、强化管理服务

（一）加强宣传引导。《实施办法》政策性强、涉及面广、内容丰富，针对全省新就业形态特点做出了很多创新性的制度设计。各地、各相关部门和单位在贯彻执行中，务必准确理解和把握核心要义和基本内涵，既要从宏观管理层面着眼发展与规范并重，更要从微观操作层面体现创新与责任担当。要抓好《实施办法》的宣传培训，充分发挥各类新闻媒介的舆论导向作用，采取专题专栏报道、印制宣传单、"口袋书""明白卡"等多种方式，多渠道、全方位地宣传维护新就业形态劳动者权益的重要意义，通过举办研讨培训班、专题讲座等，深入解读政策措施，引导企业自觉维护劳动者合法权益，提升劳动者依法维权意识。

（二）加强服务指导。各地要落实企业主体责任，加强管理服务，督促指导企业认真学习领会《实施办法》，准确理解政策，增强企业依法合规用工意识。指导企业建立与劳动者工作任务、劳动强度等相匹配的收入分配制度，完善休息制度和安全生产制度，畅通劳动者利益诉求渠道，健全用工合作企业保障劳动者权益监督制度。督促企业优化算法规则，合理确定考核标准，在制定或修改直接涉及劳动者权益的制度规则等事项时，充分听取工会或劳动者代表的意见。指导企业健全协商机制，推动双方通过自主协商调整利益关系、调处矛盾纠纷。要增强化解矛盾问题的预见性和主动性，及早制定工作预案，及时处理劳动争议案件、查处企业违法行为，确保社会稳定。

（三）加强示范引领。各地要深化和谐劳动关系创建活动，结合全省开展劳动关系"和谐同行"能力提升三年行动计划，积极引导企业履行社会责任，关心关爱劳动者，自觉维护劳动者合法权益，同时，引导新就业形态劳动者爱岗敬业、诚实守信，以理性合法方式表达诉求、维护权益，推动形成合作共赢、共谋发展的利益共同体理念。加强模范典型的培育工作，广泛宣传新就业形态企业关爱劳动者、劳动者爱岗敬业的先进典型，通过示范引领，提高劳动者的职业认同感和自豪感，推动企业各有规制、劳动者各享其权，营造全社会关注、关心、关爱新就业形态劳动者劳动权益保障工作的良好环境。

附件：吉林省维护新就业形态劳动者劳动保障权益实施办法（试行）

吉林省人力资源和社会保障厅

吉林省发展和改革委员会

吉林省市场监督管理厅

吉林省交通运输厅

吉林省邮政管理局

吉林省商务厅

吉林省政务服务和数字化建设管理局

吉林省医疗保障局

吉林省教育厅

吉林省公安厅

吉林省应急管理厅

吉林省互联网信息办公室

吉林省司法厅

吉林省高级人民法院

吉林省总工会

2021 年 12 月 22 日

吉林省维护新就业形态劳动者劳动保障权益实施办法（试行）

第一章　总　　则

第一条　为支持和规范发展平台经济，依法维护新就业形态劳动者劳动保障权益，促进新就业形态企业规范健康持续发展，根据相关法律法规和《关于维护新就业形态劳动者劳动保障权益的指导意见》（人社部发〔2021〕56 号）《关于做好快递员群体合法权益保障工作的意见》（交邮政发〔2021〕59 号）《关于落实网络餐饮平台责任　切实维护外卖送餐员权益的指导意见》（国市监网监发〔2021〕38 号）等政策，制定本实施办法（简称"办法"）。

第二条　本办法所指新就业形态劳动者（简称"劳动者"），是指外卖送餐员、快递员、网约配送员、网约车驾驶员、网约货车司机、代驾司机、互联网营销师等依托互联网平台就业，且其就业方式有别于传统稳定就业和灵活就业的劳动者。

本办法所指新就业形态企业（简称"企业"），既包括平台企业，也包括采取合作用工方式的平台企业的用工合作企业。用工合作企业是指为平台企业派遣劳动者的劳务派遣单位以及负责组织、管理劳动者完成平台发布工作任务的平台企业加盟商、代理商、外包公司等。

第三条　企业应当制定完善符合市场规律的平台进入退出、订单分配、计件单价、抽成比例、报酬构成及支付、工作时间、奖惩等直接涉及劳动者权益的制度规则和合理收益分配制度，保持合理末端派费水平，保证末端完成工作任务基本支出，保障劳动者合理劳动报酬。

企业应当优化算法规则，按照"算法取中"原则合理确定订单数量、在线率等考核要素，适当放宽配送时限，不得将"最严算法"作为考核要求。

第四条　行业主管部门应当依法服务和保障新就业形态领域投资行为，引导电商平台和企业加强系统对接，满足差异化服务需求，保障用户自主选择权，依法查处不正当价格竞争。

建立健全劳动者权益保障工作机制，推动落实企业主体责任和社会责任，及时协调解决矛盾和问题，保障劳动者合法权益，维护社会和谐稳定。

第二章　就业培训

第五条　实施公平的就业制度，消除就业歧视。企业招用劳动者不得违法设置性别、户籍等歧视性条件，不得以缴纳保证金、押金或者其他名义向劳动者收取财物，不得违法限制劳动者在多平台就业。

第六条　优化就业服务，将新就业形态企业和劳动者纳入公共就业服务范围，发布人力资源市场工资指导价位、岗位供求和职业培训等信息，为其提供个性化、便捷化的政策咨询、职业介绍、职业指导、创业培训及劳动用工等服务。

鼓励和支持就业困难人员、高校毕业生、退役士兵等群体以新就业形态实现就业创业，对符合条件的按规定给予政策扶持。

引进和培育新就业形态平台企业，鼓励平台企业及各类人力资源服务机构为劳动者提供专业化服务，对符合条件的按规定给予就业创业补助。

第七条　完善职业发展保障体系，建立适合新就业形态的职业技能等级认定和职业技能培训模式，保障其平等享有职业培训的权利。

健全职业技能等级制度，符合条件的企业可按规定开展职业技能等级认定。

拓展职业技能培训范围，对各类劳动者参加职业技能培训的，简化优化职业技能培训补贴申领、发放流程，落实培训补贴资金直补企业制度，符合条件的按规定给予职业技能培训补贴。

第八条 建立新就业形态职业技能人才激励机制，拓展职业技能竞赛、创新创业大赛竞赛项目，将新就业形态部分职业技能纳入竞赛内容，并根据相关规定对获得竞赛优胜人员进行奖励。

第九条 完善职称评审政策，畅通劳动者职称申报评价渠道，符合条件的劳动者享受专业技术人员同等待遇。

第三章　劳动用工

第十条 企业应当依法合规用工，履行用工主体责任，关心关爱劳动者，改善劳动保护条件，提高劳动者权益保障水平。

第十一条 符合确立劳动关系情形的，企业应当依法与劳动者订立和履行劳动合同。

不完全符合确立劳动关系情形，但企业对劳动者进行劳动管理的，企业应当与劳动者订立书面协议，合理确定双方权利义务。

个人依托平台自主开展经营活动、从事自由职业等，按照民事法律调整当事人的权利义务。

第十二条 企业采取劳务派遣、业务外包等合作用工方式组织劳动者完成工作任务的，应当选择具备合法经营资质的合作单位。

企业采用劳务派遣方式用工的，应当依法使用劳务派遣用工，严格履行劳务派遣用工单位的责任。

企业采取外包等其他合作用工方式的，应当对用工合作单位保障劳动者权益情况进行监督。

第十三条 企业应当建立健全劳动管理规章制度，并主动听取工会、劳动者代表的意见，按规定履行民主决策程序。

第十四条 规范企业加盟和用工管理。行业主管部门、行业协会应当制定并推广加盟协议推荐文本，明确依法用工和保障劳动者合法权益的内容。

第四章　劳动报酬

第十五条 企业应当完善劳动者劳动报酬规则，建立与工作任务、劳动强度相匹配的收入分配机制，保障合理劳动收入。

企业应当建立工资集体协商制度，健全完善劳动报酬合理增长机制，逐步提高劳动报酬水平。

第十六条 企业应当科学制定劳动者接单最低报酬，确保劳动者提供正常劳动的实际报酬不低于当地最低工资标准。明确劳动报酬发放时间和方式，确保按时足额发放，不得克扣或者无故拖欠。

企业安排劳动者在高温、低温恶劣天气等情形下工作的，应当按相关规定给予补贴。企业对其管理的不完全符合确立劳动关系情形的劳动者，应当协商确定相关补贴事宜。

第十七条　企业应当依法落实工作时间和休息制度，严格执行劳动定额标准，保障劳动者依法享有的休息休假权利。

企业安排劳动者在法定节假日工作的，应当支付高于正常工作时间劳动报酬的合理报酬。

第十八条　企业及其用工合作企业应当合理设定劳动者绩效考核制度，在制定或调整考核、奖惩等涉及劳动者切身利益的制度或重大事项时，应当充分听取劳动者和工会等方面的意见。

第十九条　行业协会或行业主管部门应当研究制定劳动定额标准，科学确定劳动者工作量和劳动强度。建立工资收入水平监测发布制度，指导企业合理确定休息办法，科学设定劳动者工资水平，引导劳动者合理确定工资预期。

第二十条　工会组织和行业协会应当建立健全行业工资集体协商制度，推动企业合理确定劳动者最低劳动报酬标准和建立劳动报酬合理增长机制。

第五章　社会保险

第二十一条　完善基本养老保险、医疗保险相关政策，强化职业伤害保障，逐步建立更灵活、更便利的社会保险经办管理服务模式，提升社会保险服务水平。

第二十二条　企业应当依法为符合确立劳动关系情形的劳动者参加社会保险并缴纳社会保险费，引导和支持不完全符合确立劳动关系情形的劳动者根据自身情况参加相应的社会保险。

企业应当监督其合作用工企业依法为劳动者参加社会保险并缴纳社会保险费。

第二十三条　鼓励灵活就业人员以个人身份在就业地或者户籍地参加企业职工基本养老保险、职工基本医疗保险，不得以户籍作为灵活就业人员参保限制。组织未参加职工基本养老、职工基本医疗保险的灵活就业劳动者，按规定参加城乡居民基本养老、城乡居民基本医疗保险。

第二十四条　强化职业伤害保障，推动建立健全职业伤害保障管理服务规范和运行机制，鼓励出行、外卖、即时配送、同城货运等行业企业，提升灵活就业人员多层次保障水平，防范化解劳动者职业伤害风险。

第二十五条　优化社会保险经办服务，健全完善适合新就业形态的社会保险经办服务模式，在参保缴费、权益查询、待遇领取和结算、保险关系转移和接续等方面提供便捷服务，保障参保人员公平享受各项社会保险待遇。

第六章　安全卫生

第二十六条　企业应当接受行业主管部门和行业协会的监督管理，遵守安全生产相关法律法规，落实劳动安全卫生责任制，严格执行国家劳动安全卫生保护标准，依法承担商品配送等环节的安全主体责任，不得制定损害劳动者安全健康的考核指标。

第二十七条　企业应当建立健全安全生产规章制度和操作规程，配备必要的劳动安全卫生设施和劳动防护用品，及时对劳动工具的安全和合规状态进行检查，加强安全生产和职业卫生教育培训，重视劳动者身心健康，及时开展心理疏导。

健全完善恶劣天气等特殊情形下的劳动保护制度，减少安全生产事故和职业病危害。

第二十八条　企业应当优化劳动者生产作业环境，严格执行安全生产相关标准，加大资金投入、配备劳保用品、积极升级作业装备、改善工作环境，确保生产作业安全。

行业主管部门应当督促企业加强职业操守、服务规范、安全生产和应急处置等方面教育培训，保障配送器具安全卫生，提升安全风险防控、个人卫生等方面知识水平。

第二十九条　企业应当发挥数据技术优势，健全完善订单分派机制，优化劳动者往返路线，降低劳动强度。科学确定订单饱和度，向劳动者分派并发单量时，充分考虑安全的因素。合理管控劳动者在线工作时长，对连续送单超过4小时的进行疲劳提示，20分钟内不得再行派单。

交通运输、公安等部门和行业主管部门应当强化监管，督促企业和劳动者加强交通安全教育，定期开展安全培训，严格遵守交通法规，配备使用符合国家安全标准的配送车辆并在骑行环节全程佩戴安全头盔，保障劳动安全。

第三十条　优化劳动者从业环境，改善工作生活条件。推进城市综合服务网点建设，健全完善新就业形态末端服务车辆包容性管理制度，在劳动者比较集中的居民区、商业区设置临时驻留点和休息场所，提供停车、充电、饮水、如厕等必要条件，通过推广快递驿站、智能取物柜等形式，为劳动者提供工作生活便利。

企业和工会组织应当加大投入，推进基层网点"会、站、家"一体化建设。

第三十一条 保障符合条件的劳动者子女在常住地平等接受义务教育的权利。

第七章 协同机制

第三十二条 建立健全劳动者权益保障联合激励惩戒机制。人力资源社会保障、发展改革、交通运输、邮政管理、市场监管、商务、政务服务和数字化、医疗保障、教育、公安、应急、网信、司法行政、法院、工会等部门应当认真履行职责，将保障劳动者权益纳入数字经济协同治理体系，强化协调配合和政策衔接，形成党政主导、部门协同、企业参与、社会各界齐抓共管的治理合力。

第三十三条 人力资源社会保障行政部门应当加大劳动保障监察力度，督促企业落实劳动者权益保障责任，加强治理拖欠劳动报酬、违法超时加班等突出问题，依法维护劳动者权益。

法院和劳动争议调解仲裁机构应当加强劳动争议办案指导，畅通裁审衔接，根据用工事实认定企业和劳动者的关系，依法依规处理劳动者劳动保障权益案件。

人力资源社会保障、司法行政、法院、工会等部门应当督促各类调解组织、法律援助机构及其他专业化社会组织，依法为劳动者提供更加便捷、优质高效的纠纷调解、法律咨询、法律援助等服务。

第三十四条 人力资源社会保障、交通运输、邮政管理、市场监管、应急等职能部门和行业主管部门应当加大监管力度，规范企业经营和用工行为，及时约谈、警示、查处侵害劳动者权益的企业，推行劳动者权益保障满意度调查制度并按品牌进行发布。

第三十五条 工会组织应当监督企业履行用工责任，支持企业成立工会组织，吸纳劳动者加入工会，引导劳动者理性合法维权。

拓宽维权、服务范围和劳动者困难救济渠道，积极与行业协会、头部企业或企业代表组织开展协商，签订行业集体合同或协议，参与劳动者报酬规则、绩效考核、派单时间、劳动安全、工作条件等重要事项协商协调，推动制定行业劳动标准。

第三十六条 行业主管部门应当加强平台网络稳定运行监管，及时监控平台企业出现商品积压、网络阻断、员工大量离职等严重异常情况，发布风险提示，并及时进行部门间信息共享。

第三十七条 实行企业重大劳动保障违法行为社会公布制度。人力资源社会保障部门应当对下列已经依法查处并作出处理决定的重大劳动保障违法行为向社会进行公布：

（一）克扣、无故拖欠劳动者劳动报酬，数额较大的；

（二）拒不支付劳动报酬，依法移送司法机关追究刑事责任的；

（三）不依法参加社会保险或者不依法缴纳社会保险费，情节严重的；

（四）违反工作时间和休息休假规定，情节严重的；

（五）违反女职工和未成年工特殊劳动保护规定，情节严重的；

（六）违反禁止使用童工规定的；

（七）因劳动保障违法行为造成严重不良社会影响的；

（八）其他重大劳动保障违法行为。

第三十八条 实行企业守法诚信管理。人力资源社会保障部门应当将依法查处的存在第三十七条情形的企业信息纳入省信用综合服务平台，记入企业守法诚信档案。

第三十九条 企业应当认真履行主体责任，明确企业总部在网络稳定、劳动者权益保障等方面的统一管理责任，并对用工合作企业保障劳动者正当权益情况承担监督责任。

建立健全劳动者申诉和恶意投诉甄别处置机制，明确诉求处置程序、时限等内容，通过民主协商和平等沟通，客观公正地处理劳动者正当申诉诉求。

第四十条 畅通劳动者参政议政渠道，推荐先进典型作为各级"两代表一委员"人选，按照国家有关规定参与先进集体、劳动模范和先进工作者评选表彰活动。

第八章 法律责任

第四十一条 企业违反本办法规定，在招用劳动者时设置性别、户籍等歧视性条件的，劳动者可向人力资源社会保障部门投诉举报，也可向劳动争议仲裁委员会申请仲裁或向人民法院提起诉讼。

第四十二条 企业扣押劳动者居民身份证等证件的，由人力资源社会保障部门责令限期退还劳动者本人，并依照有关法律、法规规定给予处罚。

第四十三条 企业违法以担保或者缴纳保证金、押金等其他名义向劳动者收取财物的，由人力资源社会保障部门责令限期退还劳动者本人，并以每人 500 元以上 2 000 元以下的标准处以罚款。对劳动者造成损害的，企业应当承担赔偿责任。

劳动者依法解除或者终止劳动合同，企业扣押劳动者档案或者其他物品的，依照前款规定处罚。

第四十四条 企业有下列情形之一的，由人力资源社会保障部门责令限期支付劳动报酬、加班费或者经济补偿；劳动报酬低于当地最低工资标准的，应当支付其差额部分；逾期不支付的，责令其按应付金额 50% 以上 100% 以下的标准向劳动者加付赔偿金：

（一）未按照劳动合同约定或者国家及我省规定及时足额支付劳动者劳动报酬的；

（二）低于当地最低工资标准支付劳动者劳动报酬的；

（三）安排加班不支付加班费的；

（四）解除或者终止劳动合同，未依法向劳动者支付经济补偿的。

第四十五条 企业违反劳动法关于延长工作时间具体时限规定，或者未与工会和劳动者协商一致，强迫劳动者延长工作时间的，由人力资源社会保障部门给予警告，并可按每名劳动者每超过工作时间 1 小时处 50 元以上 100 元以下罚款。

第四十六条 企业开办的末端备案网点损害劳动者合法权益的，由该网点的开办企业依法承担责任。

企业的用工合作企业侵害劳动者劳动保障权益的，企业依法承担相应责任。

第四十七条 企业违反本办法规定，对不完全符合确立劳动关系情形劳动者合法权益造成损害的，应当依法承担相应责任。

第九章 附则

第四十八条 国家法律、法规或规章对维护新就业形态劳动者劳动保障权益另有规定的，从其规定；未作规定的，按本办法执行。

附录 5　山东省新就业形态政策

山东省人民政府办公厅
关于支持多渠道灵活就业二十条措施的通知

鲁政办发〔2020〕19 号

各市人民政府，各县（市、区）人民政府，省政府各部门、各直属机构，各大企业：

为深入贯彻落实习近平新时代中国特色社会主义思想和党的十九大精神，进一步拓宽劳动者就业增收渠道，做好稳就业、保居民就业工作，根据《国务院办公厅关于支持多渠道灵活就业的意见》（国办发〔2020〕27 号）要求，经省政府同意，现就支持多渠道灵活就业有关事项通知如下：

一、创造更多灵活就业机会

1. 发展小店经济。开展小店经济推进行动，增加商业资源供给，加强基础设施建设，发展城市商业综合体、商联体平台，打造升级社区、批发市场、现代商圈、特色街区等小店集聚区。引导电商平台为小店提供批发、广告营销、移动支付等数字化服务，鼓励采取降低门槛、发展增值服务等方式减免小店佣金、基本服务费。支持品牌供应商开放产品和渠道资源，鼓励减免小店代理费用。（省商务厅、省财政厅、省人力资源社会保障厅、省住房城乡建设厅、省税务局、省市场监管局、山东银保监局负责）

2. 支持夜经济等特色经营方式发展。按照合理布局、集中经营、确保安全原则，规划建设夜市、便民市场、集中摊点群等经营场所，并对经营种类、经营时间、环卫保洁等作出规定。经营场所优先安排低收入群体、家庭困难人员。支持因地制宜、因城而宜，丰富夜经济业态。（省住房城乡建设厅负责）

3. 扩大新就业形态规模。培育引进一批网络零售、网络预约出租汽车、物流配送、线上教育培训等互联网平台企业，带动增加灵活就业岗位。鼓励兼职就业、副业创新。支持微商电商、网络直播等多样化的自主就业、分时就业。（省发展改革委、省商务厅、省交通运输厅、省教育厅、省工业和信息化厅、省人力资源社会保障厅负责）

二、鼓励支持自主创业

4. 放宽准入限制。通过网络平台开展经营活动的灵活就业人员可使用网络经营场所登记个体工商户。在政府指定场所、时间内从事农副产品、日常生活用品销售及从事依法无须取得许可的便民劳务活动，无须办理营业执照。（省市场监管局负责）

5. 减轻税费负担。退役士兵、贫困人口、失业人员、高校毕业生等从事个体经营的，按规定限额依次扣减增值税、城市维护建设税、教育费附加、地方教育附加和个人所得税。个体工商户免征不动产登记费。对参加拖拉机（联合收割机）驾驶许可考试的农民，暂免收取考试费。（省税务局、省自然资源厅、省农业农村厅、省财政厅负责）清理整治中介机构、行业协会商会违规收费问题。（省发展改革委、省市场监管局、省民政厅负责）

6. 发放创业补贴。鼓励有条件的市对正常经营且按规定缴纳职工养老保险费一定期限的新注册个体工商户，给予一次性创业补贴。（省人力资源社会保障厅、省财政厅负责）

7. 提供贷款贴息。对符合条件的个人创业、合伙创业，可分别申请最高20万元、60万元的创业担保贷款，财政按规定给予贴息。2020年12月31日前，将符合贷款条件的个体工商户、贷款购车专门用于出租运营的个人、贷款购车加入网络约车平台的专职司机、平台就业人员及入驻我省各类创业孵化基地（创业园区）符合贷款条件的个人纳入创业担保贷款扶持范围。对符合条件的借款人，免除反担保要求。对非全日制劳动者较为集中的保洁绿化、批发零售、建筑装修等行业，实施普惠小微贷款阶段性延期还本付息。（省财政厅、省人力资源社会保障厅、人民银行济南分行负责）

三、优化灵活就业供需匹配

8. 提供免费公共就业服务。市、县级公共就业服务机构要建立健全灵活就业岗位信息库、人员信息库和线上求职招聘平台"两库一平台"，加强岗位征集，动态发布灵活就业供求信息。通过网络、电话、短信等方式精准推动"岗位找人"。设置招聘专区、举办灵活就业专场招聘，提供岗位撮合、就业指导、政策咨询等服务。推动在社区、村设置灵活就业信息发布栏。（省人力资源社会保障厅负责）

9. 发挥人力资源服务机构作用。鼓励人力资源服务机构搭建线上线下信息服务平台、建立用工余缺调剂平台，广泛发布短工、零工、兼职及自由职业等需求信息，为阶段性缺工企业提供供需对接服务。在给予相关奖励补贴、享受入驻园区政策、确定诚信服务机构、入选行业骨干企业等方面，优先支持发挥作用突出的人力资源服务机构。（省人力资源社会保障厅负责）

10. 规范设立零工市场。在零工聚集地规划设置零工市场，提供遮雨、遮阳和信息发布等便利服务，完善停车管理，方便招工车辆短时停靠、即停即走。（省人力资源社会保障厅、省公安厅负责）

11. 发展村级劳务中介。推广邹城市做法，支持有条件的村居，采取村集体或个人出资等方式，设立劳务中介、劳务合作社等人力资源服务机构，引入市场化机制，促进农村富余劳动力有组织灵活就业，按规定给予就业创业服务补助。（省人力资源社会保障厅负责）

四、开展针对性职业培训

12. 扩大灵活就业人员培训规模。将符合条件的灵活就业人员纳入职业技能提升行动补贴范围。推进"互联网+职业技能培训"。灵活就业人员的职称可通过人事代理机构申报，各地也可结合实际进一步畅通职称申报渠道，做好兜底服务。选择可就业创业的最小技能单元，加快推进专项职业能力考核。（省人力资源社会保障厅、省财政厅负责）

13. 提升新就业形态从业人员技能水平。开发新职业和专项职业能力项目。开展新就业形态技能提升和就业促进项目试点，将试点地区通过企业平台提供服务获取劳动报酬的网约配送员、网约车驾驶员、直播带货员等新就业形态重点群体纳入培训补贴范围，落实职业培训补贴。支持新业态平台企业开发相关行业职业标准、行业企业评价规范、培训课程标准等，给予一定补贴。（省人力资源社会保障厅、省财政厅负责）

五、维护灵活就业人员劳动保障权益

14. 规范劳动报酬支付。统筹疫情防控和经济社会发展，稳慎调整最低工资标准。探索发布新就业形态、灵活就业人员较为集中的职业（工种）市场工资价位。加大对拖欠劳动报酬行为监察执法力度。（省人力资源社会保障厅负责）

15. 完善社会保险制度。以个人身份参加企业职工基本养老保险的个体工商户和各类灵活就业人员，可按月、季、半年或年缴费，缴费基数在当地个人缴费基数上下限范围内自主确定。在两个或两个以上用人单位同时就业的非全日制从业人员，各用人单位应当分别为其缴纳工伤保险费，依法享有工伤保险待遇。坚持先参保、后开工，持续推进工程建设领域农民工按项目参加工伤保险。按照国家部署，指导开展新业态从业人员职业伤害保障试点。各级公共就业人才服务机构应免费为灵活就业人员提供档案托管服务。（省人力资源社会保障厅、省财政厅负责）

16. 推动新业态行业集体协商。在快递、外卖、网络预约出租汽车等新业态领域行业推进集体协商，引导双方就劳动定额标准、工时标准、劳动保障

等内容开展集体协商，签订行业性集体合同。（省总工会、省企业联合会〈省企业家协会〉、省工商联、省人力资源社会保障厅负责）

17. 发放灵活就业社会保险补贴。对就业困难人员、离校 2 年内未就业高校毕业生灵活就业的，按照"先缴后补"的原则，按规定期限给予不超过其缴纳职工社会保险费 2/3 的社会保险补贴。（省人力资源社会保障厅负责）

18. 建立新就业形态灵活就业意外伤害保险补贴。对依托电子商务、网络预约出租汽车、外卖、快递等新业态平台灵活就业且办理就业登记人员购买意外伤害保险的，按照购买保险费数额一定比例给予平台或个人补贴，每人每年不高于 100 元，所需资金从就业补助资金中列支。各市出台的意外伤害保险补贴政策要与职业伤害保障试点政策相衔接，避免重复补贴。（省人力资源社会保障厅、省财政厅、山东银保监局负责）

六、营造重视支持灵活就业良好环境

19. 加强引导服务。各级政府要将支持灵活就业作为稳就业、保就业重要举措，全面清理取消对灵活就业的不合理限制和收费。因城施策，加大对灵活就业特别是新就业形态发展政策支持、服务供给。健全部门间协调推进机制，着力解决影响制约灵活就业发展的痛点、堵点。优化灵活就业人员就业登记服务制度。将支持灵活就业纳入省级文明城市创建测评内容。（省人力资源社会保障厅、省文明办负责）

20. 选树灵活就业典型。在技能人才评选中扩大灵活就业比例，激励灵活就业人员岗位成才。加大对灵活就业典型、吸纳灵活就业示范平台企业宣传力度，营造良好舆论氛围，鼓励劳动者自谋职业、自主创业。（省人力资源社会保障厅负责）

山东省人民政府办公厅

2020 年 10 月 29 日

（此件公开发布）

抄送：省委各部门，省人大常委会办公厅，省政协办公厅，省监委，省法院，省检察院。各民主党派省委，省工商联。

附录6 浙江省新就业形态政策

浙江省人力资源和社会保障厅 浙江省发展改革委
浙江省交通运输厅 浙江省应急管理厅 浙江省市场监管局
浙江省医保局 浙江省高级人民法院 浙江省总工会
关于印发《浙江省维护新就业形态劳动者劳动保障
权益实施办法》的通知

浙人社发〔2021〕56号

各市、县（市、区）人民政府、人民法院、总工会：

经省政府同意，现将《浙江省维护新就业形态劳动者劳动保障权益实施办法》印发你们，请认真贯彻执行。

浙江省人力资源和社会保障厅浙江省发展和改革委员会浙江省交通运输厅
浙江省应急管理厅浙江省市场监督管理局浙江省医疗保障局
浙江省高级人民法院浙江省总工会
2021年10月12日

浙江省维护新就业形态劳动者劳动保障权益实施办法

第一章 总则

第一条 为进一步支持和规范发展新就业形态，切实维护新就业形态劳动者劳动保障权益，推动平台经济规范健康持续发展，促进我省高质量发展建设共同富裕示范区，根据国家法律法规和《人力资源社会保障部国家发展改革委交通运输部应急部市场监管总局国家医保局最高人民法院全国总工会关于维护新就业形态劳动者劳动保障权益的指导意见》（人社部发〔2021〕56号），制定本办法。

第二条 本省行政区域内依托互联网平台就业的网约配送员、网约车驾驶员、货车司机、互联网营销师等新就业形态劳动者的劳动保障权益维护，适用本办法。

个人依托平台自主开展经营活动、从事自由职业等，按照民事法律调整双方的权利义务。

第三条　坚持改革创新、问题导向、协同治理的原则，统筹处理促进平台经济发展与维护新就业形态劳动者劳动保障权益的关系。

第四条　企业应当落实公平就业制度，招用劳动者不得违法设置性别、民族、年龄等歧视性条件，不得以缴纳保证金、押金或者以其他名义向劳动者收取财物，不得违法限制劳动者在多平台就业。

企业应当依法合规用工，履行用工主体责任，关心关爱劳动者，改善劳动条件，拓展劳动者职业发展空间，逐步提高劳动者权益保障水平。

第五条　各级各部门应当认真履行职责，将维护劳动者劳动保障权益纳入协同治理体系，强化工作协同，建立平台企业用工情况报告制度和平台企业评价制度，开展平台企业新就业形态劳动者信息采集和监测统计工作，健全劳动者权益保障联合激励惩戒机制，完善相关政策措施。

第二章　劳动用工

第六条　企业招用劳动者，符合原劳动和社会保障部《关于确立劳动关系有关事项的通知》（劳社部发〔2005〕12号）第一条规定情形的，应当依法订立劳动合同。

第七条　企业对不完全符合确立劳动关系情形的劳动者进行劳动过程管理（以下简称"不完全符合确立劳动关系情形"）的，应当与其订立书面协议，合理确定双方的权利义务。

第八条　企业与劳动者约定其以个体经营者身份完成工作，但对劳动者进行劳动过程管理的，根据用工事实界定成立劳动关系或者不完全符合确立劳动关系情形，相应确定双方的权利义务。

第九条　平台企业采取劳务派遣等合作用工方式组织劳动者完成平台工作的，应当选择具备合法经营资质的企业，并对其保障劳动者权益情况进行监督。平台企业采用劳务派遣方式用工的，依法履行劳务派遣用工单位责任。对采取外包、承揽、加盟等其他合作用工方式，劳动者劳动保障权益受到损害的，平台企业依法承担相应责任。

第十条　平台企业或者合作用工企业在招用劳动者时，应当将双方拟建立的法律关系以书面或者口头形式告知劳动者并作出明确说明，或者在双方协商订立的劳动合同或者协议中作出足以引起劳动者注意的提示。

平台企业应当将本企业以及合作用工企业与劳动者签订的劳动合同或者协议，按规定实时汇聚到电子劳动合同（协议）在线平台，纳入统一监管。

第三章　劳动报酬

第十一条　企业应当遵循按劳分配原则，根据工作任务、劳动强度和当地最低工资标准、人力资源市场工资价位等，科学公平设置劳动报酬规则，合理确定劳动者的劳动报酬。

企业应当合理设定对劳动者的绩效考核制度，建立健全体现优绩优酬的正向激励规则。

第十二条　企业应当建立健全劳动报酬合理增长机制，按照国家和省有关规定开展工资集体协商，逐步提高劳动者劳动报酬水平。

第十三条　企业应当按照劳动合同或者协议约定、国家和省规定，向劳动者及时足额支付劳动报酬，不得克扣或者无故拖欠。有条件的平台企业应当集中代发劳动报酬。

第十四条　企业向提供正常劳动的劳动者支付的劳动报酬不得低于当地最低工资标准。

第十五条　企业安排劳动者法定节假日劳动的，应当支付高于正常工作时间的劳动报酬。建立劳动关系的，依法支付加班工资。不完全符合确立劳动关系情形的，具体标准由双方约定或者协商确定；没有约定或者协商的，适用集体合同规定；没有集体合同或者集体合同未规定的，实行同工同酬。

第四章　工时和劳动定额

第十六条　企业和劳动者协商达成一致意见的，可以在劳动合同或者协议中明确工时和休息休假办法。经当地人力社保部门批准后，可以根据生产实际情况实行不定时工作制等特殊工时制度。

第十七条　企业应当发挥数据技术优势，合理管控劳动者在线工作时长，对于连续工作超过 4 小时的，应当设置不少于 20 分钟的工间休息时间。

第十八条　企业应当根据国家法定工时制度合理确定劳动定额和接单报酬标准。确定的劳动定额应当使本企业同岗位 90% 以上的劳动者在法定工作时间内能够完成。

第十九条　企业制定修订平台进入退出、订单分配、计件单价、抽成比例、报酬构成及支付、工作时间、奖惩等直接涉及劳动者权益的制度规则和平台算法，应当充分听取工会或者劳动者代表的意见建议，将结果公示或者告知劳动者，并接受经营所在地人力社保部门和行业主管部门监督。工会或者劳动者代表提出协商要求的，企业应当积极响应，并提供必要的信息和资料。

第二十条 行业协会、头部企业或者企业代表组织应当积极与工会组织开展协商，签订行业集体合同或者协议，推动制定行业劳动标准。

第五章 劳动保护

第二十一条 企业应当严格遵守安全生产相关法律法规，落实全员安全生产责任制，建立健全安全生产规章制度和操作规程，配备必要的劳动安全卫生设施和劳动防护用品，及时对劳动工具的安全和合规状态进行检查，加强安全生产和职业卫生教育培训。

第二十二条 企业应当落实劳动安全卫生责任制，严格执行国家劳动安全卫生保护标准，不得制定损害劳动者安全健康的考核指标。

平台企业应当建立信息沟通渠道，便于劳动者实时告知身体状况。

第二十三条 企业应当采取优化制度规则和平台算法等措施，确保怀孕7个月以上或者在哺乳期内的女职工，每天工作时长不超过8小时，不进行夜班劳动，怀孕女职工不进行35℃以上高温天气的室外露天作业。

第二十四条 企业应当加强恶劣天气等特殊情形下的劳动保护，采取限制接单、延长服务完成时限等措施减少安全生产事故和职业病危害。

第六章 社会保险

第二十五条 企业应当履行为劳动者依法缴纳社会保险费的社会责任，并引导督促新就业形态劳动者个人积极参加社会保险。

企业和与其建立劳动关系的劳动者，应当依法参加社会保险。企业应当制定具体办法支持不完全符合确立劳动关系情形的新就业形态劳动者参加社会保险，在订立的书面协议中约定新就业形态劳动者从业期间参加社会保险的条款。

新就业形态劳动者在省内流动就业的，职工基本养老保险关系无需转移，符合待遇领取条件或者到省外流动就业时，由省内最后参保地社会保险经办机构负责一次性归集，并按规定办理待遇领取或者跨省转移手续。

第二十六条 灵活就业人员在就业地参加职工基本养老、基本医疗保险，不受户籍限制。在就业地有合法稳定住所并连续居住一定时间，且有相对稳定收入的灵活就业人员，可按规定在就业地进行就业登记并参加职工基本养老、基本医疗保险，就业登记的期限作为参保缴费的时间依据。未参加职工基本养老、职工基本医疗保险的灵活就业人员，按规定参加城乡居民基本养老、城乡居民基本医疗保险。

对不完全符合确立劳动关系情形的新就业形态劳动者，各地可根据平台企业推送的就业信息进行就业登记。

第二十七条 推进新就业形态劳动者的职业伤害保障工作，平台企业按照《浙江省数字经济促进条例》规定为劳动者单险种参加工伤保险。

平台企业遵循属地参保原则，经当地社会保险经办机构同意，可以在设区市范围内相对集中参保，缴费基数可以为全省上年度职工月平均工资。劳动者同时接送多单且难以确定责任的，由同一路程首单平台企业承担工伤保险责任。

平台企业单险种参加工伤保险的，参保缴费、工伤认定、劳动能力鉴定、待遇标准、争议处理等按照《工伤保险条例》《浙江省工伤保险条例》及其相关配套规定执行。平台企业和劳动者未建立劳动关系且未按本办法规定单险种参加工伤保险的，不适用《工伤保险条例》《浙江省工伤保险条例》等法规。

国家法律法规对新就业形态劳动者职业伤害保障另有规定的，从其规定。

第二十八条 各地应当适应新就业形态劳动者的参保需求和参保方式，加强数据共享，优化经办服务。在参保登记、权益记录、转移接续、待遇领取和结算等方面实现全省在线办理、异地通办，更好保障参保人员公平享受各项社会保险待遇。

第七章 公共服务

第二十九条 各地应当创新优化人力资源服务，积极为各类新就业形态劳动者提供个性化职业介绍、职业指导、创业培训以及相关政策咨询服务，定期开展新就业形态专场招聘活动，及时发布职业薪酬和行业人工成本等信息。

人力资源服务机构为灵活就业人员推荐就业、提供用工余缺调剂等服务，按规定给予就业创业服务补贴。

第三十条 各地应当建立适合新就业形态劳动者的职业技能培训模式，组织开展数字技能等新就业形态职业技能培训，保障新就业形态劳动者平等享有培训的权利。对新就业形态劳动者在就业地参加职业技能培训的，优化职业技能培训补贴申领、发放流程，加大培训补贴资金直补企业工作力度，符合条件的按规定给予职业技能培训补贴。鼓励将符合条件的新就业形态相关企业、社会培训评价组织纳入备案范围，开展职业技能等级认定。指导企业开发新就业形态职业评价规范。

完善职称评审政策，畅通新就业形态劳动者职称申报评价渠道。

第三十一条 各地应当将新就业形态劳动者劳动权益保障纳入基本公共

服务体系，提升基本公共服务保障水平。加快城市综合服务网点建设，推动在新就业形态劳动者集中居住区、商业区设置临时休息场所，解决停车、充电、饮水、如厕等难题，为新就业形态劳动者提供工作生活便利。

加强出租车（网约车）服务区、司机之家建设，在有条件的车站、机场、景点等人流集散密集区，设立出租车（网约车）候客区，解决"车没地停、人找不到车"难题。

第三十二条　各地应当将新就业形态劳动者纳入公共文化服务标准保障范畴，免费开放全省公共文化场馆，通过县级图书馆文化馆总分馆等形式，在新就业形态劳动者工作和生活相对集中区域，建设一批嵌入式公共文化空间，丰富公共文化供给和服务。

第八章　权益维护

第三十三条　企业应当建立健全劳动者申诉机制，切实保障劳动者的申诉得到及时回应和客观公正处理。

第三十四条　各级工会组织应当加强工会劳动法律监督，监督企业履行用工主体责任，维护劳动者权益。

各级工会组织应当加强组织和工作的有效覆盖，拓宽维权和服务范围，积极吸纳新就业形态劳动者加入工会，加强对劳动者的思想政治引领，引导劳动者理性合法维权。积极与行业协会、头部企业或企业代表组织开展协商。

第三十五条　各级人力社保、交通运输、应急、市场监管、医保等职能部门和行业主管部门应当规范企业经营行为，加大监管力度，及时约谈、警示、查处侵害劳动者权益的企业，发挥在线监管平台作用，加大劳动保障监管力度，督促企业落实新就业形态劳动者权益保障责任。

第三十六条　各级法院和劳动人事争议调解仲裁机构要畅通裁审衔接，依法受理新就业形态劳动争议案件，根据用工事实认定企业和劳动者的关系，依法依规及时处理新就业形态劳动者劳动保障权益案件；积极调解非劳动关系的新就业形态劳动保障权益纠纷，及时化解矛盾。

第九章　附则

第三十七条　本办法自 2021 年 12 月 1 日起施行。

附录 7 重庆市新就业形态政策

重庆市人力资源和社会保障局等 11 个部门
关于维护新就业形态劳动者劳动保障权益的实施意见

渝人社发〔2021〕38 号

各区县（自治县）人民政府，重庆市第一、第二、第三、第四、第五中级人民法院，各区县（自治县）人民法院，各区县（自治县）总工会，各市级产业工会委员会：

为贯彻落实党中央、国务院有关维护新就业形态劳动者劳动保障权益的精神和市委、市政府工作安排，规范平台企业用工管理，促进平台经济规范健康持续发展。按照人力资源社会保障部等 8 部门《关于维护新就业形态劳动者劳动保障权益的指导意见》（人社部发〔2021〕56 号）要求，经市政府同意，提出以下实施意见。

一、依法规范用工，落实劳动者权益保障责任

（一）指导企业认真履行用工责任，依法依规用工，关心关爱职工，努力改善劳动条件，拓展职业发展空间，逐步提高劳动者权益保障水平。指导企业培育健康向上的企业文化，推动劳动者共享企业发展成果，提升劳动者的幸福感和获得感，实现企业与员工的共赢发展。［责任单位：各区县（自治县）人民政府、市人力社保局、市总工会］

（二）符合确立劳动关系情形的，指导企业依法与劳动者签订劳动合同，切实履行用人单位责任。不完全符合确立劳动关系情形但企业对劳动者进行管理（以下简称"不完全符合确立劳动关系情形"）的，指导企业与劳动者签订涵盖基本劳动权益必要条款的书面协议，合理确定双方权利义务。个人依托平台自主开展经营活动、从事自由职业等，按照民事法律调整双方的权利义务。［责任单位：各区县（自治县）人民政府、市人力社保局］

（三）平台企业采取劳务派遣方式用工的，应选择具备合法经营资质的劳务派遣企业，依法依规使用劳务派遣职工，切实履行用工单位责任。平台企业采取外包等其他合作方式用工的，应选择具有合法经营资质的企业，劳动者权益受到损害的，平台企业依法承担相应责任。平台企业采取劳务派遣、外包、加盟等形式合作用工的，应在协议中明确劳动者劳动保障权益相关内容，并实施监督。平台企业及与其合作的人力资源服务机构、劳务派遣企业要依法合规开展相关业务，切实保障劳动者合法权益。［责任单位：各区县（自治县）人民政府、市人力社保局、市市场监管局、市商务委］

二、健全制度机制，完善劳动者权益保障政策

（四）严格落实公平就业制度，督促企业保障新就业形态劳动者享有平等就业的权利。企业与建立劳动关系的劳动者之间，发生与其他用人单位建立劳动关系的纠纷，按照《劳动合同法》第三十九条第（四）项规定执行。依托平台就业，不完全符合确立劳动关系情形的劳动者，未违反有关劳动法律法规规定的，企业不得违法限制其自由选择在其他平台同时就业。企业招用劳动者不得违法设置性别、民族、年龄等歧视性条件，不得以缴纳保证金、押金或者其他名义向劳动者收取财物。［责任单位：各区县（自治县）人民政府、市人力社保局、市总工会］

（五）完善最低工资保障制度和工资支付保障制度。符合确立劳动关系情形的劳动者、不完全符合确立劳动关系情形的劳动者，提供正常劳动的，企业要按时、足额支付劳动报酬，且不得低于重庆市最低工资标准。行业主管部门要指导建立行业协会，鼓励和引导行业协会建立行业最低劳动报酬确定机制，引导企业建立劳动报酬与经济效益同步增长机制，逐步提高劳动者劳动报酬水平。［责任单位：各区县（自治县）人民政府、市人力社保局、市商务委、市交通局、市总工会］

（六）完善休息制度，行业主管部门要推动本行业合理确定劳动者工作量、劳动强度，科学确定劳动定额定员和工作时间标准，督促平台企业优化规则算法，设置疲劳提醒，避免超强度劳动；要督促和指导企业严格执行国家相关休息休假制度，对不完全符合确立劳动关系情形的劳动者在法定节假日加班的，可参照《劳动法》相关规定或按照双方约定执行，支付的劳动报酬应高于正常工作时间的劳动报酬。［责任单位：各区县（自治县）人民政府、市人力社保局、市级各相关行业主管部门］

（七）健全并落实劳动安全和劳动卫生责任制。督促企业严格执行国家劳动安全和职业卫生保护标准。严格落实企业法定代表人和实际控制人的安全生产法定职责。开展安全生产标准化创建三年行动。坚持平常抓"日周月"隐患排查。坚持关键环节抓"总工程师"制度。建立企业安全总监制度。强化高温等恶劣天气特殊情形下的劳动保护，最大限度减少安全生产事故和职业病危害。［责任单位：各区县（自治县）人民政府、市应急局、市卫生健康委］

（八）完善基本养老保险、医疗保险相关政策，深入推进基本养老保险制度、基本医疗保险制度全覆盖，督促企业依法参加社会保险，引导灵活就业人员根据自身情况参加相应的社会保险。乡镇（街道）要组织未参加职工基本养老保险、职工基本医疗保险的灵活就业人员，按规定参加城乡居民基本养老、城乡居民基本医疗保险，做到应保尽保。企业要引导和支持不完全符合确立劳动关系情形的新就业形态劳动者根据自身情况参加相应的社会保险。[责任单位：各区县（自治县）人民政府、市人力社保局、市医保局]

（九）强化职业伤害保障，按照国家统一部署建立职业伤害保障制度，以出行、外卖、即时配送、同城货运等行业的平台企业为重点，组织开展国家平台灵活就业人员职业伤害保障试点，督促平台企业按规定参加。鼓励平台企业通过购买人身意外、雇主责任等商业保险，提升平台灵活就业人员保障水平。平台企业应为符合确立劳动关系情形的劳动者参加工伤保险，在两个及以上平台企业同时就业的，平台企业应当分别为其缴纳工伤保险费。[责任单位：各区县（自治县）人民政府、市人力社保局]

（十）督促和指导企业就平台进入退出、订单分配、计件单价、抽成比例、报酬构成及支付、工作时间、奖惩等直接涉及劳动者权益的制度规则和平台算法等有关事项，与企业工会或劳动者代表开展集体协商，依法订立行业集体合同或协议。指导企业建立健全劳动者申诉机制，保障劳动者的申诉得到及时回应和客观公正处理。在全市各区县工会组织成立劳动争议纠纷人民调解委员会，进一步发挥工会在化解新就业形态劳动保障权益纠纷案件中的作用，保护劳动者和平台企业的合法权益。[责任单位：各区县（自治县）人民政府、市人力社保局、市总工会]

三、优化公共服务，提升劳动者权益保障效能

（十一）创新方式方法，加强平台用工信息收集，定期举办"百日千万网络招聘专项行动"等公共就业服务活动，为劳动者提供优质岗位信息。完善全方位公共就业服务体系，为新就业形态劳动者提供就业创业等指导服务，并按规定落实就业创业等补贴政策。适时发布企业职工薪酬和行业人工成本信息，并为企业和劳动者提供便捷化的劳动保障、税收、市场监管等政策咨询服务，便利劳动者求职就业和企业招工用工。[责任单位：各区县（自治县）人民政府、市人力社保局、市税务局、市市场监管局]

（十二）优化新就业形态劳动者社会保险经办，加强社会保险公共服务平台建设，实现参保登记、养老保险关系转移接续、参保证明查询打印等业务网上办理，为劳动者提供更加便利的社保服务。研究制定平台从业人员职业伤害保障试点经办管理办法，建立健全职业伤害保障经办服务规范和运行机制。通过微信公众号、渝快办平台、国家医保服务平台，实现个人身份参加职工医保参保登记、以个人身份参加职工医保续保、特病医院变更、个人账户关联、生育备案等高频服务事项网上办。[责任单位：各区县（自治县）人民政府、市人力社保局、市医保局、市税务局]

（十三）开展适应新就业形态的职业培训和创业培训，符合条件的按规定给予培训补贴。加强新职业培训标准、考核标准开发和发布工作，开展网约配送员、互联网营销师等新职业技能培训。加强职业技能培训品牌创建工作，促进新就业形态劳动者技能就业。鼓励平台企业建立企业培训中心，按规定提取职工教育经费。健全职业技能等级制度，支持符合条件的企业备案为评价机构，按规定开展相关职业（工种）技能等级认定。符合条件的新就业形态劳动者按照规定程序可申报相关专业职称评审。[责任单位：各区县（自治县）人民政府、市人力社保局]

（十四）在停车需求矛盾突出区域适度增加路内停车泊位供给，鼓励在待建土地、空闲厂区、边角空地等闲置场所设置临时停车设施、适当利用周边路段设置夜间限时停车泊位，缓解劳动者停车难题。实施公共直饮水项目，在主城区人流密集、停留时间较长的公共区域逐步解决劳动者饮水难问题。统筹规划建设"劳动者港湾""工会户外劳动者服务站点"等休息服务场所，健全完善取暖纳凉、微波炉热饭等基本基础设施建设。[责任单位：各区县（自治县）人民政府、市城市管理局、市交通局、市总工会]

（十五）加强统筹协调，保障符合条件的新就业形态劳动者子女在常住地平等接受义务教育的权利。推动出台免费开放的公共文化设施目录，并对公共文化实施管理单位在推动公共文化设施免费开放上提出具体要求，积极推动公共文体设施向劳动者免费或者低收费开放。[责任单位：各区县（自治县）人民政府、市教委、市体育局、市发展改革委、市文化旅游委]

四、强化多方联动，建立齐抓共管的工作机制

（十六）建立联合治理机制，人力资源社会保障、发展改革、市场监管、交通管理、应急、卫生健康、医保、城市管理、商务、工会、法院等部门（单位）要密切协调联动，认真履行监管职责，完善相关政策措施，推动建立平台企业用工情况报告制度和新就业形态劳动者权益保障联合激励惩戒机制。加强行业监管，充分共享应用信息监管体系，将保障劳动者权益纳入数字经济协同治理体系，维护劳动者合法权益。[各区县（自治县）人民政府、市人力社保局、市发展改革委、市城市管理局、市交通局、市卫生健康委、市应急局、市医保局、市市场监管局、市高法院、市总工会]

（十七）引导和规范平台企业建立工会组织和新就业形态劳动者入会，探索适应新就业形态劳动者职业特点的建会入会方式，通过单独建会、联合建会、行业建会、区域建会等多种方式扩大工会组织覆盖面。以区域（行业）职代会覆盖新就业形态为主的中小微企业为重点，以行业职代会为基础，以行业协会为依托，积极开展民主管理工作，保障好劳动者民主权利。开展"尊法守法携手筑梦""春风送法律平安万里行"等普法宣传活动，加强对平台企业宣传引导和新就业形态劳动者思想引领，引导劳动者理性合法维权。[责任单位：各区县（自治县）人民政府、市总工会]

（十八）依法依规加强办案指导，法院和劳动人事争议调解仲裁机构加强裁审衔接工作，统一受案标准及裁判尺度，研究发布新就业形态下纠纷处理的规则原则和典型案例；加强对基层法院、区县劳动人事争议仲裁机构涉及新就业形态案件的指导，依法确认用人单位和劳动者的关系；对依法不受理的劳动人事争议处理的案件引导当事人通过民事纠纷途径处理。向新就业形态劳动者提供法律咨询、法律援助、矛盾调解等服务。各劳动人事争议仲裁机构，对符合立案条件的仲裁申请，应当依法及时办理。[责任单位：各区县（自治县）人民政府、市人力社保局、各级人民法院]

（十九）切实提高劳动保障监察执法效能，按照"双随机、一公开"的要求，对平台企业及其合作用工单位开展主动监察。畅通举报投诉渠道，公布投诉电话等信息，依法查处举报投诉案件。定期按规定向社会公布平台企业违反劳动保障法律法规的案件。交通运输、应急、市场监管等职能部门和行业主管部门要规范企业经营行为，加大监管力度，职能部门配合行业主管部门及时约谈、警示、查处侵害劳动者权益的企业。[责任单位：各区县（自治县）人民政府、市人力社保局、市交通局、市应急局、市市场监管局]

（二十）各区县要加强组织领导，强化责任担当，落实各项工作任务，要将新就业形态劳动者纳入劳动力调查范围，探索建立新就业形态统计监测机制及用工监测制度，精准判断劳动者就业状况，监测新就业形态发展动向，分析就业形势，预警防范劳动用工风险。推动政企数据对接融合，加强政务信息共享应用，逐步实现劳动权益维护、安全生产管理、职业伤害认定、社会保险经办、就业创业帮扶等数字化监管和服务。[责任单位：各区县（自治县）人民政府、市人力社保局、市交通局、市应急局、市大数据发展局、市市场监管局]

（二十一）市级相关部门（单位）、各区县要围绕《实施意见》等新就业形态劳动者权益保障有关文件加大政策法规宣传，增强企业合规用工意识，加强正面指引。相关部门通过系统官网、微信公众号和编制政策指南等，刊发政策解读、政策问答、企业典型案例等，树立履行社会责任的平台企业典型，着力宣传新就业形态劳动者职业风采，提高新就业形态认同感和职业自豪感。发挥新闻媒体的舆论引导和监督作用，营造新就业形态健康发展的良好氛围。[责任单位：各区县（自治县）人民政府、市人力社保局、市交通局、市市场监管局、市总工会]

重庆市人力资源和社会保障局
重庆市发展和改革委员会
重庆市城市管理局
重庆市交通局
重庆市商务委员会
重庆市卫生健康委员会
重庆市应急管理局
重庆市医疗保障局
重庆市市场监管局
重庆市高级人民法院
重庆市总工会
2021 年 10 月 29 日
（此件公开发布）

附录8 云南省新就业形态政策

云南省关于维护新就业形态劳动者
劳动保障权益的实施意见

云人社发〔2021〕40号

各州、市人民政府，中级人民法院、总工会：

根据《人力资源社会保障部国家发展改革委交通运输部应急部市场监管总局国家医保局最高人民法院全国总工会关于维护新就业形态劳动者劳动保障权益的指导意见》（人社部发〔2021〕56号），为切实维护新就业形态劳动者劳动保障权益，推动平台经济规范健康可持续发展，经省人民政府同意，提出以下实施意见：

一、指导和督促企业规范劳动用工

（一）符合确立劳动关系情形的，企业应当依法与劳动者订立劳动合同。平台企业依法使用非全日制用工的，可以与劳动者签订非全日制书面劳动合同或者订立口头协议。不完全符合确立劳动关系情形但企业对劳动者进行劳动管理（以下简称"不完全符合确立劳动关系情形"）的，指导企业与劳动者订立书面协议，合理确定企业与劳动者的权利义务。个人依托平台自主开展经营活动、从事自由职业等，按照民事法律调整双方的权利义务。（省人力资源社会保障厅牵头，省交通运输厅、省市场监管局、省法院按照职能职责配合，各州、市人民政府落实）

（二）劳务派遣企业应与被派遣劳动者订立书面劳动合同。平台企业采取劳务派遣等用工方式组织劳动者完成平台工作的，应选择具备合法经营资质的企业，与劳务派遣企业依法签订劳务派遣协议，约定派遣岗位和人数、派遣期限、社会保险、劳动报酬及支付方式等事项，依法履行劳务派遣用工单位责任，并对其保障劳动者权益情况进行监督。对采取外包等其他合作用工方式，劳动者权益受到损害的，平台企业依法承担相应责任。（省人力资源社会保障厅牵头，省交通运输厅、省市场监管局、省法院按照职能职责配合，各州、市人民政府落实）

（三）加强新就业形态劳动用工指导和服务，将新就业形态用工企业纳入监测范围。积极推广电子劳动合同,引导鼓励新就业形态用工企业和劳动者协商一致,按照有关法律法规规定订立电子劳动合同。(省人力资源社会保障厅牵头,省交通运输厅、省市场监管局按照职能职责配合,各州、市人民政府落实)

(四)指导和督促企业进一步完善内部管理制度,积极履行用工责任,依法依规用工,努力改善劳动条件,培育健康向上的企业文化,主动关心关爱新就业形态劳动者,逐步提高劳动者权益保障水平。(省人力资源社会保障厅、省交通运输厅、省市场监管局按照职责分工负责,各州、市人民政府落实)

二、健全新就业形态劳动者权益保障制度

(五)落实公平就业制度,消除就业歧视。企业招用劳动者不得违法设置性别、民族、年龄等歧视性条件,不得以缴纳保证金、押金或者其他名义向劳动者收取财物,不得违法限制劳动者在多平台就业。(省人力资源社会保障厅牵头,省交通运输厅、省市场监管局按照职能职责配合,各州、市人民政府落实)

(六)落实最低工资和支付保障制度,引导工会组织、行业协会建立工资集体协商机制,推动将不完全符合确立劳动关系情形的新就业形态劳动者纳入制度保障范围。督促企业向提供正常劳动的劳动者支付不低于当地最低工资标准的劳动报酬,按时足额支付,不得克扣或者无故拖欠。开展新就业形态劳动者工资收入水平调查和监测,及时发布职业薪酬和行业人工成本信息,指导企业科学设定劳动者劳动报酬,建立劳动报酬合理增长机制。(省人力资源社会保障厅牵头,省交通运输厅、省市场监管局按照职能职责配合,各州、市人民政府落实)

(七)落实休息制度,指导行业协会研究制定劳动定员定额标准,科学确定劳动者工作量和劳动强度。督促指导企业按规定合理确定休息办法,在法定节假日支付高于正常工作时间劳动报酬的合理报酬。(省人力资源社会保障厅牵头,省交通运输厅、省市场监管局、省总工会按照职能职责配合,各州、市人民政府落实)

(八)健全完善安全生产责任制,按照"安全生产工作实行管行业必须管安全、管业务必须管安全、管生产经营必须管安全"的原则,各有关负有安全生产监督管理的职能部门依照有关法律、法规规定,落实安全生产责任体系,督促指导其行业领域企业落实主要负责人和全员安全生产责任,坚守"红线"意识,不得制定损害劳动者安全生产的考核指标。督促企业健全完善安全生产管理制度和岗位安全操作规程,加强从业人员劳动安全防护,为从业人员配齐符合国家或行业标准的安全防护用品,并督促从业人员正确佩戴和使用。督促企业加大安全投入，加强企业安全生产标准化建设，推进安全风险分级管控和隐患排查治理，为企业从业人员提供良好安全的生产环境。保障劳动者职业健康权益，把职业健康作为企业准入的前置条件，坚守职业健康"红线"，从源头上控制和消除职业病危害，督促企业严格遵守国家职业卫生标准，落实职业病预防措施。督促企业建立健全教育培训制度，加强安全生产和职业卫生教育培训，倡导健康工作方式，确保劳动者安全生产和身心健康。强化恶劣天气等特殊情形下的劳动安全防护，最大限度减少生产安全事故和职业病危害。（省应急厅、省公安厅、省卫生健康委、省人力资源社会保障厅、省交通运输厅、省市场监管局、省医保局、省总工会按照职能职责负责，各州、市人民政府落实）

（九）与平台企业建立劳动关系的，督促企业依法参加社会保险。全面放开灵活就业人员在就业地参加企业职工基本养老保险的户籍限制。鼓励和引导不完全符合确立劳动关系情形的新就业形态劳动者，以灵活就业人员身份参加企业职工基本养老保险或按规定参加城乡居民基本养老保险。新就业形态劳动者等灵活就业人员可凭身份证在就业地社会保险经办机构参加企业职工基本养老保险。（省人力资源社会保障厅牵头，省交通运输厅、省市场监管局按照职能职责配合，各州、市人民政府落实）

（十）不完全符合确立劳动关系情形的新就业形态劳动者可自愿选择在户籍或就业所在地参加职工基本医疗保险或城乡居民基本医疗保险。选择参加职工基本医疗保险的，其缴费基数为上年度全省全口径城镇单位就业人员平均工资的一定比例，缴费率按参保地规定执行。参加职工基本医疗保险的新就业形态劳动者，在享受职工基本医疗保险退休人员待遇前，可随户籍办理医保关系转移接续；享受职工基本医疗保险退休人员待遇后，不再办理医保关系转移接续。选择参加城乡居民基本医疗保险的，可在户籍或就业所在地社区、乡镇（街道）办事处、医保经办窗口，办理参保登记，按参保地规定缴纳城乡居民基本医疗保险费。（省医保局牵头，省交通运输厅、省市场监管局按照职能职责配合，各州、市人民政府落实）

（十一）强化职业伤害保障，以出行、外卖、即时配送、同城货运等行业的平台企业为重点，按照国家统一部署，推进平台灵活就业人员职业伤害保障工作，建立健全职业伤害保障管理服务运行机制。鼓励平台企业通过购买人身意外、雇主责任等商业保险，提升平台灵活就业人员保障水平。（省人力资源社会保障厅牵头，省交通运输厅、省市场监管局按照职能职责配合，各州、市人民政府落实）

（十二）督促企业制定修订平台进入退出、订单分配、计件单价、抽成比例、报酬构成及支付、工作时间、奖惩等直接涉及劳动者权益的制度规则和平台算法，充分听取工会或劳动者代表的意见建议，将结果公示并告知劳动者。建立健全以职工代表大会为基本形式的企业民主管理，保障新就业形态劳动者的知情权、参与权、表达权、监督权。工会或劳动者代表提出协商要求的，企业应当积极响应，并提供必要的信息和资料。指导企业建立健全劳动者申诉机制，保障劳动者的申诉得到及时回应和客观公正处理。（省总工会、省人力资源社会保障厅、省交通运输厅、省市场监管局、省互联网信息办公室按照职能职责负责，各州、市人民政府落实）

三、优化新就业形态劳动者权益保障服务

（十三）落实关于推动城市中非公有制经济组织和社会组织（"两新"组织）党建融入城市基层党建的具体措施，扩大新就业形态领域党组织覆盖，以快递物流、外卖配送、网约出行等行业头部企业为重点，推动党组织应建尽建。根据不同领域新就业形态劳动者的特征，指导组建工会、共青团、妇女组织。联合各级"两新"组织工委，加强党群组织共建、队伍共育、活动共办、资源共享、阵地共用，指导新就业形态群团组织融入社区，积极开展爱心帮扶、扶困助学、家庭服务、心理疏导等服务。（省总工会、团省委、省妇联、省交通运输厅、省市场监管局按照职能职责负责，各州、市人民政府落实）

（十四）行业主管部门要指导建立行业协会，支持行业协会等组织协商制定企业保障劳动权益的行业规范和劳动者职业规范，加强行业监管，维护劳动者合法权益。发挥产（行）业工会作用，积极与行业协会、重点企业或企业代表组织开展协商，签订行业集体合同或协议，推动制定行业劳动标准。（省交通运输厅、省市场监管局、省民政厅、省总工会、省人力资源社会保障厅按照职能职责负责，各州、市人民政府落实）

（十五）加强工会组织有效覆盖，拓宽维权和服务范围，大力推进新就业形态劳动者所涉行业企业依法建立工会组织，集中推动重点平台企业及其下属企业、关联企业等依法普遍建立工会组织，深入开展"新就业形态劳动者入会集中行动"，积极吸纳新就业形态劳动者加入工会。加强思想政治引领，围绕宪法、民法典、劳动法等法律法规，深入开展"尊法守法携手筑梦"等普法宣传教育活动，提高新就业形态劳动者的法治素养，引导劳动者理性合法维权。强化工会劳动法律监督，监督企业履行用工责任，切实维护劳动者合法权益。将符合条件的新就业形态劳动者纳入工会帮扶和送温暖慰问范围。加强对新就业形态劳动者的心理疏导和人文关怀，不断拓展普惠服务项目，丰富工会服务新就业形态劳动者的内容。（省总工会牵头，省司法厅、省人力资源社会保障厅、省交通运输厅、省市场监管局按照职能职责配合，各州、

市人民政府落实）

（十六）积极为各类新就业形态劳动者提供个性化职业介绍、职业指导、创业培训等服务。全面推行告知承诺制，积极引导平台企业及时为劳动者办理就业失业登记，并强化就业服务。创新方式方法，为企业和劳动者提供便捷化的就业、劳动保障、税收、市场监管等政策咨询服务。（省人力资源社会保障厅牵头，省交通运输厅、省市场监管局按照职能职责配合，各州、市人民政府落实）

（十七）加强对新就业形态劳动者参加社会保险的宣传引导，优化社会保险办理流程，在参保缴费、权益查询、待遇领取和结算等方面提供更加便捷的服务。做好社会保险关系转移接续工作，保障参保人员公平享受各项社会保险待遇。（省人力资源社会保障厅牵头，各州、市人民政府落实）

（十八）加强对各类新就业形态劳动者在就业地参加职业技能培训，根据国家颁布的新职业（工种）适时更新我省职业技能培训补贴目录，并将符合条件的人员纳入职业技能培训补贴范围。进一步推行职业技能等级制度，支持符合条件的企业按规定开展职业技能等级认定工作。落实职称评审政策，畅通新就业形态劳动者职称申报评价渠道。（省人力资源社会保障厅牵头，各州、市人民政府落实）

（十九）加快城市综合服务网点建设，推动在新就业形态劳动者集中居住区、商业区设置临时休息场所，充分考虑临时休息、停车、充电、饮水、如厕等需求，配套完善新建社区基础设施，补齐老旧小区基础设施和公共服务设施短板。充分发挥各地户外劳动者服务站点作用，因地制宜加强"会、站、家"一体化建设，为新就业形态劳动者提供工作生活便利。（省发展改革委、省住房城乡建设厅、省自然资源厅、省总工会按照职能职责负责，各州、市人民政府落实）

（二十）深化义务教育综合改革，均衡配置义务教育学校硬件资源和教师资源，持续优化义务教育学校布局结构，完善义务教育优质均衡发展情况监测，加强规范管理和监督，构建一视同仁、公平发展的义务教育招生入学制度，推进义务教育学校免试就近入学全覆盖，按照"两为主"要求，建立以居住证为主要依据的入学政策，保障符合条件的新就业形态劳动者子女接受高质量教育。有序推进符合条件的新就业形态劳动者子女在流入地无障碍参加当地普通高中考试招生，也可根据本人意愿回户籍所在地参加高中阶段学校招生录取，实现符合条件的新就业形态劳动者子女高中阶段教育"应学尽学，应升尽升"。加大公共文化产品和服务供给，完善公共文化设施免费开放保障机制，推进公共图书馆、博物馆、文化馆（站）、美术馆、体育场馆等公共文体设施免费或低收费开放，丰富劳动者精神文化生活。（省教育厅牵头，省文化和旅游厅、省体育局按照职能职责配合，各州、市人民政府落实）

四、健全劳动者权益保障协同工作机制

（二十一）各州、市人民政府要提高政治站位，进一步增强做好新就业形态劳动者权益保障工作的责任感和紧迫感，加强统筹协调，完善工作机制，抓好工作落实。各地、各有关部门要结合实际制定出台配套政策措施，切实维护好新就业形态劳动者权益保障。

（二十二）各级人力资源社会保障、发展改革、教育、公安、民政、司法、交通运输、卫生健康、应急管理、市场监管、医保、人民法院、总工会、团省委、妇联、网信等部门（单位）要健全完善多部门联动参与、齐抓共管的工作格局，密切协调联动，认真履行职责，将保障劳动者权益纳入数字经济协同治理体系，推动建立平台企业用工情况报告制度，完善相关政策措施，根据司法解释做好相关工作，共同维护好新就业形态劳动者合法劳动权益。

（二十三）各级法院和劳动人事争议调解仲裁机构要加强劳动争议办案指导，畅通裁审衔接，根据用工事实认定企业和劳动者的关系，依法依规处理新就业形态劳动者劳动保障权益案件。各级调解仲裁机构对未建立劳动关系而要求调处的，要耐心做好解释工作，引导其通过司法等途径进行救济。各类调解组织、仲裁机构、法律援助机构及其他专业化社会组织要依法为新就业形态劳动者提供更加便捷、优质高效的纠纷调解、法律咨询、法律援助等服务。

（二十四）各级交通运输、应急、市场监管等职能部门和行业主管部门要加大监管力度，督促指导企业落实主体责任，加强对自身或第三方合作企业保障劳动者正当权益情况的自查和督查；要及时约谈、警示、查处侵害劳动者权益的企业。各级人力资源社会保障行政部门要加大劳动保障监察力度，督促平台企业依法维护新就业形态劳动者的合法权益，加强治理拖欠劳动报酬、违法超时加班等突出问题，对与平台企业及用工合作企业存在劳动关系的新就业形态劳动者，劳动保障权益被侵害的，依照劳动保障法律法规进行查处。各有关部门要加强沟通协作，建立信用信息共享机制，与省信用信息共享平台实现互联互通，依法依规开展联合激励惩戒工作。

各地、各有关部门要把维护新就业形态劳动者劳动权益保障作为党史学习教育"我为群众办实事"实践活动的重要内容，筑牢新就业形态劳动者劳动权益保护屏障，助力稳就业、保民生。要大力宣传新就业形态劳动者的先进典型，提高新就业形态劳动者社会认同感和职业自豪感，形成正确舆论导向，营造良好社会氛围。

来源：云南省人力资源和社会保障厅。

附录 9　江西省新就业形态政策

江西省关于维护新就业形态劳动者劳动保障权益的实施意见

赣人社发〔2021〕38 号

各设区市人民政府、中级人民法院、总工会，省政府有关部门：

为深入贯彻落实党中央、国务院决策部署，切实维护我省新就业形态劳动者劳动保障权益，促进平台经济规范健康持续发展，根据人力资源社会保障部等八部委《关于维护新就业形态劳动者劳动保障权益的指导意见》（人社部发〔2021〕56 号），结合我省实际，经省人民政府同意，制定本实施意见。

一、总体要求

以习近平新时代中国特色社会主义思想为指导，全面贯彻落实党的十九大和十九届二中、三中、四中、五中、六中全会精神，坚持以人民为中心的发展思想，统筹促进平台经济发展与维护新就业形态劳动者权益，适应平台用工形式和新就业形态劳动者就业方式，健全劳动者权益保障制度机制，明确平台企业责任，优化劳动者权益保障服务，切实维护新就业形态劳动者劳动保障权益，增强新就业形态劳动者的获得感、幸福感、安全感，促进平台经济规范健康持续发展。

二、主要措施

（一）加强企业用工规范指导，明确用工责任

1. 指导企业加强用工管理。指导企业加强人文关怀，主动关心关爱劳动者，努力改善劳动条件，拓展职业发展空间，逐步提高劳动者权益保障水平，稳定劳动者队伍。鼓励企业培育富有特色的企业精神和健康向上的企业文化，支持企业开展文体活动，促进形成劳动者共享企业发展成果的有效机制。（省人力资源社会保障厅、省应急管理厅、省总工会和各地方人民政府、总工会按职责分工负责）

2. 依法规范企业用工行为。督促企业依法合规用工，积极履行保障劳动者权益的法定义务。对符合确立劳动关系情形的，督促企业依法与劳动者订立劳动合同，积极履行用人单位责任。不完全符合确立劳动关系情形但企业

对劳动者进行劳动管理（以下简称"不完全符合确立劳动关系情形"）的，指导企业与劳动者订立书面协议，合理确定双方在劳动报酬、休息休假、社会保险、劳动保护、职业伤害等方面的权利义务。（省人力资源社会保障厅和各地方人民政府按职责分工负责）

3. 推动自主经营责任落实。个人依托平台自主开展经营活动、从事自由职业等，按照民事法律调整双方的权利义务。企业与劳动者订立承包、租赁、联营等合同，并建立营运风险共担、利益共享分配机制的，按双方约定执行。实际履行与约定不一致或双方未约定的，以实际履行情况认定双方权利义务。严禁平台企业以任何形式诱导或强迫劳动者注册为个体工商户。（省人力资源社会保障厅、省市场监管局、省高级人民法院和各地方人民政府、人民法院按职责分工负责）

4. 强化合作用工责任。平台企业采取劳务派遣、劳务外包等合作用工方式组织劳动者完成平台工作的，应选择具备合法经营资质的企业，并对其保障劳动者权益情况进行监督。平台企业采用劳务派遣方式用工的，依法履行劳务派遣用工单位责任；采取外包等其他合作用工方式的，不得以高额风险抵押金、保证金转嫁经营风险。劳动者权益受到损害的，平台企业依法承担相应责任。（省人力资源社会保障厅、省市场监管局、省应急管理厅及其他负有安全生产监督管理职责的部门、省总工会和各地方人民政府、总工会按职责分工负责）

（二）完善劳动者权益保障制度，加大保障力度

5. 落实公平就业制度。规范企业和人力资源服务机构招聘信息发布行为，支持有条件的地方和企业探索联合建立人力资源平台，丰富灵活就业渠道。企业招用劳动者不得违法设置性别、民族、年龄等歧视性条件，不得以缴纳保证金、押金或者其他名义向劳动者收取财物，不得违法限制劳动者在多平台就业。（省人力资源社会保障厅和各地方人民政府按职责分工负责）

6. 保障劳动报酬权利。健全最低工资和支付保障制度，推动将不完全符合确立劳动关系情形的新就业形态劳动者纳入制度保障范围。支持企业根据业务特点、劳动强度、市场需求等因素合理界定劳动时间范围，确保提供正常劳动的劳动者获得不低于当地最低工资标准的劳动报酬。督促企业按时足额支付劳动报酬，且每月至少向劳动者支付一次工资，不得克扣或者无故拖欠。支持企业建立以经济效益为基础的劳动报酬管理制度，促进劳动报酬合理增长。（省人力资源社会保障厅和各地方人民政府按职责分工负责）

7. 加强休息休假权利保障力度。推动行业明确劳动定员定额标准，科学确定劳动者工作量和劳动强度。指导并督促企业结合行业特点、消费需求和

劳动者权益按规定合理确定休息办法。落实劳动者休息休假制度，在法定节假日支付高于正常工作时间劳动报酬的合理报酬。（省人力资源社会保障厅和各地方人民政府按职责分工负责）

8. 保障社会保险权利。落实灵活就业人员参加基本养老保险、基本医疗保险无户籍地限制的规定。企业应依法为符合确立劳动关系情形的劳动者参加职工基本养老保险、基本医疗保险等社会保险。对不完全符合确立劳动关系情形的劳动者，鼓励其以灵活就业人员身份自愿选择在户籍地或就业地参加企业职工基本养老保险、职工基本医疗保险。参加企业职工基本养老保险的灵活就业人员月缴费基数，可由本人按规定自行选择缴费档次。组织引导未参加职工基本养老保险、职工基本医疗保险的灵活就业人员，按规定参加城乡居民基本养老保险、城乡居民基本医疗保险，做到应保尽保。企业要引导和支持不完全符合确立劳动关系情形的新就业形态劳动者根据自身情况参加相应的社会保险。（省人力资源社会保障厅、省医疗保障局和各地方人民政府按职责分工负责）

9. 强化劳动安全保护责任落实。健全并落实劳动安全卫生责任制，严格执行国家劳动安全卫生保护标准。督促指导企业牢固树立安全"红线"意识，不得制定损害劳动者安全健康的考核指标；严格遵守安全生产相关法律法规，全面落实全员安全生产责任制，建立健全安全生产规章制度和操作规程，配备必要的劳动安全卫生设施和劳动防护用品，及时对劳动工具的安全和合规状态进行检查，加强安全生产和职业卫生教育培训，关注劳动者的身体、心理状况和行为习惯，加强劳动者心理疏导、精神慰藉，有效提高生产事故防范能力；在恶劣天气等特殊情形下加强对劳动者的劳动保护，最大限度减少安全生产事故和职业病危害。（省应急管理厅、省人力资源社会保障厅、省交通运输厅、省卫生健康委、省总工会和各地方人民政府、总工会按职责分工负责）

10. 推进职业伤害保障工作。按照国家统一部署，以出行、外卖、即时配送、同城货运等行业的平台企业为重点，适时开展平台灵活就业人员职业伤害保障试点。支持景德镇开展职业伤害保障试点，解决"景漂"等灵活就业人员职业伤害保障问题；支持赣州开展补充工伤保险试点，解决新经济环境下特定从业人员工伤保障问题；对用工灵活、流动性大的基层快递网点，可由用人单位或平台企业按照上一年度全省全口径城镇单位就业人员平均工资的1%计算缴纳工伤保险费，优先参加工伤保险（国家有新规定的，从其规定）。鼓励企业通过购买人身意外险、雇主责任险等商业保险，提升灵活就业人员保障水平。（省人力资源社会保障厅和各地方人民政府按职责分工负责）

11. 建立协商沟通机制。督促企业在制定修订平台进入退出、订单分配、计件单价、抽成比例、报酬构成及支付、工作时间、奖惩等直接涉及劳动者权益的制度规则和平台算法时，充分听取工会或劳动者代表的意见建议，依法将结果公示并告知劳动者。工会或劳动者代表提出协商要求的，企业应当积极响应，并提供必要的信息和资料。指导企业建立健全劳动者申诉机制，保障劳动者的申诉得到及时回应和客观公正处理。（省人力资源社会保障厅、省交通运输厅、省市场监管局、省高级人民法院、省总工会和各地方人民政府、人民法院、总工会按职责分工负责）

（三）提升劳动者权益保障效能，优化保障服务

12. 优化就业创业公共服务。将新就业形态劳动者纳入公共就业服务和创业培训政策范围，积极为各类新就业形态劳动者提供个性化职业介绍、就业指导、职业培训等服务，及时发布职业薪酬和行业人工成本等信息，为企业和劳动者提供便捷化的劳动保障、税收、市场监管等政策咨询服务，便利劳动者求职就业和企业招工用工。鼓励各类人力资源服务机构为新就业形态劳动者提供规范有序的求职招聘、职业培训等专业化服务。（省人力资源社会保障厅、省市场监管局、国家税务总局江西省税务局和各地方人民政府、税务局按职责分工负责）

13. 优化社会保险经办服务。劳动者可通过各类渠道（含线上线下）办理社会保险参保登记、自主选择缴费档次并直接缴纳各项社会保险费。继续推行完善工作日延时服务、双休日及国家法定节假日预约服务措施。加快推进社会保险信息化建设，优化社会保险经办流程、压缩经办时限，努力实现新就业形态劳动者办理参保缴费、权益查询、待遇领取和结算、转移接续等业务"全流程网办"。做好新就业形态劳动者工伤医疗、康复费用联网即时结算，推进异地就医直接结算、医保政务服务"跨省通办"和"省内通办"工作。（省人力资源社会保障厅、省医疗保障局和各地方人民政府按职责分工负责）

14. 优化职业技能培训服务。建立适合新就业形态劳动者的职业技能培训模式，通过"互联网+职业技能培训"等方式，切实保障其平等享有培训的权利。优化职业技能培训补贴申领、发放流程，加大培训补贴资金直补企业工作力度。对各类新就业形态劳动者在就业地参加职业技能培训，并取得相应职业资格证书（或职业技能等级证书、专项职业能力证书、培训合格证书）的，按规定给予职业技能培训补贴。深入推进技能人才评价制度改革，支持企业开发相关领域职业标准、行业企业评价规范、培训课程标准等，按规定开展职业技能等级认定。完善职称评审政策，畅通新就业形态劳动者职称申

报评价渠道。（省人力资源社会保障厅和各地方人民政府按职责分工负责）

15. 优化城市综合服务网点建设。将城市综合服务网点统一纳入城乡建设发展规划，一体推进水、电、厕等基础设施建设。重点推动在新就业形态劳动者集中居住区、商业区、医院等重点区域设置临时休息场所，积极推进"劳动者港湾""爱心驿站"等服务平台建设，切实解决停车、充电、饮水、如厕等难题，为新就业形态劳动者提供工作生活便利。（省发展改革委、省交通运输厅、省公安厅、省总工会和各地方人民政府、总工会按职责分工负责）

16. 优化教育文化供给服务。坚持按照"两纳入、两为主"原则，完善以居住证为主要依据的随迁子女入学制度，全面落实义务教育"公民同招"政策，保障符合条件的新就业形态劳动者子女在常住地平等接受义务教育的权利。推动公共文体设施向劳动者免费或低收费开放，丰富公共文化产品和服务供给。（省发展改革委、省教育厅和各地方人民政府按职责分工负责）

（四）健全部门协调配合机制，落实工作职责

17. 以维护劳动者权益为导向，指导企业及用工合作单位严格落实法律法规，不断完善用工管理工作体系、制度，紧紧依靠科技进步、管理创新提升竞争力。省人力资源社会保障厅、省发展改革委、省交通运输厅、省应急管理厅、省市场监管局、省医疗保障局、省高级人民法院、省总工会等部门和单位要认真履行职责，按照相关法律法规规定，健全劳动者权益保障联合激励惩戒机制，完善相关政策措施。各职能部门和行业主管部门要规范企业经营行为，加大监管力度，及时约谈、警示、查处侵害劳动者权益的企业。（省人力资源社会保障厅、省发展改革委、省交通运输厅、省应急管理厅、省市场监管局、省医疗保障局、省高级人民法院、省总工会和各地方人民政府、人民法院、总工会按职责分工负责）

18. 各级工会组织要加强组织和工作有效覆盖。制定出台新就业形态劳动者入会相关指导性文件，创新方式、优化程序，着力破解建会入会难题。对平台企业建立工会组织和劳动者入会予以引导和规范，通过单独建会、联合建会、行业建会、区域建会等多种方式扩大工会组织覆盖面，最大限度吸引新就业形态劳动者加入工会。对无固定用人单位的新就业形态劳动者，可以申请加入工作时间较长或具有挂靠关系的所在企业的工会，也可就近申请加入区域或行业联合工会。强化工会劳动法律监督，监督企业履行用工责任，维护好劳动者权益。对于因意外致困的新就业形态劳动者，纳入困难帮扶范围，及时给予必要救助。组织开展与行业协会、头部企业集体协商，推动签订行业集体合同或协议，督促平台企业在重大事项决定中严格执行民主程序。（省总工会和各地方总工会按职责分工负责）

19. 各级法院和劳动争议调解仲裁机构要加强劳动争议办案指导，畅通裁审衔接，根据劳动者的工作时长、工作频次、工作场所、报酬结算、劳动工具，以及企业对劳动者的监督管理程度、惩戒措施等因素，综合认定企业与劳动者的关系，依法受理并及时处理新就业形态劳动者劳动保障权益案件。适时发布典型劳动争议案例、以案释法，提高企业合法用工意识。各级法院和总工会要健全"法院+工会"劳动争议诉调对接机制，共同开展劳动争议案件诉前、诉中调解和释法答疑，协调、疏导、化解矛盾，切实减轻新就业形态劳动者诉累。各类调解组织、法律援助机构及其他专业化社会组织要依法为新就业形态劳动者提供更加便捷、优质高效的纠纷调解、法律咨询、法律援助等服务。（省高级人民法院、省人力资源社会保障厅、省总工会和各地方人民政府、人民法院、总工会按职责分工负责）

20. 各级人力资源社会保障行政部门要加强人力资源服务机构监管，规范人力资源市场活动。推动完善劳动人事关系矛盾纠纷多元化解机制，定期开展新就业形态劳动者权益保障情况专项执法检查，以治理拖欠劳动报酬、违法超时加班等突出问题为重点，加大劳动保障监察力度，督促企业落实新就业形态劳动者权益保障责任，依法维护劳动者权益。（省人力资源社会保障厅和各地方人民政府按职责分工负责）

21. 各级交通运输部门要推动网约车合规化进程，为符合条件的平台企业、车辆及驾驶员办理许可，落实网约车驾驶员背景核查有关要求，严厉打击非法营运行为，营造公平竞争的市场环境。要持续完善投诉机制，督促网约车和网络货运平台企业建立健全劳动者申诉机制，加强对用工合作单位的管理，切实保障新就业形态劳动者权益。（省交通运输厅和各地方人民政府按职责分工负责）

22. 各级应急管理和其他负有安全生产监督管理职责的部门要突出加强安全生产执法工作，在执法过程中严格执行新修改的《安全生产法》，监督指导企业依法落实安全生产主体责任，保障劳动者生命安全，依法严厉查处企业在安全生产中的各类违法行为，督促企业持续保持安全生产条件，涉嫌犯罪的，依法移送司法机关追究刑事责任。（省应急管理厅和各地方人民政府按职责分工负责）

23. 各级市场监管部门要放宽灵活就业渠道，加强企业信用监管，为各地、各部门开展分类监管提供帮助。启动市场主体自我信用承诺公示工作，促进市场自律，强化社会监督。（省市场监管局和各地方人民政府按职责分工负责）

三、工作要求

（一）提高政治站位。各地、各有关部门要统一思想，提高政治站位，高度重视新就业形态劳动者权益保障工作。加强组织领导，形成部门工作合力，根据任务分工共同抓好落实。将新就业形态劳动者权益保障作为构建和谐劳动关系的重要内容，确保新就业形态劳动者各项权益维护到位。

（二）落实工作职责。要认真落实本意见工作要求，及时摸清和掌握本地区平台企业、用工合作企业用工情况和新就业形态劳动者权益保障基本情况，不断解决实践中的新情况、新问题。抓好对企业及用工合作企业管理人员的政策解读和指导，提高企业依法合规用工管理水平。

（三）加强舆论宣传。各地要通过现代媒体平台加强政策宣传，积极引导社会舆论，广泛凝聚共识。引导平台企业积极履行社会责任，自觉维护新就业形态劳动者权益，引导新就业形态劳动者爱岗敬业、理性合法维权。推动形成全社会共同关心新就业形态劳动者群体的良好氛围。

江西省人力资源和社会保障厅
江西省发展和改革委员会
江西省交通运输厅
江西省应急管理厅
江西省市场监督管理局
江西省医疗保障局
江西省高级人民法院
江西省总工会
2021 年 12 月 23 日